"十四五"职业教育国家规划教材

"十二五"职业教育国家规划教材
经全国职业教育教材审定委员会审定
本教材第1版曾获首届全国教材建设奖全国优秀教材二等奖

道路建筑材料检测与应用

第 2 版

主　编　蒋　玲
副主编　李永成
参　编　汪　莹　李金梅
主　审　张志祥　李国芬

机械工业出版社

本书是"十四五"职业教育国家规划教材。全书介绍道路与桥梁建筑用各种材料的基本组成、技术性能、技术标准、检验方法以及复合材料的配制与工程应用。本书包括砂石材料、石灰、水泥、建筑钢材、沥青、砂浆、无机结合料稳定材料、水泥混凝土、沥青混合料及新型建筑材料等内容。

本书可作为高等职业教育院校道路与桥梁工程技术、道路工程检测技术、公路工程监理、公路养护与管理、道路工程造价、市政工程技术等专业教学用书，也可作为相关工程技术人员参考用书。

为方便教学，本书配有电子课件、教案等资源，凡使用本书作为教材的教师可登录机工教育服务网 www.cmpedu.com 注册下载。教师交流服务（QQ）群：221010660。咨询电话：010-88379375。

图书在版编目（CIP）数据

道路建筑材料检测与应用/蒋玲主编.—2版.—北京：机械工业出版社，2021.8（2024.8重印）

高等职业教育路桥类专业"新形态一体化"系列教材　"十二五"职业教育国家规划教材：修订版

ISBN 978-7-111-68517-3

Ⅰ.①道… Ⅱ.①蒋… Ⅲ.①道路工程－建筑材料－检测－高等职业教育－教材 Ⅳ.①U414

中国版本图书馆 CIP 数据核字（2021）第 120441 号

机械工业出版社（北京市百万庄大街22号　邮政编码100037）
策划编辑：沈百琦　责任编辑：沈百琦
责任校对：陈　越　封面设计：鞠　杨
责任印制：单爱军
保定市中画美凯印刷有限公司印刷
2024年8月第2版第5次印刷
184mm×260mm・22印张・540千字
标准书号：ISBN 978-7-111-68517-3
定价：55.00元（含试验实训手册）

电话服务　　　　　　　　　网络服务
客服电话：010-88361066　　机　工　官　网：www.cmpbook.com
　　　　　010-88379833　　机　工　官　博：weibo.com/cmp1952
　　　　　010-68326294　　金　书　网：www.golden-book.com
封底无防伪标均为盗版　　　机工教育服务网：www.cmpedu.com

关于"十四五"职业教育
国家规划教材的出版说明

为贯彻落实《中共中央关于认真学习宣传贯彻党的二十大精神的决定》《习近平新时代中国特色社会主义思想进课程教材指南》《职业院校教材管理办法》等文件精神，机械工业出版社与教材编写团队一道，认真执行思政内容进教材、进课堂、进头脑要求，尊重教育规律，遵循学科特点，对教材内容进行了更新，着力落实以下要求：

1. 提升教材铸魂育人功能，培育、践行社会主义核心价值观，教育引导学生树立共产主义远大理想和中国特色社会主义共同理想，坚定"四个自信"，厚植爱国主义情怀，把爱国情、强国志、报国行自觉融入建设社会主义现代化强国、实现中华民族伟大复兴的奋斗之中。同时，弘扬中华优秀传统文化，深入开展宪法法治教育。

2. 注重科学思维方法训练和科学伦理教育，培养学生探索未知、追求真理、勇攀科学高峰的责任感和使命感；强化学生工程伦理教育，培养学生精益求精的大国工匠精神，激发学生科技报国的家国情怀和使命担当。加快构建中国特色哲学社会科学学科体系、学术体系、话语体系。帮助学生了解相关专业和行业领域的国家战略、法律法规和相关政策，引导学生深入社会实践、关注现实问题，培育学生经世济民、诚信服务、德法兼修的职业素养。

3. 教育引导学生深刻理解并自觉实践各行业的职业精神、职业规范，增强职业责任感，培养遵纪守法、爱岗敬业、无私奉献、诚实守信、公道办事、开拓创新的职业品格和行为习惯。

在此基础上，及时更新教材知识内容，体现产业发展的新技术、新工艺、新规范、新标准。加强教材数字化建设，丰富配套资源，形成可听、可视、可练、可互动的融媒体教材。

教材建设需要各方的共同努力，也欢迎相关教材使用院校的师生及时反馈意见和建议，我们将认真组织力量进行研究，在后续重印及再版时吸纳改进，不断推动高质量教材出版。

机械工业出版社

前　言

"道路建筑材料检测与应用"是学习道路与桥梁建筑用各种材料的性能、检测方法、复合材料配制、质量控制和应用的一门课程，是道路桥梁工程类专业的主干课程之一。本书前版《道路建筑材料》于2005年出版，经过多次修订，后经改革、优化以《道路建筑材料检测与应用》于2015年再次出版，曾入选教育部"十二五"职业教育国家规划教材、普通高等教育"十一五"国家级规划教材、江苏省精品教材，是"国家精品资源共享课"配套教材。

为了满足学生的自主学习需求，以及对接生产实际，体现高等职业教育的特点和优势，满足新技术、新工艺、新规范、新标准的要求，注重提高学生的实际工作能力和职业素养，特进行修订。修订特色如下：

🎯 创新——校企合作　双元育人，体现"工学结合　德技并修"

此次修订，以立德树人为根本任务，以"工学结合　德技并修"培养为核心，将知识、能力和正确价值观有机结合，以工程案例、典型工作任务为载体，引入"四新"技术和教改成果，保持教材内容的先进性、针对性和实用性，实现"岗课证"融通。本书在介绍日益改进的常用建筑材料的同时，介绍了当前具有广泛应用价值和前景的新型道路建筑材料。通过学习使学生能科学合理地选择和使用材料、配制复合材料，正确地检测材料的路用性能。

在本次修订前，特邀请教育专家和企业专家对高职道路建筑材料检测与应用典型的工作任务和职业能力进行了分析。结合教育专家和企业专家提出的建议，我们对本书的内容进行了调整，并序化为任务驱动的项目课程。结合项目情况，细分为多个任务，每个任务从"项目目标、任务描述、相关知识、实践操作、配制实例、任务拓展、巩固练习"等方面进行深入展开。

🎯 合规——依据现行国家标准、规范

本书内容对应的技术标准和规范，均引用现行的国家标准和规范，如《公路工程岩石试验规程》（JTG E41—2005）、《公路工程集料试验规程》（JTG E42—2005）、《通用硅酸盐水泥》（GB 175—2007）、《混凝土结构工程施工质量验收规范》（GB 50204—2015）、《普通混凝土配合比设计规程》（JGJ 55—2011）、《公路工程沥青及沥青混合料试验规程》（JTG E20—2011）、《公路沥青路面施工技术规范》（JTG F40—2004）、《公路工程无机结合料稳定材料试验规程》（JTG E51—2009）和《混凝土强度检验评定标准》（GB/T 50107—2010）等。

🎯 立体——配套立体化资源，符合"互联网+职业教育"

本书配套有大量的立体化资源，包括自主学习类微课视频和实训类微课视频、电子课

前　言

件、试验实训手册等，学生可通过扫描书中二维码进行观看，方便快捷。并且，本试验实训手册采用可撕活页式装订，方便学生实际使用，适应当前职业教育教学形式需求。

本书在重印过程中，贯彻党的二十大精神进教材、进课堂、进头脑要求，配套丰富的数字化教学资源，形成了"一课一书一网站"的格局，线上课（爱课程网，课程名称"道路建筑材料检测与应用"）包括课程标准、学习指南、教学课件、教学视频和微课、在线仿真实训操作、工程案例、任务工单、在线测试、习题库、任务拓展等，实现线上+线下、课前+课中+课后数字化教学，体现二十大报告中"推进教育数字化"的理念。

本课程建议课时108学时（包括试验实训），学时分配如下：

教学项目		项目类型	学时
认识道路建筑材料		基础项目	14
单一材料	项目一　砂石材料的检测与应用	基础项目	16
	项目二　石灰和水泥的检测与应用	基础项目	16
	项目三　钢材的检测与应用	基础项目	4
	项目四　沥青材料的检测与应用	基础项目	8
复合材料	项目五　建筑砂浆的检测与应用	入门项目	2
	项目六　无机结合料稳定材料的检测与应用	入门项目	4
	项目七　水泥混凝土的检测与配制	主导项目	30
	项目八　沥青混合料的检测与配制	主导项目	30

本书由南京交通职业技术学院蒋玲任主编，南京交通职业技术学院李永成任副主编，南京交通职业技术学院汪莹、李金梅参与编写。全书由江苏中路交通科学技术有限公司张志祥、南京林业大学土木工程学院李国芬主审。其中，认识道路建筑材料、项目一、项目四、项目六、项目八、部分附录和立体化资源由蒋玲编写，项目二、项目三、项目五、项目七和部分立体化资源由李永成编写，试验实训手册和部分立体化资源由李金梅、汪莹编写。试验实训手册由江苏省南京交院土木工程检测所武可俊、南京交通职业技术学院实训中心、苏交科集团股份有限公司道路所技术人员等协助。

本书编写过程中，得到了苏交科集团股份有限公司、江苏省交通工程建设集团有限公司、江苏中路交通科学技术有限公司等企业专家的指导，以及得到湖北交通职业技术学院、江西交通职业技术学院、江苏建筑职业技术学院、湖南工程职业技术学院、河北交通职业技术学院、山西工程科技职业大学、浙江交通职业技术学院、黄河水利职业技术学院、山东交通学院、四川建筑职业技术学院等老师们的支持，在此一并表示感谢。

由于编者水平有限，本书中不足和疏漏之处在所难免，敬请各位读者在使用过程中提出宝贵意见，编者将不断改进和充实本书内容。

编　者

微课视频清单

教学视频					
名称	图形	页码	名称	图形	页码
教学视频1（项目一 任务一 岩石的技术性质）		7	教学视频9（项目二 任务二 水泥分类和特性）		52
教学视频2（项目一 任务二 粗集料技术性质1）		17	教学视频10（项目二 任务二 水泥技术性质）		59
教学视频3（项目一 任务二 粗集料技术性质2）		22	教学视频11（项目三 建筑钢材）		70
教学视频4（项目一 任务二 细集料技术性质）		26	教学视频12（项目四 任务一 沥青分类）		90
教学视频5（项目一 任务三 级配理论）		33	教学视频13（项目四 任务一 沥青组成结构）		92
教学视频6（项目一 任务三 试算法）		35	教学视频14（项目四 任务一 石油沥青技术性质1）		94
教学视频7（项目一 任务三 图解法）		37	教学视频15（项目四 任务一 沥青材料技术性质2）		96
教学视频8（项目二 任务一 石灰）		47	教学视频16（项目四 任务二 其他沥青）		108

微课视频清单

（续）

教学视频					
名称	图形	页码	名称	图形	页码
教学视频17（项目五 建筑砂浆）		116	教学视频24（项目八 任务一 沥青混合料概述）		185
教学视频18（项目六 无机结合料稳定材料）		122	教学视频25（项目八 任务一 沥青混合料强度影响因素）		189
教学视频19（项目七 任务一 水泥混凝土工作性）		140	教学视频26（项目八 任务二 沥青混合料技术性质1）		197
教学视频20（项目七 任务一 水泥混凝土力学性质1）		141	教学视频27（项目八 任务二 沥青混合料技术性质2）		198
教学视频21（项目七 任务一 水泥混凝土力学性质2）		149	教学视频28（项目八 任务三 沥青混合料组成设计1）		209
教学视频22（项目七 任务二 水泥混凝土组成设计1）		155	教学视频29（项目八 任务三 沥青混合料组成设计2）		214
教学视频23（项目七 任务二 水泥混凝土组成设计2）		171	教学视频30（项目八 任务三 沥青混合料组成设计3）		223

实训视频					
名称	图形	页码	名称	图形	页码
实训视频1 网篮法测粗集料密度		23	实训视频2 粗集料松方密度和空隙率试验		23

（续）

实训视频						
名称	图形	页码	名称	图形	页码
实训视频3 粗集料筛分		23	实训视频12 水泥细度试验		62
实训视频4 水泥混凝土用粗集料针片状颗粒含量试验（规准仪法）		23	实训视频13 水泥标稠		63
实训视频5 粗集料压碎值试验		24	实训视频14 水泥胶砂强度检验方法（ISO法）		64
实训视频6 粗集料磨耗试验（洛杉矶法）		25	实训视频15 钢筋拉伸弯曲试验		84
实训视频7 细集料表观密度试验（容量瓶法）		26	实训视频16 沥青针入度		102
实训视频8 细集料筛分试验		26	实训视频17 沥青延度		103
实训视频9 细集料含泥量试验（筛洗法）		27	实训视频18 沥青软化点		103
实训视频10 矿粉密度试验		28	实训视频19 沥青黏附性		103
实训视频11 石灰有效氧化钙测定		51	实训视频20 水泥混凝土坍落度试验		148

（续）

实训视频					
名称	图形	页码	名称	图形	页码
实训视频21 水泥混凝土试件制作及养护方法		149	实训视频26 马歇尔稳定度试验		201
实训视频22 水泥混凝土抗压试验		149	实训视频27 沥青混合料沥青含量		201
实训视频23 水泥混凝土抗弯拉强度试验		149	综合实训视频1 水泥混凝土配合比		223
实训视频24 沥青混合材料制作（击实法）		201	综合实训视频2 沥青混合料设计		223
实训视频25 沥青混合材料密度（表干）		201			

目 录

前言
微课视频清单
认识道路建筑材料 ·· 1
学习目标 ·· 1
项目一　砂石材料的检测与应用 ·· 7
项目目标 ·· 7
　任务一　岩石的技术性能检测与应用 ·· 7
　　任务描述 ·· 7
　　相关知识 ·· 7
　　实践操作 ·· 13
　　任务拓展 ·· 15
　　巩固练习 ·· 16
　任务二　集料的检测与应用 ·· 16
　　任务描述 ·· 16
　　相关知识 ·· 17
　　实践操作 ·· 23
　　任务拓展 ·· 27
　　巩固练习 ·· 31
　任务三　矿质混合料组成设计 ·· 32
　　任务描述 ·· 32
　　相关知识 ·· 32
　　实践操作 ·· 34
　　配制实例 ·· 38
　　巩固练习 ·· 43
项目二　石灰和水泥的检测与应用 ·· 46
项目目标 ·· 46
　任务一　石灰的检测与应用 ·· 46
　　任务描述 ·· 46
　　相关知识 ·· 47
　　实践操作 ·· 51
　　任务拓展 ·· 51
　　巩固练习 ·· 52
　任务二　水泥的检测与应用 ·· 52

任务描述	……………………………………………………………………………	52
相关知识	……………………………………………………………………………	52
实践操作	……………………………………………………………………………	62
任务拓展	……………………………………………………………………………	64
巩固练习	……………………………………………………………………………	69

项目三 钢材的检测与应用 …………………………………………………………… 70
项目目标 ………………………………………………………………………………… 70
  任务描述 …………………………………………………………………………… 70
  相关知识 …………………………………………………………………………… 70
  实践操作 …………………………………………………………………………… 84
  任务拓展 …………………………………………………………………………… 84
  巩固练习 …………………………………………………………………………… 88

项目四 沥青材料的检测与应用 ………………………………………………………… 89
项目目标 ………………………………………………………………………………… 89
 任务一 石油沥青的检测与应用 ……………………………………………………… 89
  任务描述 …………………………………………………………………………… 89
  相关知识 …………………………………………………………………………… 90
  实践操作 …………………………………………………………………………… 102
  任务拓展 …………………………………………………………………………… 103
 任务二 其他沥青及其应用 …………………………………………………………… 104
  任务描述 …………………………………………………………………………… 104
  相关知识 …………………………………………………………………………… 104
  实践操作 …………………………………………………………………………… 108
  任务拓展——其他沥青 …………………………………………………………… 112
  巩固练习 …………………………………………………………………………… 115

项目五 建筑砂浆的检测与应用 ………………………………………………………… 116
项目目标 ………………………………………………………………………………… 116
  任务描述 …………………………………………………………………………… 116
  相关知识 …………………………………………………………………………… 116
  实践操作 …………………………………………………………………………… 119
  配制实例 …………………………………………………………………………… 121
  巩固练习 …………………………………………………………………………… 121

项目六 无机结合料稳定材料的检测与应用 …………………………………………… 122
项目目标 ………………………………………………………………………………… 122
  任务描述 …………………………………………………………………………… 122
  相关知识 …………………………………………………………………………… 122
  实践操作 …………………………………………………………………………… 130
  巩固练习 …………………………………………………………………………… 138

项目七 水泥混凝土的检测与配制 ……………………………………………………… 139
项目目标 ………………………………………………………………………………… 139

任务一　普通水泥混凝土的检测与应用 139
　　　　任务描述 139
　　　　相关知识 140
　　　　实践操作 148
　　　　任务拓展——其他功能混凝土 150
　　　　巩固练习 155
　　任务二　普通水泥混凝土的配合比设计 155
　　　　任务描述 155
　　　　相关知识 155
　　　　实践操作 165
　　　　配制实例 171
　　　　任务拓展 174
　　任务三　高强高性能混凝土配合比设计 180
　　　　任务描述 180
　　　　相关知识 180
　　　　任务拓展——高强高性能混凝土的配合比设计 182
　　　　巩固练习 183
项目八　沥青混合料的检测与配制 185
项目目标 185
　　任务一　沥青混合料概述 185
　　　　任务描述 185
　　　　相关知识 185
　　　　任务拓展——其他沥青混合料 192
　　　　巩固练习 196
　　任务二　热拌沥青混合料检测与应用 196
　　　　任务描述 196
　　　　相关知识 196
　　　　实践操作 201
　　　　任务拓展——几种新型沥青混合料的技术性能简介 202
　　　　巩固练习 209
　　任务三　热拌沥青混合料的配合比设计 209
　　　　任务描述 209
　　　　相关知识 209
　　　　实践操作 212
　　　　配制实例 223
　　　　巩固练习 232
附录 234
　　附录A　数值修约规则 234
　　附录B　沥青路面使用性能气候分区 238
参考文献 240

认识道路建筑材料

 学习目标

1. 认识道路建筑材料在路桥工程中的地位及各种材料具备的技术性质。
2. 初步了解道路建筑材料质量的检验方法和技术标准。
3. 认识道路建筑材料在专业学习和路桥工程中的作用及学习方法。
4. 培养学生工程质量意识,杜绝使用假材料、不合格材料,以次充好,养成良好的职业素养。

本课程的主要内容和学习任务

材料是工程结构物的物质基础,材料质量的优劣、配制是否合理以及选用是否适当,直接影响结构物的质量。现就道路与桥梁建设中常用建筑材料分述如下。

(1) 砂石材料 砂石材料有的是由地壳上层的岩石经自然风化得到的(天然砂砾),有的是经人工开采或再经轧制而得到的(如各种不同尺寸的碎石和石屑)。砂石材料可以直接用于铺筑路面,或砌筑各种桥梁结构物。更重要的是,作为配制水泥混凝土或沥青混合料的矿石材料。砂石材料在道路与桥梁建筑中的用量占有很大的比例。各种冶金矿渣也是很好的砂石材料。

(2) 无机结合料及其制品 在道路与桥梁建筑中最常用到的无机结合料,主要是石灰和水泥。水泥是桥梁建筑中水泥混凝土和预应力混凝土结构的主要材料。随着高等级公路的发展,水泥混凝土路面已成为主要的路面类型之一,而随着半刚性路面的发展,使石灰和水泥广泛应用于路面基层,成为半刚性基层的重要组成材料。此外,水泥砂浆是各种桥梁圬工结构物砌筑的重要结合料。

(3) 有机结合料及其混合料 有机结合料主要是指沥青类材料,如石油沥青、煤沥青等。这些材料与不同粒径的集料组配,可以铺筑成各种类型的沥青路面。现代高速公路和重型交通的路面,绝大部分是采用沥青混凝土铺筑的,所以沥青混合料是现代路面建筑中极为重要的一种材料。

(4) 高聚物材料 近年来随着我国化学工业的发展,各种高聚物材料逐渐应用于道路与桥梁工程中,除了可以替代传统材料外,更主要的是用来改善沥青混合料或水泥混凝土的性能,它是一种有发展前途的新材料。

(5) 钢材和木材 钢材是桥梁钢结构及混凝土结构的重要组成材料。由于木材资源的宝贵,除了抢修工程或林区临时性工程外,木材已不允许直接用于修筑桥涵,目前主要用作混凝土工程的拱架和模板。

除上述这些常用材料外,随着现代材料科学的进步,出现了新型的"复合材料"。复合

材料是两种或两种以上不同化学组成或组织相的物质，以微观和宏观的物质形式组合而成的材料。复合材料可以克服单一材料的弱点，而发挥其综合的性能。道路建筑材料的研究任务，不仅是要正确使用各种常用材料，还要进一步改善现有材料，创造新型材料。

道路建筑材料检测与应用是学习道路与桥梁建筑使用各种材料的性能和应用的一门课程，是道路与桥梁工程技术专业的主干课程之一，是就业岗位必需的知识和技能。通过学习，使学生获得道路建筑材料的基础知识，掌握道路建筑材料的技术性能、应用方法及其试验检测技能，同时对道路建筑材料的储运和保护也有所了解，以便在今后的工作实践中能科学合理选择与使用材料、配制复合材料，正确检测材料的性能。本课程是学习路基路面工程、桥梁工程等课程的基础。

本书主要讲述常用道路建筑材料的基本组成、技术性能和技术指标、复合材料配合比设计等。将按以下顺序进行学习：砂石材料、石灰和水泥、建筑钢材、沥青材料、建筑砂浆、稳定土、水泥混凝土和沥青混合料等。

各类材料性能的试验检测方法和复合材料配合比设计等实践训练是本课程的重要学习环节，必须加强，并树立科学、严谨、实事求是的工作态度，培养学生分析问题、解决问题的能力。

建筑材料在道路与桥梁工程中的重要性及其应具备的性质

1. 建筑材料在道路与桥梁工程中的重要性

材料是工程结构物的物质基础，是保证工程质量的基本要素。在道路与桥梁结构物的修筑费用中，用于材料的费用约占30%~50%，某些重要工程甚至可达70%~80%。因此，在工程建设中要保证工程质量、节约工程投资、降低工程造价，能正确合理地选配和应用材料是很重要的一个环节。

在道路与桥梁工程建设中，无论是设计、施工、管理，材料选配和应用均是关键，从某种程度上说，材料决定了土建构造物的形式和施工方法，新材料的研发应用，可以促进土建构造物形式的变化，以及设计方法的改进和施工技术的革新。

道路建筑材料的研究，也是道路桥梁技术发展的基础，要实现新设计、新技术、新工艺等革新，材料是其中重要一环，许多新型先进设计，由于材料一关未能突破，而长期未能实现，而新材料的出现，又推动新技术的发展。

总之，从事道路与桥梁工程的技术人员都必须了解和掌握建筑材料有关知识，并使所采用的材料最大限度地发挥其效能，合理、经济地满足工程建设的各项要求。

2. 道路建筑材料应具备的技术性质

道路与桥梁工程都是一种承受频繁交通动荷载反复作用的结构物，同时又是一种无遮盖而裸露于大自然的结构物。它不仅受到车辆复杂的力系作用，同时又受到各种自然因素的恶劣影响。所以，用于修筑道路与桥梁结构用的材料，不仅需要具有抵抗复杂应力作用下的综合力学性能；同时，还要保证在各种自然因素的长期影响下，综合力学性能不产生明显的衰降，即所谓持久稳定性。

为了保证道路与桥梁建筑用建筑材料的综合力学强度和稳定性，就要求建筑材料具备下列四个方面的性质。

（1）力学性质 力学性质是材料抵抗车辆荷载复杂力系综合作用的性能，目前对建筑材料力学性质的测定，主要是测定各种静态的强度，如抗压、拉、弯、剪、扭等强度或者某些特殊设计的经验指标，如磨耗、冲击等。有时假定材料的各种强度之间存在一定关系，以抗压强度作为基准，折算为其他强度。

（2）物理性质 材料的力学强度随其环境条件而改变。影响材料力学性质的物理因素主要是温度和湿度。材料的强度随着温度的升高降低或含水率的增加而显著降低，通常用温度稳定性或水稳定性来表征其强度变化的程度。对于优质材料，其强度变化随着环境条件的变化应当较小。此外，通常还要测定一些物理常数，如密度、孔隙率和空隙率等。这些物理常数是材料内部组成结构的反映，并与力学性质之间存在一定的相依性，可以用于推断力学性质。

（3）化学性质 化学性质是材料抵抗各种周围环境对其化学作用的性能。道路与桥梁用的材料除了受到周围介质（如桥墩在工业污水中）或者其他侵蚀外，通常还受到大气因素（如气温的交替变化、日光中的紫外线、空气中的氧以及废气等的综合作用），引起材料的"老化"，特别是各种有机材料（如沥青材料等）更为显著。

（4）工艺性质 工艺性质是材料适用于按照一定工艺流程加工的性能。例如，水泥混凝土在成型以前要求有一定的流动性，以便制作成一定形状的构件。如果加工工艺不同，要求的流动性亦不同。

建筑材料这四方面性能是互相联系、互相制约的，在研究材料性能时，往往要把各方面性能联系起来统一考虑。

道路建筑材料的检验方法和技术标准

1. 道路建筑材料的一般检验方法

对于道路与桥梁建筑材料性能的检验，必须通过适当的测试手段来进行。检测用作道路与桥梁用材料在实际结构物中的技术性质，通常可采用实验室内原材料性能检测试验、模拟结构检测以及现场修筑试验性结构物检测等方法。本书主要着重于实验室内材料性能的检定。

室内材料试验包括下列内容。

（1）物理性质试验 测定道路与桥梁用材料的物理常数，除了提供材料组成设计时用的一些原始资料外，还要通过物理常数测定以间接推断材料的力学性能。

（2）力学性质试验 目前建筑材料的力学性质主要是采用各种试验机测定其静态力学性能，如抗压、拉、弯、剪等强度。

随着基础科学的发展，使得测定材料真实性能有了可能。考虑到道路建筑材料在不同温度与不同荷载作用时间条件下动态的弹—黏—塑性能，用以描述材料的真实性能。例如，沥青混合料在不同温度与不同作用时间条件下的动态劲度，以及采用特殊设备或动态三轴仪来测定在复杂应力作用下，不同频率和间歇时间的沥青混合料的疲劳强度等，使材料的力学性质与其在路上的实际受力状态较为接近，也可为现代考虑黏—塑性的路面设计方法提供一定的参数。

（3）化学性质试验 对于材料化学性质的试验，通常只作材料简单化合物（如 CaO、MgO）含量或有害物质含量的分析。目前进一步发展，可作某些材料（如沥青）的"组分"分析，这样可以初步地了解材料的组成与性能的关系。随着现代测试技术发展，例如核磁共振波谱、红外光谱、X-射线衍射和扫描电子显微镜等在沥青材料分析中应用，促进了沥青化学结构与路用性能的相依性的研究，有可能从化学结构上来设计要求性能的沥青材料。

（4）工艺性质试验　现代工艺试验主要是将一些经验的指标与工艺要求联系起来，尚缺乏科学理论的分析。随着流变力学、断裂力学等的发展，许多材料工艺性质的试验按照流变-断裂学理论来进行分析，并提出不同的方法。例如，沥青混合料的摊铺性质采用流动性系数等指标来控制，关于这方面的发展可说是日新月异。

2. 道路建筑材料质量的标准化和技术标准

应用于道路与桥梁的材料及其制品必须具备一定的技术性质，以适应道路结构物的不同建筑结构与施工条件的要求。这些要求是根据国家标准或有关技术规范来规定一些技术指标，在道路设计与建筑过程中我们应按这些指标来评价道路材料的质量。

为了保证建筑材料的质量，我国对各种建筑材料制定了专门的技术标准。目前我国建筑材料的标准分为：国家标准、行业标准、地方标准和企业标准四个等级。

对于需要在全国范围内统一的技术要求，应当制定国家标准。国家标准由国务院标准化行政部门制定。

对没有国家标准而又需要在全国某行业范围内统一的技术要求，可以制定行业标准。行业标准由国务院有关行政主管部门制定，并报国务院标准化行政主管部门备案。在公布国家标准之后，该项行业标准即行废止。

此外，对没有国家标准和行业标准，又需在省、自治区、直辖市范围内实行统一要求的，可以制定地方标准。企业生产的产品没有国家标准和行业标准的，应当制定企业标准以作为组织生产的依据。

国家标准和行业标准表示方法如下。

（1）国家标准的表示方法　国家标准由国家标准代号、编号、制定和修订年份、标准名称四个部分组成。

现以通用硅酸盐水泥为例表示如下。

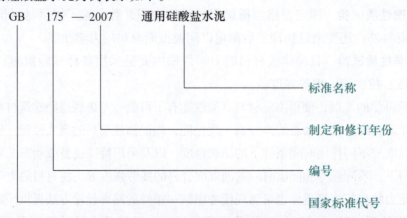

国家标准修订时标准代号和编号不变，只改变制定和修订年份。例如标准原为1977年制定的 GB 175—1977；1988年修订为 GB 175—1988；1992年修订为 GB 175—1992；2007年修订为 GB 175—2007。

强制性国家标准代号为 GB，推荐性国家标准在 GB 后加"T"。例如，GB/T 14685—2011《建筑用卵石、碎石标准》。

（2）行业标准表示方法　行业标准由行业标准代号、一级类目代号、二级类目代号、二级类目顺序号、制定和修订年份及标准名称等部分组成。

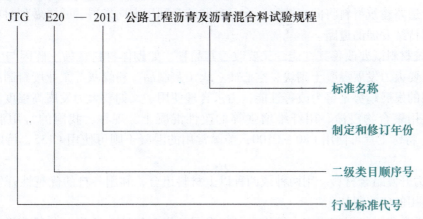

推荐性行业标准，同样在行业标准后加"T"，例如 SH/T 0509—1992。我国国家标准及与道路材料有关的行业标准代号示例见表 0-1。

表 0-1　我国国家标准及与道路材料有关的行业标准代号示例

标准名称	代号（汉语拼音）	示例
国家标准	国标 GB（Guo Biao）	GB 175—2007 通用硅酸盐水泥
交通行业标准	交通 JT（Jiao Tong）	JTG E42—2005 公路工程集料试验规程
建材行业标准	建材 JC（Jian Cai）	JC/T 479—2013 建筑生石灰
石油化工行业标准	石化 SH（Shi Hua）	GB/T 15180—2010 重交通道路石油沥青
黑色冶金行业标准	冶标 YB（Ye Biao）	YB/T 030—2012 煤沥青筑路油

为研究国外有关道路建筑材料的科学技术，现将国际及国外几个主要国家的标准代号列于表 0-2 中。

表 0-2　国际及国外几个主要国家的标准代号

标准名称	缩写（全名）
国际标准	ISO（International Standards Organization）
美国国家标准	ANS（American National Standard）
美国材料与试验学会标准	ASTM（American Society for Testing and Materials）
原苏联国家标准	ГОСТ（ГосуДарсТвеННЫЙ ОбЩесоЮЗНЫЙ СтаНДарТ）
英国标准	BS（Brhish Standard）
德国工业标准	DIN（Deutsche lndustric Normen）
日本工业标准	JIS（Japanese lndustrial Standard）
法国标准	NF（Normes Francaises）

道路建筑材料的发展

现在世界正从工业社会向信息社会过渡。信息社会发展在很大程度上取决于交通工具和信息技术。高速交通工具的出现推动了铁路、公路和隧道公路的快速发展。

截止到 2019 年末，全国公路总里程 501.25 万千米，国家高速公路网基本建成，高速公路总里程达到 14.96 万千米，覆盖 90% 以上的 20 万以上城镇人口城市，二级及以上公路里程达到 67 万千米，国省道总体技术状况达到良等水平，农村公路总里程达到 420 万千米。

因此，道路建筑材料将向高性能、多品种和综合利用方向发展，并要做到材料与环境的协调，走可持续发展的道路。

1）传统材料既要改善其性能，又要改善其品种。如砌体材料、黏土砖因与农业争地应限制使用，要大力发展混凝土砌块、空心砖、火山灰制品、粉煤灰等工业废料制品、沥青土坯等。它们的发展趋势是努力改善性能，力求合理使用。又如要大力发展高强度和高性能混凝土，发展用聚合物浸渍、用纤维增强等的改性混凝土。现在，我国的常用混凝土使用 C50～C60，特殊工程可使用 C80～C100；美国常用的混凝土则可使用 C135，特殊工程可使用 C400。

2）大力开发组合材料。用两种或两种以上材料组合，利用各自的优越性开发出高性能的、便于使用的建筑制品。

3）化学合成材料用于抗应力结构是材料发展的崭新领域。目前正在深入研究、开发化学合成材料受力和变形的性能，将其广泛用于抗应力结构。国外已有经聚合物处理的钢纤维钢筋和钢纤维钢绞线，可用于混凝土结构。

4）把生态环境作为引导建筑材料发展的一个重要因素。建筑材料的大量生产和使用，一方面服务于人类，另一方面又消耗大量的资源和能源，并且从生产、使用到废弃的过程中放出大量的废气、废水和各种废弃物而污染环境，恶化人类赖以生存的空间。为了可持续发展，必须把建筑材料发展同环境改善结合起来，或者说，应该把生态环境作为引导建筑材料发展的一个重要因素，大力发展生态材料。

项目一　砂石材料的检测与应用

项目目标

1. 熟悉砂石材料的主要技术性质和技术指标，能进行砂石材料主要技术指标的检测与应用。
2. 了解矿粉、工业废渣的技术性质，会描述矿粉、工业废渣在道路材料中的使用。
3. 了解矿质混合料的级配理论，能进行矿质混合料的组成设计。
4. 培养学生严谨的工作态度、踏实的工作作风和甘当"铺路石"的精神。

砂石材料是道路与桥梁建筑中用量最大的一种建筑材料，它是由岩石风化或加工而成，可直接用作道路与桥梁的圬工结构材料，亦可加工成各种尺寸的集料，作为水泥混凝土和沥青混合料的骨料。用作道路与桥梁建筑的石料或集料都应具备一定的技术性质，以适应不同建筑工程的技术要求。特别是作为水泥混凝土和沥青混合料的集料，应按级配理论组成。因此，还必须掌握其组成设计的方法。

任务一　岩石的技术性能检测与应用

任务描述：现有一批块石，需进行密度、强度、吸水性、耐久性等技术指标的检测，以评定其使用性能并出具检测报告。

相关知识

石料的技术性质，主要应从物理性质、力学性质和化学性质三方面来进行评价。

教学视频1 岩石的技术性质

一、物理性质

石料的物理性质包括物理常数（如真实密度、毛体积密度和孔隙率等）、吸水性（如吸水率、饱和吸水率等）和耐候性（如抗冻性、坚固性等）。

1. 物理常数

石料的物理常数是石料矿物组成结构状态的反映，它与石料的技术性质有着密切的联系。石料可由各种矿物形成不同排列的各种结构，但是从质量和体积的物理观点出发，石料的内部组成结构主要是由矿物实体和孔隙（包括与外界连通的开口孔隙和不与外界连通的闭口孔隙）

所组成。石料组成结构外观如图 1-1a 所示。石料的质量与体积关系如图 1-1b 所示。

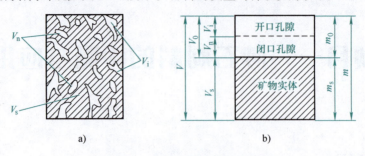

图 1-1　石料组成结构示意图

石料内部组成结构是由矿质实体和孔隙所组成；孔隙分为开口孔隙——
与外界相连通；闭口孔隙——不与外界连通
a) 石料组成结构外观　b) 石料的质量与体积关系

为了反映石料的组成结构以及它与物理和力学性质间的关系，通常采用一些物理常数来表征。在道路与桥梁工程用块状石料中，最常用的物理常数是真实密度、毛体积密度和孔隙率。这些物理常数在一定程度上表征材料的内部组织结构，可以间接预测石料的有关物理性质和力学性质。此外，在混合料组成设计计算时，这些物理常数也是重要的原始资料。

(1) 真实密度（True Density）　石料的密度（又称真实密度）是石料在规定条件（105℃±5℃烘干至恒重）下，单位矿质实体体积（不含孔隙的矿质实体的体积）的质量。真实密度用 ρ_t 表示。由图 1-1b 体积与质量的关系可知：

$$\rho_t = \frac{m_s}{V_s} \tag{1-1a}$$

式中　ρ_t——石料的真实密度（g/cm³）；
　　　m_s——石料矿质实体的质量（g）；
　　　V_s——石料矿质实体的体积（cm³）。

由于测定石料密度是在空气中称量石料质量，所以石料中的空气质量 $m_o=0$，矿质实体的质量就等于石料的质量，即 $m_s=m$，故式（1-1a）可改写为式（1-1b）。

$$\rho_t = \frac{m}{V_s} \tag{1-1b}$$

式中　ρ_t、V_s——意义同式（1-1a）；
　　　m——石料的质量（g）。

(2) 毛体积密度（Bulk Density）　石料的毛体积密度是石料在规定条件下，单位毛体积（包括矿物实体和孔隙的体积）的质量。毛体积密度用 ρ_d 表示，由图 1-1b 体积与质量的关系可知：

$$\rho_d = \frac{m_s}{V_s + V_n + V_i} \tag{1-2a}$$

式中　ρ_d——石料的毛体积密度（g/cm³）；
　　　m_s、V_s——意义同式（1-1a）；
　　　V_i、V_n——石料开口孔隙和闭口孔隙的体积（cm³）。

由于 $m_s=m$ 石料的矿质实体体积和孔隙体积之和即石料的毛体积，$V_s+V_n+V_i=V$，故式（1-2a）可写成：

$$\rho_d = \frac{m}{V} \tag{1-2b}$$

式中 ρ_d——石料的毛体积密度（g/cm³）；
   m——石料的质量（g）；
   V——石料的毛体积（cm³）。

(3) 孔隙率（Porosity） 石料的孔隙率是石料的孔隙体积占其总体积的百分率，即：

$$n = \frac{V_0}{V} \times 100\% \tag{1-3a}$$

式中 n——石料的孔隙率（%）；
   V_0——石料的孔隙（包括开口和闭口孔隙）的体积（cm³）；
   V——石料的总体积（cm³）。

孔隙率也可由真实密度和毛体积密度计算求得。由式（1-3a）得：

$$n = [(V - V_s)/V] \times 100\% = [1 - (V_s/V)] \times 100\%$$

又由式（1-1b）和式（1-2b）得：$V_s = m/\rho_t$，$V = m/\rho_d$
故式（1-3a）可写为：

$$n = \left(1 - \frac{\rho_d}{\rho_t}\right) \times 100\% \tag{1-3b}$$

式中 n——石料的孔隙率（%）；
   ρ_t——石料的真实密度（g/cm³）；
   ρ_d——石料的毛体积密度（g/cm³）。

石料的物理常数（真实密度、毛体积密度和孔隙率）不仅反映石料的内部组成结构状态，而且能间接地反映石料的力学性质（例如相同矿物组成的岩石，孔隙率愈低，其强度愈高）。尤其是石料的孔结构会影响其所轧制成的集料在水泥混凝土和沥青混合料中，对水泥浆和沥青的吸收、吸附等化学交互作用的程度。

2. 吸水性（Water Absorption）

石料吸水性是石料在规定的条件下吸水的能力。由于石料的孔结构（孔隙尺寸和分布状态）的差异，在不同试验条件下吸水能力不同。为此，我国现行 JTG E41—2005《公路工程岩石试验规程》规定，采用吸水率和饱和吸水率两项指标来表征石料的吸水性。

(1) 吸水率（Ratio of Water Absorption） 石料的吸水率是指在室内常温（20℃±2℃）和大气压条件下，石料试件最大的吸水质量占烘干（105℃±5℃干燥至恒重）石料试件质量的百分率。石料吸水率按式（1-4a）计算：

$$\omega_a = \frac{m_1 - m}{m} \times 100\% \tag{1-4a}$$

式中 ω_a——石料吸水率（%）；
   m——石料试件烘干至恒量时的质量（g）；
   m_1——石料试件吸水至恒量时的质量（g）。

(2) 饱和吸水率（Ratio of Water Sesistance） 石料饱和吸水率是指在试件强制饱和室内常温（20℃±2℃）和真空抽气（抽至真空度为20mmHg）后的条件下，石料试件最大吸水率的质量占烘干石料试件质量的百分率。

$$\omega_{sa} = \frac{m_2 - m}{m} \times 100\% \tag{1-4b}$$

式中 ω_{sa}——石料饱和吸水率（%）；
m——石料试件烘干至恒量时的质量（g）；
m_2——石料试件强制吸水饱和后的质量（g）。

吸水率与饱和吸水率的之比称为饱水系数，用 K_w 表示。它是评价石料抗冻性的一种指标。饱水系数愈大，说明常压下吸水后留余的空间有限，岩石愈容易被冻胀破坏，因而岩石的抗冻性就差。

3. 耐候性（Weathering Resistance）

道路与桥梁都是暴露于大自然中无遮盖的建筑物，经常受到各种自然因素的影响。用于道路与桥梁建筑的石料抵抗大自然因素作用的性能称为耐候性。

天然石料在道路和桥梁结构物中，长期受到各种自然因素的综合作用，力学强度逐渐衰降。在工程使用中引起石料组织结构的破坏而导致力学强度降低的因素，首先是温度的升降（由于温度应力的作用，引起石料内部的破坏）；其次是石料在潮湿条件下，受到正、负气温的交替冻融作用，引起石料内部组织结构的破坏。在这两种因素中究竟何者为主要，需根据气候条件决定。在大多数地区，后者占有主导地位。

耐候性的检测方法，目前已列入我国试验规程 JTG E41—2005《公路工程岩石试验规程》的有：抗冻性和坚固性。

(1) 抗冻性（Frost Resistance） 根据现有研究认为，石料由于在潮湿状态受正负温度交替循环而产生破坏的机理是基于石料经自然饱水后，它与外界连通的开口孔隙大部分被水充满。当温度降低时水分体积缩小，水分积聚于部分孔隙中，直至4℃时体积达到最小；当温度再继续降低时水的体积又逐渐胀大，小部分水迁移至其他无水的孔隙中。但是当达到0℃以后，由于固态水的移动困难，随温度的下降，冰的体积继续胀大，而对石料孔壁周围施加张应力，如此多次冻融循环后，石料逐渐产生裂缝、掉边、缺角或表面松散等破坏现象。

我国现行抗冻性的试验方法是采用直接冻融法。采用经过规定冻融循环后的质量损失百分率表征其抗冻性。抗冻质量损失率按式（1-5）计算：

$$L = \frac{m_s - m_f}{m_s} \times 100 \tag{1-5}$$

式中 L——抗冻质量损失率（%）；
m_s——试验前烘干试件的质量（g）；
m_f——试验后烘干试件的质量（g）。

此外，抗冻性亦可采用未经冻融的石料试件抗压强度与冻融循环后的石料试件抗压强度比值（称为耐冻系数）表示。耐冻系数按式（1-6）计算：

$$K_f = \frac{R_f}{R_s} \tag{1-6}$$

式中 K_f——耐冻系数（冻融系数）；
R_f——经若干次冻融循环试验后的石料试件饱水抗压强度（MPa）；
R_s——未经冻融循环试验的石料试件饱水抗压强度（MPa）。

判断石料抗冻性能好坏有三个指标，即①冻融后强度变化；②质量损失；③外形变化。一般认为，耐冻系数大于75%，质量损失率小于2%时，为抗冻性好的石料；吸水率小于0.5%，软化系数大于0.75以及饱水系数小于0.8的石料，具有足够的抗冻能力。

关于桥涵建筑用石料，对一月份平均气温低于-10℃的地区（除气候干旱地区的不受冰冻部位外），应符合抗冻性要求。抗冻性指标是指块状试件经饱水状态在-15℃的条件下，按表1-1中所列要求冻融循环次数后，无明显的缺损（包括裂缝、缺角、掉边、表面松散等现象），同时耐冻系数（K）大于0.75，则认为抗冻性合格。根据以往实践经验证明具有足够抗冻性的石料可不做抗冻性试验。

表1-1 桥涵用石料抗冻性指标

结构物部位	大、中桥	小桥及涵洞
	冻融循环次数	
镶面的或表面的石料	50	25

（2）坚固性（Soundness） 石料的坚固性是采用硫酸钠侵蚀法来测定。此方法的机理是基于硫酸钠饱和溶液浸入石料孔隙后，经烘干，硫酸钠结晶体积膨胀，产生如水结冻相似的作用，使石料孔隙周壁受到张应力，经过多次循环，引起石料破坏；坚固性是测定石料耐候性的一种简易、快速的方法。有设备条件的单位应采用直接冻融法试验。

二、力学性质

道路与桥梁工程所用石料在力学性质方面的要求，除了一般材料力学中所述及的抗压强度、抗拉强度、抗剪强度、抗弯强度、弹性模量等纯粹力学性质外，还有一些为路用性能特殊设计的力学指标，如抗磨光性、抗冲击性、抗磨耗性等。由于道路建筑使用的石料多轧制成集料使用，故抗磨光、抗冲击和抗磨耗等性能将在集料力学性质中讨论。在石料的力学性质中，主要讨论确定石料等级的抗压强度和磨耗性两项性质。

1. 单轴抗压强度（Uniaxial Compression Strength）

道路建筑用石料的（单轴）抗压强度，是将石料（岩块）制备成标准试件，经吸水饱和后，在单轴受压并按规定的加载条件下，达到极限破坏时，单位承压面积的强度，按式(1-7)计算：

$$R = \frac{P}{A} \tag{1-7}$$

式中 R——石料抗压强度（MPa）；
P——试件破坏时的荷载（N）；
A——试件的截面面积（mm^2）。

石料的单轴抗压强度值，取决于石料的组成结构（如矿物组成、岩石的结构和构造、裂缝的分布等），同时也取决于试验的条件（如试件几何外形、加载速度、温度和湿度等）。含水状态对岩石强度具有显著影响，一般随含水率增大岩石强度降低，含水状态对岩石强度的影响称软化性，用软化系数表示。岩石试件在饱和状态下单轴抗压强度与其干燥状态下单轴抗压强度的比值称为软化系数，用K_P表示。

2. 磨耗性（Abrasiveness）

磨耗性是石料抵抗撞击、剪切和摩擦等综合作用的性能，用磨耗损失（%）表示。

石料的磨耗性测定用洛杉矶式磨耗试验法（详见任务二粗集料的技术性质）。石料磨耗损失（%）按式（1-8）计算：

$$Q = \frac{m_1 - m_2}{m_1} \times 100\% \tag{1-8}$$

式中　Q——石料的磨耗损失（%）；

　　　m_1——装入筒中的试样质量（g）；

　　　m_2——试验后洗净烘干石料试样的质量（g）。

三、化学性质

在道路与桥梁的建筑中，各种矿质集料是与结合料（水泥或沥青）组成混合料而用于结构物中。早年的研究认为，矿质集料是一种惰性材料，它在混合料中只起物理作用。随着近代研究的发展，认为矿质集料在混合料中与结合料起着复杂的物理-化学作用，矿质集料的化学性质很大程度地影响着混合料的物理-力学性质。

在沥青混合料中，由于矿质集料的化学性质变化，对沥青混合料的物理-力学性质起着极为重要作用。例如，在其他条件完全相同情况下，采用上海附近三种典型石料（包括无锡石灰石、苏州花岗岩和常熟石英石）与同一种沥青组成的沥青混合料，它们的强度和浸水后强度就有差异，具体比较见表1-2。

从表1-2可以看出，在其他条件完全相同的情况下，仅是矿质集料的矿物成分不同，沥青混合料的强度和浸水后的强度以及强度降低百分率均有显著差别。石灰石矿质混合料强度最高，浸水强度降低最少；花岗岩矿质混合料次之；石英石矿质混合料最差。按化学分析方法对上述三种岩石化学组成分析结果见表1-3。

表1-2　不同矿物成分集料组成的沥青混合料强度比较

编号	矿质混合料名称	干燥抗压强度 $f_{R(d)}$（20℃）/kPa	浸水后抗压强度 $f_{R(d)}$（浸水24h，20℃）/kPa	S_t（浸水后强度降低（%））
1	石灰石矿质混合料	2058	1893	8.02
2	花岗岩矿质混合料	1372	1166	15.01
3	石英石矿质混合料	1176	917	22.02

注：表中沥青混合料为细粒式密级配，沥青为环氧基沥青，其针入度为60（1/10mm），用量7%。

表1-3　三种岩石化学组成分析结果

岩石名称	化学组成（%）							
	氧化硅（SiO_2）	氧化钙（CaO）	氧化铁（Fe_2O_3）	氧化铝（Al_2O_3）	氧化镁（MgO）	氧化锰（MnO）	三氧化硫（SO_3）	磷酸酐（P_2O_5）
石灰石	1.00	55.57	27	0.27	0.06	0.01	0.01	
花岗岩	76.72	1.99	2.87	17.29	0.02	0.02	0.15	0.02
石英石	98.25	0.21	1.23	0.09		0.01	0.21	

从表1-3可以看出三种矿质混合料，它们在化学组成上不同之处就在于石灰石含有的

CaO 成分很高，SiO_2 的成分很少。而花岗岩与石英石则与之相反，SiO_2 含量很高，CaO 含量很低。按克罗斯的分类法：岩石化学组成中 SiO_2 含量大于 65% 的石料称为酸性石料；SiO_2 含量为 52%~65% 的石料称为中性石料，SiO_2 含量小于 52% 的石料称为碱性石料。虽然各种石料有其大致的 SiO_2 含量范围（图1-2），但是石料造岩矿物是变化无常的，进行化学组成分析比较复杂。为确定石料与沥青的黏附性，通常在道路工程中采用一些简便的方法。

石料与沥青黏性测定方法有水煮（水浸）法和光电分光光度法。试验结果表明（表1-4），从碱性、中性直至酸性石料，随着 SiO_2 含量的增加，其与沥青黏性随之降低。为保证沥青混合料的强度，在选择石料时应优先考虑采用碱性石料，当地缺乏碱性石料必须采用酸性石料时，可掺加各种抗剥剂等措施以提高沥青与石料的黏性。

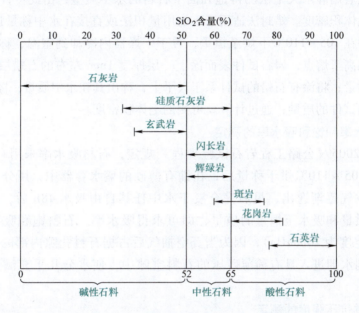

图1-2 岩石与沥青黏性按岩石中 SiO_2 含量分类

表1-4 不同矿物组成的岩石与沥青的黏性表

编号	岩石名称	剥落度（%）（光电分光光度法）	编号	岩石名称	剥落度（%）（光电分光光度法）
1	石灰岩	9.06	5	闪长岩	18.62
2	橄榄岩	16.08	6	安山岩	21.73
3	玄武岩	16.43	7	花岗岩	28.91
4	辉长岩	21.13	8	流纹岩	34.82

注：试验采用沥青为黏度 $C_{60,5}=240s$ 的慢凝液体沥青。

 实践操作

道路建筑用石料的技术性能指标有密度、吸水率、抗压强度、磨耗性能等，根据我国现行 JTG E41—2005《公路工程岩石试验规程》规定，主要指标的检测要点如下。

1. 石料的真实密度的测定

我国现行 JTG E41—2005《公路工程岩石试验规程》规定，在测定有孔隙石料密度时，应把石料样品粉碎磨细以排除其内部孔隙,在105~110℃条件下至恒重,冷却后称得其质量。然后在密度瓶中加水经煮沸后,使水分进入闭口孔隙中,通过"置换法"测定其真实体积。

2. 石料毛体积密度的测定

JTG E41—2005《公路工程岩石试验规程》规定,石料毛体积密度的测定可用量积法、水中称量法和蜡封法。量积法适用于能制成规则试件的各类岩石。水中称量法适用于除遇水崩解、溶解和干缩湿胀外的其他各类岩石。该方法是将规定石料在105℃±5℃烘干至恒重,测得其质量;然后将石料吸水48h,使得饱水后用湿毛巾擦去表面水,即可称得饱和面干时的石料质量;最后用静水天平法测得饱和面干石料的水中质量,由此可计算出石料的毛体积,即可求得毛体积密度。蜡封法适用于不能用量积法或直接在水中称量进行试验的岩石。该方法是将试件在105~110℃下烘至恒重,置于干燥器内冷却到室温,称其质量;把石蜡加热熔化,至稍高于熔点,岩石试件表面涂上一层厚度1mm左右的石蜡层,冷却后准确称出蜡封试件的质量;将涂有石蜡的试件系于天平上,称出其在水中质量;擦干表面水分,在空气中重新称出试件的质量;通过计算就可测的毛体积密度。

3. 石料吸水率和饱和吸水率的测定

JTG E41—2005《公路工程岩石试验规程》规定,石料吸水率采用自由吸水法测定。将石料试件经105~110℃烘干称量后,在铺有薄砂的盛水容器中,用分层逐渐加水的方法使石料中的空气逐渐逸出,最后完全浸于水中任其自由吸水48h后,取出称量;测得烘干至恒重的质量和吸水至恒重的质量,即可求得吸水率。石料饱和吸水率采用真空抽气法(抽至真空度为20mmHg),因为当真空抽气后占据石料孔隙内部的空气被排除,当恢复常压时,则水即进入具有稀薄残压的石料空隙中,使水分几乎充满开口空隙的全部体积。

4. 石料单轴抗压强度的测定

JTG E41—2005《公路工程岩石试验规程》规定,石料单轴抗压强度的测定是将石料(岩块)制备成70mm×70mm×70mm的正方体(或直径和高度均为50mm的圆柱体或直径为50mm高径比为2∶1圆柱体)试件,经吸水饱和后,在单轴受压并按规定的加载条件下,达到极限破坏时,单位承压面积的强度。

5. 石料抗冻性的测定

JTG E41—2005《公路工程岩石试验规程》规定,将石料加工为规则的块状试样,在常温条件下(20℃±5℃),让试件自由吸水饱和,取出擦去表面水分,采用逐渐浸水的方法,使开口孔隙吸饱水分,然后置于负温(通常采用-15℃)的冰箱中冻结4h,最后在常温条件下融解,如此为一冻融循环。经过10次、15次、25次等或50次循环后,观察其外观破坏情况并计算其质量损失率来评定石料的抗冻性。

6. 石料坚固性的测定

JTG E41—2005《公路工程岩石试验规程》规定,将烘干并已称量过的规则试件,浸入饱和的硫酸钠溶液中经20h后,取出置于105~110℃的烘箱中烘4h。然后取出冷却至室温,这样作为一个循环。如此重复浸烘5次。最后一个循环后,用蒸馏水沸煮洗净,烘干称量,计算其质量损失率。

一、石料的技术分级

道路建筑用天然石料按其造岩矿物的成分、含量以及组织结构分为4种岩类。现将各岩类划分及其主要代表性岩石介绍如下。

岩浆岩类：如花岗岩、正长岩、辉长岩、辉绿岩、闪长岩、橄榄岩、玄武岩、安山岩、流纹岩等。

石灰岩类：如石灰岩、白云岩、泥灰岩、凝灰岩等。

砂岩和片岩类：如石英岩、砂岩、片麻岩、石英片麻岩等。

砾石类：砾石细分为巨砾、粗砾和细砾三种：平均粒径 1～10mm 的称细砾；10～100mm 的，称粗砾；大于100mm 的，称巨砾。

以上各岩石组成按其物理－力学性质（主要为饱水状态的抗压强度和磨耗损失）分为下列4种等级：

1级——最坚强的岩石，为抗压强度大，磨耗损失低的岩石；

2级——坚强的岩石，为抗压强度较大，磨耗损失较低的岩石；

3级——中等强度的岩石，为抗压强度较低，磨耗损失较大的岩石；

4级——较软的岩石，为抗压强度低，磨耗损失大的岩石。

二、道路和桥涵用石料制品

1. 道路路面用石料制品

道路路面建筑用石料制品，包括直接铺筑路面面层用的整齐块石、半整齐块石和不整齐块石三类，路面基层用的锥形块石、片石等。

(1) 高级铺砌用的整齐块石　整齐块石用的尺寸为：大方块石 300mm×300mm×（120～150）mm，小方块石为 120mm×120mm×250mm。岩石的抗压强度不低于100MPa，洛杉矶磨耗率不大于5%。

(2) 路面铺砌用半整齐块石　半整齐块石是经过粗凿而成为立方体，半整齐弹石块高度一般采用 12～14cm，长度不宜大于 10～15cm，宽度一般采用 7～12cm。石块顶面积为 90～150cm²，衬面面积为 60～130cm²。

(3) 铺砌用不整齐块石　不整齐块石又称为拳石，经粗加工而得。要求顶面为平面，底面与顶面基本平行，顶面积与底面积之比大于40%～60%。

(4) 锥形块石　又称"大块石"，用于路面底基层。锥形块石是由片石进一步加工而得的粗集料，要求上小下大，接近于截锥形。其底面积不宜小于100cm²，以便砌摆稳定。

锥形块石的高度一般为 160mm±20mm，200mm±20mm，250mm±20mm 等。通常底基层边长应为石块高的 1.1～1.4 倍。

2. 桥梁建筑用主要石料制品

桥梁建筑用主要岩石制品有片石、块石、方块石、粗料石、细料石、镶面石等，其技术要求见表1-5。

表1-5 桥梁建筑用主要石料制品

石料名称	技术要求
片石	形状不受限制,但薄片者不得使用。一般片石中部最小尺寸应不小于15cm,体积不小于0.01m^3,每块质量一般在30kg以上。用于圬工工程主体的片石,其极限抗压强度应不小于30MPa,用于附属工程的片石,其极限抗压强度应不小于20MPa
块石	块石形状大致方正,无尖角,有两个较大的平行面,边角可不加工。其厚度应不小于20cm,宽度为厚度的1.2~2.0倍,长度为厚度的1.5~3.0倍,砌缝宽度一般不大于20mm,别的边角砌缝宽度可达30~35mm,石料的强度应符合设计文件的规定
方块石	石料大致方正,厚度不小于20cm,宽度为厚度的1.2~2.0倍,长度为厚度的1.5~4.0倍,砌缝宽度不大于20mm,石料的强度应符合设计文件的规定
粗料石	形状和极限抗压强度符合设计文件的规定,其表面凹凸相差不大于10mm,砌缝宽度小于20mm
细料石	形状和极限抗压强度符合设计文件的规定,其表面凹凸相差不大于5mm,砌缝宽度小于15mm
镶面石	应选用较坚硬的岩石,较耐腐蚀性的岩石

巩固练习

1. 路用岩石有哪些主要物理性能指标?简述它们的含义及其对路用岩石性能的影响。
2. 试分析影响岩石抗压强度的主要因素(内因和外因)。
3. 集料磨光值、磨耗值和冲击值表征岩石的什么性能?这些数值对路面抗滑层用集料有什么实际意义?
4. 岩石的什么性质对岩石与沥青的黏附性有影响?现行有哪些测定岩石和沥青黏附性的方法?这些方法有哪些优缺点?
5. 路用岩石的技术等级是如何确定的?

任务二 集料的检测与应用

任务描述:使用现行检测规范,完成对进场集料的外观质量检测、现场取样和技术性能指标的检测、评定,并出具试验检测报告。

集料(Aggregate)包括石屑、自然风化而成的砾石(卵石)、砂及经人工轧制成的各种尺寸的碎石(图1-3)。

集料是混合料中起骨架和填充作用的粒料,包括碎石、砾石、石屑、砂等。不同粒径的集料在水泥(或沥青)混合料中所起的作用不同,因此对它们的技术要求不同。集料按粒径大小分为细集料和粗集料。在沥青混合料中,凡粒径小于2.36mm者称为细集料(Fine Aggregate);在水泥混凝土中,凡粒径小于4.75mm者称为细集料。在沥青混合料中,凡粒径大于2.36mm者称为粗集料(Coarse Aggregate);在水泥混凝土中,凡粒径大于4.75mm者称为粗集料。集料的物理、力学、化学性质对沥青混凝土或水泥混凝土有较大的影响。

图1-3 常见集料图片
a)、b) 碎石 c) 卵石 d) 砾石

一、粗集料的技术性质

1. 粗集料的密度

在计算集料的密度时，不仅要考虑到集料颗粒中的孔隙（开口孔隙和闭口孔隙），还要考虑颗粒间的空隙（Void）。集料的体积和质量的关系如图1-4所示。

（1）表观密度（Apprent Density） 粗集料的表观密度（简称视密度）是在规定条件（105℃±5℃烘干至恒重）下，单位表观体积（包括矿质实体和闭口孔隙的体积）的质量。

教学视频2 粗集料技术性质1

由图 1-4 体积与质量的关系，集料表观密度 ρ_a 可表示为：

$$\rho_a = \frac{m_a}{V_s + V_n} \quad (1\text{-}9)$$

式中　ρ_a ——集料的表观密度（g/cm³）；
　　　m_a ——矿质实体的质量（g）；
　　　V_s ——材料矿质实体的体积（cm³）；
　　　V_n ——材料不吸水的闭口孔隙体积（m³）。

（2）毛体积密度　粗集料的毛体积密度是在规定的条件下，单位毛体积（包括矿质实体、闭口孔隙和开口孔隙）的质量。按图 1-4，粗集料毛体积密度可由下式求得：

$$\rho_b = \frac{m_s}{V_s + V_n + V_i} \quad (1\text{-}10)$$

式中　ρ_b ——粗集料毛体积密度（g/cm³）；
V_s、V_n、V_i ——粗集料矿质实体、闭口孔隙和开口孔隙体积（cm³）；
　　　m_s ——矿质实体质量（g）。

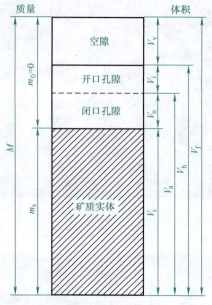

图 1-4　集料的体积和质量的关系

（3）表干密度（饱和面干毛体积密度 Saturated Surface – Dry Density）　粗集料的表干密度是在规定的条件下，单位毛体积（包括矿质实体、闭口孔隙和开口孔隙）的饱和面干质量。粗集料表干密度可由下式求得：

$$\rho_s = \frac{m_f}{V_s + V_n + V_i} \quad (1\text{-}11)$$

式中　ρ_s ——粗集料表干密度（g/cm³）；
V_s、V_n、V_i ——粗集料矿质实体、闭口孔隙和开口孔隙体积（cm³）；
　　　m_f ——粗集料的饱和面干质量（g）。

（4）粗集料的堆积密度　粗集料的堆积密度（Loose Density）是集料装填于容器中（包括集料之间的空隙和颗粒内部的孔隙）单位体积的质量，可按下式求得：

$$\rho = \frac{m_s}{V_s + V_p + V_v} \quad (1\text{-}12)$$

式中　ρ ——粗集料的堆积密度（g/cm³）；
V_s、V_p、V_v ——矿质实体、孔隙和空隙的体积（cm³）；
　　　m_s ——矿质实体的质量（g）。

粗集料的堆积密度包括自然堆积状态、振实状态和捣实状态下的堆积密度。粗集料的自然堆积密度是干燥的粗集料用平头铁锹离筒口 50mm 左右装入规定容积的容量筒的单位体积的质量；振实密度是将装满试样的容量筒在振动台上振动 3min 后单位体积的质量；捣实密度是将试样分三次装入容量筒，每层用捣棒均匀捣实 25 次的单位体积的质量。

2. 含水率

粗集料含水率（Percentage of Water）是指粗集料在自然状态条件下的含水率，粗集料含水率可按式（1-13）计算：

$$\omega = \frac{m_1 - m_2}{m_2 - m_3} \times 100\%$$ (1-13)

式中　ω——粗集料含水率（%）；
　　　m_1——未烘干的试样与容器的总质量（g）；
　　　m_2——烘干后的试样与容器的总质量（g）；
　　　m_3——容器质量（g）。

集料在饱水状态下的吸水率与集料孔隙大小有一定的关系。因此，要测定饱和状态下集料的吸水率。粗集料吸水率可按式（1-14）计算：

$$\omega_x = \frac{m_2 - m_1}{m_1 - m_3} \times 100\%$$ (1-14)

式中　ω_x——粗集料的吸水率（%）；
　　　m_1——烘干后的试样与容器的总质量（g）；
　　　m_2——吸水至恒重的试样与容器的总质量（g）；
　　　m_3——容器质量（g）。

3. 集料粒径与筛孔

（1）集料最大粒径（Maximum Size of Aggregate）　集料100%都要求通过的最小的标准筛孔尺寸。

（2）集料最大公称粒径（Nominal Maximum Size of Aggregate）　集料可能全部通过或允许有少量不通过（一般容许筛余不超过10%）的最小标准筛筛孔尺寸，通常是集料最大粒径的下一个粒径。

（3）标准筛　对颗粒材料进行筛分试验应用符合标准形状和尺寸规格要求的系列样品筛。

标准筛（方孔）筛孔尺寸为75mm、63mm、53mm、37.5mm、31.5mm、26.5mm、19mm、16mm、13.2mm、9.5mm、4.75mm、2.36mm、1.18mm、0.6mm、0.3mm、0.15mm、0.075mm。

4. 级配（Gradation）

粗集料中各组成颗粒的分级和搭配称为级配，级配通过筛分试验确定。筛分试验就是将集料通过一系列规定筛孔尺寸的标准筛，测定出存留在各个筛上的集料质量，根据集料试样的质量与存留在各筛孔尺寸标准筛上的集料质量，就可求得一系列与集料级配有关的参数：分计筛余百分率、累计筛余百分率和通过百分率。

（1）分计筛余百分率（Percentage Retained）　在某号筛上的筛余质量占试样总质量的百分率，可按式（1-15）求得：

$$\alpha_i = \frac{m_i}{m} \times 100\%$$ (1-15)

式中　α_i——某号筛的分计筛余百分率（%）；
　　　m_i——存留在某号筛上的试样的质量（g）；
　　　m——试样总质量（g）。

（2）累计筛余百分率（Cumulative Percentage Retained）　某号筛的分计筛余百分率和大

于某号筛的各筛分计筛余百分率总和,可按式(1-16)求得:
$$A_i = \alpha_1 + \alpha_2 + \alpha_3 + \cdots + \alpha_i \tag{1-16}$$

式中 A_i——累计筛余百分率(%);
  α_i——某号筛的分计筛余百分率(%)。

(3) 通过百分率(PercentagePassing) 通过某筛的试样质量占试样总质量的百分率;亦即100与累计筛余百分率之差,按式(1-17)求得:
$$P_i = 100 - A_i \tag{1-17}$$

式中 P_i——某号筛的通过百分率(%);
  A_i——累计筛余百分率(%)。

综上所述,分计筛余、累计筛余和通过百分率的关系可参见表1-6。

表1-6 分计筛余、累计筛余和通过百分率的关系

筛孔尺寸/mm	存留质量/g	分计筛余(%)	累计筛余(%)	通过百分率(%)
$d_0 = D_{max}$	$m_0 = 0$	$\alpha_0 = 0$	$A_0 = 0$	$P_0 = 100$
d_1	m_1	α_1	$A_1 = \alpha_1$	$P_1 = 100 - A_1$
d_2	m_2	α_2	$A_2 = \alpha_1 + \alpha_2$	$P_2 = 100 - A_2$
d_3	m_3	α_3	$A_3 = \alpha_1 + \alpha_2 + \alpha_3$	$P_3 = 100 - A_3$
d_4	m_4	α_4	$A_4 = \alpha_1 + \alpha_2 + \alpha_3 + \alpha_4$	$P_4 = 100 - A_4$
d_5	m_5	α_5	$A_5 = \alpha_1 + \alpha_2 + \alpha_3 + \alpha_4 + \alpha_5$	$P_5 = 100 - A_5$
⋮	⋮	⋮	⋮	⋮
d_k	m_k	α_k	$A_k = \alpha_1 + \alpha_2 + \alpha_3 + \alpha_4 + \alpha_5 + \cdots + \alpha_k$	$P_k = 100 - A_k$
⋮	⋮	⋮	⋮	⋮
d_n	m_n	α_n	$A_n = \alpha_1 + \alpha_2 + \alpha_3 + \alpha_4 + \alpha_5 + \cdots + \alpha_n$	$P_n = 100 - A_n$
备注	$\sum_1^n m_i = m$	$\sum_1^n \alpha_i = 100$		

5. 粗集料针、片状颗粒含量

粗集料的颗粒形状以正立方体为佳,不宜含有过多的针、片状颗粒,否则将显著影响混合料的强度和施工。针状颗粒是指颗粒长度大于平均粒径的2.4倍的颗粒,片状颗粒是指颗粒厚度小于平均粒径的0.4倍的颗粒(平均粒径指该粒级上、下粒径的平均值),可以用规准仪和游标卡尺测定。

6. 坚固性

除前述的将原岩加工成规则试块进行抗冻性和坚固性试验外,对已轧制成的碎石或天然卵石,也可采用规定级配的各粒级集料,按现行 JTG E42—2005《公路工程集料试验规程》规定,选取规定数量的集料,分别装在金属网篮中浸入饱和硫酸钠溶液中进行干湿循环试验。经一定的循环次数后,观察其表面破坏情况,并用质量损失百分率来计算其坚固性。

道路与桥梁建筑用粗集料的力学性质,主要是压碎值和磨耗损失,其次是石材磨光值、道瑞磨耗值和集料冲击值。不同道路等级抗滑表层石料磨光值、道瑞磨耗值和集料冲击值有不同的技术要求,见表1-7。

表 1-7 抗滑表层和集料技术要求

指 标	高速公路一级公路	其他公路
石材磨光值（PSV）不大于	42	35
道瑞磨耗值（AAV）不大于	14	16
集料冲击值（AIV）不大于（%）	28	30

7. 集料压碎值（Aggregate Crushing Value）

集料压碎值是集料在连续增加的荷载下，抵抗压碎的能力。它作为衡量石材强度的一个相对指标，用以评价石料在公路工程中的适用性。

压碎值是对标准试样在标准条件下进行加载，测试集料被压碎后标准筛上筛余质量的百分率。该值越大，说明抗压碎能力越差。按式（1-18）计算：

$$Q'_a = \frac{m_1}{m_0} \times 100\% \tag{1-18}$$

式中 Q'_a——石料压碎值（%）；

m_1——试验前试样质量（g）；

m_0——试验后通过 2.36mm 筛孔的细料质量（g）。

8. 集料磨光值（Aggregate Polishing Value）

现代高速交通的条件对路面的抗滑性提出了更高的要求。作为高速公路沥青路面用的集料，在车辆轮胎的作用下，不仅要求具有高的抗磨耗性，而且要求具有高的抗磨光性。

按式（1-19）计算：

$$PSV = PSV_{ra} + 49 - PSV_{bra} \tag{1-19}$$

式中 PSV——石料磨光值；

PSV_{ra}——标准试件的摩擦系数；

PSV_{bra}——用摆式摩擦系数仪测定试件的摩擦系数。

集料磨光值愈高，表示其抗滑性愈好，目前使用加速磨光试验机（图 1-11）测试集料磨光值。抗滑面层应选用磨光值高的集料，如玄武岩、安山岩、砂岩和花岗岩等。几种典型岩石的磨光值见表 1-8。

表 1-8 几种典型岩石的磨光值

岩石名称		石灰岩	角页岩	斑岩	石英岩	花岗岩	玄武岩	砂岩
磨光值	平均值	43	45	56	58	59	62	72
PSV	范围	30~70	40~50	43~71	45~67	45~70	45~81	60~82

9. 集料冲击值（Aggregate Impact Value）

集料抵抗多次连续重复冲击荷载作用的性能称为冲击韧性，按式（1-20）计算：

$$AIV = \frac{m_1}{m} \times 100\% \tag{1-20}$$

式中 AIV——石材的冲击值（%）；

m——原试样质量（g）；

m_1——试验后通过 2.36mm 筛的试样质量（g）。

10. 集料磨耗值（Aggregate Abrasion Value）

集料磨耗值用于评定抗滑表层的集料抵抗车轮磨耗的能力。

(1) 道瑞磨耗试验　集料磨耗值按式（1-21）计算：

$$AAV = \frac{3(m_1 - m_2)}{\rho_s} \quad (1\text{-}21)$$

式中　AAV——集料磨耗值；
　　　m_1——磨耗前试件的质量（g）；
　　　m_2——磨耗后试件的质量（g）；
　　　ρ_s——集料的表干密度（g/cm³）。

集料磨耗值愈高，表示集料的耐磨性愈差。高速公路、一级公路抗滑层用集料的AAV应不大于14。

(2) 洛杉矶式磨耗试验（Los Angeles Abrasion Test）　集料磨耗率按式（1-22）计算：

$$Q = \frac{m_1 - m_2}{m_1} \times 100\% \quad (1\text{-}22)$$

式中　Q——集料的磨耗率（%）；
　　　m_1——试验前烘干集料的质量（g）；
　　　m_2——试验后集料洗净烘干集料的质量（g）。

粗集料的洛杉矶磨耗率是集料使用性能的重要指标，尤其是沥青混合料和基层集料，它与沥青路面的抗车辙能力、耐磨性、耐久性密切相关，一般磨耗损失小的集料，集料坚硬、耐磨、耐久性好。软弱颗粒含量多、风化严重的石料经过磨耗试验，粉碎严重，这个指标很难通过。洛杉矶磨耗试验是优选石料的一个重要手段。

二、细集料的技术性质

细集料的技术性质与粗集料的技术性质基本相同，但是由于细度的特点，亦有不同之处。

1. 细集料的密度

细集料的表观密度、堆积密度和空隙率等技术性质的含义与粗集料基本相同。

教学视频3　粗集料技术性质2

2. 级配（Gradation）

级配是集料各级颗粒的分配情况，细集料的级配可通过细集料的筛分试验确定。取试样500g在一整套标准筛上进行筛分试验，分别求出试样存留在各筛上的质量，然后计算其级配有关参数，具体方法与粗集料相同。

3. 粗度（Coarseness）

粗度是评价细集料粗细程度的一种指标，用细度模数（Fineness Modulus）表示。细度模数按式（1-23）计算：

$$M_x = \frac{A_{2.36} + A_{1.18} + A_{0.6} + A_{0.3} + A_{0.15} - 5A_{4.75}}{100 - A_{4.75}} \quad (1\text{-}23)$$

式中　　　　　M_x——细度模数；
　　$A_{4.75}, A_{2.36}, \cdots, A_{0.15}$——4.75mm, 2.36mm, $\cdots$, 0.15mm各筛的累计筛余百分率（%）。

细度模数愈大，表示细集料愈粗。砂的粗度按细度模数一般可分为下列三级：

$M_x = 3.7 \sim 3.1$ 为粗砂；$M_x = 3.0 \sim 2.3$ 为中砂；$M_x = 2.2 \sim 1.6$ 为细砂。

细度模数的数值主要决定于累计筛余量。由于在累计筛余的总和中，粗颗粒分计筛余的"权"比细颗粒大，所以它的数值很大程度上决定于粗颗粒含量。另外，细度模数的值与小于 0.15mm 的颗粒含量无关，所以虽然细度模数在一定程度上能反映砂的粗细概念，但并未能全面反映砂的粒径分布情况，因为不同级配的砂可以具有相同的细度模数。

 实践操作

道路建筑用集料的技术性能指标有密度、吸水率、抗压强度、磨耗性能等，根据我国现行 JTG E41—2005《公路工程岩石试验规程》规定，主要指标的检测要点如下。

1. 粗集料的表观密度、毛体积密度、表干密度的测定

JTG E42—2005《公路工程集料试验规程》规定，采用网篮法，将粗集料在规定条件（105℃±5℃）下烘干后称其质量为 m_a，再将干燥粗集料装在金属吊篮中浸水 24h，使开口孔隙饱水，然后在浸水天平上称出饱水的粗集料在水中的质量 m_w，再称得饱和面干质量 m_f。根据粗集料的烘干质量 m_a 和饱水后在水中的质量 m_w 计算粗集料表观密度 ρ_a。

实训视频1 网篮法测粗集料密度

2. 粗集料堆积密度的测定

JTG E42—2005《公路工程集料试验规程》规定，将干燥的材料用平头铁锹离筒口 50mm 左右装入、振动台上振动或捣棒均匀捣实体积为 V 的容量筒，并称得其质量 m_2，倒出材料再称得容量筒的质量为 m_1。

实训视频2 粗集料松方密度和空隙率试验

3. 粗集料筛分和针片状含量测定

JTG E42—2005《公路工程集料试验规程》规定，用标准筛（图 1-5、图 1-6）进行筛分，测定粗集料（碎石、砾石、矿渣等）的颗粒组成；用规准仪（图 1-7）法和游标卡尺（图 1-8）法测定粗集料针片状颗粒含量。

实训视频3 粗集料筛分

实训视频4 水泥混凝土用粗集料针片状颗粒含量试验（规准仪法）

图 1-5 标准筛

图 1-6 摇筛机

4. 粗集料压碎值的测定

JTG E42—2005《公路工程集料试验规程》规定，将粒径为 9.5~13.2mm 的集料试样，先用一个容积 1767cm³ 的标准量筒，分三层装料，并用标准的方法夯实，确定试验时所需集料的数量。然后按此确定的集料试样，用标准夯实法分三层装入集料压碎值测定仪

（图 1-9）的钢质圆筒内，每层用夯棒夯 25 次，最后在碎石上再加一压头，如图 1-10。将试模移于压力机上，在 10min 内均匀加荷至 400kN，使压头匀速入筒内，部分集料即被压碎为碎屑，测定通过 2.36mm 筛孔的碎屑的质量占原集料总质量的百分率，此值称为压碎值。

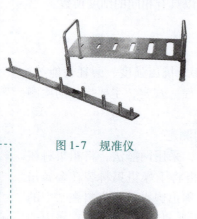

图 1-7　规准仪

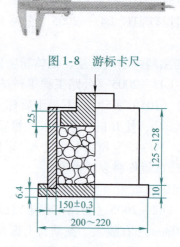

图 1-8　游标卡尺

图 1-9　压碎值测定仪

图 1-10　压碎值装料示意

实训视频5　粗集料压碎值试验

5. 粗集料磨光值测定

JTG E42—2005《公路工程集料试验规程》规定，集料抗磨光性用集料的磨光值（Polished Stone Value，简称 PSV）来表示。选取粒径为 9.5～13.2mm 集料试样，密排于试模中，先用砂填密集料间空隙，然后再用环氧树脂砂浆固结，经养护后，即制成试件。将制备好的试件安装于加速磨光试验机（图 1-11）的道路轮上，当电动机开动时，模拟汽车轮胎即以 320r/min±5r/min 的转速旋转，在两轮之间加入水和金刚砂使试件受到金刚砂的磨耗。先用 30 号金刚砂磨 3h，然后用 280 号金刚砂磨 3h。经磨耗 6h 后取下试件，冲洗去金刚砂，用摆式摩擦系数测定仪测定磨光值（见公路工程集料试验，规程 JTG E42—2005）。

6. 粗集料冲击值测定

JTG E42—2005《公路工程集料试验规程》规定，集料抗冲击能力采用"集料冲击值"（简称 AIV）表示。选取粒径为 9.5～13.2mm 的集料试样，用金属量筒分三次捣实的方法确定试验用集料数量。将集料装于冲击试验仪（图 1-12）的盛样器中，用捣实杆每层捣实 25 次，使其初步压实。然后用质量为 13.75kg±0.05kg 的冲击锤，沿导杆自 380mm±5mm 处自由落下锤击集料，并连续锤击 15 次，每次锤击间隔时间不少于 1s。将试验后的集料用 2.36mm 的筛进行筛分，称得通过 2.36mm 筛的试样质量，然后计算集料冲击值（见公路工程集料试验，规程 JTG E42—2005）。

7. 粗集料的道瑞磨耗值测定

JTG E42—2005《公路工程集料试验规程》规定，采用道瑞磨耗试验机（Dorry Abrasion Testing Machine，来测定集料磨耗值（简称 AAV）。选取粒径为 9.5～13.2mm 洗净、烘干的集料试样,单层紧排于两个试模内(不少于 24 粒),然后排砂并用环氧树脂砂浆填充密实。经养护 24h 后,拆模取出试件,刷清残砂,准确称出试件质量,然后将试件(图 1-13a)安装在试验机附的托盘上。为保证试件受磨时的压力固定,应使试件、托盘和配重的总质量为 2000g±10g 将试件安装于道瑞磨耗机上。道瑞磨耗机的磨盘以 28~30r/min 的转速旋转;与此同时,料斗上的石英砂、磨料可均匀地洒于磨盘上,石英砂磨料流速应保证为 700~900g/min。可预磨 100 圈调整流速,然后再磨 400 圈,共磨 500 圈后,取出试件,刷净残砂,准确称出试件质量,即可计算其磨耗值(见公路工程集料试验,规程 JTG E42—2005)。

图 1-11 加速磨光试验机

图 1-12 冲击试验仪

8. 粗集料的洛杉矶式磨耗值测定

JTG E42—2005《公路工程集料试验规程》规定,洛杉矶式磨耗试验又称搁板式磨耗试验(图 1-13b)。试验机是由一个圆鼓和鼓中一个搁板所组成。试验用的试样是按一定规格组成的级配石材,总质量为 5000g。当试样加入磨耗鼓中的同时,加入 12 个钢球,钢球总质量为 5000g。磨耗鼓以 30~33r/min 的转速旋转。在旋转时,由于搁板的作用,可将集料和钢球带到高处落下。经旋转 500 次后,将集料试样取出,用 2mm 圆孔筛或 1.7mm 方孔筛筛去石屑,并洗净烘干称其质量即可计算其磨耗值(见公路工程集料试验,规程 JTG E42—2005)。

实训视频6 粗集料磨耗试验(洛杉矶法)

a)

b)

图 1-13 磨耗试验机与试样
a)集料道瑞磨耗试验试样 b)洛杉矶式磨耗试验机

9. 细集料的表观密度测定

JTG E42—2005《公路工程集料试验规程》规定,将细集料在规定条件(105℃±5℃烘干至恒重）下烘干后称其质量为 m_0，再将干燥细集料装入盛有半瓶蒸馏水的容量瓶中，在水中浸 24h，使开口孔隙饱水后将水加满，然后称其质量为 m_2，倒出容量瓶中的水和细集料并装满水，称得容量瓶装满水的质量为 m_1，计算出细集料表观密度 ρ_a。

其测定流程如图 1-14 所示。

图 1-14 细集料密度测定流程
a）称空瓶质量 b）加砂 c）加水定溶 d）排出空气 e）静置

10. 细集料的毛体积密度、表干密度（饱和面干密度）测定

JTG E42—2005《公路工程集料试验规程》规定，将细集料在水中浸 24h，使开口孔隙饱水，再适当蒸发表面水后放入饱和面干试模，提起饱和面干试模后要求饱和面干试样的塌陷形状如图 1-15 所示，立即称取饱和面干试样质量 m_3，迅速放入容量瓶中，将水加满，称其质量 m_2。倒出容量瓶中的水和细集料并装满水，称得容量瓶装满水的质量为 m_1，将倒出的细集料在规定条件（105℃±5℃烘干至恒重）下烘干后称其质量为 m_0。计算出毛体积密度 ρ_b、表干密度 ρ_s（见公路工程集料试验，规程 JTG E42—2005）。

11. 细集料的堆积密度及空隙率测定

JTG E42—2005《公路工程集料试验规程》规定，将细集装入漏斗中（图 1-16），漏斗出料口距容量筒筒口 50mm 左右，装满并刮平后称试样和容量筒的总质量，即可计算出其堆积密度及空隙率。

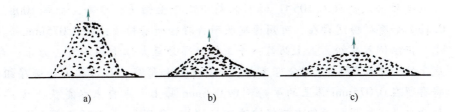

图 1-15 试样的塌陷情况
a) 尚有表面水 b) 饱和面干状态 c) 干燥状态

12. 细集料的级配测定

JTG E42—2005《公路工程集料试验规程》规定，用标准筛进行筛分，测定细集料的颗粒组成。

13. 砂当量的测定

JTG E42—2005《公路工程集料试验规程》规定，利用自动式砂当量振荡仪测定细集料中的含泥量。砂当量是测定天然砂、人工砂、石屑等各种细集料中所含的黏性土或杂质的含量，以评定集料的洁净程度。

实训视频9 细集料含泥量试验（筛洗法）

一、矿粉的技术性质

近年来，随着我国公路建设的迅速发展，沥青路面得到愈加广泛的应用。矿粉作为沥青混合料中的一种主要材料，其掺量虽仅占7%左右，但其表面积却占矿质混合料的总表面积的80%以上。因此，矿粉能显著扩大沥青与矿料物理–化学作用的表面，通过交互作用，增加结构沥青的数量，提高沥青混合料的黏结力。

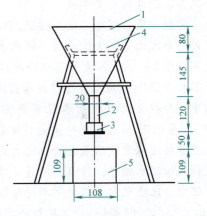

图 1-16 标准漏斗
1—漏斗 2—φ20mm 管子 3—活动门
4—筛 5—金属量筒

试验表明沥青与矿粉的交互作用，不仅与沥青的化学性质有关，而且还与矿粉的自身性质有着密切的关系。这些性质主要是矿粉的级配、密度、亲水性、加热安定性及塑性指数等。

1. 矿粉的级配

矿粉的级配是指矿粉大小颗粒的搭配情况。如果矿粉偏细，则可增大矿粉的比表面积，因此，对于矿粉的级配，要求<0.075mm粒径的含量不能太少，但同时也不宜太多，否则会因过细而使沥青混合料结成团块，不易施工。因此，矿粉必须具有良好的级配。

矿粉筛分试验（水洗法）的测定方法：按照JTG E42—2005《公路工程集料试验规程》规定，矿粉的级配是用筛分试验（水洗法）进行测定的。将矿粉经过一系列筛孔尺寸的标准筛（孔径为0.6mm、0.3mm、0.15mm、0.075mm），测定出存留在各个筛上的矿粉质量，按如下步骤进行。

实训视频10 矿粉密度试验

将矿粉试样放入105℃±5℃烘箱中烘干至恒重,冷却,称取100g,准确至0.1g。如有矿粉团存在,可用橡皮头研杵轻轻研磨粉碎;将0.075mm筛装在筛底上,仔细倒入矿粉,盖上筛盖;手工轻轻筛分至大体上筛不下去为止;存留在筛底上的小于0.075mm部分可弃去。除去筛盖和筛底,按筛孔大小顺序组成套筛;将存留在0.075mm筛上的矿粉倒回0.6mm筛上,在自来水龙头下方接一胶管,打开自来水,用胶管的水轻轻冲洗矿粉过筛,0.075mm以下部分任其流失,直至流出的水色清澈为止;分别将各筛上的筛反过来小水流仔细冲洗到各个搪瓷盘中,待筛余物沉淀后,稍稍倾斜,仔细除去清水,放入105℃烘箱中烘干至恒重,称取各号筛上的筛余量,准确至0.1g。

各号筛上的筛余量除以试样总量的百分率即为各号筛的分计筛余百分率,准确至0.1%。用100%减去0.6mm、0.3mm、0.15mm、0.075mm各筛的分计筛余百分率,即为通过0.075mm筛的通过百分率,加上0.075mm筛的分计筛余即为0.15mm筛的通过百分率,以次类推,计算出各号筛的通过百分率,准确至0.1%。

2. 矿粉的密度

矿粉的密度是指单位实体积的质量。密度不仅可以反映矿粉的质量,而且也是沥青混合料配合比设计的重要参数。

矿粉密度的测定方法:按照JTG E42—2005《公路工程集料试验规程》规定,矿粉的密度是用李氏比重瓶法检测的。将代表性矿粉试样置瓷皿中,在105℃烘箱中烘干至恒重(一般不少于6h),放入干燥器中冷却后,连同小牛角匙、漏斗一起准确称量(m_1),矿粉数量应不少于200g;向比重瓶中注入蒸馏水,至刻度0~1mL之间,将比重瓶放入20℃的恒温水槽中,静放至比重瓶中水温不再变化为止(一般不少于2h),读取比重瓶中水面的刻度(V_1)至0.02mL;用小牛角匙将矿粉试样通过漏斗徐徐加入比重瓶中,待比重瓶中的液面上升至接近比重瓶的最大读数时为止,轻轻摇晃比重瓶,使瓶中空气充分逸出;再次将比重瓶放入恒温水槽中,待温度不再变化时,读取比重瓶的读数(V_2),至0.02mL。整个试验过程中,比重瓶中水温变化不得超过1℃。准确称取牛角匙、瓷皿、漏斗及剩余矿粉的质量(m_2),按式(1-24)计算矿粉的密度:

$$\rho_f = \frac{m_1 - m_2}{V_2 - V_1} \tag{1-24}$$

式中 ρ_f——矿粉的密度(g/cm³);

m_1——牛角匙、瓷皿、漏斗及试验前瓷皿中矿粉的干燥质量(g);

m_2——牛角匙、瓷皿、漏斗及试验后瓷皿中矿粉的干燥质量(g);

V_1——比重瓶加矿粉以前的初读数(mL);

V_2——比重瓶加矿粉以后的终读数(mL)。

3. 亲水系数

矿粉的亲水系数是指矿粉试样在水(极性介质)中膨胀的体积与同一试样在煤油(非极性介质)中膨胀的体积之比。亲水系数大于1的矿粉,表示矿粉对水的亲和力大于对沥青的亲和力,称为憎油矿粉。这种矿粉在水和沥青都存在的情况下,由于矿粉亲水,因此,矿粉容易与水发生反应,而与沥青的黏结力却很弱;相反,当亲水系数小于1时,表明矿粉对沥青有大于水的亲和力,由于矿粉憎水,故与沥青的黏结力很好。因此,在工程中必须选用亲水系数小于1的矿粉。为了鉴别矿粉的亲水性，故必须检测矿粉的亲水系数。

矿粉亲水系数的测定方法：按照JTG E42—2005《公路工程集料试验规程》规定，称取烘干至恒重的矿粉5g，将其放在研钵中，加入15~30mL的蒸馏水，用橡皮研杵仔细磨5min，然后用洗瓶把研钵中的悬浮液冲洗移入量筒中，使量筒中的液面恰为50mL；用玻璃棒搅和悬浮液。同上法将另一份同样重量的矿粉，用煤油仔细研磨后将悬浮液冲洗移入另一量筒中，液面也为50mL。将上两个量筒静置，使量筒内液体中的颗粒沉淀。每天两次记录沉淀物的体积，直至体积不变为止。矿粉的亲水系数按式（1-25）计算：

$$\eta = \frac{V_B}{V_H} \tag{1-25}$$

式中　η——亲水系数；
　　　V_B——水中沉淀物体积（mL）；
　　　V_H——煤油中沉淀物体积（mL）。

4. 矿粉加热安定性

对于热拌沥青混合料在施工中必须对矿粉进行加热，而有些矿粉在受热后易发生变质，从而影响矿粉的质量，尤其是火成岩石粉，在受热拌和过程中会发生较严重的变质，因此，必须检测矿粉的加热安定性。

矿粉的加热安定性是指矿粉在热拌过程中受热而不产生变质的性能。

矿粉加热安定性的测定方法：按照JTG E42—2005《公路工程集料试验规程》规定，称取矿粉100g，装入蒸发皿或坩锅内，摊开；将盛有矿粉的蒸发皿或坩锅置于煤气炉或电炉火源上加热，将温度计插入矿粉中，一边搅拌石粉，一边测量温度，加热到200℃，关闭火源；将矿粉在室温中放置冷却，观察石粉颜色的变化；根据石粉在受热后的颜色变化，判断石粉的变质情况。

5. 矿粉塑性指数

矿粉的塑性指数是指矿粉液限含水量与塑限含水量之差，以百分率表示。它是评价矿粉中黏性土成分含量的指标。

用于热拌沥青混合料中的矿粉大部分是通过0.075mm的非塑性的矿物质粉末，即石灰石粉。为了增强沥青与酸性石料的黏结力，有时需掺入适量的消石灰粉或水泥，但这样又会使矿粉的塑性指数增加，由于塑性指数高的石粉具有较大的吸水性和吸油性，并会由此产生膨润，使沥青混合料的强度降低，或者在水的作用下发生剥离，最终使沥青路面损坏。因此，用于沥青混合料中的矿粉，其塑性指数不宜过高，按现行规范其最大值必须小于4%。

矿粉的塑性指数是按JTG 3430—2020《公路土工试验规程》的方法进行检测的。

二、工业废渣

工业废渣包括粉煤灰、煤渣、粒化高炉矿渣、钢渣、冶金矿渣及煤矸石等，其中粉煤灰、粒化高炉矿渣、煤矸石合称为三大工业废渣。目前在公路工程中最常用的是粉煤灰、粒化高炉矿渣、煤矸石、磷石膏等。本节主要介绍这些材料在公路工程中的应用。

1. 粉煤灰

粉煤灰（Fly ash）是火力发电厂排放的废渣，磨细的煤粉在锅炉中1100~1500℃下燃烧后排出的细灰即是粉煤灰。粉煤灰可以通过静电吸附或沉灰水池来收集，相应得到的粉煤灰分别叫干排灰和湿排灰，一般湿排灰居多。

粉煤灰呈灰色或浅灰色粉末，属于火山灰质活性材料。它含有较多的活性氧化硅、活性氧化铝，它们与氢氧化钙在常温下起化学反应生成稳定的水化硅酸钙和水化铝酸钙。这些成分有助于混合料的硬化，增加强度。

(1) 粉煤灰物理及力学性质

1) 粒度。粉煤灰的粒度组成中，各种粒度的相对比例随原煤种类、煤粉细度以及燃烧条件的不同，可以产生很大差异。

由于球形颗粒在浆体材料中可起润滑作用，如果粉煤灰中圆润的球形颗粒占多数，就具有需水量小、活性高的特点。反之，如果平均粒径大，组合粒子又多，需水量必然增多，其活性较差。一般认为，粉煤灰越细，球形颗粒越多，组合粒子越少，而且水化反应的界面增加，容易发挥粉煤灰的活性，从而提高强度。

2) 相对密度。粉煤灰相对密度比一般相同成分的矿物要小，数值在 1.9~2.6 之间。因为湿排灰中含有炉渣，干排灰的相对密度比湿排灰的相对密度要小。

3) 击实特性。粉煤灰的击实特性与黏土有相同点，但也有自己的特性。相同点是在达到最大干密度之前随含水量的增长，干密度增加，其含水量的增加对干密度影响较小。但接近最大干密度时，其变化较大。含水量在未达到最大干密度之前即使在与最佳含水量相差一半的情况下，其干密度也可能达到最佳值的 90%。粉煤灰的最大干密度比较小，比一般土的干密度约小 30%~40%。

4) 抗压强度。由于普通纯粉煤灰的活性太低，其无侧限抗压强度因而很低。随着粉煤灰中游离钙的增加，其抗压强度将会随着龄期增长。

我国目前粉煤灰产量很大，全国年产量达 5000 万 t 以上，公路工程利用粉煤灰筑路，既能"变废为宝"减少污染，又能就地取材解决路用材料缺乏，并能提高道路质量，所以得到广泛利用。

(2) 粉煤灰品质要求 从路用性能来说，对粉煤灰的技术品质要求主要体现在主要化学成分含量、烧失量以及比表面积上。

一般要求，道路基层使用的粉煤灰中 SiO_2、Al_2O_3 和 Fe_2O_3 的总含量应大于 70%；粉煤灰的烧失量不应超过 20%；粉煤灰的比表面积宜大于 $2500cm^2/g$。

国外一些标准限制粉煤灰的含炭量（或以烧失量表示）不超过 8%~10%。但试验证明，即使粉煤灰的烧失量达 20%，也能组成强度符合要求的二灰集料（或二灰土）混合料。尽管如此，一般烧失量增大总是降低混合料的强度。所以，有条件时，应尽可能选用烧失量低的粉煤灰。

另外，使用粉煤灰时应通过过筛来清除其中杂质；凝固的粉煤灰块应打碎过筛后再使用。

(3) 粉煤灰的工程应用 粉煤灰在道路工程中可用于路面底基层、基层、水泥或沥青混凝土面层，还可以填筑路堤，主要应用如下。

1) 可以在硅酸盐水泥中加入适量的粉煤灰制成粉煤灰质硅酸盐水泥。

2) 用做水泥混凝土路面的掺合料，节省水泥用量，提高混凝土的工作性。

3) 用做沥青混凝土路面的添加剂。

4) 用粉煤灰加水泥或石灰稳定土做路面基层、底基层以及垫层。

采用石灰粉煤灰土作为基层或底基层时，石灰与粉煤灰的比例常用（1∶2）～（1∶4）（对于粉土，以1∶2为合适）；石灰粉煤灰与细粒土的比例可以是（30∶70）～（10∶90）。采用石灰粉煤灰粒料作为基层时，石灰与粉煤灰的比例常用（1∶2）～（1∶4），石灰粉煤灰与级配集料（中粒土和粗粒土）的比例应是（20∶80）～（15∶85）。

5）拌制建筑砂浆，代替部分石膏效果较好。

6）粉煤灰与黏土烧结粉煤灰砖用于建筑工程中。

7）适用于受化学侵蚀水泥混凝土及灌浆，泵送水泥混凝土。

2. 冶金矿渣集料

冶金矿渣（granulated blast furnace slag）是指在高炉中熔炼生铁过程时矿石、燃料及助熔剂中易熔硅酸盐化合而成的副产品。矿渣化学成分随矿物成分、燃料、助熔剂及熔化金属化学成分的不同而不同。大部分矿渣成分中基本上包含着SiO_2、Al_2O_3、CaO，并混有MgO、FeO、MnO等。根据化学成分采用碱度（或酸度）作为矿渣分类基础。碱度是矿渣中碱性氧化物之和与酸性氧化物之和的比值。

冶金矿渣可分为黑色金属冶金矿渣和有色金属冶金矿渣。这些冶金矿渣从熔炉排出后，在空气中冷却或水淬，形成一种坚硬的材料，矿渣的力学强度均较高，通常极限抗压强度在50MPa以上，高者可达150MPa，相当于石灰石、花岗岩的强度，其他性能如压碎值、冲击值、磨光值和磨耗值等均符合道路用石料性能的要求。因此，冶金矿渣只要稳定性合格，其力学性能均能满足路用要求。所以冶金矿渣集料目前广泛用于水泥混凝土、沥青混凝土路面的基层材料，也可作为修筑水泥混凝土或沥青混凝土路面用的集料。

3. 煤矸石

煤矸石（coal gangue）是采煤过程中产生的废石，排放量大。我国是世界上主要的产煤国之一，原煤年产量在37亿t以上，煤矸石年排放量在3亿t以上，比粉煤灰和冶金矿渣年排放量的总和还多。

煤矸石在工程中的应用：煤矸石的成分类似于黏性土，因此，易用碱性材料，最好配以火山灰材料加以稳定。所获材料通常可用作二级及二级路以下公路路面的基层或底基层。

4. 磷石膏

磷石膏（phosphogypsum）是合成洗衣粉厂、磷肥厂等制造磷酸时的废渣，它是用磷灰石或含氟磷灰石和硫酸反应而得到的产物之一。全世界每年排放的磷石膏高达1.5亿t以上。

磷石膏的作用除了可以用它生产建筑石膏及制品外，半水磷石膏和二水磷石膏同石灰、水泥、粉煤灰等结合料共同作用形成性能更好的稳定土结合料，用于道路工程的基层。

巩固练习

1. 集料的主要物理常数有哪几项？简述它们的含义及其与岩石物理常数不同之处。
2. 什么是"分计筛余百分率""累积筛余百分率""通过百分率"和"细度模数"？
3. 什么是"级配"？叙述集料级配的表示方法。
4. 简述粉煤灰的工程应用。
5. 如何测定细集料的"分计筛余百分率""累积筛余百分率""通过百分率"及"细度模数"？

任务三 矿质混合料组成设计

：根据规范和施工要求，选择合适的粗集料、细集料及矿粉等原材料，配制满足工程需要的矿质混合料。

相关知识

道路与桥梁建筑用的砂石材料，大多数是以矿质混合料的形式与各种结合料（如水泥或沥青等）组成混合料使用，水泥混凝土或沥青混合料对矿质混合料有着不同的级配要求。因此，对矿质混合料必须进行组成设计，其内容包括级配理论和级配范围的确定、基本组成的设计方法。

（1）级配曲线（Grading curve） 各种不同粒径的集料，按照一定的比例搭配起来，以达到较高的密实度（或较大摩擦力），可以采用下列两种级配组成。

1）连续级配（Continuous gradation）。连续级配是某一矿质混合料在标准筛孔配成的套筛中进行筛析时，所得的级配曲线平顺圆滑，具有连续的（不间断）性质，相邻粒径的粒料之间，有一定的比例关系（按质量计）。这种由大到小的比例，逐级粒径均有。按比例互相搭配组成的矿质混合料，称为连续级配矿质混合料。

2）间断级配（Gap gradation）。间断级配是在矿质混合料中剔除其一个（或几个）分级，形成一种不连续的混合料。这种混合料称为间断级配矿质混合料。连续级配曲线和间断级配曲线如图1-17所示。

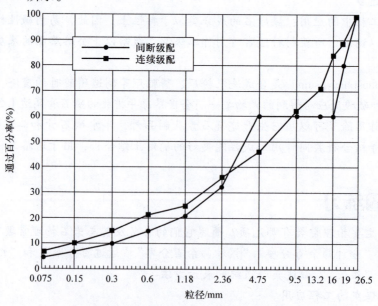

图1-17 连续级配曲线和间断级配曲线

(2) 级配理论（Theory of gradation） 关于级配理论的研究，实质上发源于我国的垛积理论。但这一理论在级配应用上没有得到发展。目前常用的级配理论主要有最大密度曲线理论和粒子干涉理论。本节主要介绍最大密度曲线理论，该理论主要描述了连续级配的粒径分布。

教学视频5 级配理论

1）最大密度曲线公式。最大密度曲线是通过试验提出的一种理想曲线。W. B. 富勒（Fuller）和他的同事研究认为：固体颗粒按粒度大小有规则地组合排列，粗细搭配可以得到密度最大、空隙最小的混合料。初期研究的理想曲线是：细集料以下的颗粒级配为椭圆形曲线，粗集料为与椭圆曲线相切的直线。由这两部分组成的级配曲线可以达到最大的密度。这种曲线计算比较繁杂，后来经过许多研究改进，提出简化的"抛物线最大密度理想曲线"。该理论认为："矿质混合料的颗粒级配曲线愈接近抛物线，则其密度愈大"。根据上述理论，当矿物混合料的级配曲线为抛物线（图1-18）时，最大密度理想曲线集料各级粒径（d）与通过率（p）表示见式（1-26）：

$$p^2 = kd \tag{1-26}$$

式中 d——矿质混合料各级颗粒粒径（mm）；

p——各级颗粒粒径集料的通过率（%）；

k——常数。

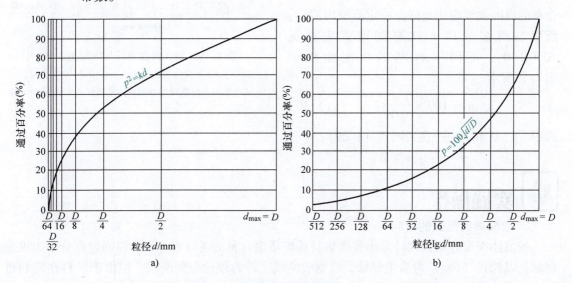

图1-18 理想最大密度级配曲线

a）常坐标 b）半对数坐标

注：图1-18a为 $p-d$ 曲线，纵坐标通过率 p 与横坐标粒径 d 均为算术坐标；在横坐标上，粒径 d 按1/2递减，随着粒径的减小，粒径 d 的位置愈来愈近，甚至无法绘出；为此，通常采用图1-18b的 $p-\lg d$ 半对数坐标表示法。

当颗粒粒径 d 等于最大粒径 D 时，则通过率 $p=100\%$；即 $d=D$ 时，$p=100$。

故
$$k = 100^2 \times \frac{1}{D} \tag{1-27}$$

当希望求任一级颗粒粒径 d 的通过率 p 时，可用式（1-27）代入式（1-26）得：

$$p = 100 \times \left(\frac{d}{D}\right)^{0.5} \tag{1-28}$$

或 $$p = 100\sqrt{\dfrac{d}{D}} \qquad (1\text{-}29)$$

式中 d——希望计算的某级集料粒径（mm）；
D——矿质混合料的最大粒径（mm）；
p——希望计算的某级集料的通过率（%）。

式（1-28）就是最大密度理想曲线的级配组成计算公式。根据这个公式，可以计算出矿质混合料最大密度时各级粒径（d）的通过率（p）。

2）最大密度曲线 n 次幂公式 最大密度曲线是一种理论的级配曲线。在实际应用中，许多研究认为：这一公式的指数不应固定为 0.5。有的研究认为在沥青混合料中应用时，当 $n=0.45$ 时密度最大；有的研究认为在水泥混凝土中应用时，当 $n=0.25\sim0.45$ 时工作性较好。通常使用的矿质混合料的级配范围（包括密级配和开级配），n 次幂常在 $0.3\sim0.7$ 之间。因此在实际应用时，矿质混合料的级配曲线应该允许在一定范围内波动，所以目前多采用 n 次幂的通式表达见式（1-30）。不同 n 次幂的级配曲线如图 1-19 所示。

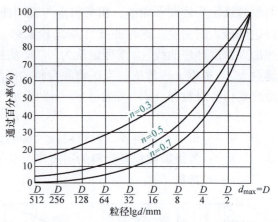

图 1-19 最大密度曲线和级配范围

注：图中 $n=0.5$ 为最佳级配曲线，$n=0.3\sim0.7$ 为允许波动范围，曲线级配范围包括密级配和开级配。

$$p = 100 \times \left(\dfrac{d}{D}\right)^n \qquad (1\text{-}30)$$

式中 p、d 和 D——意义同式（1-29）；
n——实验指数。

实践操作

1. 级配曲线范围的绘制

按前述级配理论公式计算出各级集料在矿质混合料的通过百分率，以通过百分率为纵坐标轴，以粒径（mm）为横坐标轴，绘制成曲线，即为理论级配曲线。但由于矿料在轧制过程中的不均匀性，以及混合料配制时的误差等因素影响，使所配制的混合料往往不可能与理论级配完全符合。因此，必须允许配料时的合成级配在适当的范围内波动。

常用筛孔是 1/2 递减的，筛分曲线如按常规坐标绘制，则必然造成前疏后密，不便于绘制和查阅。为此，通常用半对数坐标代替，即横坐标轴颗粒粒径（即筛孔尺寸）采用对数坐标，而纵坐标轴通过（或存留）百分率采用常规坐标。

我国沿用半对数坐标系绘制级配范围曲线的方法，首先要按对数计算出各种颗粒粒径（即筛孔尺寸）在横坐标轴上的位置，而表示通过（或存留）百分率的纵坐标则按普通算术坐标绘制。绘制好纵、横坐标后，最后将计算所得的各颗粒粒径（d_i）的通过百分率（p_i）绘制在坐标图上，再将确定的各点连接为光滑的曲线，在两个指数（n_1 和 n_2）之间所包括的范围即为级配范围（通常用加绘阴影表示）。现以 $n_1=0.3$，$n_2=0.7$ 举例如图 1-20 所示。

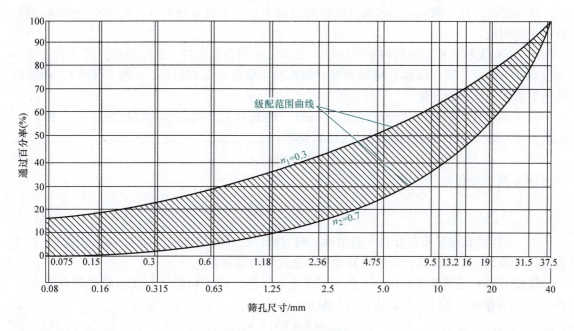

图 1-20 级配范围曲线

2. 矿质混合料的组成设计方法

天然或人工轧制的一种集料的级配往往很难完全符合某一级配范围的要求，因此必须采用两种或两种以上的集料配合起来才能符合级配范围的要求。矿质混合料配合组成设计的任务就是确定组成混合料各集料的比例。确定混合料配合比的方法很多，但是归纳起来主要有试算法与图解法两种。

教学视频6 试算法

(1) 试算法 试算法的基本原理是：设有几种矿质集料，欲配制某种一定级配要求的混合料，在决定各组成集料在混合料中的比例时，先假定混合料中某种粒径的颗粒是由某一种对该粒径占优势的集料所组成，而其他各种集料不含这种粒径。如此，根据各个主要粒径去试算各种集料在混合料中的大致比例。如果比例不合适，则稍加调整，这样逐步渐进，最终达到符合混合料级配要求的各集料配合比例。

设有 A、B、C 三种集料，欲配制成级配为 M 的矿质混合料（图1-21），求 A、B、C 集料在混合料中的比例，即为配合比。

按上述表达作出下列两点假设。

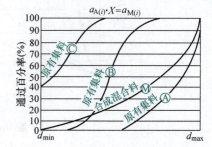

图 1-21 原有集料与合成混合料的级配曲线

① 设 A、B、C 三种集料在混合料 M 中的用量比例为 X、Y、Z，则

$$X + Y + Z = 100 \tag{1-31a}$$

② 设混合料 M 中某一粒径要求的含量为 $a_{M(i)}$，A、B、C 三种集料在该粒径的含量为 $a_{A(i)}$、$a_{B(i)}$、$a_{C(i)}$，则

$$a_{A(i)} \cdot X + a_{B(i)} \cdot Y + a_{C(i)} \cdot Z = 100 \cdot a_{M(i)} \tag{1-31b}$$

试算法的计算步骤。在上述两点假设的前提下，按下列步骤求 A、B、C 三种集料在混合料中的用量。

1) 计算 A 料在矿质混合料中的用量。在计算 A 料在混合料中的用量时，按 A 料占优势含量的某一粒径计算（即混合料 M 中某一级粒径主要由 A 集料提供，A 料占优势），而忽略其他集料在此粒径的含量。

设 A 料占优势粒径的粒径尺寸为 i（mm），则 B 料和 C 料在该粒径的含量 $a_{B(i)}$ 和 $a_{C(i)}$ 均认为等于零（图 1-22）。由式（1-31b）可得：

$$a_{A(i)} \cdot X = 100 \cdot a_{M(i)} \tag{1-32}$$

即 A 料在混合料中的用量：

$$X = \frac{a_{M(i)}}{a_{A(i)}} \times 100$$

2) 计算 C 料在矿质混合料中的用量。同前理，在计算 C 料在混合料中的用量时，按 C 料占优势的某一粒径计算，而忽略其他集料在此粒级的含量。

设按 C 料粒径尺寸为 j（mm）的粒径来进行计算，则 A 料和 B 料在该粒径的含量 $a_{A(j)}$ 和 $a_{B(j)}$ 均等于零（图 1-22）。由式（1-31b）可得：

$$a_{C(j)} \times Z = 100 \times a_{M(j)} \tag{1-33}$$

即 C 料在混合料中的用量：

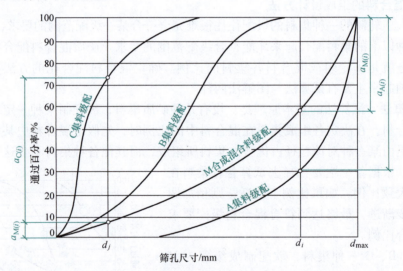

图 1-22 某一粒径的原有集料和合成混合料的分计筛余

$$Z = \frac{a_{M(j)}}{a_{C(j)}} \times 100$$

3) 计算 B 料在矿质混合料中的用量。由式（1-32）和式（1-33）求得 A 料和 C 料在混合料中的含量 X 和 Z 后，由式（1-31a）即可得：

$$Y = 100 - (X + Z) \tag{1-34}$$

如为四种集料配合时，C 料和 D 料仍可按其占优势粒级用试算法确定。

4) 校核调整　按以上计算的配合比，经校核如不在要求的级配范围内，应调整配合比重新计算和复核，经几次调整，逐步渐进，直到符合要求为止。如经计算确不能满足级配要求时，可掺和某些单粒级集料，或调换其他原始集料。

（2）图解法 采用图解法来确定矿质混合料的组成，常采用"平衡面积法"，该法是采用一条直线来代替集料的级配曲线，这条直线是使曲线左右两边的面积平衡（即相等），这样简化了曲线的复杂性。这种方法又经过许多研究者的修正，故称现行的图解方法为"修正平衡面积法"（以下简称图解法）。图解法的设计步骤如下。

1）绘制级配曲线坐标图。在设计说明书上按规定尺寸绘一个方形图框。通常纵坐标通过量取 10cm，横坐标筛孔尺寸（或粒径）取 15cm。连对角线 OO'（图 1-23）作为要求级配曲线中值。纵坐标按算术标尺，标出通过量百分率（0~100%）。根据要求级配中值（举例如图 1-23 所示）的各筛孔通过百分率标于纵坐标上，则纵坐标引水平线与对角线相交，再从交点作出垂线与横坐标相交，其交点即为各相应筛孔尺寸的位置。表 1-9 为细粒式沥青混合料用矿料级配范围。

教学视频7 图解法

表 1-9 细粒式沥青混合料用矿料级配范围

筛孔尺寸/mm	16.0	13.2	9.5	4.75	2.36	1.18	0.6	0.3	0.15	0.075
级配范围/mm	100	95~100	70~88	48~68	36~53	24~41	18~30	12~22	8~16	4~8
级配中值	100	98	79	57	45	33	24	17	12	6

2）确定各种集料用量。将各种集料的通过量绘于级配曲线坐标图上（图 1-23）。实际集料的相邻级配曲线可能有下列三种情况（图 1-24）。根据各集料之间的关系，按下述方法即可确定各种集料用量。

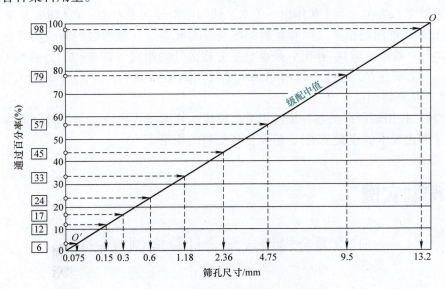

图 1-23 图解法用级配曲线坐标

① 两相邻级配曲线重叠。（如 A 集料级配曲线的下部与 B 集料级配曲线的上部搭接时），在两级配曲线之间引一根垂直于横坐标的直线（即 $a=a'$）线 AA'，与对角线 OO' 交于点 M，通过 M 作出一条水平线与纵坐标交于 P 点。OP 即为 A 集料用量。

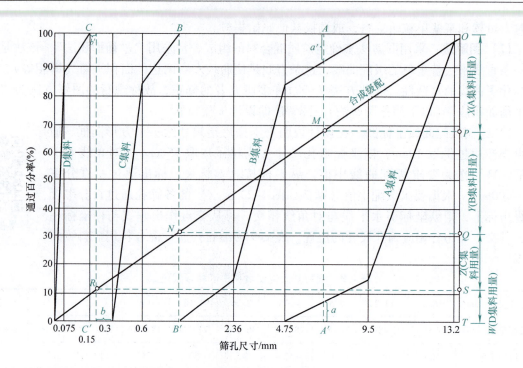

图 1-24　组成集料级配曲线和要求合成级配曲线

② 两相邻级配曲线相接。（如 B 集料级配曲线的末端与 C 集料级配曲线的首端，正好在一条垂直线上时），将前一集料曲线末端与后一集料曲线首端作出垂线相连，垂线 BB' 与对角线 OO' 相交于点 N。通过 N 作出一条水平线与纵坐标交于 Q 点。PQ 即为 B 集料用量。

③ 两相邻级配曲线相离（如 C 集料集配曲线的末端与 D 集料级配曲线的首端，在水平方向彼此离开一段距离时），作出一条垂直平分相离开的距离（即 $b = b'$），垂线 CC'，与对角线 OO'，相交于点 R，通过 R 作出一条水平线与纵坐标交于 S 点，QS 即为 C 集料用量。剩余 ST 即为 D 集料用量。

3）校核。按图解所得的各种集料用量，校核计算所得合成级配是否符合要求。如不能符合要求（超出要求的级配范围），应调整各集料的用量。

矿质混合料组成配合计算实例（一）
（试算法）

【题目】试计算某大桥桥面铺装用细粒式沥青混凝土矿质混合料配合比。

【原始资料】

1）现有碎石、石屑和矿粉三种矿质材料，筛分结果按分计筛余列于表 1-11。

2）细粒式沥青混凝土的级配范围，根据 JTG F40—2004《公路沥青路面施工技术规范》

项目一 砂石材料的检测与应用   39

规定细粒式混凝土的要求级配范围按通过量列于表1-12。

【计算要求】
1) 按试算法确定碎石、石屑和矿粉在混合料中所占的比例。
2) 按题给的规范要求校核矿质混合料计算结果,确定其是否符合级配范围。

【计算步骤】
矿质混合料中各种集料用量配合组成可按下述步骤计算。

(1) 计算各筛孔分计筛余 先将表1-10中矿质混合料要求级配范围通过百分率换算为累计筛余百分率,然后再计算各筛号的分计筛余百分率。计算结果见表1-13。

表1-10 原有集料的分计筛余和混合料要求级配范围

筛孔尺寸 d_i/mm	碎石分计筛余 $\alpha_{A(i)}$	石屑分计筛余 $\alpha_{B(i)}$	矿粉分计筛余 $\alpha_{C(i)}$	矿质混合料要求级配范围通过百分率 $p_{(n1-n2)}$ (%)	筛孔尺寸 d_i/mm	碎石分计筛余 $\alpha_{A(i)}$	石屑分计筛余 $\alpha_{B(i)}$	矿粉分计筛余 $\alpha_{C(i)}$	矿质混合料要求级配范围通过百分率 $p_{(n1-n2)}$ (%)
16.0	—	—	—	100	1.18	—	22.5	—	24~41
13.2	5.2	—	—	95~100	0.6	—	16.0	—	18~30
9.5	41.7	—	—	70~88	0.3	—	12.4	—	12~22
4.75	50.5	1.6	—	48~68	0.15	—	11.5	—	8~16
2.36	2.6	24.0	—	36~53	0.075	—	10.8	13.2	4~8

表1-11 原有集料的分计筛余和混合料通过量要求级配范围

筛孔尺寸 d_i/mm	碎石的分计筛余 $\alpha_{A(i)}$ (%)	石屑的分计筛余 $\alpha_{B(i)}$ (%)	矿粉分计筛余 $\alpha_{C(i)}$ (%)	按累计筛余计级配范围 A	按累计筛余级配范围中值 $A_{m(i)}$	按分计筛余级配范围中值 $\alpha_{M(i)}$
16.0	—	—	—	0	0	0
13.2	5.2	—	—	0~5	2.5	2.5
9.5	41.7	—	—	12~30	21.0	18.5
4.75	50.5	1.6	—	32~52	42.0	21.0
2.36	2.6	24.0	—	47~64	55.5	13.5
1.18	—	22.5	—	59~76	67.5	12.0
0.6	—	16.0	—	70~82	76.0	8.5
0.3	—	12.4	—	78~88	83.0	7.0
0.15	—	11.5	—	84~92	88.0	5.0
0.075	—	10.8	13.2	92~96	94.0	6.0
<0.075	—	1.2	86.8	—	100	6.0
合计	Σ=100	Σ=100	Σ=100	—	—	Σ=100

注:如不符合级配范围应调配合比再进行试算,经过几次调整,逐步渐进,直到达到要求。如经计算确实不能符合级配要求,应调整或增加集料品种。

(2) 计算碎石在矿质混合料中用量 由表1-11可知,碎石中4.75mm的粒径含量占优势,故计算碎石的配合组成时,假设混合料中4.75mm的粒径全部是由碎石所提供。$\alpha_{B(4.75)}$和$\alpha_{C(4.75)}$均等于零。

$$\alpha_{A(4.75)} X = \alpha_{M(4.75)}$$

$$X = \frac{\alpha_{M(4.75)}}{\alpha_{A(4.75)}} \times 100$$

由表1-13知$\alpha_{M(4.75)}=21\%$,$\alpha_{A(4.75)}=50.5\%$,代入上式得:

$$X = \frac{21.0}{50.0} \times 100\% = 41.6\%$$

(3) 计算矿粉在矿质混合料中的用量 同理,计算矿粉在混合料中的配合比时,按矿粉占优势的、小于 0.075mm 粒径计算,忽略碎石和砂中此粒径颗粒的含量,即假设 $\alpha_{A(<0.075)}$ 和 $\alpha_{B(<0.075)}$ 均为零。

$$\alpha_{C(<0.075)} Z = \alpha_{M(<0.075)}$$

$$Z = \frac{\alpha_{M(<0.075)}}{\alpha_{C(<0.075)}} \times 100\%$$

由表 1-13 可知,$\alpha_{M(<0.075)} = 6.0\%$,$\alpha_{C(0.075)} = 86.8\%$,代入上式得:

$$Z = \frac{6.0}{86.8} \times 100\% = 6.9\%$$

(4) 计算石屑在混合料中用量

$$Y = 100 - (X + Z)$$

已求得 $X = 41.6\%$,$Z = 6.9\%$ 故

$$Y = 100 - (41.6 + 6.9) = 51.5$$

(5) 校核 根据以上计算得到矿质混合料的组成配合比为:

碎石 $X = 41.6\%$;

石屑 $Y = 51.5\%$;

矿粉 $Z = 6.9\%$。

按表 1-12 进行计算并校核。校核结果按上列配合比,符合规范要求(表 1-10)的级配范围。

表 1-12 矿质混合料组成计算和校核表

筛孔尺寸 d_i /mm	粗集料(碎石)			细集料(石屑)			填料(矿粉)			矿质混合料的合成级配			规范要求级配范围通过量 p (%)
	原来级配分计筛余 $\alpha_{A(i)}$ (%)	采用百分率 X (%)	占混合料百分率 $\alpha_{AM(i)}$ (%)	原来级配分计筛余 $\alpha_{B(i)}$ (%)	采用百分率 Y (%)	占混合料百分率 $\alpha_{BM(i)}$ (%)	原来级配分计筛余 $\alpha_{C(i)}$ (%)	采用百分率 Z (%)	占混合料百分率 $\alpha_{CM(i)}$ (%)	分计筛余 $\alpha_{M(i)}$ (%)	累计筛余 $A_{M(i)}$ (%)	通过百分率 $P_{M(i)}$ (%)	
①	②	③	④=②×③	⑤	⑥	⑦=⑤×⑥	⑧	⑨	⑩=⑧×⑨	⑪	⑫	⑬	⑭
16.0												100	100
13.2	5.2		2.2							2.2	2.2	97.8	95~100
9.5	41.7		17.4							17.4	19.6	80.4	70~88
4.75	50.5		21.0	1.6		0.8				21.8	41.4	58.6	48~68
2.30	2.6		1.0	24.0		12.4				13.4	54.8	45.2	36~53
1.18		×41.6		22.5	×51.5	11.6		×6.9		11.6	66.4	33.6	24~41
0.6				16.0		8.2				8.2	74.6	25.4	18~30
0.3				12.4		6.4				6.4	81.0	19.0	12~22
0.15				11.5		5.9				5.9	86.6	13.1	8~19
0.075				10.8		5.6	13.2		0.9	6.5	93.4	6.6	4~8
<0.075				1.2		0.6	86.8		6.0	6.6	100.0	—	—
校核	Σ=100		Σ=41.6	Σ=100		Σ=51.5	Σ=100		Σ=6.9	Σ=100			

矿质混合料配合组成计算实例（二）
（图解法）

【题目】 试用图解法设计某高速公路用细粒式沥青混凝土矿质混合料的配合比。

【原始资料】

1) 现有碎石、石屑、砂和矿粉四种矿料，筛析试验得到各粒径通过百分率列于表1-13。

表1-13 原有矿质集料级配表

材料名称	筛孔尺寸（方孔筛）/mm									
	16.0	13.2	9.5	4.75	2.36	1.18	0.6	0.3	0.15	0.075
	通过百分率（%）									
碎石	100	93	17	0						
石屑	100	100	100	84	14	8	4	0		
砂	100	100	100	100	92	82	42	21	11	4
矿粉	100	100	100	100	100	100	100	100	96	87

2) 设计级配范围按规范要求。要求级配范围和级配中值见表1-14。

表1-14 矿质混合料要求级配范围和级配中值表

级配名称		筛孔尺寸（方孔筛）/mm									
		16.0	13.2	9.5	4.75	2.36	1.18	0.6	0.3	0.15	0.075
		通过百分率（%）									
上面层细粒式	级配范围	100	95~100	70~88	48~68	36~53	24~41	18~30	12~22	8~16	4~8
	级配中值	100	98	79	58	45	33	24	17	12	6

【计算要求】

1) 根据 p 与 $(d/D)^n$ 关系，将用规范要求的级配中值（表1-15）绘出各粒径在横坐标上的位置。

2) 将各原有矿质材料筛析结果（表1-15）在图上绘出级配曲线，按图解法求出各种材料在混合料中的用量。

3) 按图解法求得的各种材料用量计算合成级配，并校核合成级配是否符合技术规范的要求，如不符合调整级配重新计算。

【计算步骤】

1) 绘制级配曲线图（图1-25），在纵坐标上按算术坐标绘出通过量百分率。

2) 连对角线 OO'，表示规范要求的级配中值。在纵坐标上标出规范规定的该种细粒式混合料在各筛孔的要求通过百分率（级配中值），作水平线与对角线 OO' 相交，再从各交点作垂线交于横坐标上，确定筛孔在横坐标上的位置。

3) 将碎石、石屑、砂和矿粉的级配曲线（用折线表示）绘于图1-25上。

4) 在碎石和石屑级配曲线相重叠部分作垂线 AA'，使垂线截取两条级配曲线的纵坐标值相等（即 $a=a'$）。自垂线与对角线交点 M 引水平线，与纵坐标交于 P 点，OP 的长度 $X=31\%$，

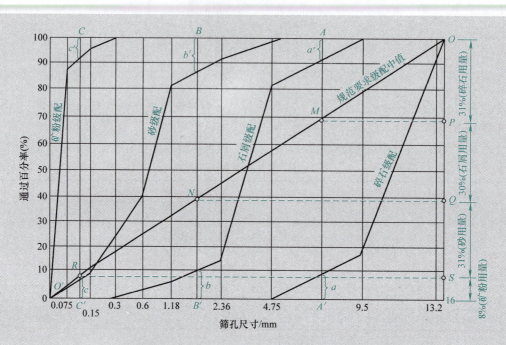

图 1-25　各组成材料和要求混合料级配图

即为碎石用量，同理，求出石屑用量 $Y=30\%$，砂用量 $Z=31\%$，则矿粉用量 $W=8\%$。

5）根据图解法求得的各集料用量百分率，列表进行校核计算见表 1-15。

表 1-15　矿质混合料组成计算表

材料名称		筛孔尺寸/mm								
		16.0	13.2	9.5	4.75	2.36	1.18	0.6	0.3	0.15	0.075
		通过百分率（%）								
原材料级配	碎石 100%	100	93	17	0						
	石屑 100%	100	100	100	84	14	8	4	0		
	砂 100%	100	100	100	100	92	82	42	21	11	4
	矿粉 100%	100	100	100	100	100	100	100	100	96	87
各种矿料在混合料中的级配	碎石 31%（31%）	31.0(31.0)	28.8(28.8)	5.3(5.3)							
	石屑 30%（26%）	30.0(26.0)	30.0(26.0)	30.0(26.0)	25.2(21.8)	4.2(3.6)	2.4(2.1)	2(1.1)	0(0)		
	砂 31%（37%）	31.0(37.0)	31.0(37.0)	31.0(37.0)	31.0(31.00)	28.5(34.0)	25.4(30.3)	13.0(15.5)	6.5(7.8)	3.4(4.1)	1.2(1.5)
	矿粉 8%（6%）	8.0(6.0)	8.0(6.0)	8.0(6.0)	8.0(6.0)	8.0(6.0)	8.0(6.0)	8.0(6.0)	8.0(6.0)	7.7(5.8)	7.0(5.2)
合成级配		100(100)	97.8(97.8)	74.3(74.3)	58.8(64.2)	40.7(43.60)	35.8(38.4)	22.2(22.6)	14.5(13.8)	11.3(9.9)	8.2(6.7)
规范要求的级配范围		100	95~100	70~88	48~68	36~53	24~41	18~30	12~22	3~16	4~8

从表 1-15 可以看出，按碎石∶石屑∶砂∶矿粉 = 31%∶30%∶31%∶8% 计算结果，合成级配中筛孔 1.18mm 和 2.36mm 的通过量偏低，筛孔 0.075mm 的通过量偏高，且曲线呈锯齿状。

6) 由于图解法的各种材料用量比例是根据部分筛孔确定的，所以不能控制所有筛孔。通常需要调整修正，才能达到满意的结果。

通过估算现采用减少石屑用量、增加砂用量和减少矿粉用量的方法来调整配合比。经调整后的配合比为：碎石用量 $X=31\%$；石屑用量 $Y=26\%$；砂用量 $Z=37\%$；则矿粉用量 $W=6\%$。按此配比计算见表 1-15 中括号内数值。

7) 将表 1-15 计算得到合成级配通过百分率，绘于规范要求级配曲线中，如图 1-26 所示。从图中可以看出，合成级配曲线完全在规范要求的级配范围之内，并且接近中值。确定矿质混合料配合比为碎石∶石屑∶砂∶矿粉 = 31∶26∶37∶6。

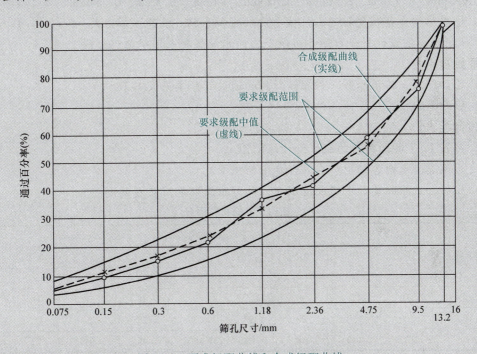

图 1-26　要求级配曲线和合成级配曲线

巩固练习

1. 集料的主要物理常数有哪几项？简述它们的含义及其与岩石物理常数不同之处。
2. 试述试算法和图解法的基本原理和计算步骤。
3. 某工程用石灰石，经饱水抗压强度（5cm×5cm 圆柱体试件）检验，平均极限荷载分别为 179kN、182kN、174kN、178kN、189kN、185kN，洛杉矶磨耗值为 33。试确定该石灰石技术等级。
4. 某桥工地现有拟作水泥混凝土用的一批砂料，经按取样方法选取样品筛析结果见表 1-16，试计算其"分计筛余""累计筛余""通过百分率"和"细度模数"，判断该砂的粗细程度并判断其级配是否符合技术要求。

表1-16 选取样品筛析结果

筛孔尺寸 d_i/mm	4.75	2.36	1.18	0.6	0.3	0.15	<0.15
筛余质量 m_i/g	25	35	90	125	125	75	25
要求通过范围（%）	100~90	100~75	90~50	59~30	30~8	10~0	—

5. 某工地为制备水泥混凝土，在矿料允许根据需要选择的条件下，为节约水泥，拟采用高密度矿质骨架，试用 n 幂最大密度公式设计适宜的砂石混合料级配范围。

【原始资料】

1）按钢筋间距允许粗集料最大粒径31.5mm，建议采用下列筛孔尺寸：31.5mm、19mm、9.5mm、4.75mm、2.36mm、1.18mm、0.6mm、0.3mm、0.15mm。

2）根据结构复杂程度和施工机械所要求的和易性，推荐 n 幂公式，$n=0.4~0.6$。

6. 试用试算法设计符合习题5级配范围的水泥混凝土用矿质混合料。

【原始资料】

1）已知碎石、石屑和砂三种原始材料的通过百分率见表1-18。

2）级配范围按习题5计算结果。

【设计要求】

1）将表1-17的原材料的级配绘于级配图上。

2）用试算法求出各种材料在混合料中的用量。

3）校核合成级配是否在级配范围中，如超出级配范围应重新调整。

表1-17 原材料筛分

材料名称	筛孔尺寸/mm								
	31.5	19	9.5	4.75	2.36	1.18	0.6	0.3	0.15
	通过百分率（%）								
碎石	100	70	30	5	0	0	0	0	0
石屑	100	100	98	95	59	25	5	2	0
砂	100	100	100	100	100	98	95	70	54

7. 试用图解法设计细粒式沥青混凝土用矿质混合料配合比。

【原始资料】

1）已知碎石、石屑、砂和矿粉四种原材料的通过百分率见表1-18。

表1-18 碎石、石屑、砂和矿粉原材料筛分

材料名称	筛孔尺寸/mm									
	16.0	13.2	9.5	4.75	2.36	1.18	0.6	0.3	0.15	0.075
	通过百分率（%）									
碎石	100	95	53.3	2.8	2.8	0	0	0	0	0
石屑	100	100	100	97	70	36	16	0	0	0
砂	100	100	100	100	100	90	80	60	20	0
矿粉	100	100	100	100	100	100	100	100	100	80
级配范围	100	90~100	68~85	38~68	24~50	15~38	10~28	7~20	5~15	4~8

2) AC-13级配范围按JTG F40—2004《公路沥青路面施工技术规范》细粒式沥青混凝土AC-13要求见表1-18。

【设计要求】

1) 根据题目给的级配范围和各材料的通过百分率绘出级配中值和各材料的级配曲线图。

2) 用图解法求出各材料在混合料的用量，并计算出合成级配。

3) 校核合成级配，如合成曲线不在级配范围或曲线呈锯齿形应调整各材料用量变成平顺光滑曲线。

项目二　石灰和水泥的检测与应用

 **项目目标**

1. 了解石灰的生产工艺及质量的影响因素；能进行石灰的质量等级评定并合理应用。
2. 了解硅酸盐水泥的生产、熟料组成；熟悉水泥的水化、凝结与硬化过程，影响水泥水化、凝结、硬化的因素。
3. 掌握水泥的主要技术性质和技术标准；能对水泥的主要技术指标进行检测；能根据工程要求合理选择水泥。
4. 了解其他水泥的性质及工程应用。
5. 培养学生严谨规范的职业素养和工程质量意识，强化资源全面节约和生态保护理念。

在建筑工程中，能以自身的物理化学作用将松散材料（如砂、石）胶结成为具有一定强度的整体结构的材料，统称为胶凝材料。胶凝材料按其化学成分不同分为有机胶凝材料（如各种沥青和树脂）和无机胶凝材料两大类。无机胶凝材料根据其硬化条件不同又分为水硬性胶凝材料和气硬性胶凝材料。气硬性胶凝材料只能在空气中硬化、保持或继续提高强度（如石灰、石膏、菱苦土和水玻璃等）。水硬性胶凝材料则不仅能在空气中硬化，而且能更好地在水中硬化，且可在水中或适宜的环境中保持并继续提高强度，各种水泥都属于水硬性胶凝材料。

任务一　石灰的检测与应用

任务描述：某路基软土地基需要用石灰进行处理，现从厂家提取石灰样品，对样品进行检测、出具检测报告。

石灰俗称白灰，根据成品加工方法的不同，可分为以下几种：

1）块状生石灰：由原料煅烧而成的原产品，主要成分为 CaO。
2）生石灰粉：由块状生石灰磨细而得到的细粉，其主要成分亦为 CaO。
3）消石灰：将生石灰用适量的水消化而得到的粉末，亦称熟石灰，其主要成分 $Ca(OH)_2$。
4）石灰浆：将生石灰与多量的水（约为石灰体积的 3~4 倍）消化而得可塑性浆体，称为石灰膏，主要成分为 $Ca(OH)_2$ 和水。如果水分加得更多，则呈白色悬浮液，称为石灰乳。

建筑石灰按氧化镁含量不同分为钙质石灰和镁质石灰。

相关知识

一、石灰的生产工艺概述

将主要成分为碳酸钙和碳酸镁的岩石经高温煅烧（加热至900℃以上），逸出 CO_2 气体，得到白色或灰白色的块状材料即为生石灰，其主要化学成分为氧化钙（CaO）和氧化镁（MgO），如图2-1所示。

$$CaCO_3 \xrightarrow{\text{大于}900℃} CaO + CO_2 \uparrow$$

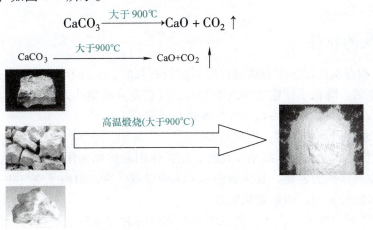

教学视频8 石灰

图 2-1　石灰生产示意图

优质的石灰，色质洁白或略带灰色，质量较轻，其堆积密度为 800～1000kg/m³。石灰在烧制过程中，往往由于石灰石原料尺寸过大或窑中温度不匀等原因，使得石灰中含有未烧透的内核，这种石灰即称为"欠火石灰"。"欠火石灰"的颜色发青且未消化残渣含量高，有效氧化钙和氧化镁含量低，使用时缺乏黏结力。另一种情况是由于煅烧温度过高、时间过长而使石灰表面出现裂缝或玻璃状的外壳，体积收缩明显，颜色呈灰黑色，块体密度大，消化缓慢，这种石灰称"过火石灰"。"过火石灰"使用时则消解缓慢，甚至用于建筑结构物中仍能继续消化，以致引起体积膨胀，导致灰层表面剥落或产生裂缝等破坏现象，故危害极大。

二、石灰的消化和硬化

1. 石灰的消化

生石灰在使用前一般都需加水消解，这一过程称为"消化"或"熟化"。消化后的石灰称为"消石灰"或"熟石灰"。

此反应为放热反应，消化过程体积增大 1～2.5 倍。在石灰的消解期间应严格控制加水量和加水速度，对消解速度快、活性大的石灰，消解时加水要快，水量要足，并加速搅拌，避免已消解的石灰颗粒包围于未消化颗粒周围，使内部石灰不易消解。对消解速度慢的石灰，则应采用相反措施，使生石灰充分消解，尽量减少未消化颗粒含量。石灰在消化时，为了消除"过火石灰"的危害，可在消化后"陈伏"半月左右再使用。石灰浆在陈伏期间，在其表面应有一层水分，使之与空气隔绝，以防止碳化。

2. 石灰的硬化

石灰的硬化过程包括干燥硬化和碳酸化两部分。

（1）石灰浆的干燥硬化（结晶作用） 石灰浆在干燥过程中游离水逐渐蒸发，或被周围砌体吸收，氢氧化钙从饱和溶液中结晶析出，固体颗粒互相靠拢黏紧，强度也随之提高。

（2）石灰浆的碳化硬化（碳化作用） 氢氧化钙与空气中的二氧化碳作用生成碳酸钙晶体，石灰碳化作用只在有水条件下才能进行。

石灰浆体的硬化包括上面两个同时进行的过程，即表层以碳化为主，内部则以干燥硬化为主。

三、石灰的特性

1）可塑性和保水性好。生石灰熟化后形成的石灰浆，是球状颗粒高度分散的胶体，表面附有较厚的水膜，降低了颗粒之间的摩擦力，具有良好的塑性，易铺摊成均匀的薄层。在水泥砂浆中加入石灰浆，可使可塑性和保水性显著提高。

2）生石灰水化时水化热大，体积增大。

3）硬化缓慢。石灰水化后凝结硬化时，结晶作用和碳化作用同时进行，由于碳化作用主要发生在与空气接触的表层，且生成的 $CaCO_3$ 膜层较致密，阻碍了空气中 CO_2 的渗入，也阻碍了内部水分向外蒸发，因而硬化缓慢。

4）硬化时体积收缩大。由于石灰浆中存在大量的游离水分，硬化时大量水分蒸发，导致内部毛细管失水紧缩，引起显著的体积收缩变形，使硬化的石灰浆体出现干缩裂纹。所以，除调成石灰乳作薄层粉刷外，不宜单独使用。通常施工时要掺入一定量的骨料（如砂子等）或纤维材料。

5）硬化后强度低。石灰消化时理论用水量为生石灰质量的32.13%，但为了使石灰浆具有一定的可塑性便于应用，同时考虑到一部分水分因消化时水化热大而被蒸发掉，故实际用水量很大，达70%以上，多余水分在硬化后蒸发，将留下大量孔隙，因而石灰体密实度小，强度低。

6）耐水性差。由于石灰浆硬化慢、强度低，在石灰硬化体中，大部分仍是尚未碳化的 $Ca(OH)_2$，$Ca(OH)_2$ 易溶于水，这会使得硬化石灰体遇水后产生溃散，故石灰不易用于潮湿环境。

四、石灰的技术要求和技术标准

1. 技术要求

用于道路或桥梁工程的石灰，应符合下列技术要求。

（1）有效氧化钙和氧化镁含量 石灰中产生黏结性的有效成分是活性氧化钙和氧化镁。它们的含量是评价石灰质量的主要指标，其含量愈多，活性愈高，质量也愈好。有效氧化钙和氧化镁含量的测定方法，按我国现行行业标准 JTG E51—2009《公路工程无机结合料稳定材料试验规程》规定，有效氧化钙含量用中和滴定法测定，氧化镁含量用络合滴定法测定。

（2）生石灰产浆量和未消化残渣含量 产浆量是单位质量（1kg）的生石灰经消化后所产石灰浆体的体积（L）。石灰产浆量愈高，则表示其质量越好。未消化残渣含量是生石灰消化后,未能消化而存留在5mm圆孔筛上的残渣占试样的百分率。其含量愈多,石灰质量愈差,须加以限制。具体方法按现行标准JC/T 478.1—2013《建筑石灰试验方法 第1部分:物理试验方法》规定。

(3) 二氧化碳（CO_2）含量 控制生石灰或生石灰粉中CO_2的含量,是为了检测石灰石在煅烧时"欠火"造成产品中未分解完成的碳酸盐的含量。CO_2含量越高,即表示未分解全的碳酸盐含量越高,则（CaO + MgO）含量相对降低,导致石灰的胶结性能的下降。

(4) 消石灰游离水含量 游离水含量,指化学结合水以外的含水量。生石灰在消化过程中加入的水是理论需水量的2～3倍,除部分水被石灰消化过程中放出的热蒸发掉外,多加的水分残留于氢氧化钙（除结合水外）中。残余水分蒸发后,留下孔隙会加剧消石灰粉的碳化作用,以致影响石灰的质量,因此对消石灰粉的游离水含量需加以限制。

(5) 细度 细度与石灰的质量有密切联系,过量的筛余物影响石灰的黏结性。现行标准JC/T 479—2013《建筑生石灰》和JC/T 481—2013《建筑消石灰》以0.9mm和0.125mm筛余百分率控制。

试验方法是:称取试样50g倒入0.9mm、0.125mm套筛内进行筛分,分别称量筛余物,按原试样计算其筛余百分率。

2. 技术标准

(1) 建筑生石灰 按现行标准《建筑生石灰》（JC/T 479—2013）中的规定,生石灰按化学成分分为钙质石灰和镁质石灰两类,根据化学成分的含量每类分成各个等级,具体见表2-1。

表 2-1 建筑生石灰的分类

类别	名称	代号
钙质石灰	钙质石灰90	CL 90
	钙质石灰85	CL 85
	钙质石灰75	CL 75
镁质石灰	镁质石灰85	ML 85
	镁质石灰80	ML 80

建筑生石灰的化学成分应满足下表2-2的要求。注意:生石灰块状在代号后加Q,生石灰粉在代号后加QP。

表 2-2 建筑生石灰的化学成分

名称	化学成分（质量分数）（%）			
	（氧化钙+氧化镁）（CaO + MgO）	氧化镁（MgO）	二氧化碳（CO_2）	三氧化硫（SO_3）
CL 90 - Q CL 90 - QP	≥90	≤5	≤4	≤2
CL 85 - Q CL 85 - QP	≥85	≤5	≤7	≤2

（续）

名称	化学成分（质量分数）（%）			
	（氧化钙+氧化镁）（CaO+MgO）	氧化镁（MgO）	二氧化碳（CO_2）	三氧化硫（SO_3）
CL 75 – Q CL 75 – QP	≥75	≤5	≤12	≤2
ML 85 – Q ML 85 – QP	≥85	>5	≤7	≤2
ML 80 – Q ML 80 – QP	≥80	>5	≤7	≤2

建筑生石灰的物理性质应符合表2-3的要求。

表2-3　建筑生石灰的物理性质

名称	产浆量 $dm^3/10kg$	细度	
		0.2mm筛余量（%）	90μm筛余量（%）
CL 90 – Q CL 90 – QP	≥26 —	— ≤2	— ≤7
CL 85 – Q CL 85 – QP	≥26 —	— ≤2	— ≤7
CL 75 – Q CL 75 – QP	≥26 —	— ≤2	— ≤7
ML 85 – Q ML 85 – QP	— —	— ≤2	— ≤7
ML 80 – Q ML 80 – QP	— —	— ≤7	— ≤2

注：其他物理特性，根据用户要求，可按照JC/T 478.1进行测试。

（2）建筑消石灰　建筑消石灰的分类按扣除游离水和结合水后（CaO+MgO）的百分含量加以分类，见表2-4。

表2-4　建筑消石灰的分类

类别	名称	代号
钙质消石灰	钙质消石灰90	HCL 90
	钙质消石灰85	HCL 85
	钙质消石灰75	HCL 75
镁质消石灰	镁质消石灰85	HML 85
	镁质消石灰80	HML 80

建筑消石灰的化学成分应符合表2-5的要求。

表 2-5　建筑消石灰的化学成分

名称	化学成分（质量分数）（%）		
	（氧化钙+氧化镁）（CaO+MgO）	氧化镁（MgO）	三氧化硫（SO_3）
HCL 90	≥90		
HCL 85	≥85	≤5	≤2
HCL 75	≥75		
HML 85	≥85	>5	≤2
HML 80	≥80		

注：表中数值以试样扣除游离水和化学结合水后的干基为基准。

建筑消石灰的物理性质应符合表 2-6 的要求。

表 2-6　建筑消石灰的物理性质

名称	游离水（%）	细度		安定性
		0.2mm 筛余量（%）	90μm 筛余量（%）	
HCL 90				
HCL 85				
HCL 75	≤2	≤2	≤7	合格
HML 85				
HML 80				

实践操作

石灰中有效氧化钙和氧化镁含量的测定。

JC/T 478—2013《建筑石灰试验方法》规定，石灰测定时应准确称量 0.8~1.0g（精确至 0.0001g）于三角瓶中，加入 150mL 新煮沸并已冷却的蒸馏水和 10 颗玻璃珠，瓶口插一短颈漏斗，加热 5min（电炉调到最高档），但勿使其沸腾，放入冷水中迅速冷却；再滴入酚酞指示剂 2 滴，溶液呈现粉红色，在不断摇动下，以盐酸标准液进行滴定，至粉红色消失，稍停，又出现粉红色，继续滴入盐酸如此重复几次，直至 5min 内不出现红色为止，根据消耗的盐酸量计算石灰中有效成分。

实训视频11　石灰有效氧化钙测定

石灰的应用和贮存。

1. 石灰的应用

1）石灰砂浆。石灰砂浆主要用于地面以上部分的砌筑工程，并可用于抹面等装饰工程。

2）加固软土地基。在软土地基中打入生石灰桩，可利用生石灰吸水产生膨胀对桩周土壤起挤密作用，利用生石灰和黏土矿物间产生的胶凝反应使周围的土固结，从而达到提高地基承载力的目的。

3）石灰和黏土按一定比例拌和制成石灰土，或与黏土、砂石、炉渣制成三合土，用于道路工程的垫层。

4）在道路工程中，随着半刚性基层在高等级路面中的应用，石灰稳定土、石灰粉煤灰稳定土及其稳定碎石等广泛用于路面基层。在桥梁工程中，石灰砂浆、石灰水泥砂浆、石灰粉煤灰砂浆广泛用于圬工砌体。

2. 石灰的贮存

1）磨细的生石灰粉应贮存于干燥仓库内，采取严格防水措施。

2）如需较长时间贮存生石灰，最好将其消解成石灰浆，并使表面隔绝空气，以防碳化。

1. 试述石灰的消化和硬化的化学反应，说明其强度形成原理。
2. 简述测定石灰有效氧化钙和氧化镁的意义。

任务二　水泥的检测与应用

：使用现行检测规范，完成对进场水泥的外观质量检测、现场取样和技术性能指标的检测和评定，并出具检测报告。

水泥是制造各种形式的混凝土、钢筋混凝土和预应力钢筋混凝土构筑物的最基本的组成材料，广泛用于建筑、道路、水利和国防工程中，素有"建筑业的粮食"之称。水泥加水拌和后，经过物理-化学反应过程能由可塑性浆体变为坚硬的石状体，它不仅能在空气中硬化，而且能更好地在水中硬化，保持并继续发展其强度，因此，水泥属于水硬性胶凝材料。

相关知识

水泥的品种很多，按化学成分可分为硅酸盐、铝酸盐、硫铝酸盐等多种系列水泥，本任务主要介绍应用最广的硅酸盐系列水泥。

硅酸盐系列水泥按其性能和用途，分为通用水泥和特种水泥，通用水泥包括硅酸盐水泥、普通水泥、矿渣水泥、火山灰水泥、粉煤灰水泥、复合水泥等。

以上通用水泥是指大量用于一般土木建筑工程中的水泥，特种水泥是指具有独特的性能，用于各类有特殊要求的工程中的水泥。

我国通用水泥的主要品种有硅酸盐水泥（分Ⅰ型、Ⅱ型，代号为 P·Ⅰ、P·Ⅱ），普通硅酸盐水泥（简称普通水泥，代号 P·O），矿渣硅酸盐水泥（简称矿渣水泥，代号 P·S），火山灰质硅酸盐水泥（简称火山灰水泥，代号 P·P），粉煤灰硅酸盐

教学视频9　水泥分类和特性

水泥（简称粉煤灰水泥，代号P·F）和复合硅酸盐水泥（简称复合水泥，代号P·C）等。

一、通用水泥的生产

通用水泥的生产有两大步骤：由生料烧制成硅酸盐水泥熟料和磨制硅酸盐系列水泥成品，如图2-2所示。

1. 水泥熟料的烧成

烧制硅酸盐水泥熟料的原材料主要是：提供CaO的石灰质原料，如石灰石、白垩等；提供SiO_2、Al_2O_3和少量Fe_2O_3的黏土质原料，如黏土、页岩等；此外，有时还配入铁矿粉等辅助原料。

将上述几种原材料按适当比例混合后在磨机中磨细，制成生料，再将生料入窑进行煅烧，便烧制成黑色球状的水泥熟料。具体生产过程如图2-2所示。

硅酸盐水泥熟料主要由四种矿物组成，其名称、含量范围如下。

硅酸三钙（$3CaO \cdot SiO_2$，简写为C_3S），含量36%~60%；

硅酸二钙（$2CaO \cdot SiO_2$，简写为C_2S），含量15%~37%；

铝酸三钙（$3CaO \cdot Al_2O_3$，简写为C_3A），含量7%~15%；

铁铝酸四钙（$4CaO \cdot Al_2O_3 \cdot Fe_2O_3$，简写为$C_4AF$），含量10%~18%；

前两种矿物称硅酸盐矿物，一般占总量的75%~82%。

图2-2 水泥生产过程示意图

2. 磨制水泥成品

磨制水泥成品时的原材料包括水泥熟料、石膏和混合材料。用于水泥中的石膏一般是二水石膏或无水石膏。

用于水泥中的混合材料分为活性混合材料和非活性混合材料两大类。

活性混合材料是指那些与石灰、石膏一起，加水拌和后在常温下能形成水硬性胶凝材料的混合材料。活性混合材料中的主要活性成分是活性氧化硅和活性氧化铝。水泥生产中常用的活性混合材料有粒化高炉矿渣、粒化高炉矿渣粉、火山灰质混合材料和粉煤灰等。

非活性混合材料是指不具活性或活性甚低的人工或天然的矿物质，如石英砂、石灰石、黏土及不符合质量标准的活性混合材料等。它们掺入水泥中仅起调节水泥性质，降低水化热，降低强度等级和增加产量的作用。

把水泥熟料、适量石膏，分别和不同种类、数量的混合材料，混合在一起磨细，即可制成六种通用水泥，各种通用水泥的组成归纳见表2-7。

综上所述，通用水泥的生产过程可概括为"两磨一烧"，如图2-3所示。

表 2-7 我国通用水泥品种与组成

水泥品种	水泥代号	水泥组成	
		熟料+石膏	混合材料
硅酸盐水泥	P·Ⅰ	100%	不掺
	P·Ⅱ	≥95%	掺加不超过水泥质量5%的石灰石或粒化高炉矿渣混合材料
普通硅酸盐水泥（简称普通水泥）	P·O	≥80%且<95%	活性混合材料掺加量为>5%且≤20%，其中允许用不超过水泥质量8%符合本标准的非活性混合材料或不超过水泥质量5%且符合本标准的窑灰代替
矿渣硅酸盐水泥（简称矿渣水泥）	P·S·A	≥50%且<80%	粒化高炉矿渣掺量质量比为>20%且≤50%
	P·S·B	≥30%且<50%	粒化高炉矿渣掺量质量比为>50%且≤70%
火山灰质硅酸盐水泥（简称火山灰水泥）	P·P	≥60%且<80%	火山灰质混合材料掺加量按质量百分比计为>20%且≤40%
粉煤灰硅酸盐水泥（简称粉煤灰水泥）	P·F	≥60%且<80%	粉煤灰掺量按质量百分比计为>20%且≤40%
复合硅酸盐水泥（简称复合水泥）	P·C	≥50%且<80%	掺两种或两种以上混合材料，总掺量按质量百分比为>20%且≤50%

注：一般水泥中石膏掺量为2%~5%。

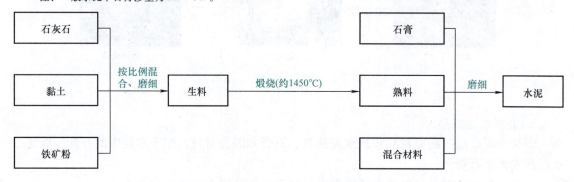

图2-3 硅酸盐水泥主要生产流程

二、通用水泥的特性

1. 硅酸盐水泥

凡由硅酸盐水泥熟料、0~5%石灰石或粒化高炉矿渣、适量石膏磨细制成的水硬性胶凝材料，称为硅酸盐水泥。

(1) 硅酸盐水泥熟料的矿物成分 硅酸盐水泥熟料的矿物成分主要有硅酸三钙、硅酸二钙、铝酸三钙、铁铝酸四钙。

1）硅酸三钙。硅酸三钙是硅酸盐水泥熟料的主要矿物，其含量通常为50%左右。C_3S水化较快，粒径为40~50μm的C_3S颗粒水化28d，其水化程度可达70%左右，所以，C_3S

强度发展比较快；早期强度高，且强度增长快，28d 强度可达一年强度的 70%～80%。就 28d 或一年的强度来说，在 4 种矿物中最高。C_3S 水化凝结时间正常，水化热较高。水化产物对水泥早期强度和后期强度起主要作用。

2）硅酸二钙。硅酸二钙在熟料中含量一般为 20% 左右，是硅酸盐水泥熟料的主要矿物之一。C_2S 水化较慢，28d 龄期仅水化 20% 左右，凝结硬化缓慢，早期强度较低，但 28d 以后强度仍能较快增长，在一年后，其强度可以超过 C_3S，C_2S 水化热较小。水化产物对水泥早期强度贡献较小，但对后期强度起重要作用。耐化学腐蚀性和干缩性较好。

3）铝酸三钙。熟料中 C_3A 含量在 7%～15% 之间。C_3A 水化迅速，放热量大，凝结时间很快，如不加石膏作缓凝剂，易使水泥速凝。C_3A 硬化也很快，它的强度 3d 就大部分发挥出来，故早期强度较高，但绝对值不高，以后几乎不再增长，甚至倒缩。C_3A 含量高的水泥浆体干缩变形大，抗硫酸盐侵蚀性能差。

4）铁铝酸四钙。熟料中铁铝酸四钙含量在 10%～18% 之间。C_4AF 的水化速度在早期介于 C_3A 与 C_3S 之间，但随后的发展不如 C_3S。它的强度类似铝酸三钙，但后期还能不断增长，类似于 C_2S。C_4AF 的抗冲击性能和抗硫酸盐性能较好，水化热较 C_3A 低，强度较低，但对水泥抗折强度起重要作用。

上述矿物的特性归纳见表 2-8，它们的强度发展情况如图 2-4 所示。

表 2-8 硅酸盐水泥熟料矿物的基本特性

矿物	强度		水化凝结硬化速率	水化热	耐化学侵蚀性	干缩性
	早期	后期				
C_3S	良	良	较快	中	中	中
C_2S	差	优	慢	低	良	小
C_3A	良	中	快	高	差	大
C_4AF	良	中	较快	中	优	小

(2) 硅酸盐水泥主要特性

硅酸盐水泥中即使有混合材料，掺量也很少，因此硅酸盐水泥的特性基本上由水泥熟料确定。

1）水化、凝结硬化快，强度高，尤其早期强度高硅酸盐水泥熟料中各矿物单独与水发生作用，将进行如下水化反应。

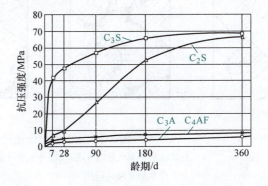

图 2-4 水泥熟料在硬化时的强度增长曲线

$$2(3CaO \cdot SiO_2) + 6H_2O = \underset{(\text{水化硅酸钙})}{3CaO \cdot 2SiO_2 \cdot 3H_2O} + \underset{(\text{氢氧化钙})}{3Ca(OH)_2}$$

$$2(2CaO \cdot SiO_2) + 4H_2O = 3CaO \cdot 2SiO_2 \cdot 3H_2O + Ca(OH)_2$$

$$3CaO \cdot Al_2O_3 + 6H_2O = \underset{(\text{水化铝酸三钙})}{3CaO \cdot Al_2O_3 \cdot 6H_2O}$$

$$4CaO \cdot Al_2O_3 \cdot Fe_2O_3 + 7H_2O = 3CaO \cdot Al_2O_3 \cdot 6H_2O + \underset{(\text{水化铁酸钙})}{CaO \cdot Fe_2O_3 \cdot H_2O}$$

充分水化的水泥浆体中，主要水化产物为水化硅酸钙凝胶约占70%，氢氧化钙结晶约占20%，水化铝酸三钙凝胶和水化铁酸钙凝胶约占7%，其余是未水化的水泥和次要组分。

水泥作为多种矿物的集合体，水化时各矿物之间会互相影响。因此，水泥的水化反应过程及结果比较复杂。硅酸盐水泥与水拌和后的水化、凝结硬化可简化为如图2-5所示的过程。水泥加水拌和后，分散在水中的水泥颗粒开始与水发生水化反应，在水泥颗粒表面逐渐形成水化物膜层，此阶段的水泥浆既有可塑性又有流动性。随着水化反应的发展，膜层长厚并互相连接，浆体逐渐失去流动性，产生"初凝"，继而完全失去可塑性，并开始产生结构强度，即为"终凝"。水化反应的进一步发展，水化产物不断填充毛细孔，水泥浆体逐渐转变为具有一定强度的水泥石固体，即为"硬化"。由于硅酸盐水泥熟料四种主要矿物中，C_3A的水化、凝结和硬化很快。因此，若水泥中无石膏存在时，C_3A会使水泥瞬间产生凝结。为了控制C_3A的水化和凝结硬化速度，就必须在水泥中掺入适量石膏。这样，C_3A水化后的产物将与石膏反应，在水泥颗粒表面生成难溶于水的钙矾石（$3CaO \cdot SiO_2 \cdot 3CaSO_4 \cdot 32H_2O$），阻碍$C_3A$水化，从而起到延缓水泥凝结的作用。不过，石膏掺量不能过多，否则不仅缓凝作用不大，而且还会引起水泥的体积安定性不良。在上述的水泥水化过程中，若忽略一些次要和少量的成分，硅酸盐水泥与水作用后生成的主要水化产物一般认为是：水化硅酸钙和水化铁酸钙凝胶、氢氧化钙、水化铝酸钙和水化硫铝酸钙晶体。

硅酸盐水泥中C_3S的含量高，有利于28d内的强度快速增长，同时较多的C_3A也有益于水泥石1~3d或稍长时间内的强度增长。C_2S的强度发挥有益于硅酸盐水泥后期强度的增长。因此，硅酸盐水泥适宜配制高强混凝土及适用于要求早期强度高的混凝土。

2）水化热大。水泥的水化反应为放热反应，水化过程放出的热量称为水泥的水化热。硅酸盐水泥的C_3S和C_3A含量高，所以水化热大，放热周期长，一般水化3d的放热量约为总水化热的50%，7d为75%，3个月达90%。故硅酸盐水泥不宜在大体积工程中应用。

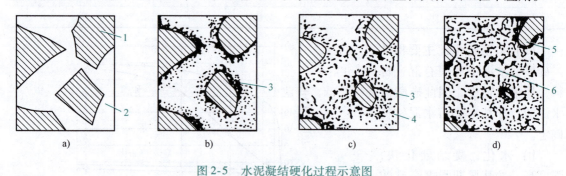

图2-5 水泥凝结硬化过程示意图
a) 分散在水中未水化的水泥颗粒 b) 在水泥颗粒表面形成水化物膜层
c) 膜层长大并互相连接（凝结） d) 水化物进一步发展，填充毛细孔（硬化）
1—水泥颗粒 2—水分 3—凝胶 4—晶体 5—水泥颗粒的未水化内核 6—毛细孔

3）耐腐蚀性差。硅酸盐水泥的抗侵蚀性在六种通用水泥中是最差的，但与钢材、木材相比其耐腐蚀性能还是较好的。硅酸盐水泥硬化后，在一般使用条件下有较高的耐久性。可是，在淡水、酸与酸性水和硫酸盐溶液等有害的环境介质中，则会发生各种物理—化学作用，导致强度降低，甚至破坏。

水泥石的水化产物中存在大量氢氧化钙，使水泥石处于一定的碱度中，从而各水化产物能稳定存在,保持良好的胶结能力。如果水泥石长期处于流水或压力流水作用下,水泥石中的氢氧化钙就会不断溶出流失,使水泥石碱度不断降低,当氢氧化钙的浓度降到水泥石中水化产物能稳定存在的极限浓度时,水化产物将分解或被溶解,从而胶结能力降低,强度不断下降,最终使水泥石发生破坏。同样,长期处在某些盐类或酸类环境中也会导致 Ca^{2+} 流失,出现胶凝性能降低的现象。例如,水泥石处于含有大量镁盐的海水或地下水中,镁盐会与水泥石中的氢氧化钙反应,生成松软无胶凝力的氢氧化镁,而且氢氧化镁溶液碱度低,导致水化产物不稳定而离解,严重时 Mg^{2+} 还将置换水泥石水化硅酸钙中的 Ca^{2+},使之胶凝性能极大地降低。又如,工业废水或地下水中的各类无机酸或有机酸,会与水泥石中的氢氧化钙发生反应,生成物溶于水使钙离子流失,水化产物稳定性下降。

水泥石受侵蚀破坏的另一种典型现象,是水泥石中的氢氧化钙与环境介质中的硫酸盐发生反应,生成硫酸钙,硫酸钙将和水泥石中的水化铝酸钙反应生成钙矾石,钙矾石比原体积增加1.5倍以上,因此会对水泥石造成极大的膨胀破坏作用。

水泥石的腐蚀往往是几种侵蚀的同时作用,互相影响的结果。产生水泥石腐蚀的根本原因:外部是存在侵蚀介质;内部是因为水泥石中存在易被腐蚀的氢氧化钙和水化铝酸钙,以及水泥石本身不密实,存在很多侵蚀性介质易于进入内部的毛细孔道。从而使 Ca^{2+} 流失,水泥石受损,胶结力降低;或者有膨胀性产物形成,引起胀裂破坏现象。

硅酸盐水泥熟料含量高,所以水化产物中氢氧化钙和水化铝酸钙的含量多,因此抗侵蚀性差,不宜在有腐蚀性介质的环境中使用。

4)抗冻性好,干缩小。硅酸盐水泥中混合材料的含量为零或极少,同样强度下所需水胶比较小,所以硅酸盐水泥硬化形成的水泥石较密实,抗冻性优于其他通用水泥,干缩也较小。

5)耐热性差。硅酸盐水泥硬化水泥石的主要水化产物在高温下会发生脱水和分解,使结构遭到破坏。所以,其耐高温性较其他几种水泥差。

2. 普通水泥

普通水泥中混合材料的掺加量较少,其矿物组成的比例仍与硅酸盐水泥相似,所以普通水泥的性能、应用范围与同强度等级的硅酸盐水泥相近。与硅酸盐水泥相比,普通水泥的早期凝结硬化速度略微慢些,3d 强度稍低,其他如抗冻性及耐磨性等也稍差些,见表2-9。

表2-9 通用水泥的特性

品种	硅酸盐水泥	普通水泥	矿渣水泥	火山灰水泥	粉煤灰水泥	复合水泥
主要特征	凝结硬化快 早期强度高 水化热大 抗冻性好 干缩小 耐蚀性差 耐热性差	凝结硬化较快 早期强度较高 水化热较大 抗冻性较好 干缩性较小 耐蚀性较差 耐热性较差	凝结硬化慢 早期强度低,后期强度增长较快 水化热较低 抗冻性差 干缩性大 耐蚀性较好 耐热性好 泌水性大	凝结硬化慢 早期强度低,后期强度增长较快 水化热较低 抗冻性差 干缩性大 耐蚀性较好 耐热性好 抗渗性好	凝结硬化慢 早期强度低,后期强度增长较快 水化热较低 抗冻性差 干缩性较小,抗裂性较好 耐蚀性较好 耐热性好	与所掺两种或两种以上混合材料的种类、掺量有关,其特性基本上与矿渣水泥、火山灰水泥、粉煤灰水泥的特性相似

3. 矿渣水泥

矿渣水泥中熟料的含量比硅酸盐水泥少,掺入的粒化高炉矿渣量比较多,因此,与硅酸盐水泥相比有以下几方面特点（见表2-9）。

1）矿渣水泥加水后的水化分两步进行：首先是水泥熟料颗粒水化，接着矿渣受熟料水化时析出的 Ca(OH)$_2$ 及外掺石膏的激发，其玻璃体中的活性氧化硅和活性氧化铝进入溶液，与 Ca(OH)$_2$ 反应生成新的水化硅酸钙和水化铝酸钙，因为石膏存在，还生成水化硫铝酸钙。

由于矿渣水泥中熟料的含量相对减少，而且水化分两步进行，因此凝结硬化慢，早期（3d，7d）强度低。但二次反应后生成的水化硅酸钙凝胶逐渐增多，所以其后期（28d后）强度发展较快，将赶上甚至超过硅酸盐水泥，如图2-6所示。

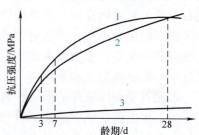

图2-6 矿渣水泥与硅酸盐水泥强度增长情况比较
1—硅酸盐水泥 2—矿渣水泥
3—粒化矿渣

2）矿渣水泥中熟料的减少，使水化时发热量高的 C_3S 和 C_3A 含量相对减少，故水化热较低，可在大体积混凝土工程中优先选用。

3）矿渣水泥水化产物中氢氧化钙含量少，碱度低，抗碳化能力较差，但抗溶出性侵蚀及抗硫酸盐侵蚀的能力较强。

4）矿渣颗粒亲水性较小，故矿渣水泥保水性较差，泌水性较大，容易在水泥石内部形成毛细通道，增加水分蒸发。因此，矿渣水泥干缩性较大，抗渗性、抗冻性和抗干湿交替作用的性能均较差，不宜用于有抗渗要求的混凝土工程中。

5）矿渣水泥的水化产物中氢氧化钙含量低，而且矿渣本身是水泥的耐火掺料，因此其耐热性较好，可用于耐热混凝土工程中。

6）矿渣水泥水化硬化过程中，对环境的温度、湿度条件较为敏感。低温下凝结硬化缓慢，但在湿热条件下强度发展很快，故适于采用蒸汽养护。

4. 火山灰水泥

火山灰水泥和矿渣水泥在性能方面有许多共同点（见表2-9），如水化反应分两步进行，早期强度低，后期强度增长率较大，水化热低，耐蚀性强，抗冻性差，易碳化等。

由于火山灰水泥在硬化过程中的干缩较矿渣水泥更为显著，在干热环境中易产生干缩裂缝。因此，使用时须加强养护，使其在较长时间内保持潮湿状态。在表面则由于水化硅酸钙抗碳化能力差，使水泥石表面产生"起粉"现象，因此火山灰水泥不宜用于干燥环境中的地上工程。

火山灰水泥颗粒较细，泌水性小，故具有较高抗渗性，宜用于有抗渗要求的混凝土工程中。

5. 粉煤灰水泥

粉煤灰本身就是一种火山灰质混合材料，因此，粉煤灰水泥实质上就是一种火山灰水泥，其水化硬化过程及其他诸方面性能与火山灰水泥极为相似（见表2-9）。

粉煤灰水泥的主要特点是干缩性较小，甚至比硅酸盐水泥和普通水泥还小，因而抗裂性较好。

另外，粉煤灰颗粒较致密，故吸水少，且呈球形，所以粉煤灰水泥的需水量小，配制成的混凝土和易性较好。

6. 复合水泥

复合水泥中含有两种或两种以上规定的混合材料,因此复合水泥的特性与其所掺混合材料的种类、掺量及相对比例有密切关系。总体上其特性与矿渣水泥、火山灰水泥、粉煤灰水泥有不同程度的相似之处。

三、通用水泥的主要技术标准

教学视频10 水泥技术性质

1. 化学指标

化学指标应符合表 2-10 规定。

表 2-10 通用水泥中化学指标

品 种	代号	不溶物（质量分数）	烧失量（质量分数）	三氧化硫（质量分数）	氧化镁（质量分数）	氯离子（质量分数）
硅酸盐水泥	P·Ⅰ	≤0.75	≤3.0	≤3.5	≤5.0①	≤0.06③
	P·Ⅱ	≤1.50	≤3.5			
普通硅酸盐水泥	P·O	—	≤5.0			
矿渣硅酸盐水泥	P·S·A	—	—	≤4.0	≤6.0②	
	P·S·B	—	—			
火山灰质硅酸盐水泥	P·P	—	—	≤3.5	≤6.0②	
粉煤灰硅酸盐水泥	P·F	—	—			
复合硅酸盐水泥	P·C	—	—			

① 如果水泥压蒸试验合格,则水泥中氧化镁的含量（质量分数）允许放宽至 6.0%。
② 如果水泥中氧化镁的含量（质量分数）大于 6.0% 时,需进行水泥压蒸安定性试验并合格。
③ 当有更低要求时,该指标由买卖双方协商确定。

2. 碱含量（选择性指标）

碱含量是指水泥中 Na_2O 和 K_2O 的含量。若水泥中碱含量过高,遇到有活性的骨料,易产生碱-骨料反应,造成工程危害,如图 2-7 所示。

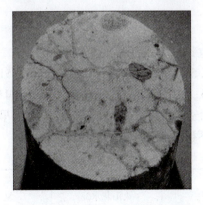

图 2-7 碱含量超标造成的危害

国家标准规定:水泥中碱含量按 $(Na_2O + 0.685K_2O)$ 计算值来表示。若使用活性骨料,用户要求提供低碱水泥时,水泥中碱含量不得大于 0.60% 或由供需双方商定。

3. 细度

细度是指水泥颗粒的粗细程度，它对水泥的凝结时间、强度、需水量和安定性有较大影响，所以是鉴定水泥品质的主要项目之一。要求硅酸盐水泥和普通硅酸盐水泥的比表面积不小于 $300m^2/kg$；其他四类水泥不大于 10% 或 $45\mu m$ 方孔筛筛余不大于 30%。

4. 标准稠度用水量

标准稠度用水量是指水泥拌制成特定的塑性状态（标准稠度）时所需的用水量（以占水泥重量的百分数表示），也称需水量。由于用水量多少对水泥的一些技术性质（如凝结时间）有很大影响，所以测定这些性质必须采用标准稠度用水量，这样测定的结果才有可比性。

5. 凝结时间

水泥的凝结时间在施工中具有重要意义。为了保证有足够的时间在初凝之前完成混凝土成型等各工序的操作，初凝时间不宜过短；为了使混凝土浇捣完成后尽早凝结硬化，以利下道工序及早进行，终凝时间不宜过长。

国家标准规定：六大通用水泥的初凝时间均不得早于 $45min$；硅酸盐水泥的终凝时间不得迟于 $6.5h$；其他五类水泥的终凝时间不得迟于 $10h$。

由于拌和水泥浆时的用水量多少，对凝结时间有影响，因此，测试水泥凝结时间时必须采用标准稠度用水量。

6. 安定性

水泥的体积安定性是指水泥在凝结硬化过程中，体积变化的均匀性。如果水泥硬化后产生不均匀的体积变化，会使水泥混凝土构筑物产生膨胀性裂缝，降低建筑工程质量，甚至引起严重事故，即体积安定性不良。

引起水泥体积安定性不良的原因，是由于水泥熟料矿物组成中含有过多游离氧化钙（f-CaO）、游离氧化镁（f-MgO），或者水泥粉磨时石膏掺量过多。f-CaO 和 f-MgO 是在高温下生成的，处于过烧状态，水化很慢，它们在水泥凝结硬化后还在慢慢水化并产生体积膨胀，从而导致硬化水泥石开裂，而过量的石膏会与已固化的水化铝酸钙作用，生成水化硫铝酸钙，产生体积膨胀，造成硬化水泥石开裂。

7. 水泥的强度

水泥强度是选用水泥时的主要技术指标，也是划分水泥强度等级的依据。

国家标准规定：硅酸盐水泥分为 42.5、42.5R、52.5、52.5R、62.5、62.5R 六个强度等级；普通硅酸盐水泥分为 42.5、42.5R、52.5、52.5R 四个强度等级，其他四种水泥分为 32.5、32.5R、42.5、42.5R、52.5、52.5R 六个强度等级。其中有代号 R 者为早强型水泥。各强度等级的六大常用水泥的 3d、28d 强度均不得低于表 2-11 中的规定值。

表 2-11 通用水泥技术性质标准

项目		硅酸盐水泥		普通水泥	矿渣水泥 火山灰水泥 粉煤灰水泥	复合水泥
		P·I	P·II			
细度（选择性指标）		比表面积 > $300m^2/kg$		80μm 方孔筛筛余量 ≤ 10%		
凝结时间	初凝	≥45min				
	终凝	≤6.5h		≤10h		

（续）

项目		硅酸盐水泥		普通水泥		矿渣水泥 火山灰水泥 粉煤灰水泥		复合水泥	
		P·Ⅰ	P·Ⅱ						
体积安定性	安定性	沸煮法必须合格（若试饼法和雷氏夹法两者有争议，以雷氏夹法为准）							
	MgO	含量≤5.0%							
	SO₃	含量≤3.5%（矿渣水泥中含量≤4.0%）							
强度等级	龄期	抗压	抗折	抗压	抗折	抗压	抗折	抗压	抗折
32.5	3d	—	—	—	—	10.0	2.5	10.0	2.5
	28d					32.5	5.5	32.5	5.5
32.5R	3d	—	—	—	—	15.0	3.5	15.0	3.5
	28d					32.5	5.5	32.5	5.5
42.5	3d	17.0	3.5	17.0	3.5	15.0	3.5	15.0	3.5
	28d	42.5	6.5	42.5	6.5	42.5	6.5	42.5	6.5
42.5R	3d	22.0	4.0	22.0	4.0	19.0	4.0	19.0	4.0
	28d	42.5	6.5	42.5	6.5	42.5	6.5	42.5	6.5
52.5	3d	23.0	4.0	23.0	4.0	21.0	4.0	21.0	4.0
	28d	52.5	7.0	52.5	7.0	52.5	7.0	52.5	7.0
52.5R	3d	27.0	5.0	27.0	5.0	23.0	4.5	23.0	4.5
	28d	52.5	7.0	52.5	7.0	52.5	7.0	52.5	7.0
62.5	3d	28.0	5.0	—	—	—	—	—	—
	28d	62.5	8.0						
62.5R	3d	32.0	5.5	—	—	—	—	—	—
	28d	62.5	8.0						
碱含量（选择性指标）		用户要求低碱水泥时，按 Na₂O + 0.685K₂O 计算的碱含量不得大于 0.60%，或由供需双方商定							

四、影响通用水泥性能的因素

1. 水泥组成成分的影响

水泥的组成成分及各组分的比例是影响六大通用水泥性能的最主要因素。一般来讲，水泥中增加混合材料含量，减少熟料含量，将使水泥的抗侵蚀性提高，水化热降低，早期强度降低；水泥中提高 C_3S、C_3A 的含量，将使水泥的凝结硬化加快，早期强度高，同时水化热也大。

2. 水泥细度的影响

水泥颗粒越细，总表面积越大，与水的接触面积也大，因此水化迅速，凝结硬化也相应增快，早期强度也高。但水泥颗粒过细，会增加磨细的能耗和提高成本，且不宜久存，过细水泥硬化时还会产生较大收缩。

3. 养护条件（温度、湿度）的影响

水泥是水硬性胶凝材料，所以其水化、凝结硬化过程中必须有足够的水分，养护期间注意保持潮湿状态，有利其早期强度的发展，若缺少水分，不仅会导致水泥水化的停止，甚至还会产生裂缝。

通常，养护时温度升高，水泥的水化加快，早期强度发展也快。若在较低温度下硬化，虽强度发展较慢，但仍可获得较高的最终强度。不过在0℃以下，水结成冰后，水泥的水化停止。

4. 龄期的影响

水泥的强度是随龄期增长而增加的，一般28d内强度发展较快，28d后显著减慢。水泥强度增加是因为随时间延续，水泥的水化程度在不断增大，凝胶物在不断增多和凝结硬化。

5. 拌和用水量的影响

水泥用量不变的情况下，增加拌和用水量，会增加硬化水泥石中的毛细孔，使之强度下降。另外，增加拌和用水量，会增加水泥的凝结时间。

6. 贮存条件的影响

贮存不当，会使水泥受潮，颗粒表面发生水化而结块，严重降低强度。即使良好的贮存，在空气中的水分和CO_2的作用下，也会发生缓慢水化和碳化。经3个月，强度约降低10%~20%，6个月降低15%~30%，1年后将降低25%~40%，所以水泥的有效贮存期为3个月，不宜久存。

实践操作

道路建筑用通用水泥的常用技术性能指标有细度、凝结时间、体积安定性、强度等，根据我国现行GB/T 1346—2011《水泥标准稠度用水量、凝结时间、安定性检验方法》、JTG 3420—2020《公路工程水泥及水泥混凝土试验规程》规定，主要指标的检测要点如下。

1. 水泥细度的测定

JTG 3420—2020《公路工程水泥及水泥混凝土试验规程》规定，六大通用水泥的细度用80μm筛筛析法和勃氏法（透气式比表面积仪）测定，仪器如图2-8所示。

实训视频12 水泥细度试验

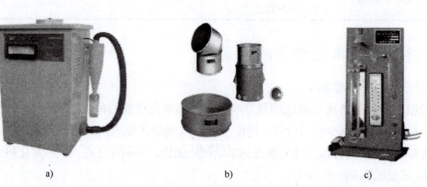

图2-8 水泥的细度测定仪器

a) 水泥负压筛析仪　b) 水泥标准筛　c) 勃氏比表面积仪

2. 水泥标准稠度用水量测定

GB/T 1346—2011《水泥标准稠度用水量、凝结时间、安定性检验方法》规定，水泥净浆稠度是采用标准法维卡仪测定，如图2-9所示。以试杆沉入净浆并距底板6mm±1mm的水泥净浆为标准稠度净浆。其拌和水量为该水泥的标准稠度用水量。

3. 水泥凝结时间的测定

GB/T 1346—2011《水泥标准稠度用水量、凝结时间、安定性检验方法》规定，凝结时间测定，采用凝结时间测定仪测定，如图2-10所示。从加水时起至试针沉入净浆中，距底板4mm±1mm时所经历的时间为初凝时间；从加水时起至试针沉入试件0.5mm时，即环形附件开始不能在试件上留下痕迹时，所经历的时间为终凝时间。

实训视频13 水泥标稠

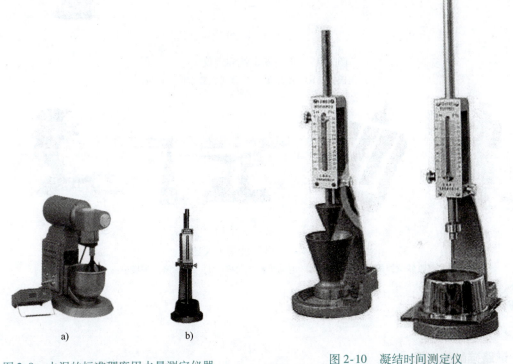

图2-9 水泥的标准稠度用水量测定仪器
a) 水泥净浆搅拌机 b) 稠度仪

图2-10 凝结时间测定仪

4. 水泥安定性的测定

GB/T 1346—2011《水泥标准稠度用水量、凝结时间、安定性检验方法》规定，由游离氧化钙引起的水泥体积安定性不良可采用沸煮法检验。沸煮法包括试饼法和雷氏法两种。试饼法是将标准稠度水泥净浆做成试饼，沸煮3h后，若用肉眼观察未发现裂纹，再用直尺检查没有弯曲现象，则称为安定性合格。雷氏法是测定水泥浆在雷氏夹中沸煮硬化后的膨胀值，若膨胀量在规定值内则为安定性合格。标准还规定，当试饼法和雷氏法两者结论有矛盾时，以雷氏法为准，仪器如图2-11所示。由于氧化镁和石膏所导致的体积安定性不良不便于快速检验，因此，通常在水泥生产中要严格控制。

5. 水泥强度的测定

JTG 3420—2020《公路工程水泥及水泥混凝土试验规程》规定，采用软练胶砂法测定水泥强度。该法是将水泥和标准砂按1∶3混合，用水胶比为0.5，按规定方法制成40mm×

实训视频14 水泥胶砂强度检验方法（ISO法）

40mm×160mm 的试件，带模在湿气中养护 24h 后，再脱模放在标准温度（20℃±1℃）的水中养护，分别测定 3d 和 28d 抗压强度和抗折强度，如图 2-12 所示。根据测定结果，可确定该水泥的强度等级。

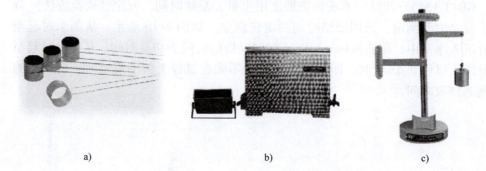

图 2-11　水泥安定性测定仪
a）雷氏夹　b）沸煮箱　c）雷氏夹测定仪

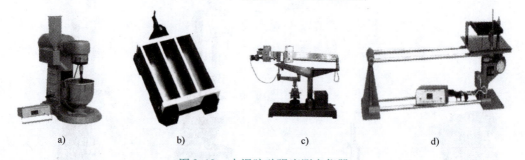

图 2-12　水泥胶砂强度测定仪器
a）水泥胶砂搅拌机　b）试模　c）电动抗折试验机　d）ZT96 型水泥胶砂振实台

任务拓展

1. 道路硅酸盐水泥

以适当成分的生料烧至部分熔融，所得以硅酸钙为主要成分和较多量的铁铝酸钙的硅酸盐水泥熟料称为道路硅酸盐水泥熟料。由道路硅酸盐水泥熟料，0～10% 活性混合材料和适量石膏细制成的水硬性胶凝材料，称为道路硅酸盐水泥（简称道路水泥）。

随着我国高等级道路的发展，水泥混凝土路面已成为主要路面类型之一。对专供公路、城市道路和机场道面用的道路水泥，现根据我国现行标准 GB 13693—2017《道路硅酸盐水泥》就有关技术要求和技术标准分述如下。

（1）化学组成　在道路水泥或熟料中对下列有害成分必须加以限制。

1）氧化镁含量：道路水泥中氧化镁含量不得超过 5.0%。

2）三氧化硫含量：道路水泥中三氧化硫不得超过 3.5%。

3）烧失量：道路水泥中的烧失量不得大于 3.0%。

4）游离氧化钙含量：道路水泥熟料中游离氧化钙含量，旋窑生产不得大于 1.0%；立窑生产不得大于 1.8%。

5) 碱含量：按JTG F30—2014《公路水泥混凝土路面施工技术细则》规定，碱含量不得大于0.6%。

(2) 矿物组成

1) 铝酸三钙。道路水泥熟料中铝酸三钙的含量不得大于5.0%。

2) 铁铝酸四钙。道路水泥熟料中铁铝酸四钙的含量不得小于16.0%。

(3) 物理力学性质

1) 细度。按我国现行GB/T 1346—2011《水泥标准稠度用水量、凝结时间、安定性检验方法》，80μm的筛余量不得大于10%。

2) 凝结时间。按我国现行GB/T 1346—2011《水泥标准稠度用水量、凝结时间、安定性检验方法》，初凝不得早于1h，终凝不得迟于10h。

3) 安定性。按我国现行GB/T 1346—2011《水泥标准稠度用水量、凝结时间、安定性检验方法》，安定性用沸煮法检验，必须合格。

4) 干缩性。道路水泥的28d干缩率不得大于0.10%。

5) 耐磨性。道路水泥的磨损率不得大于3.6kg/m^2。

6) 强度。道路水泥各强度等级值不低于规定的数值。各项技术性能指标见表2-12。

表2-12 通用水泥的选用

		混凝土工程特点及所处环境条件	优先选用	可以选用	不宜选用
普通混凝土	1	在一般气候环境中的混凝土	普通水泥	矿渣水泥、火山灰水泥、粉煤灰水泥、复合水泥	
	2	在干燥环境中的混凝土	普通水泥	矿渣水泥	火山灰水泥、粉煤灰水泥
	3	在高温度环境中或长期处于水中的混凝土		普通水泥	
	4	厚大体积的混凝土	矿渣水泥、火山灰水泥、粉煤灰水泥、复合水泥	普通水泥	硅酸盐水泥
有特殊要求的混凝土	1	要求快硬、高强（强度等级高于C40）的混凝土	硅酸盐水泥	普通水泥	矿渣水泥、火山灰水泥、粉煤灰水泥、复合水泥
	2	严寒地区的露天混凝土、寒冷地区处于水位升降范围内的混凝土	普通水泥	矿渣水泥（强度等级高于32.5）	火山灰水泥、粉煤灰水泥
	3	严寒地区处于水位升降范围内的混凝土	普通水泥（强度等级高于42.5）		矿渣水泥、火山灰水泥、粉煤灰水泥、复合水泥
	4	有抗渗要求的混凝土	普通水泥、火山灰水泥		矿渣水泥
	5	有耐磨性要求的混凝土	硅酸盐水泥、普通水泥	矿渣水泥（强度等级高于32.5）	火山灰水泥、粉煤灰水泥
	6	受侵蚀性介质作用的混凝土	矿渣水泥、火山灰水泥、粉煤灰水泥、复合水泥		硅酸盐水泥、普通水泥

(4) 工程应用 道路水泥是一种强度高,特别是抗折强度高,耐磨性好,干缩性小,抗冲击性好,抗冻性和抗硫酸性比较好的专用水泥。它适用于道路路面、机场跑道道面,城市广场等工程。由于道路水泥具有干缩性小、耐磨、抗冲击等特征,可减少水泥混凝土路面的裂缝和磨耗等病害,减少维修,延长路面使用年限,因而可获得显著的社会效益和经济效益。

2. 高铝水泥

高铝水泥又称矾土水泥,是以铝矾土和石灰石为原料,经高温煅烧得到以铝酸钙为主要成分的熟料,经磨细而成的水硬性胶凝材料,属于铝酸盐系列的水泥。

高铝水泥的主要矿物成分为铝酸一钙($CaO \cdot Al_2O_3$,简写为 CA)和二铝酸一钙($CaO \cdot 2Al_2O_3$,简写为 CA_2),此外尚有少量硅酸二钙和其他铝酸盐。

高铝水泥的主要特性如下:

1) 快凝早强,1d 强度可达最高强度的 80% 以上,后期强度增长不显著。
2) 水化热大,且放热量集中,1d 内即可放出水化热总量的 70%~80%。
3) 抗硫酸盐性能很强,但抗碱性极差。
4) 耐热性好,高铝水泥混凝土在 1300℃ 还能保持约 53% 的强度。
5) 长期强度略有降低的趋势。

高铝水泥主要用于紧急军事工程(如筑路、桥)、抢修工程(如堵漏)等;也可用于配制耐热混凝土,如高温窑炉炉衬等和用于寒冷地区冬期施工的混凝土工程。高铝水泥不宜用于大体积混凝土工程,也不能用于长期承重结构及高温高湿环境中的工程。还应注意,高铝水泥制品不能用蒸汽养护。此外,还应注意到,不经过试验,高铝水泥不得与硅酸盐水泥或石灰相混,以免引起闪凝和强度下降。

3. 膨胀水泥

通常,硅酸盐水泥在空气中硬化时会产生不同程度的收缩,从而导致水泥混凝土构件内部产生微裂缝,有损混凝土的整体性,同时使混凝土的一系列性能变坏。然而,膨胀水泥在硬化过程中不仅不收缩反而有一定数量的膨胀,可以克服或改善普通水泥混凝土的上述缺点。

根据膨胀水泥的基本组成,可分为以下四个品种。

(1) 硅酸盐膨胀水泥 以硅酸盐水泥为主,外加高铝水泥和石膏配制而成。

(2) 铝酸盐膨胀水泥 以高铝水泥为主,外加石膏配制而成。

(3) 硫铝酸盐膨胀水泥 以无水硫铝酸钙和硅酸二钙为主要成分,外加石膏配制而成。

(4) 铁铝酸钙膨胀水泥 以铁相、无水硫铝酸钙和硅酸二钙为主要成分,外加石膏配制而成。

以上四种膨胀水泥的膨胀都源于水泥石中所形成的钙矾石的膨胀。通过调整各种组成的配合比例,就可得到不同膨胀值的膨胀水泥。

膨胀水泥适用于配制收缩补偿混凝土,用于构件的接缝及管道接头,混凝土结构的加固和修补,防渗堵漏工程,机器底座及地脚螺栓的固定等。

在道路工程中,膨胀水泥常用于水泥混凝土路面、机场道面或桥梁修补工程。此外,还可在越江隧道火山区隧道工程中用于配制防水混凝土、自应力混凝土,用以堵漏和修补工程等。

另外,由于膨胀水泥的膨胀,会在限制条件下使水泥混凝土受到压应力,即所谓的自应力。因此,按自应力大小,膨胀水泥可分为两类:自应力值大于或等于2.0MPa时,称为自应力水泥;自应力值小于2.0MPa(通常约0.5MPa),则为膨胀水泥。自应力水泥适用于制造自应力钢筋混凝土压力管及其配件。

4. 抗硫酸盐硅酸盐水泥

以适当成分的生料,烧至部分熔融,所得到硅酸钙为主的特定矿物组成的熟料,加入适量施工磨细制成的具有一定抗硫酸侵蚀性能的水硬性胶凝材料称为抗硫酸盐硅酸盐水泥(简称抗硫酸盐水泥)。

抗硫酸盐水泥要求:中抗硫酸盐水泥熟料中硅酸三钙小于55%,铝酸三钙小于5%;高抗硫酸盐水泥熟料中硅酸三钙小于50%,铝酸三钙小于3%,铝酸三钙和铁铝酸四钙的总含量小于22%。抗硫酸盐水泥除具有抗硫酸盐侵蚀的特点外,而且水化热低,适用于一般受硫酸盐侵蚀的海港、水利、地下、隧道、引水、道路和桥涵基础等工程。各项技术性能指标见表2-13。

表2-13 各种硅酸盐水泥的技术标准

性能指标		道路硅酸盐水泥	中热硅酸盐水泥	低热硅酸盐水泥	抗硫酸盐水泥
氧化镁(%)		≤5	≤5	≤5	≤5
三氧化硫(%)		≤3.5	≤3.5	≤3.5	≤2.5
铝酸三钙(%)		≤(5)	≤(6)	≤(6)	≤5
硅酸三钙(%)			≤(55)	≤(40)	<50
铁铝酸四钙(%)		≥16			<22
烧失量(%)		≤3			≤1.5
28d干缩率(%)		≤0.1			
游离氧化钙(%)		旋窑1.0 立窑1.8	≤1	≤1.2	≤1
细度	80μm方孔筛余	≤10	≤12	≤12	≤10
	比表面积/(m²/kg)	300~450	≥250	≥250	≥280
耐磨性/(kg/m²)		≤3.6			
凝结时间	初凝不早于/min	90	60	60	45
	终凝不迟于/h	10	12	12	10
安定性		合格			

5. 中热硅酸盐水泥和低热矿渣硅酸盐酸水泥(大坝水泥)

以适当成分的硅酸盐水泥熟料,加入适量石膏,磨细制成的具有中等水化热的水硬性胶凝材料称为中热硅酸盐水泥,简称中热水泥。

以适当成分的硅酸盐水泥熟料,加入矿渣和适量石膏磨细制成的具有低水化热的水硬性胶凝材料,称为低热矿渣硅酸盐水泥,简称低热矿渣水泥。低热矿渣水泥中粒化高炉矿渣掺加量按质量百分比计为20%~60%。允许用不超过混合材料总量50%的粒化电炉磷渣或粉煤灰代替部分粒化高炉矿渣。

中热水泥与低热矿渣水泥通过限制水泥熟热中水化热大的铝酸三钙与硅酸三钙的含量,

从而降低水化热。

中热水泥和低热矿渣水泥主要适用于要求水化热较低的大坝和大体积混凝土工程。各项技术性能见表2-8。

6. 白色和彩色硅酸盐水泥

（1）白色硅酸盐水泥 白色硅酸盐水泥的主要矿物组成仍是硅酸盐，只是水泥中着色物质（氧化铁、氧化锰、氧化钛、氧化铬等）的含量极少。

白色硅酸盐水泥的性能与硅酸盐水泥基本相同。根据国家标准 GB2015—2005 规定：白色水泥的细度要求为 0.080mm 方孔筛筛余量不得超过 10%；其初凝时间不得早于 45min，终凝时间不得迟于 10h；强度符合表 2-14 要求。白色水泥对红、绿、蓝三原色的反射率与氧化镁标准白板的反射率之比值称为白度，白色水泥的白度根据表 2-15 的白度数值分为四级。

表 2-14 白水泥强度要求

标号	抗压强度/MPa			抗折强度/MPa		
	3d	7d	28d	3d	7d	28d
325	14.0	20.5	32.5	2.5	3.5	5.5
425	18.0	26.5	42.5	3.5	4.5	6.5
525	23.0	33.5	52.5	4.0	5.5	7.0

表 2-15 白水泥各等级白度值

等级	特级	一级	二级	三级
白度（%）	86	84	80	75

（2）彩色硅酸盐水泥 生产彩色硅酸盐水泥有三种方法：一是在水泥生料中混入着色物质，烧成彩色熟料再粉磨成彩色水泥；二是将白水泥熟料或硅酸盐水泥熟料、适量石膏和碱性着色物质共同磨细制成彩色水泥；三是将干燥状态的着色物质掺入白水泥或硅酸盐水泥中。

白色和彩色硅酸盐水泥在装饰工程中，常用于配制各类彩色水泥浆、砂浆和混凝土，用以制造各种水磨石、水刷石、斩假石等饰面及雕塑和装饰部件等制品，如图2-13所示。

a)

b)

图 2-13 彩色水泥及彩色路面
a）彩色水泥　b）彩色水泥浇筑的路面

7. 球状化水泥

当前使用的各种水泥,在电子显微镜下观测,其粒形是碎石状的,这是水泥熟料在球磨中磨细的结果。所谓球状水泥是将水泥粒子加工成球状,与当前使用的水泥粒形不同。球状水泥比普通水泥具有优越的物理力学性能,其表观密度大,填充性高,特别是松堆密度方面更加明显,是一种高性能水泥。在日本,这种水泥已投入实用化的试验阶段。

8. 调粒(级配)水泥

调粒水泥是将水泥组成中的粒度分布进行调整,提高胶凝材料的填充率;并使水泥粒子的最大粒径增大,粒度分布向粗的方向移动;同时还掺入超细粉,以获得最密实的填充。这样就能获得流动性好的水泥浆,具有适当的早期强度,水化热低,水化放热速度慢等性能优良的胶凝材料。

巩固练习

1. 硅酸盐水泥熟料的主要矿物组分是什么?它们单独与水作用时有何特性?
2. 通用水泥有哪几项主要技术要求?
3. 什么是水泥的初凝和终凝?凝结时间对道路与桥梁施工有什么影响?
4. 水泥的安定性对道路与桥梁工程混凝土有什么实际意义,按现行国家标准用什么方法来评价水泥安定性?
5. 在测定水泥强度(标号)时,为什么不测定水泥净浆的强度,而是测定水泥胶砂的强度?影响水泥强度(标号)的主要因素有哪些?
6. 我国现行水泥的等级是采用什么方法来确定的?为什么相同等级的水泥要分为普通型和早强型(R型)两种型号?道路路面选用水泥时,在条件允许下,为什么要优先选用R型水泥?
7. 什么叫水泥混合材料?掺加混合材料的硅酸盐水泥具有什么技术特征和经济效益?
8. 试述六大通用水泥的组成、特性和应用范围。
9. 简述高铝水泥的特性及如何正确使用。

项目三　钢材的检测与应用

项目目标

1. 了解道路与桥梁工程常用建筑钢材的种类。
2. 熟悉道路与桥梁工程常用建筑钢材的技术性能、技术标准和应用。
3. 会进行钢筋的拉伸、弯曲等性能测定。
4. 了解我国钢桥建设成就，培养学生国家荣誉感和大国工匠精神。

任务描述：根据规范要求，对某涵洞用钢材进行常规性能的检测，并提交检测报告。

相关知识

建筑钢材是指用于建筑工程中的各种钢材，如钢结构中用的各种型材、钢板和用于钢筋混凝土结构的钢筋、钢丝等。

钢材是在严格的技术控制下生产的材料。它的品质均匀，强度高，有一定的塑性和韧性，具有承受冲击和振动荷载的能力，可以焊接或铆接，便于装配。因此用型钢作建筑结构，安全性大、自重较轻，适用于大跨度桥梁。由于钢结构耗钢量大，现代建筑结构物广泛采用钢筋混凝土结构。这样，不仅节约钢材，而且还克服了钢材易锈蚀和维修费用大的缺点。

教学视频11　建筑钢材

一、钢材的分类

钢的品种繁多，为了便于供应、管理及合理选用，现将钢的一般分类归纳如下。

按化学成分分为碳素钢和合金钢。

（1）碳素钢　亦称"碳钢"，是碳的质量分数小于2%的铁碳合金。按碳的质量分数可分为以下几种。

1）低碳钢。碳的质量分数<0.25%。
2）中碳钢。碳的质量分数为0.25%~0.6%。
3）高碳钢。碳的质量分数>0.6%。

（2）合金钢　为改善钢的性能，在钢中特意加入某些合金元素，在满足塑性、韧性及工艺性能（主要指可焊性等）要求的条件下，使钢具有更高的强度，并具有耐腐蚀、耐磨损等优良性能。合金钢按合金元素含量分为三类。

1)低合金钢。合金元素的质量分数 <5%。
2)中合金钢。合金元素的质量分数为 5%~10%。
3)高合金钢。合金元素的质量分数 >10%。

建筑用钢主要是普通碳素钢和普通低合金钢两大类。

1. 按质量(杂质含量)分类

碳素钢按供应的钢材化学成分中有害杂质的含量不同,又可划分为以下几种。

(1)普通钢 硫的质量分数≤0.055%,磷的质量分数≤0.045%。

(2)优质钢 硫的质量分数≤0.040%,磷的质量分数 0.035%~0.040%。

2. 按钢在冶炼过程中脱氧程度分类

(1)沸腾钢 脱氧不完全的钢。钢水浇入锭模后产生大量的 CO 气泡外逸,钢液呈剧烈沸腾状。沸腾钢内部杂质和杂物多,组织不够致密,气泡含量较多,化学成分和力学性能不够均匀、强度低、冲击韧性和可焊性差,但生产成本较低,可用于一般的建筑结构。

(2)镇静钢 脱氧充分,钢水浇入锭模后平静地凝固,基本无 CO 气泡产生。镇静钢组织致密,化学成分均匀,力学性能好,品质好,但成本较高。镇静钢可用于承受冲击荷载的重要结构。

(3)半镇静钢 脱氧程度及钢的质量介于上述两者之间。

3. 按用途的不同划分

(1)结构钢 用于建筑结构、机械制造等,一般为低、中碳钢。

(2)工具钢 用于各种工具,一般为高碳钢。

(3)特殊钢 具有各种特殊物理化学性能的钢,如不锈钢等。

由于桥梁结构需要承受车辆等荷载的作用,同时需要经受各种大气因素的考验,对于桥梁用钢材要求具有高的强度、良好的塑形、韧性和可焊性。因此,桥梁建筑用钢材,钢筋混凝土用钢筋,按用途分类来说,属于结构钢;按质量分类来说,属于普通钢;按含碳量的分类来说,属于低碳钢。所以桥梁结构用钢和混凝土用钢筋是属于碳素结构钢或低合金结构钢。

二、钢材的技术性质

桥梁建筑用钢材和钢筋混凝土用钢筋的基本技术性质应包括:抗拉强度、断后伸长率、冲击韧性、冷弯性能和硬度等。

1. 抗拉强度

抗拉强度由拉伸试验测出。低碳钢在拉伸试验中表现的应力和变形关系比较典型。它在外力作用下的变形一般可分为四个阶段:弹性阶段、屈服阶段、强化阶段和颈缩阶段。其应力 - 应变关系如图 3-1 所示。

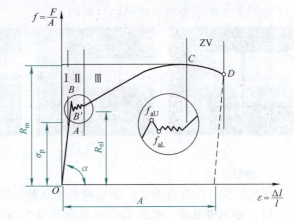

图 3-1 碳素结构钢的应力 - 应变图

(1)弹性阶段 图 3-1 中 OA 段。其特点是:应力与应变成正比,卸去荷载,试件将恢复到原来的长度。

在弹性变形阶段内,钢材在受力时能抵抗弹性变形的能力,称为刚性。反映钢材刚性的指标是弹性模量,用符号 E 表示,单位为兆帕(MPa)。$E = f/\varepsilon = \tan\alpha$。

(2) 屈服阶段 图 3-1 中的 AB 段。应力与应变不再成正比关系,此时应变的增长大于应力的增长。若卸去荷载,试件不能恢复到原长,表明试件已出现塑性变形。在屈服阶段锯齿形的最高点对应的应力称为上屈服点,锯齿形的最低点对应的应力称为下屈服点。由于下屈服点较为稳定,故以此屈服点对应的应力为屈服强度(Yield strength),用 R_{el} 表示,并按式(3-1)计算:

$$R_{el} = \frac{F_x}{A_0}$$

(3-1)

式中 R_{el} ——屈服强度(MPa);

F_x ——相对于所求应力的荷载(N);

A_0 ——试件的原横截面面积(mm^2)。

钢材受力达到屈服点以后,变形即迅速发展,尽管尚未破坏,但已不能满足使用要求。故设计中一般以屈服强度作为钢结构容许应力的取值依据。

中碳钢和高碳钢没有明显的屈服点,通常以残余变形 0.2% 的应力作为屈服强度,以 $R_{p0.2}$ 表示。

(3) 强化阶段 图 3-1 中的 BC 段。钢材又恢复了抵抗塑性变形的能力,曲线上升到最高点 C。C 点对应的极限应力称为抗拉强度,用"R_m"表示。

屈服强度与抗拉强度的比值(R_{el}/R_m)称为屈强比。它是反映钢材的利用率和安全可靠程度的一个指标。在同样抗拉强度下,屈服比愈小,则可靠性愈高;但屈强比过小,有效利用率太低,会造成钢材的浪费。所以使用时应两者兼顾。合理的屈强比一般在 0.6~0.75 范围内。

(4) 颈缩阶段 图 3-1 中的 CD 段。应变迅速增大,在试件的某一薄弱部位断面开始显著缩小,最后在 D 点断裂。

如图 3-2 所示为钢筋拉伸的过程图示。

图 3-2 钢筋拉伸的过程

2. 塑性

钢材的塑性指标有两个:断后伸长率和断面收缩率。

(1) 断后伸长率 断后伸长率是钢材发生断裂时标距长度的增长量与原标距长度的百分比,按式(3-2)计算:

$$A = \frac{L_1 - L_0}{L_0} \times 100\%$$

(3-2)

式中　A——断后伸长率（%）；

　　　L_0——试样的原标距长度（mm）；

　　　L_1——试样拉断时的标距长度（mm）。

（2）断面收缩率　试件拉断后（图3-3），断面缩小面积与原横截面面积的百分比，按式（3-3）计算：

$$Z = \frac{A_0 - A_1}{A_0} \times 100\% \qquad (3-3)$$

式中　Z——断面收缩率（%）；

　　　A_0——试件原横截面面积（mm）；

　　　A_1——试件拉断处的横截面面积（mm²）。

Z 与 A 越大，说明钢材的塑性越好。一般以 $A \geq 5\%$，$Z \geq 10\%$ 为宜。

图 3-3　钢筋断面收缩

3. 冲击韧度

钢材抵抗瞬间冲击荷载而不破坏的能力称为冲击韧度。它按照我国国家标准试验方法的摆冲法、横梁式来测定。如图 3-4、图 3-5 所示，按规定制成有槽口的标准试件，以横梁式放在冲击试验机的支座上，然后把由于被抬高而具有一定位能的摆锤释放，使试件承受冲击弯曲以致断裂。则试件冲断时缺口处单位面积上所消耗的能为冲击韧度指标，按式（3-4）计算：

$$a_k = \frac{mg(H-h)}{A_0} \qquad (3-4)$$

式中　a_k——钢材的冲击韧度（J/cm²）；

　　　m——摆锤质量（kg）；

　　　g——重力加速度，数值为 9.81m/s²；

　　　H, h——摆锤冲击前后的高度；

　　　A_0——试件槽口处原截面积（mm²）。

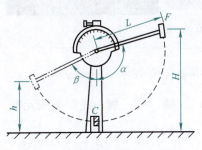

图 3-4　钢材冲击试验原理

图 3-5　冲击试验机

a_k 值低的材料叫脆性材料，它破坏前没有明显的塑性变形，断口较平齐，不宜用作承担冲击荷载的构件，如桥梁轨道、连杆等。

4. 硬度

钢材抵抗硬物压入表面的能力称为钢材的硬度,亦即对局部塑性变形的抗力。测定钢材硬度的方法有布氏硬度、洛氏硬度和维氏硬度三种。

布氏法的测定原理是利用直径为 D 的淬火钢球,以 P 的荷载将其压入试件表面,经规定的持续时间后卸除荷载,布氏硬度试验原理示意图如图3-6所示。计算压痕单位面积所承受的荷载值即为布氏硬度。按式(3-5)计算:

$$HB = \frac{P}{A} \tag{3-5}$$

式中　HB——布氏硬度;
　　　　P——所受荷载(N);
　　　　A——压痕表面积(mm^2)。

布氏法测定结果较准确,但压痕大,不宜用作成品的检验。而用洛氏(HR)法测定时,压痕较小,测后不影响构件的使用。

实验证明,材料的强度愈高,塑性变形抗力愈高,其硬度值也就愈大。由试验得出低碳钢的抗拉强度与布氏硬度的经验关系如下:

$$R_m = 0.36HB$$

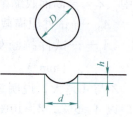

图3-6　布氏硬度试验原理示意图

5. 冷弯性能

冷弯性能是指钢材在常温下承受弯曲变形的能力。它是钢材的重要工艺性能。

冷弯是将条形钢材试件以规定的弯心进行试验,弯曲至90°或180°,检查在弯曲处外面及侧面有无裂纹、裂缝、断裂等情况。弯曲角度愈大,弯心直径与试件厚度的比值愈小,则表明冷弯性能愈好,如图3-7所示。

 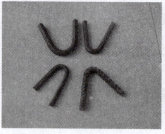 

图3-7　冷弯过程和成品

三、化学成分对碳素钢技术性能的影响

碳素钢的化学成分主要是铁和碳,此外还有锰、硅、磷、硫、氧、氮等杂质元素。这些元素对钢材性能有不同的影响,其中碳的影响最大。

1. 碳(C)

建筑钢材碳的质量分数不大于0.8%。在此范围内随着碳的质量分数提高,钢材的强度和硬度相应提高,而塑性、韧性和冷弯性能相应降低。当碳的质量分数超过0.8%以后,强度反而下降。碳还可显著降低钢材的可焊性,增加钢的冷脆性和时效敏感性,降低抵抗大气的锈蚀性。

2. 常存杂质对碳素钢性能的影响

（1）锰（Mn） 锰是炼钢时脱氧、硫而残留在钢中的元素。它能消减硫和氧引起的热脆性，改善钢的热加工性质，提高钢的强度和韧性。锰在一般碳素钢中的质量分数为 0.25%～0.80%。锰也是我国低合金结构钢的主加合金元素，其质量分数一般在 1%～2% 范围内。

（2）硅（Si） 硅的脱氧能力较锰还强，能提高钢材的强度和硬度。硅在一般碳素钢中的质量分数为 0.1%～0.4%。硅也是合金钢的主加合金元素，硅的质量分数为 1.0%～1.2%，它的作用主要是提高钢材的强度，但会使钢材的塑性和韧性明显下降，可焊性能变差，并增加钢材的冷脆性。

（3）硫（S） 硫是很有害的元素。它在炼钢时随矿石、燃料进入钢中。呈非金属的硫化物所造成的低熔点使钢在焊接时易于产生热裂纹，显著降低可焊性和热加工性能，并降低了冲击韧性和抗腐蚀性。其质量分数要求在 0.055% 以下。

（4）磷（P） 磷也是由矿石带到钢中来的。它能熔于铁素体中，使钢在室温下产生冷脆现象。这种现象使钢的韧性下降，且随温度的降低而加剧。同时，钢的冷弯性能急剧下降，可焊性变坏。故磷也是钢中的有害杂质，其质量分数不得超过 0.045%。

（5）氧（O_2）、氮（N_2）及氢（H_2）等 这些气体元素在碳素钢中含量极少，但它们都不同程度地对钢的塑性、韧性及可焊性能有不利影响，因而要求在炼过程中严格控制其含量，以保证钢的质量。

四、桥梁建筑用钢材及其制品

1. 桥梁建筑用钢的技术要求

用于桥梁建筑的钢材，根据工程使用条件和特点，这类钢材应具有下列技术条件。

（1）良好的综合力学性能 桥梁结构在使用中承受复杂的交通荷载，同时在无遮盖的条件下经受天气条件的严酷环境考验，必须具有良好的综合力学性能。除具有较高的屈服点与抗拉强度外，还应具有良好的塑性、冷弯、冲击韧度和抵抗振动应力的疲劳强度以及低温（-40℃）的冲击韧度。

（2）良好的可焊性 由于近代焊接技术的发展，桥梁钢结构趋向于采用焊接结构代替铆接结构，以加快施工速度和节约钢材。桥梁在焊接后不易整体热处理，因此要求钢材具有良好的可焊性，亦即焊接的连接部分应强而韧，其强度与韧性应不低于或略低于焊件本身，以防止产生硬化脆裂和内应力过大等现象。

（3）良好的抗蚀性 桥梁长期暴露于大气中，所以要求桥梁用钢具有良好的抵抗大气腐蚀的性能。

2. 桥梁建筑用主要钢材

（1）碳素结构钢

1）碳素结构钢的牌号。碳素结构钢以屈服点等级为主，划分成五个牌号，其表示方法为：屈服等级—质量等级·脱氧程度。

屈服等级：Q195、Q215、Q235、Q275（Q 表示屈服点，数值为屈服强度值）。

质量等级：按冲击韧性划分如下。

A级——不要求冲击韧度；

B级——要求20℃冲击韧度；
C级——要求0℃冲击韧度；
D级——要求-20℃冲击韧度。

脱氧程度：F（沸腾刚）、b（半镇静钢）、Z（镇静钢）、TZ（特殊镇静钢）。

牌号中"Z"和"TZ"符号可以省略。

例如，Q235AF表示屈服点为235MPa的A级沸腾钢。

2）碳素结构钢的性能。碳素结构钢的塑性好，适宜于各种加工，在焊接、冲击及超载等不利条件下也能保证安全，它的化学性能稳定，对轧制、加热及骤冷的敏感性较小；但与低合金钢相比强度较低。碳素结构钢的化学成分与力学性能见表3-1、表3-2。

表3-1 碳素结构钢的化学成分（GB/T 700—2006）

牌号	统一数字代号[①]	等级	厚度（或直径）/mm	脱氧方法	化学成分（质量分数）（%），不大于				
					C	Si	Mn	P	S
Q195	U11952	—	—	F、Z	0.12	0.30	0.50	0.035	0.040
Q215	U12152	A		F、Z	0.15	0.35	1.20	0.045	0.050
	U12155	B							0.045
Q235	U12352	A		F、Z	0.22	0.35	1.40	0.045	0.050
	U12355	B			0.20[②]				0.045
	U12358	C		Z	0.17			0.040	0.040
	U12359	D		TZ				0.035	0.035
Q275	U12752	A	—	F、Z	0.24	0.35	1.50	0.045	0.050
	U12755	B	≤40		0.21			0.045	0.045
			>40		0.22				
	U12758	C			0.20			0.040	0.040
	U12759	D		TZ				0.035	0.035

① 表中为镇静钢、特殊镇静钢牌号的统一数字，沸腾钢牌号的统一数字代号如下：
  Q195F —— U11950；
  Q215AF —— U12150，Q215BF —— U12153；
  Q235AF —— U12350，Q235BF —— U12353；
  Q275AF —— U12750。
② 经需方同意，Q235B的碳的质量分数可不大于0.22%。

表3-2 碳素结构钢的力学性能（拉伸）（GB/T 700—2006）

牌号	等级	屈服强度[①] R_{eH}/(N/mm²)，不小于						抗拉强度[②] R_m/(N/mm²)	断后伸长率 A(%)，不小于					冲击试验（V形缺口）	
		厚度（或直径）/mm							厚度（或直径）/mm					温度/℃	冲击吸收功（纵向）/J，不小于
		≤16	>16~40	>40~60	>60~100	>100~150	>150~200		≤40	>40~60	>60~100	>100~150	>150~200		
Q195	—	195	185	—	—	—	—	315~430	33					—	—
Q215	A	215	205	195	185	175	165	335~450	31	30	29	27	26	—	—
	B													+20	27

(续)

牌号	等级	屈服强度① R_{eH}/ (N/mm²),不小于						抗拉强度② R_m/ (N/mm²)	断后伸长率 A (%),不小于						冲击试验（V形缺口）	
		厚度（或直径）/mm							厚度（或直径）/mm						温度 /℃	冲击吸收功（纵向）/J,不小于
		≤16	>16~40	>40~60	>60~100	>100~150	>150~200		≤40	>40~60	>60~100	>100~150	>150~200			
Q235	A	235	225	215	215	195	185	370~500	26	25	24	22	21	—	27③
	B													+20	
	C													0	
	D													-20	
Q275	A	275	265	255	245	225	215	410~540	22	21	20	18	17	—	27
	B													+20	
	C													0	
	D													-20	

① Q195的屈服强度值仅供参考，不作交货条件。
② 厚度大于100mm的钢材，抗拉强度下限允许降低20N/mm²。宽带钢（包括剪切钢板）抗拉强度上限不作交货条件。
③ 厚度小于25mm的Q235B级钢材，如供方能保证冲击吸收功值合格，经需方同意，可不作检验。

从表3-1、表3-2可以看出，Q195~Q275，牌号愈大，其含碳量和含锰量愈高。同时，可以看出，随着牌号增大（即碳锰含量的提高），屈服点和抗拉强度随之提高，但断后伸长率随之降低。

3）碳素结构钢的应用。由于4个牌号的性能不同，其用途也不同。

Q195、Q215号钢塑性高，易于冷弯和焊接，但强度较低，故多用于受荷载较小及焊接的构件。

Q235号钢具有较高的强度和良好的塑性、韧性，易于焊接，且经焊接及气割后力学性能亦仍稳定，有利于冷热加工，故广泛地用于桥梁构件及钢筋混凝土结构中的钢筋等，是目前应用最广泛的钢种。

Q275号钢的屈服强度较高，但塑性、韧性和可焊性较差，可用于钢筋混凝土结构中配筋及钢结构的构件和螺栓。

(2) 低合金高强度结构钢

1）牌号。低合金高强度结构钢以屈服点等级为主，划分成八个牌号，其表示方法为：屈服点等级—质量等级。

屈服点等级：Q355、Q390、Q420、Q460、Q500、Q550、Q620、Q690。

质量等级：A、B、C、D、E（E级要求-40℃冲击韧性）。

如，Q390A。

2）技术性能及应用。在碳素结构钢的基础上，适量加入某些合金元素，可得到综合技术性能较好的合金钢，其具有强度高、塑性和低温冲击韧度好、耐锈蚀等特点。广泛应用于钢结构和钢筋混凝土结构中，特别是大型结构、重型结构、大跨度结构、高层建筑、桥梁工程、承受动力荷载和冲击荷载的结构。低合金高强度结构钢的力学性能见表3-3。

表 3-3 低合金高强度结构钢的力学性能（GB/T 1591—2018）

钢级	质量等级	上屈服强度 R_{eH}[①]/MPa 不小于 公称厚度或直径/mm									抗拉强度 R_m/MPa 公称厚度或直径/mm			
		≤16	>16~40	>40~63	>63~80	>80~100	>100~150	>150~200	>200~250	>250~400	≤100	>100~150	>150~250	>250~400
Q355	B、C	355	345	335	325	315	295	285	275	—	470~630	450~600	450~600	—
	D									265[②]				450~600[②]
Q390	B、C、D	390	380	360	340	340	320	—	—	—	490~650	470~620	—	—
Q420[③]	B、C	420	410	390	370	370	350	—	—	—	520~680	500~650	—	—
Q460[③]	C	460	450	430	410	410	390	—	—	—	550~720	530~700	—	—

钢级	质量等级	断后伸长率 A（%） 不小于					
		试样方向	≤40	>40~63	>63~100	>100~150	>150~250	>250~400
Q355	B、C、D	纵向	22	21	20	18	17	17[④]
		横向	20	19	18	18	17	17[④]
Q390	B、C、D	纵向	21	20	20	19	—	—
		横向	20	19	19	18	—	—
Q420[⑤]	B、C	纵向	20	19	19	19	—	—
Q460[⑤]	C	纵向	18	17	17	17	—	—

① 当屈服不明显时，可用规定塑性延伸强度 $R_{p\lambda2}$ 代替上屈服强度。
② 只适用于质量等级为 D 的钢板。
③ 只适用于型钢和棒材。
④ 只适用于质量等级为 D 的钢板。
⑤ 只适用于型钢和棒材。

3）桥梁用结构钢的性能。牌号表示方法：钢的牌号由代表屈服强度的汉语拼音字母、屈服强度数值、桥字的汉语拼音字母、质量等级符号等几个部分组成。

例如，Q420qD。其中：

Q——桥梁用钢屈服强度的"屈"字汉语拼音的首位字母；

420——屈服强度数值，单位 MPa；

q——桥梁用钢的"桥"字汉语拼音的首位字母；

D——质量等级为 D 级。

当要求钢板具有耐候性能或厚度方向性能时，则在上述规定的牌号后分别加上代表耐候的汉语拼音字母"NH"或厚度方向（Z向）性能级别的符号，例如，Q420qDNH 或 Q420qDZ15。

牌号及化学成分：钢的牌号及化学成分（熔炼分析）应符合表3-4的规定。

表3-4 钢的牌号及化学成分

牌号	质量等级	化学成分（质量分数）(%)												
		C	Si	Mn①	P	S	Nb	V	Ti	Cr	Ni	Cu	Mo	B	N	Als
					不大于											不小于
Q235q	C	≤0.17	≤0.35	≤1.40	0.030	0.030	—	—	—	0.30	0.30	0.30	—	—	0.012	0.015
	D				0.025	0.025										
	E				0.020	0.010										
Q345q	C	≤0.20	≤0.55	0.90~1.70	0.030	0.025	0.06	0.08	0.03	0.80	0.50	0.55	0.20	—	0.012	0.015
	D	≤0.18			0.025	0.020										
	E				0.020	0.010										
Q370q	C	≤0.18	≤0.55	1.00~1.70	0.030	0.025	0.06	0.08	0.03	0.80	0.50	0.55	0.20	0.004	0.012	0.015
	D				0.025	0.020										
	E				0.020	0.010										
Q420q	C	≤0.18	≤0.55	1.00~1.70	0.030	0.025	0.06	0.08	0.03	0.80	0.70	0.55	0.35	0.004	0.012	0.016
	D				0.025	0.020										
	E				0.020	0.010										
Q460q	C	≤0.18	≤0.55	1.00~1.80	0.030	0.020	0.06	0.08	0.03	0.80	0.70	0.55	0.35	0.004	0.012	0.015
	D				0.025	0.015										
	E				0.02	0.010										
Q500q	D	≤0.18	≤0.55	1.00~1.70	0.025	0.015	0.06	0.08	0.03	0.80	1.00	0.55	0.40	0.004	0.012	0.015
	E				0.020	0.010										
Q550q	D	≤0.18	≤0.55	1.00~1.70	0.025	0.015	0.06	0.08	0.03	0.80	1.00	0.55	0.40	0.004	0.012	0.015
	E				0.020	0.010										
Q620q	D	≤0.18	≤0.55	1.00~1.70	0.025	0.015	0.06	0.08	0.03	0.80	1.10	0.55	0.60	0.004	0.012	0.015
	E				0.020	0.010										
Q690q	D	≤0.18	≤0.55	1.00~1.70	0.025	0.015	0.09	0.08	0.03	0.80	1.10	0.55	0.60	0.004	0.012	0.015
	E				0.020	0.010										

① 当碳含量不大于0.12%时，Mn含量上限可达到2.00%。

当采用全铝（Alt）含量（质量分数）计算钢中铝含量时，全铝含量应不小于0.020%。

钢中固氮合金元素含量应在质量证明书中注明。如供方能保证氮元素含量符合表3-4、表3-5的规定，可不进行氮元素含量分析。

力学性能：钢材的力学性能应符合表 3-5 的规定。推荐使用的钢牌号，其力学性能应符合表 3-7 的规定。

表 3-5　钢材的力学性能

牌号	质量等级	拉伸试验①②		抗拉强度 R_m/MPa	断后伸长率 A（%）	V 型冲击试验③	
		下屈服强度 R_{eL}/MPa				试验温度/℃	冲击吸收能量 KV_z/J
		厚度/mm					
		≤50	>50~100				
		不小于					不小于
Q235q	C	235	225	400	26	0	34
	D					-20	
	E					-40	
Q345q④	C	345	335	490	20	0	47
	D					-20	
	E					-40	
Q370q④	C	370	360	510	20	0	47
	D					-20	
	E					-40	
Q420q④	C	420	410	540	19	0	47
	D					-20	
	E					-40	
Q460q	C	460	450	570	17	0	47
	D					-20	
	E					-40	
Q500q	D	500	480	600	16	-20	47
	E					-40	
Q550q	D	550	530	660	16	-20	47
	E					-40	
Q620q	D	620	580	720	15	-20	47
	E					-40	
Q690q	D	690	650	770	14	-20	47
	E					-40	

① 当屈服不明显时，可测量 $R_{p0.2}$ 代替下屈服强度。
② 钢板及钢带的拉伸试验取横向试样，型钢的拉伸试验取纵向试样。
③ 冲击试验取纵向试样。
④ 厚度不大于 16mm 的钢材，断后伸长率提高 1%（绝对值）。

工艺性能：钢材的弯曲试验应符合表 3-6 的规定，弯曲试验后试样弯曲外表面无肉眼可见裂纹。当供方保证时，可不做弯曲试验。

表 3-6　钢材的工艺性能

180°弯曲试验①	
厚度≤16mm	厚度>16mm
$d=2a$	$d=3a$

注：d 为弯心直径，a 为试样厚度。
① 钢板和钢带取横向试样。

3. 钢筋混凝土和预应力混凝土结构用钢筋和钢丝

（1）钢筋混凝土结构用钢筋　钢筋按生产工艺可分为热轧、冷拉、热处理钢筋等。

1) 热轧钢筋。热轧钢筋的外形有光圆和带肋两种。带肋钢筋表面有凹凸的槽纹，增强了混凝土与钢筋的结合力，提高了钢筋混凝土的整体性，所以有广泛的应用。

热轧光圆钢筋由碳素结构钢轧制，其牌号为HPB235、HPB300，H、P、B分别为热轧（Hot rolled）、光圆（Plain）、钢筋（Bars）三个词的英文首位字母。热轧带肋钢筋由低合金钢轧制，其表面带有两条纵肋和沿长度方向均匀分布的横肋，纵肋是平行于钢筋轴线的均匀连续肋，横肋为与纵肋不平行的其他肋。按照GB/T 1499.2—2018《钢筋混凝土用钢 第2部分：热轧带肋钢筋》，热轧带肋钢筋的牌号由HRB和钢筋的屈服点最小值构成，H、R、B分别为热轧（Hot rolled）、带肋（Ribbed）、钢筋（Bars）三个词的英文首位字母。热轧带肋钢筋分为HRB235、HRB300、HRB335、HRB400、HRB500五个牌号，见表3-7。

表3-7 热轧钢筋的力学性能和工艺性能（GB/T 1499.2—2018）

牌号	公称直径 a/mm	下屈服强度 R_{el} /MPa≥	抗拉强度 R_m/MPa≥	断后伸长率 A（%）≥	180°弯曲试验 d——弯心直径 a——钢筋公称直径
HRB235	6~22	235	370	25	$d=a$
HRB300	6~22	300	420	25	$d=a$
HRB335	6~25 28~40 >40~50	335	455	17	$d=3a$ $d=4a$ $d=5a$
HRB400	6~25 28~40 >40~50	400	540	16	$d=4a$ $d=5a$ $d=6a$
HRB500	6~25 28~40 >40~50	500	630	15	$d=6a$ $d=7a$ $d=8a$

2）冷拉钢筋。为了提高钢筋的强度和节约钢材，通常采用冷拉或冷拔等加工工艺。

冷拉钢筋是钢筋在常温下，受外力拉伸超过屈服点，以提高钢筋的屈服强度、强度极限和疲劳极限的一种加工工艺。但经冷拉后会降低钢筋延伸率、断面收缩率、冷弯性能和冲击韧度。由于预应力混凝土中所用的钢筋，主要要求强度，而对塑性及韧性要求不高，因此为采用冷加工工艺提供了可能性。

经冷拉后的钢筋，其强度继续随时间的延长而提高，即为时效。为了加速时效的效果，多采用蒸汽或电热等人工加热的方法来处理冷拉后的预应力钢筋。

冷拉钢筋力学性能应符合表3-8的规定。

表3-8 冷拉钢筋力学性能

钢筋级别	直径 d/mm	屈服强度 /MPa	抗拉强度 /MPa	伸长率 δ_{10}（%）	冷弯	
		不小于			弯曲直径	弯曲角度
冷拉Ⅰ级钢筋	6~12	280	380	11	$3d$	180°
冷拉Ⅱ级钢筋	8~25 28~40	450 430	520 500	10	$3d$ $4d$	90°
冷拉Ⅲ级钢筋	8~40	500	580	8	$5d$	90°
冷拉Ⅳ级钢筋	10~28	700	835	6	$5d$	90°

3）冷轧带肋钢筋。冷轧带肋钢筋是将热轧圆盘条经冷轧后，在其表面带有沿长度方向均匀分布的三面或两面横肋的钢筋。按照GB/T 13788—2017《冷轧带肋钢筋》中的规定，冷轧带肋钢筋的牌号由CRB和钢筋的抗拉强度构成。C、R、B分别为冷轧（Cold rolled）、

带肋（Ribbed）、钢筋（Bars）三个词的英文首位字母。冷轧带肋钢筋分为 CRB550、CRB650、CRB800、CRB970、CRB1170 五个牌号，其中 CRB550 为普通钢筋混凝土用钢筋，其他牌号为预应力混凝土用钢筋。

冷轧带肋钢筋的强度高、塑性好，综合力学性能优良；具有较强的握裹力；节约钢材，成本低。其中 CRB550 级钢筋作为钢筋混凝土结构构件的受力主筋、架力筋和构造钢筋，其余钢筋多用作中、小型预应力混凝土结构构件的受力主筋。

4）预应力混凝土用热处理钢筋。预应力混凝土用热处理钢筋为采用热轧带肋钢筋经淬火和回火等调质处理而成，代号为 RB150。

预应力混凝土用热处理钢筋的优点是：强度高，可代替高强钢丝使用；锚固性好，预应力值稳定。主要用于预应力钢筋混凝土轨枕，也用于预应力梁、板结构及吊车等。

（2）预应力混凝土结构用钢丝和钢绞线

1）预应力混凝土结构用钢丝是用优质碳素结构钢，经过冷加工再经回火、冷轧等工艺制成，其强度高，分为消除应力光圆钢丝（代号为 S）、消除应力刻痕钢丝（代号为 SI）、消除应力螺旋肋钢丝（代号为 SH）和冷拉钢丝（RCD）四种。刻痕钢丝和螺旋肋钢丝与混凝土的黏结性好，亦即钢丝与混凝土的整体性好；消除应力钢丝的塑性比冷拉钢丝好，如图 3-8、图 3-9 所示。

图 3-8　预应力钢筋

图 3-9　预应力钢丝

2）钢绞线是由数根优质碳素结构钢丝经绞捻和消除内应力的热处理而制成。根据钢丝的股数分为三种结构类型：1×2、1×3 和 1×7。如 1×7 结构钢绞线以一根钢丝为中心，其余 6 根钢丝围绕着进行螺旋状绞合，再经低温回火制成。其特点是强度高，与混凝土黏结好，在结构中布置方便，易于锚固，如图 3-10 所示。主要用于大跨度、大负荷的混凝土结构。其力学性能见表 3-9。

图 3-10　钢绞线

表 3-9　1×7 结构钢绞线力学性能（GB/T 5224—2014）

钢绞线结构	钢绞线公称直径 D_a/mm	公称抗拉强度 R_m/MPa	整根钢绞线最大力 F_m/kN ≥	整根钢绞线最大力的最大值 $F_{m,max}$/kN ≤	0.2%屈服力 $F_{p0.2}$/kN ≥	最大力总伸长率（L_0≥500mm）A_{gt}（%）≥	应力松弛性能 初始负荷相当于实际最大力的百分数（%）	应力松弛性能 1000h应力松弛率 r（%）≤
1×7	15.20(15.24)	1470	206	234	181	对所有规格	对所有规格	对所有规格
	15.20(15.24)	1570	220	248	194			
	15.20(15.24)	1670	234	262	206			
	9.50(9.53)	1720	94.3	105	83.0			
	11.10(11.11)	1720	128	142	113			
	12.70	1720	170	190	150			
	15.20(15.24)	1720	241	269	212			
	17.80(17.78)	1720	327	365	288			
	18.90	1820	400	444	352			
	15.70	1770	266	296	234			
	21.60	1770	504	561	444			
	9.50(9.53)	1860	102	113	89.8	3.5	70	2.5
	11.10(11.11)	1860	138	153	121			
	12.70	1860	184	203	162			
	15.20(15.24)	1860	260	288	229			
	15.70	1860	279	309	246			
	17.80(17.78)	1860	355	391	311		80	4.5
	18.90	1860	409	453	360			
	21.60	1860	530	587	466			
	9.50(9.53)	1960	107	118	94.2			
	11.10(11.11)	1960	145	160	128			
	12.70	1960	193	213	170			
	15.20(15.24)	1960	274	302	241			

注：可按括号内规格供货。

实践操作

1. 钢筋拉伸试验

GB/T 228.1—2010《金属材料拉伸试验 第1部分：室温试验方法》规定，调整试验机测力度盘的指针，使之对准零点，并拨动副指针，使之与主指针重叠。将按规定取样制作好的钢筋试件固定在试验机夹头内，开动试验机如图3-11所示，进行拉伸，直至试件拉断。

2. 钢筋弯曲试验

GB/T 232—2010《金属材料 弯曲试验方法》规定，弯曲试验是以圆形、方形、矩形或多边形横截面试样在弯曲装置上经过弯曲塑性变形，不改变加力方向，直至达到规定的弯曲角度，钢筋弯曲试验仪器如图3-11、图3-12所示。

实训视频15 钢筋拉伸弯曲试验

图3-11 万能压力机

图3-12 钢筋冷弯冲头

任务拓展

建筑木材。木材是一种重要的建筑材料，它与钢材、水泥并称为"三大材料"。早在古代，我国就曾采用木材建筑桥梁和栈道，取得了辉煌的成就。由于近代的发展，单纯采用木材建筑桥梁的情况已较少。但是在道路与桥梁工程中，各种木结构仍然会经常遇到。本任务仅就木材的构造切面与力学性能的关系、木材缺陷与材质标准以及选用等，作一个简要介绍。

一、建筑木材的构造和技术性质

1. 建筑木材的构造

由于树种和树木生长环境的不同，木材的构造相差很大。木材的构造是决定木材性能的重要因素。

（1）木材的宏观构造 如图3-13所示树木的三个切面，即横切面（垂直于树轴的面）、径切面（通过树轴的纵切面）和弦切面（平行于树轴的纵切面）。由图可见，树木是由树皮、木质部和髓心等部分组成。木质部是木材使用的主要部分，其中靠近髓心颜色较深的部分称为心材，靠近树皮颜色较浅的部分称为边材，一般说，心材比边材的利用价值大些。

从横切面上看到深浅相间的同心圆环，即所谓年轮。在同一年轮内，春天生长的木质，材质松软，称为春材（早材）；夏秋二季生长的木材，颜色较深、材质坚硬，称为夏材（晚材）。相同树种，年轮越密而均匀，材质越好；夏材部分越多，木材强度越高。

树干的中心称为髓心，其质松软、强度低、易腐蚀。从髓心向外的辐射线，称为髓线，它与周围连结差，干燥时易沿此开裂。

(2) 木材的微观结构　在显微镜下可以看到，木材是由无数管状细胞紧密结合而成的。每一细胞分细胞壁和细胞腔两部分，细胞壁由细纤维组成，其纵向连结较横向牢固。细纤维间具有极小的空隙，能吸附和渗透水分。木材的细胞壁越厚，腔越小，木材越密实，表观密度和强度也越大，但胀缩也大。与春材比较，夏材的细胞壁较厚，腔较小。

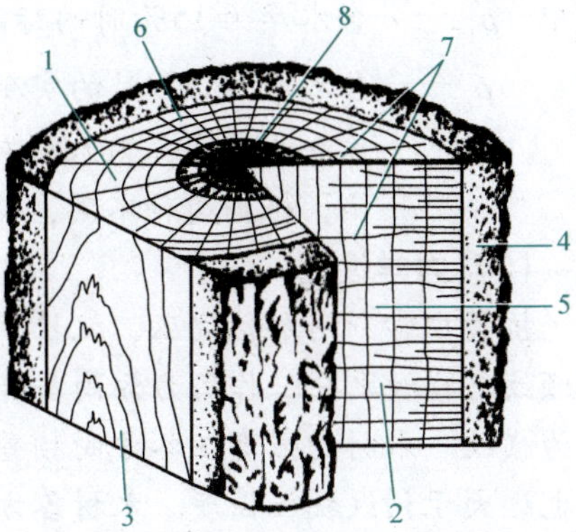

图 3-13　树干的三个切面
1—横切面　2—径切面　3—弦切面　4—树皮
5—木质部　6—年轮　7—髓线　8—髓心

2. 建筑木材的技术性质

(1) 物理性质

1) 含水率。木材的含水率以木材中所含水的质量与木材干燥质量的比值（百分数）表示。随树种不同，木材的含水率变化较大，其变化范围约为60%~250%。

木材中所含水分，可分为自由水和吸附水两种。自由水是存在于细胞腔和细胞间隙中的水分，吸附水是被吸附在细胞壁内的水分。当木材中无自由水、仅细胞腔内充满吸附水时，这时的木材含水率称为纤维饱和点。纤维饱和点随树种而异，一般为25%~35%，平均为30%。纤维饱和点是木材物理力学性质发生变化的转折点。

潮湿的木材能在较干燥的空气中失去水分，干燥的木材能从周围的潮湿空气中吸收水分。如果木材长时间处于一定温度与湿度的空气中，便会达到相对恒定的含水率，这时木材的含水率称为平衡含水率。平衡含水率随大气的温度和湿度而变化。当温度一定时，空气的相对湿度愈大，木材的平衡含水率愈高；当空气的相对湿度一定时，空气温度愈高，木材的平衡含水率愈小。我国木材的平衡含水率平均为15%，南方为18%，北方为12%。

2) 湿胀干缩。木材具有显著的湿胀干缩性能。当木材从潮湿状态下干燥至纤维饱和点时，其尺寸并不改变。继续干燥，亦即当细胞壁中的水分蒸发时，木材将发生收缩。反之，干燥木材吸湿后，将发生膨胀，直到含水率达到纤维饱和点时为止，此后木材含水率继续增大，不再膨胀。

木材的湿胀干缩在不同方向上是不一样的。以干缩为例，弦向最大，径向次之，顺纹方向最小。由于木材径向与弦向的干缩不同，湿材干燥后将改变截面形状。干缩使木结构构件连接处产生裂缝，湿胀则造成凸起。解决的办法是将木材预先干燥至平衡含水率后才加工使用。

3) 密度与表观密度。木材的密度平均为 $1.55g/cm^3$，不同的树种相差不大。而木材的表观密度，因所含厚壁细胞的比例不同以及含水量的多少不同而差别很大，通常以含水率为15%（称为标准含水率）时的表观密度为标准表观密度，其他含水率下的表观密度可以换算成含水率为15%时的标准表观密度。

$$\rho_{15} = \rho_\omega[1 + 0.01(1-K)(15-\omega)] \tag{3-6}$$

式中 ρ_{15}——含水率为15%时的标准表观密度（kg/m³）；

ρ_ω——含水率为ω%时的实测表观密度（kg/m³）；

K——体积收缩率，为木材在纤维饱和点以下，含水率每减少1%时，体积收缩百分率，根据树种不同，其值为0.5~0.6。

(2) 力学性能

桥梁中常利用木材抗压、抗拉、抗弯、抗剪等几种强度。其中抗拉、抗压及抗剪强度还有顺纹与横纹之分。作用力方向与纤维方向平行时，称为顺纹；作用力与纤维方向垂直时，称为横纹。木材的强度在各方向相差很大，顺纹抗拉强度远大于横纹抗拉强度，顺纹抗压强度也远大于横纹抗压强度。木材各方向强度的关系见表3-10。

表3-10 木材各方向强度大小关系

抗 压		抗 拉		抗弯	抗 剪	
顺纹	横纹	顺纹	横纹		顺纹	横纹切断
1	1/10~1/3	2~3	1/20~1/3	3/2~2	1/7~1/3	1/2~1

影响木材强度的主要因素。木材强度的大小除与木材的构造及受力方向有关外，还受含水率、持荷时间、温度及木材缺陷等因素的影响。

1) 含水率的影响。木材的强度随其含水率的大小而不同。含水率在纤维饱和点以上变化时，强度几乎不变；在纤维饱和点以下时，随着含水率的减小而强度增大。这是由于含水率大于纤维饱和点时，细胞腔内水分的变化与细胞壁抵抗外力的能力无关，因而强度不变。含水率在纤维饱和点以下时，随着细胞中水分的减少，细胞壁变得干燥而紧密，抗力增加，因而含水率愈小则强度愈高。

为了便于比较，通常规定木材以含水率为15%时的强度作为标准，对于其他含水率时的强度，可用下述经验公式进行换算：

$$\sigma_{15} = \sigma_\omega[1 + \alpha(\omega - 15)] \tag{3-7}$$

式中 σ_{15}、σ_ω——含水率为15%和ω%时的木材强度（MPa）；

ω——试验时的木材含水率；

α——含水率校正系数，顺纹抗压为0.05，抗弯为0.04，顺纹抗剪为0.03，顺纹抗时，针叶树为0，阔叶树为0.015。

2) 荷载持续时间的影响。木材在荷载长期作用下的强度比在暂时作用下的强度（试验所测的极限强度）低得多。由于一切永久性的木结构都处在荷载的长期作用下，因此长期强度（亦称持久强度）则是木结构设计的重要指标。一般木材的持久强度约为极限强度的50%~60%。

3) 温度的影响。木材随环境温度升高强度会降低。当温度由25℃升高到50℃时，其抗拉、抗压、抗剪强度分别降低12%~15%、20%~40%和15%~20%。当木材长期处于60~100℃温度下时，会引起水分和所含挥发物的蒸发，而呈暗褐色，强度下降，变形增大。温度超过140℃时，木材中的纤维素发生热裂解，色渐变黑，强度明显下降。因此，长期处于高温的建筑物，不宜采用木结构。

4) 木材缺陷的影响。木材的缺陷是影响木材强度的重要因素，如节子、斜纹和裂缝等均能降低木材力学性质，因此对各种缺陷必须加以限制，应该参照有关规范的标准来选材和确定其适用范围。

二、建筑木材的缺陷和材质标准

1. 木材的缺陷

木材在构造上的不规则性，内部或外部的损伤以及各种形式的病态等都称为木材的缺陷。木材缺陷会降低其使用价值，甚至完全不能使用。与材质标准有关的木材缺陷主要有以下几种。

(1) 腐朽　木材腐朽是由真菌侵害所致。木材受其侵蚀后，不但颜色和结构发生变化，同时变得松软、易碎，最后变成一种干的或湿的软块，此种状态称为腐朽。木材腐朽后，其硬度、强度剧烈降低，并破坏木材的完整性和均匀性，如腐朽严重的，可以使木材完全失去利用价值，因此应加限制。木材防腐朽基本原理在于破坏真菌生存和繁殖的条件，常用方法有两种：一是将木材干燥至含水率在20%以下，保证木结构处于干燥状态，对木结构物采取通风、防潮、表面涂刷油漆等措施。二是将化学防腐剂施于木材，使其成为有毒物质，杀死或预防真菌。另外还有向木材内注入防虫剂，来防止昆虫的虫蚀。

(2) 节子　树干中的活枝条或枯死在树干中着生的断面，称为节子。节子能破坏木材的均匀性，有时甚至能破坏木材的完整性，降低木材的力学性能，所以节子是评定木材等级的主要项目之一。节子影响使用的程度，主要根据节子质地、分布位置、尺寸大小、密集程度和木材用途而定。

(3) 斜纹　木材由于纤维排列与纵轴方向不一致，所形成的倾斜纹理，称为斜纹。除天然斜纹外，由于锯解方法的不正确，亦能造成人造斜纹。斜纹对木材纵向受拉和静力弯曲强度影响较大。此外，有斜纹的圆材在锯解成板方材后，其翘曲性也较大。斜纹的存在影响木材的使用，其影响程度需根据斜纹的倾斜度大小和木材的用途而定。

(4) 裂纹　在树木生长期间或伐倒后，由于受外力或温度和湿度变化的影响，致使木材纤维之间出现脱离的现象，称为裂纹。裂纹破坏木材的完整性，降低木材强度，如在不良的保管条件下，还能引起木材变色和腐朽。裂纹影响使用的程度，需根据裂纹的长度、深度、分布部位和木材用途而定。

(5) 髓心　髓心是在树干断面中由第一轮年轮组成的初生木质部分，在每一株树木中都有。有髓心的成材，在干燥时会增加木材的开裂程度，在桥梁木结构上应加以限制。

2. 木材的材质标准

建筑结构用的木材，根据我国现行标准GB 50005—2017《木结构设计标准》规定，按其允许的缺陷可分为3个材质等级，见表3-11。

在木结构设计时，应根据构件的受力种类选用适当等级的木材。受拉或受弯构件应选用Ⅰ级；受弯或压弯构件应选用Ⅱ级；受压构件及次要受弯构件可选用Ⅲ级。

表3-11　承重结构用木材的材质标准（GB 50005—2017）

项目	缺陷名称	材质等级		
		Ⅰ$_a$	Ⅱ$_a$	Ⅲ$_a$
一、方木				
1	腐朽	不容许	不容许	不容许
2	木节 在构件任一面的任何150mm长度上，所有木节尺寸的总和长度不大于所在面宽……	方木为1/3 （连接部位为1/4）	2/5	1/2

（续）

项目	缺陷名称	材质等级		
		Ⅰ$_a$	Ⅱ$_a$	Ⅲ$_a$
一、方木				
3	斜纹 任何1米木材上平均斜度高度，不应大于……	50mm	80mm	120mm
4	髓心	应避开受剪面	不限	不限
5	裂缝 在连接部位的受剪面及其附近	不容许	不容许	不容许
	裂缝 在连接部位的受剪面附近，其裂缝深度（当有对面裂缝时，裂缝深度用两者之和）不得大于材宽的	1/4	1/3	不限
6	虫蛀	允许有表面虫沟，不得有虫蛀		
二、原木				
1	腐朽	不容许	不容许	不容许
2	木节 在构件任何150mm长度上沿周长所有木节尺寸的总和，不应大于所测部位周长的	1/4	1/3	不限
	木节 每个木节的最大尺寸不得大于所测部位原木周长的	1/10（连接部位1/12）	1/6	1/6
3	扭纹 任何1米材长上平均斜度高度，不应大于	50mm	80mm	120mm
4	髓心	应避开受剪面	不限	不限
5	裂缝 在连接部位的受剪面及其附近	不允许	不允许	不允许
6	虫蛀	容许有表面虫沟，不应有虫蛀		

巩固练习

1. 简述钢材的化学成分对钢材性能的影响。
2. 评价建筑用钢的技术性质应根据哪些指标？
3. 碳素结构钢、低合金结构钢的牌号是如何表示的？
4. 热轧钢筋根据什么性能划分等级？分为哪几级？并说明各级钢筋的用途。
5. 桥梁建筑用钢有哪些技术要求？
6. 木材含水量的变化对木材性质有什么样的影响？木材缺陷对材质有什么影响？如何根据缺陷来确定木材等级？

项目四　沥青材料的检测与应用

1. 了解石油沥青、改性沥青的生产工艺、组成结构；掌握石油沥青的技术性质和技术标准。
2. 能进行石油沥青的技术指标的测定和合理应用。
3. 了解其他类型沥青的组成结构和技术性质及应用。
4. 感受大国工艺，培养学生技术创新能力，牢固树立社会主义生态文明观，重视节能环保。

沥青是由一些极其复杂的碳氢化合物及其非金属（氧、硫、氮）的衍生物所组成的黑色或黑褐色的固体、半固体或液体的混合物。沥青可溶于二硫化碳、四氯化碳、三氯甲烷和苯等有机溶剂。

沥青属于有机胶凝材料，与矿质混合料有非常好的黏结能力，是道路工程重要的筑路材料；沥青属于憎水性材料，结构致密，几乎不溶于水和不吸水，因此，广泛用于土木工程的防水、防潮和防渗。

沥青按其在自然界中获得的方式，可分为地沥青和焦油沥青两大类。

1. 地沥青（Asphalt）

地沥青是天然存在的或石油加工得到的沥青材料。按其产源又可分为天然沥青和石油沥青。

天然沥青是石油在自然条件下，长时间经受地球物理因素作用而形成的产物，我国新疆克拉玛依等地产有天然沥青。

石油沥青（Petroleum asphalt）是指石油原油经蒸馏等工艺提炼出各种轻质油及润滑油以后的残留物，或将残留物进一步加工得到的产物。

2. 焦油沥青（Tar）

焦油沥青是利用各种有机物（煤、页岩、木材等）干馏加工得到的焦油，经再加工而得到的产品。焦油沥青按其干馏原料的不同可分为煤沥青、页岩沥青、木沥青和泥炭沥青，如由煤干馏所得的煤焦油，经再加工后得到的沥青，即称为煤沥青（Coal tar）。

在道路建筑中最常用的主要是石油沥青和煤沥青两类，其次是天然沥青。

任务一　石油沥青的检测与应用

：根据沥青路面施工技术规范的要求进行沥青路面用沥青的检测和评

定，并提交检测报告。

一、石油沥青的生产和分类

1. 石油沥青生产工艺概述

从油井开采出来的石油，一般简称原油，它是多种分子量大小不等的烃类（烷烃、环烷烃和芳香烃等）的复杂混合物。炼油厂将原油分馏而提取汽油、煤油、柴油和润滑油等石油产品后所剩残渣，再进行加工可制得各种石油沥青。目前，大量使用的都是石油沥青，其生产工艺流程如图4-1所示。

在常压塔底收集的常压渣油，能否直接加工成沥青，主要决定于原油的稠度。我国大部分油田的大多数油井开采的原油，稠度均较低，所得常压渣油通常需要进入减压塔作减压蒸馏后，再进入氧化塔或深拔装置或溶剂脱沥青装置，经过进一步加工而得到沥青。但也有少数油井开采的原油稠度较大，其常压渣油稠度也大，直接经减压蒸馏或深拔后即可得到直馏沥青。

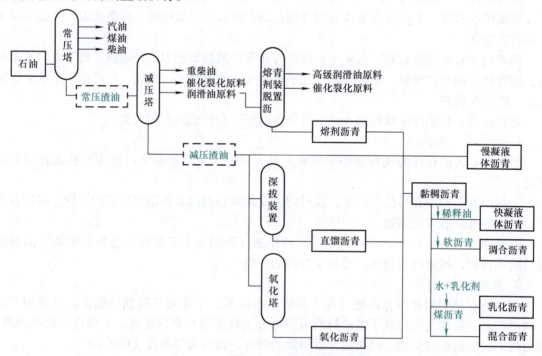

图 4-1 石油沥青生产工艺流程示意图

常用石油沥青主要是由氧化装置、溶剂脱沥青装置或深拔装置所生产的黏稠沥青。为了改善黏稠沥青的使用性能，还可采取各种方式将其加工成液体沥青、调合沥青、乳化沥青、混合沥青及其他改性沥青。

2. 石油沥青的分类

石油沥青可根据不同情况分类，如按原油的成分分类、按加工方法分类或按常温下沥青的稠度分类。

（1）按原油成分分类　原油是生产石油沥青的原料。原油按其所含烃类成分或硫含量的不同可划分为几种基本类别（称为基属）。石油沥青的性质首先与石油沥青的基属有关。

原油的分类一般是根据"关键馏分特性"和"含硫量"，可分为石蜡基原油、环烷基原油和中间基原油，以及高硫原油（含硫量大于2%），含硫原油（含硫量0.5%~2%）和低硫原油（含硫量小于0.5%）。由不同基属原油炼制的石油沥青分为以下几种。

1）石蜡基沥青。这种沥青因原油中含有大量烷烃，沥青中含蜡量一般大于5%，有的高达10%以上。蜡在常温下往往以结晶体存在，降低了沥青的黏结性和塑性。

2）环烷基沥青也称沥青基沥青，含有较多的环烷烃和芳香烃，所以此种沥青的芳香性高，含蜡量一般小于2%，沥青的黏结性和塑性均较高。

3）中间基沥青也称混合基沥青。所含烃类成分和沥青的性质一般均介于石蜡基和环烷基沥青之间。

我国石油油田分布广，但国产石油多属于石蜡基原油和中间基原油。

（2）按加工方法分类

1）直馏沥青（Straight-run asphalt）。原油经过常压蒸馏、减压蒸馏或深拔装置提取各种轻质及中质石油产品后所余可用作沥青的残渣，称为直馏沥青。在一般情况下，低稠度原油生产的直馏沥青，其温度稳定性不足，还需要进行氧化才能达到黏稠石油沥青的性质指标。

2）氧化沥青（Oxized asphalt）。将常压或减压渣油，或低稠度直馏沥青在250~300℃的高温下吹入空气，经数小时氧化可获得常温下为半固体状或固体状的沥青，称为氧化沥青。氧化沥青具有良好的温度稳定性。在道路工程中使用的沥青，氧化程度不能太深，有时也称为半氧化沥青。

3）溶剂沥青（Solvent asphalt）。这种沥青是对含蜡量较高的重油采用萃取工艺，提炼出润滑油原料后所余残渣。在溶剂萃取过程中，一些石蜡成分溶解在萃取溶剂中随之被拔出，因此，溶剂沥青中石蜡成分相对减少，其性质较之由石蜡基原油生产的渣油或氧化沥青有很大的改善。

（3）按常温下沥青的稠度分类　根据用途的不同，要求石油沥青具有不同的稠度，一般可分为黏稠沥青和液体沥青两大类。黏稠沥青在常温下为半固体或固体状态。如按针入度分级时，针入度小于40者为固体状态，针入度在40~300之间的为半固体状态，而针入度大于300者为黏性液体状态。

液体沥青在常温下多呈黏稠液体或液体状态，并可按标准黏度分级划分为慢凝、中凝和快凝液体沥青。在生产应用中，常在黏稠沥青中掺入一定比例的溶剂，配制得稠度很低的液体沥青，称为稀释沥青。

二、石油沥青的组成和结构

1. 元素组成

石油沥青是由多种碳氢化合物及其非金属（氧、硫、氮）的衍生物组成的混合物，它的分子表达式通式为 $C_nH_{2n+a}O_bS_cN_d$。化学组成主要是碳（80%~87%）、氢（10%~15%），其次是其他非金属元素，如氧、硫、氮等（<3%）。此外，还含有一些微量的金属元素，如镍、钒、铁、锰、钙、镁、钠等，但含量都很少，约为几个至几十个 ppm（百万分之一）。

由于石油沥青化学组成结构的复杂性，许多元素分析结果非常近似的石油沥青，它们的性质却相差很大。这主要是沥青中所含烃类基属的化学结构不同。一些研究结果表明，石油沥青中所含碳原子与氢原子数量之比（称为碳氢比，C/H），在一定程度上能说明沥青结构单元中组成烃类基属含量的大致比例，从而可间接地了解石油沥青化学组成结构的概貌。

2. 石油沥青的化学组分

目前的分析技术尚难将沥青分离为纯粹的化合物单体。为了研究石油沥青化学组成与使用性能之间的联系，常将沥青所含烃类化合物中化学性质相近的成分归类分析，从而划分为若干"组"，称为"沥青化学组分"，简称"组分"。

将沥青分为不同组分的化学分析方法称为组分分析法。组分分析是利用沥青在不同有机溶剂中的选择性溶解或在不同吸附剂上的选择性吸附等性质。早年丁·马尔库松（德国）就提出将石油沥青分离为沥青酸、沥青酸酐、油分、树脂、沥青质、沥青碳和似碳物等组分的方法；后来经过许多研究者的改进，美国的 L. R. 哈巴尔德和 K. E. 斯坦费尔德完善为三组分分析法；再后来 L. W. 科尔贝特（美国）又提出四组分分析法。

我国现行 JTG E20—2011《公路工程沥青及沥青混合料试验规程》中规定有三组分和四组分分析方法。

（1）三组分分析法 石油沥青的三组分分析法是将石油沥青分离为油分（Oil）、树脂（Resin）和沥青质（Asphaltene）三个组分。因我国富产石蜡基沥青或中间基沥青，在油分中往往含有蜡，故在分析时还应将油蜡分离。这种分析方法称为溶解-吸附法，按三组分分析法的各组分性状见表4-1。

表4-1 石油沥青三组分分析法的各组分性状

组分	外观特征	平均分子量 M_w	碳氢比 C/H	物化特征
油分	淡黄色透明液体	200~700	0.5~0.7	几乎可溶大部分有机溶剂，具有光学活性，常发现有荧光，相对密度约0.910~0.925
树脂	红褐色黏稠半固体	800~3000	0.7~0.8	温度敏感性高，熔点低于100℃，相对密度大于1.000
沥青质	深褐色固体末状微粒	1000~5000	0.8~1.0	加热不熔化，分解为硬焦碳，使沥青呈黑色

（2）四组分分析法 由科尔贝特（L. W. Corbete）首先提出，该法可将沥青分离为如下四种成分。

1）沥青质：沥青中不溶于正庚烷而溶于甲苯中的物质。

2）饱和分：也称饱和烃，沥青中溶于正庚烷，吸附于 Al_2O_3 谱柱下，能为正庚烷或石油醚溶解脱附的物质。

3)环烷芳香分:也称芳香烃,沥青经上一步骤处理后,为甲苯所溶解脱附的物质。

4)极性芳香分:也称胶质,沥青经上一步骤处理后能为苯-乙醇或苯-甲醇所溶解脱附的物质。

对于多蜡沥青,还可将饱和分和环烷芳香分用于丁酮-苯混合溶液冷冻分离出蜡。

沥青的化学组分与沥青的物理力学性质有着密切的关系,这主要表现为沥青组分及其含量的不同将引起沥青性质趋向性的变化。一般认为,油分使沥青具有流动性;树脂使沥青具有塑性,树脂中含有少量的酸性树脂(即地沥青酸和地沥青酸酐),是一种表面活性物质,能增强沥青与矿质材料表面的黏附性;沥青质能提高沥青的黏结性和热稳定性。

(3)沥青的含蜡量 蜡组分的存在对沥青性能的影响,是沥青性能研究的一个重要课题。特别是我国富产石蜡基原油的情况下,更是众所关注。现有研究认为:蜡对沥青路用性能的影响,主要是由于沥青中蜡的存在,在高温时使沥青容易发软,导致沥青路面的高温稳定性降低,出现车辙。同样,在低温时会使沥青变得脆硬,导致路面低温抗裂性降低,出现裂缝。此外,蜡会使沥青与石料黏附性降低,在水分的作用下,会使路面石子与沥青产生剥落现象,造成路面破坏;更严重的是,含蜡沥青会使沥青路面的抗滑性降低,影响路面的行车安全性。对于沥青含蜡量的限制,由于世界各国测定方法不同,所以限值也不一致,其范围为2.2%~4.5%,我国含蜡量(蒸馏法)限值见表4-3。

3. 石油沥青的结构

(1)胶体理论 现代胶体学说认为,沥青中沥青质是分散相,饱和分和芳香分是分散介质,但沥青质不能直接分散在饱和分和芳香分中。而胶质分作为一种"胶溶剂",沥青吸附了胶质分形成胶团而后分散于芳香分和饱和分中。所以沥青的胶体结构是以沥青质为胶核,胶质分被吸附其表面,并逐渐向外扩散形成胶团,胶团再分散于芳香分和饱和分中。

(2)胶体的结构类型 根据沥青中各组分的化学组成和相对含量的不同,可以形成不同的胶体结构。沥青的胶体结构,可分为下列三个类型。

1)溶胶(Sol type)结构。沥青质含量较少,油分及树脂含量较多,沥青质在胶体结构中运动自如,如图4-2a所示。这种结构沥青黏滞性小,流动性大,塑性好,温度稳定性较差,是液体沥青结构的特征。

2)溶-凝胶(Sol-gel type)结构。沥青质含量少于凝胶结构,又含适量的油分和树脂。在常温下,这种结构的沥青处于以上两种结构之间,其性质介于两者之间,如图4-2b所示。

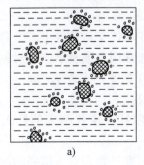
a)
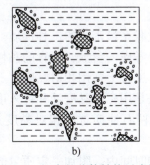
b)
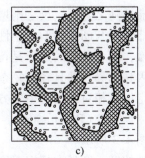
c)

图4-2 沥青的胶体结构示意图
a)溶胶结构 b)溶-凝胶结构 c)凝胶结构

3) 凝胶（Gel type）结构。油分和树脂含量较少，沥青质含量较多，胶团相互吸引力增大，相互移动较困难，如图4-2c所示。这种结构的特点是弹性和黏性较高，温度敏感性较小，流动性、塑性较低。

(3) 胶体结构类型的判定 沥青的胶体结构与其路用性能有密切的关系。为工程使用方便，通常采用针入度指数法。该法是根据沥青的针入度指数 PI 值，按表4-2来划分其胶体结构类型。

表4-2 沥青的针入度指数和胶体结构类型

沥青的针入度指数（PI）	沥青胶体结构类型	沥青的针入度指数（PI）	沥青胶体结构类型	沥青的针入度指数（PI）	沥青胶体结构类型
< -2	溶胶	-2 ~ +2	溶-凝胶	> +2	凝胶

三、石油沥青的技术性质

用于现代沥青路面的沥青材料，由于其化学组成和结构的特点，使它具有一系列特性，而沥青的性质对沥青混合料路面的使用性质有很大的影响。

1. 物理性质

（1）**密度** 沥青的密度是在规定的温度（15℃）下单位体积的质量，以 kg/m³ 计。

沥青的密度与沥青的化学组成有密切关系，它取决于沥青各组分的比例及排列的紧密程度。黏稠沥青的相对密度多在 0.97 ~ 1.04 之间。

（2）**体膨胀系数** 当温度升高时，沥青材料的体积会发生膨胀。沥青在温度上升1℃时的单位长度或单位体积的变化，分别称为线胀系数或体胀系数，统称热胀系数。

沥青的体胀系数大体在 $6 \times 10^{-4} \sim 2 \times 10^{-4}$ 之间。沥青的体胀系数越大，沥青路面夏季越容易产生泛油，冬季越容易出现收缩裂缝。

2. 路用性能

（1）**黏滞性** 又称黏性（viscosity），是指沥青在外力作用下抵抗变形的能力。沥青受到外力作用后表现的变形，是由于沥青中组分胶团发生形变或胶团之间产生相互位移。

各种石油沥青的黏滞性变化范围很大，黏滞性的大小与组分及温度有关。当沥青质含量较高，又含适量的树脂、少量的油分时，则黏滞性较大。在一定温度范围内，当温度升高时，黏滞性随之降低，反之则增大。

黏滞性是与沥青路面力学性质联系最密切的一种性质。在现代交通条件下，为防止路面出现车辙，沥青黏度的选择是首要考虑的参数，沥青的黏性通常用黏度表示。绝对黏度的测定方法因材而异，并且较为复杂，工程上常用相对黏度（条件黏度）来表示。

测定沥青相对黏度的主要方法是用标准黏度计和针入度仪。

1) 针入度（Penetration）。黏稠石油沥青的相对黏度是用针入度仪测定的针入度来表示，如图4-3所示。

沥青的针入度是在规定温度和时间内，附加一定质量的标准针垂直贯入试样的深度，以 0.1mm 表示。试验条件以 $P_{T,m,t}$ 表示，其中 P 为针入度，T 为试验温度，m 为荷重，t 为贯入时间。针入度值越小，表示黏度越大。

教学视频14 石油沥青技术性质1

我国现行使用的黏稠石油沥青技术标准中，针入度是划分沥青技术等级的主要指标。针入度值越大，表示沥青愈软（稠度愈小）。

2）标准黏度。液体石油沥青（包括较稀的石油沥青和软煤沥青等）的相对黏度，可用标准黏度计测定的标准黏度表示，仪器如图4-4所示。

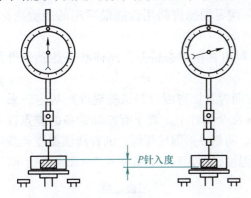

图4-3 针入度仪测定黏稠沥青针入度示意图

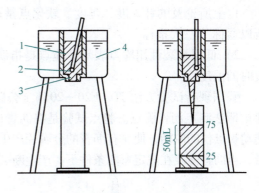

图4-4 标准黏度计测定液体沥青黏度示意图
1—沥青试样 2—活动球杆 3—流孔 4—水

标准黏度又称黏滞度，是测定液体沥青黏结性的常用技术指标。

我国液体沥青是采用标准黏度来划分技术等级的。

(2) 延展性（Ductility）（塑性） 是指沥青在外力作用下产生变形而不破坏（裂缝或断开），除去外力后仍保持原形状不变的性质，它反映的是沥青受力时所能承受的塑性变形的能力，如图4-5所示。

石油沥青的延展性与其组分有关，石油沥青中树脂含量较多，且其他组分含量又适当时，则塑性较大。影响沥青塑性的因素有温度和沥青膜层厚度，温度升高，则延展性增大，膜层愈厚，则塑性愈好。反之，膜层愈薄，则塑性愈差。在常温下，塑性好的沥青不易产生裂缝，并减少摩擦时的噪声。同时它对于沥青在温度降低时抵抗开裂的性能有重要影响。

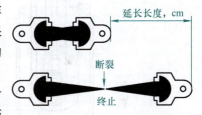

图4-5 延展性测定示意图

沥青的延度越大，塑性越好，柔性和抗断裂性越好。

(3) 温度感应性（Temperature susceptibility）（感温性） 是指沥青的黏滞性和塑性随温度升降而变化的性能。当温度升高时，沥青由固态或半固态逐渐软化成黏流状态，当温度降低时由黏流态转变成固态甚至变脆。在工程上使用的沥青，要求有较好的温度稳定性。

1）高温感应性用软化点表示。软化点是反映沥青温度敏感性的重要指标。由于沥青材料从固态至黏流态时有一定的变态间隔，故规定其中某一状态作为固态转到黏流态的起点，相应的温度称为软化点，仪器如图4-6所示。

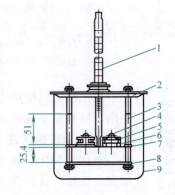

图4-6 软化点试验仪（单位：mm）
1—温度计 2—上盖板 3—立杆 4—钢球
5—钢球定位环 6—金属环 7—中层板
8—下底板 9—烧杯

软化点的数值随采用的仪器不同而异,软化点愈高,表明沥青的耐热性愈好,即温度稳定性愈好。

针入度是在规定温度下沥青的条件黏度,而软化点则是沥青达到规定条件黏度时的温度。软化点既是反映沥青材料感温性的一个指标,也是沥青黏度的一种量度。

以上所论及的针入度、延度、软化点是评价黏稠石油沥青路用性能最常用的经验指标,所以通称"三大指标"。

2) 低温抗裂性用脆点表示。脆点是指沥青材料由黏塑状态转变为固体状态达到条件脆裂时的温度。

我国现行试验方法 JTG E20—2011《公路工程沥青及沥青混合料试验规程》规定,采用弗拉斯法测定沥青脆点。脆点试验是将沥青试样涂在金属片上,置于有冷却设备的脆点仪内摇动脆点仪的曲柄,使涂有沥青的金属片产生弯曲,随制冷剂温度降低,沥青薄膜温度逐渐降低,当沥青薄膜在规定弯曲条件下,产生断裂时的温度,即为脆点,如图4-7、图4-8所示。

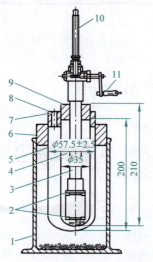
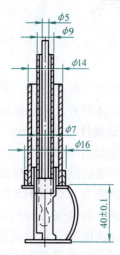

图4-7 弗拉斯脆点仪(单位:mm)　　图4-8 弯曲器(单位:mm)

1—外筒　2—夹钳　3—硬塑料管　4—真空玻璃管　5—试样管
6、7、9—橡胶管　8—通冷却液管道
10—温度计　11—摇把

教学视频15 沥青材料技术性质2

在工程实际应用中,要求沥青具有较高的软化点和较低的脆点,否则容易发生沥青材料夏季流淌或冬季变脆甚至开裂等现象。

(4) 加热稳定性　沥青在过热或过长时间的加热过程中,会发生轻馏分挥发、氧化、裂化、聚合等一系列物理及化学变化,使沥青的化学组成及性质相应地发生变化。这种性质称为沥青加热稳定性。

为了解沥青在路面施工及使用过程的耐久性,JTG E20—2011《公路工程沥青及沥青混合料试验规程》规定要进行沥青的加热质量损失和加热后残渣性质的试验。对于中、轻交通量用道路黏稠石油沥青采用沥青蒸发损失试验,对于重交通量用道路黏稠石油沥青采用沥青薄膜加热试验,对于液体石油沥青采用沥青蒸馏试验。

1) 沥青蒸发损失试验。将50g沥青试样装入盛样皿(筒状,内径55mm±1mm,深

35mm±1mm）内，置于烘箱内，在163℃下保持受热时间5h，冷却测定质量损失，并测定残留物的针入度。沥青经加热损失试验后由于沥青中轻质馏分挥发、不稳定成分发生氧化、聚合等作用，导致残留物性能与原始材料性能有很大差别，表现为针入度减小、软化点升高和延度降低。

2）沥青薄膜加热试验。该法是将50g±0.5g沥青试样装入盛样皿（内径140mm±1mm，深9.5~10mm）内，使沥青成为厚约3.2mm的薄膜，沥青薄膜在163℃的标准薄膜加热烘箱中加热5h后，取出冷却，测定其质量损失，并按规定的方法测定残留物的针入度、延度等技术指标。

3）液体石油沥青蒸馏试验。该法是测定试样受热时，在规定温度范围内蒸出的馏分含量，以占试样体积百分率表示。除非特殊需要，各馏分蒸馏的标准切换温度为225℃、316℃、360℃。通过此试验可了解液体沥青含各温度范围内轻质挥发油的数量，并可根据残留物的性质测定预估液体沥青在道路路面中的性质。

(5) 安全性 沥青材料在使用时必须加热，当加热至一定温度时，沥青材料中挥发的油分蒸气与周围空气组成混合气体，此混合气体遇火焰则发生闪火。若继续加热，油分蒸气的饱和度增加，由于此种蒸气与空气组成的混合气体遇火焰极易燃烧，而引起熔油车间发生火灾或导致沥青烧坏，为此必须测定沥青的闪点和燃点。

闪点（闪火点）是指加热沥青挥发出可燃气体与空气组成的混合气体在规定条件下与火接触，产生闪光时的沥青温度（℃）。燃点（着火点）是指沥青加热产生的混合气体与火接触能持续燃烧5s以上时的沥青温度。闪燃点温度相差10℃左右。

我国现行试验方法JTG E20—2011《公路工程沥青及沥青混合料试验规程》常用克利夫兰开口杯式闪点仪测定。

(6) 溶解度 沥青的溶解度是指石油沥青在三氯乙烯中溶解的百分率（即有效物质含量）。那些不溶解的物质为有害物质（沥青碳、似碳物），会降低沥青的性能，应加以限制。

(7) 含水量 沥青中含有水分，施工中挥发太慢，影响施工速度，所以要求沥青中含水量不宜过多。在加热过程中，如水分过多，易产生"溢锅"现象，引起火灾，使材料损失。所以在熔化沥青时应加快搅拌速度，促进水分蒸发，控制加热温度。

(8) 非常规的其他性能

1）针入度指数（Penetration Index）。应用经验的针入度和软化点试验结果，提出一种能表征沥青的感温性和胶体结构的指标称"针入度指数"。由费普等人经过大量试验发现，沥青在不同温度下的针入度值，若以对数为纵坐标表示针入度，以横坐标表示温度，可得到如图4-9所示的直线关系，以式（4-1）表示。

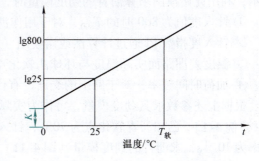

图4-9 针入度-温度关系图

$$\lg P = AT + K \quad (4-1)$$

式中 A——针入度温度感应性系数，由针入度和软化点确定；

K——截距。

据试验研究认为，沥青达到软化点时，此时的针入度约等于800（1/10mm），如图4-9所示。因此斜率A可由式（4-2）表示：

$$A = \frac{\lg 800 - \lg P_{(25℃,100g,5s)}}{T_软 - 25} \tag{4-2}$$

针入度——温度感应性系数（A）与针入度指数（PI）的关系，可按式（4-3）绘制成诺模图4-10。

$$PI = \frac{30}{1 + 50A} - 10 \tag{4-3}$$

按针入度指数可将沥青划分为三种胶体结构，见表4-2。

2）劲度模量（Stiffness modulus）。劲度模量是表示沥青的黏性和弹性联合效应的指标。大多数沥青在变形时呈现黏-弹性。当形变量较小、荷载作用时间较短时，以弹性形变为主；反之，以黏性形变为主。范·德·波尔在论述黏-弹性材料（沥青）的抗变形能力时，以荷载作用时间（t）和温度（T）作为应力（δ）与应变（ε）之比的函数，即在一定荷载作用时间和温度条件下，应力与应变的比值称为劲度模量（简称劲度）（S_b），故劲度模量可表示为：

$$S_b = \left(\frac{\delta}{\varepsilon}\right)_{t,T} \tag{4-4}$$

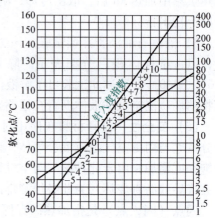

图4-10 确定沥青针入度指数用诺模图

沥青的劲度（S_b）与温度（T）、荷载作用时间（t）和沥青流变类型（针入度指数PI）等参数有关，如式（4-5）。

$$S_b = f(T, t, PI) \tag{4-5}$$

式中 T——欲求劲度时的路面温度与沥青软化点之差值（℃）；

　　　t——荷载作用时间（s）；

　　　PI——针入度指数。

按上述关系，范·德·波尔绘制成可以应用于实际工程的劲度模量诺模图，如图4-11所示，利用此诺模图求算沥青的劲度模量时，需要有4个参数。

① 针入度值为800时的T_{800}，对于用作沥青混合料的沥青，此时大致取其软化点。

② 针入度指数PI通过计算法或诺模图（图4-10）来确定。

③ 温度差即路面实际温度与环球法软化点之间的温差。

④ 加荷时间频率，对于路上的交通，有代表性的是0.02s（车速50~60km/h）。

根据上述参数求其劲度模量，可作为实际工程中的参考数值。

[例4-1] 已知沥青软化点为70℃，针入度指数为2，路面温度T为-10℃，荷载作用频率为10^{-1}s，求沥青的劲度模量（图4-11）。

解：① 在A线上找到加载时间为10^{-1}s的点为a。

② 已知路面温度与软化点之间的温差为80℃，在B线上找到80℃的点为b。

③ 在针入度指数的标尺上找到+2，作一水平线。

④ 连接ab两点，并延长至与针入度指数+2的水平线相交点的劲度曲线顺至顶端，即为劲度模量，即$S_b = 2 \times 10^8 N/m^2 = 200 MPa$。

项目四 沥青材料的检测与应用

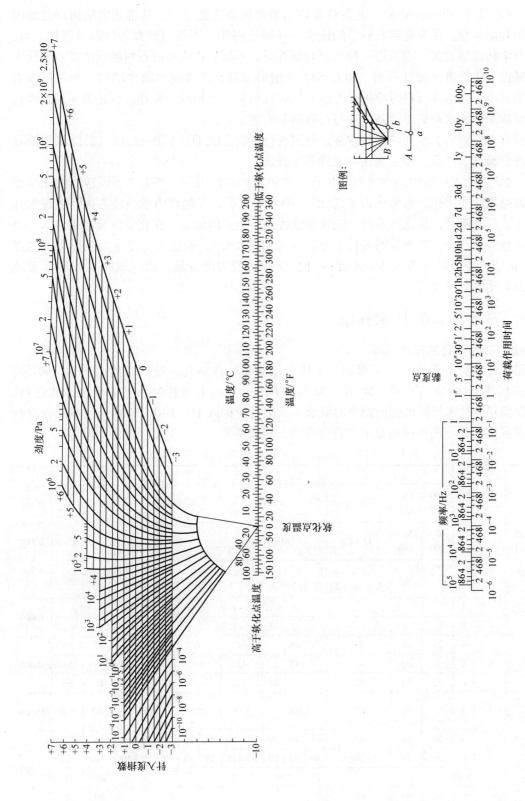

图 4-11 沥青劲度模量诺模图

3）黏附性（Adhesiveness）。黏附性是路用沥青重要性能之一，其直接影响沥青路面的使用质量和耐久性。沥青裹覆石料后的抗水性（即抗剥性）不仅与沥青的性质有密切关系，而且也与集料性质有关。当采用一种固定的沥青时，不同矿物成分的石料的剥落度也有所不同。从碱性、中性直至酸性石料，随着 SiO_2 含量的增加，剥落度也随之增加。为保证沥青混合料的强度，在选择石料时应优先考虑利用碱性石料，当地缺乏碱性石料必须采用酸性石料时，可掺加各种抗剥剂以提高沥青与石料的黏附性。

对沥青与石料的黏附性的试验方法，我国现行试验方法 JTG E20—2011《公路工程沥青及沥青混合料试验规程》规定采用水煮法和水浸法。

4）老化。沥青在自然因素（热、氧化、光和水）的作用下，产生"不可逆"的化学变化，导致路用性能劣化，通常称为"老化"。沥青老化后，在物理力学性质方面，表现为针入度减小，延度降低，软化点升高，绝对黏度提高，脆点降低等。在化学组分含量方面，表现为饱和分变化甚少，芳香分明显转变为胶质（速度较慢），而胶质又转变为沥青质（速度较快），由于芳香分转变为胶质，不足以补偿胶质转变为沥青质，所以最终是胶质显著减少，而沥青质显著增加。

四、石油沥青的技术标准

1. 道路石油沥青的技术标准

道路石油沥青的等级有：A 级沥青、B 级沥青、C 级沥青，按针入度划分为 160 号、130 号、110 号、90 号、70 号、50 号、30 号等标号，同时对各标号沥青的延度、软化点、闪点、含蜡量等技术指标也提出相应的要求。我国行业标准 JTG F40—2004《公路沥青路面施工技术规范》规定其各项质量要求符合表 4-3 和表 4-4。

表 4-3　道路石油沥青技术指标（JTG F40—2004）

指标	单位	等级	沥青标号														试验方法[①]
			160号[④]	130号[④]	110号	90号			70号[③]				50号	30号[④]			
针入度（25, 5s, 100g）	0.01mm		140~200	120~140	100~120	80~100			60~80				40~60	20~40			T0604
适用的气候分区			注[④]	注[④]	2-1	2-2	3-2	1-1	1-2	1-3	2-2	2-3	1-3	1-4	2-2	2-3	2-4	1-4	注[④]	附录A[⑤]
针入度指数 PI[②]		A	−1.5 ~ +1.0														T0604
		B	−1.8 ~ +1.0														
软化点（R&B），不小于	℃	A	38	40	43	45		44	46			45	49	55			T0606
		B	36	39	42	43		42	44			43	46	53			
		C	35	37	41	42			43				45	50			
60℃动力黏度[②]，不小于		A	—	60	120	160			140			180	160	200	260		T0620
10℃延度[②]，不小于	cm	A	50	50	40	45	30	20	30	20	20	15	25	20	15	15	10	T0605
		B	30	30	30	30	20	15	20	15	15	10	20	15	10	10	8	
15℃延度，不小于	cm	A、B	100												80	50	
		C	80	80	60	50			40				30	20			

（续）

指标	单位	等级	沥青标号							试验方法①
			160号④	130号④	110号	90号	70号③	50号	30号④	
含蜡量（蒸馏法），不大于	%	A	2.2							T0615
		B	3.0							
		C	4.5							
闪点，不小于	℃		230			245		260		T0611
溶解度，不小于	%		99.5							T0607
密度	g/cm³		实测记录							T0603
TFOT（或RTFOT)⑤										T0601 或 T0609
质量变化，不大于	%		±0.8							
残留针入度比，不小于	%	A	48	54	55	57	61	63	65	T0604
		B	45	50	52	54	58	60	62	
		C	40	45	48	50	54	58	60	
残留延度（10℃），不小于	cm	A	12	12	10	8	6	4	—	T0605
		B	10	10	8	6	4	2	—	
残留延度（15℃），不小于	cm	C	40	35	30	20	15	10	—	T0605

① 试验方法按照现行 JTG E20—2011《公路工程沥青及沥青混合料试验规程》规定的方法执行。用于仲裁试验求取 PI 时的 5 个试验温度的针入度关系的相关系数不得小于 0.997。
② 经建设单位同意，表中 PI 值、60℃动力黏度、10℃延度可作为选择性指标，也可不作为施工质量检验指标。
③ 70 号沥青可根据要求供应商提供针入度范围为 60~70 或 70~80 的沥青，50 号沥青可要求提供针入度为 40~50 或 50~60 的沥青。
④ 30 号沥青仅适用于沥青稳定基层。130 号和 160 号沥青除寒冷地区可直接在中低级公路上直接应用外，通常用作乳化沥青、稀释沥青、改性沥青的基质沥青。
⑤ 老化试验以 TFOT 为准，也可以 RTFOT 代替。

表 4-4 道路石油沥青适应范围

沥青等级	适应范围
A	适用于各个等级的公路及任何场合和层次
B	① 高速公路、一级公路沥青下面层及以下的层次，二级及二级以下公路的各个层次 ② 用作改性沥青、乳化沥青、改性乳化沥青、稀释沥青的基质沥青
C	适用于三级及三级以下公路的各个层次

在同一品种黏稠石油沥青中，牌号愈大，沥青愈软，此时针入度、延度愈大，而软化点降低；牌号愈小，沥青愈硬，此时针入度、延度愈小，而软化点升高。

2. 液体石油沥青的技术标准

道路液体石油沥青是指用汽油、煤油、柴油等溶剂将石油沥青稀释而成的沥青产品，也称轻制沥青或稀释沥青，适用于透层、黏层及拌制常温沥青混合料。根据使用目的与场所，可选用快凝、中凝、慢凝的液体石油沥青。其质量应符合 JTG F40—2004《公路沥青路面施工技术规范》中表 4-5 的规定。

表 4-5 道路液体石油沥青技术要求

序号	项目		快凝		中凝						慢凝					试验方法 JTJ 052—2000
			AL(R)-1	AL(R)-2	AL(M)-1	AL(M)-2	AL(M)-3	AL(M)-4	AL(M)-5	AL(M)-6	AL(S)-1	AL(S)-2	AL(S)-3	AL(S)-4	AL(S)-5	AL(S)-6	
1	黏度/s	$C_{25,5}$	<20	—	<20	—	—	—	—	—	<20	—	—	—	—	—	T0621
		$C_{60,5}$	—	5~15	—	5~15	16~25	26~40	41~100	101~200	—	5~15	16~25	26~40	41~100	101~180	
2	蒸馏(体积)不大于(%)	225℃前	>20	>15	<10	<7	<3	<2	0	0	—	—	—	—	—	—	T0632
		315℃前	>35	>30	<35	<25	<17	<14	<8	<5	—	—	—	—	—	—	
		360℃前	>45	>35	<50	<35	<30	<25	<20	<15	<40	<35	<25	<20	<15	<5	
3	蒸馏后残留物性质	针入度(25℃,100g,5s)/(1/10mm)	60~200	60~200	100~300	100~300	100~300	100~300	100~300	100~300	—	—	—	—	—	—	T0604
		延度25℃/cm,不小于	60	60	60	60	<60	60	60	60	—	—	—	—	—	—	T0605
		浮漂度(50℃)	—	—	—	—	—	—	—	—	<50	>20	>30	>40	>45	>45	T0631
4	闪点(TOC)/℃,不低于		30	30	65	65	65	65	65	65	70	70	100	100	120	120	T0633
5	含水量(%),不大于		0.2	0.2	0.2	0.2	0.2	0.2	0.2	0.2	0.2	0.2	0.2	0.2	0.2	0.2	T0612

注:1. 本表根据中华人民共和国交通行业标准 JTG E20—2011《公路工程沥青及沥青混合料试验规程》制定。
  2. 黏度使用道路沥青黏度计测定,$C_{T,d}$ 的脚标第一个数字 T 代表温度(℃),第二数字 d 代表孔径(mm)。
  3. 闪点(TOC)为泰格开口杯(Tag Open Cup)法。

 实践操作

公路工程用沥青的"三大指标"有针入度、延度、软化点,根据我国现行 JTG E20—2011《公路工程沥青及沥青混合料试验规程》规定,公路工程沥青主要技术性质和指标的试验检测要点如下。

1. 沥青针入度的测定

实训视频16 沥青针入度

JTG E20—2011《公路工程沥青及沥青混合料试验规程》规定,黏稠石油沥青的相对黏度是用针入度仪(图4-12)测定的(图4-12)。标准针和连杆组合件总质量为 50g±0.05g,另加 50g±0.05g 砝码一只,试验时总质量为 100g±0.05g,试验温度为 25℃(当计算针入度指数 PI 时,可采用 30℃、25℃、15℃或 5℃),标准针贯入时间为 5s。例如某沥青在上述条件时测得针入度为 65(0.1mm),可表示为:$P_{(25℃,100g,5s)} = 65$(0.1mm)。

2. 沥青标准黏度的测定

JTG E20—2011《公路工程沥青及沥青混合料试验规程》规定,液体状态的沥青材料,在标准黏度计中,在规定的温度条件下(20℃、25℃、30℃或60℃),通过规定的流孔直径

（3mm，4mm，5mm及10mm）流出50mL体积所需的时间（s），以$C_{T,d}$表示。其中C为黏度，T为试验温度，d为流孔直径。例如某沥青在60℃时，自5mm孔径流出50mL沥青所需时间为100s，表示为$C_{60,5}=100$s。在相同温度和相同流孔条件下，流出时间愈长，表示沥青黏度愈大。

3. 沥青延度的测定

JTG E20—2011《公路工程沥青及沥青混合料试验规程》规定，沥青的塑性用延度表示，用延度仪测定（图4-13）。沥青延度是将沥青试样制成∞字形标准试模（中间最小截面面积为1cm²）在规定速度5cm/min和规定温度25℃或15℃下拉断时的长度，以厘米表示。

4. 沥青软化点的测定

JTG E20—2011《公路工程沥青及沥青混合料试验规程》规定，沥青软化点一般采用环与球法软化点仪（图4-14）测定，即是将沥青试样装入规定尺寸的铜环内（内径18.9mm），试样上放置标准钢球（重3.5g），以规定的升温速度（5℃/min）加热，使沥青软化下垂至规定距离时的温度（以℃表示）。

图4-12　沥青针入度仪

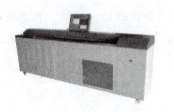
图4-13　沥青延度仪

图4-14　沥青软化点仪

5. 沥青的黏附性测定

JTG E20—2011《公路工程沥青及沥青混合料试验规程》规定，根据沥青黏附在粗集料表面在一定温度下，受水的作用产生剥离的程度，以判断沥青与集料的黏附性能。

6. 沥青耐久性评价（沥青旋转薄膜加热试验）

JTG E20—2011《公路工程沥青及沥青混合料试验规程》规定，道路石油采用测定沥青旋转薄膜加热烘箱（图4-15）加热后的质量损失，并根据需要测定旋转薄膜加热后，沥青残留物的针入度、黏度、延度及脆点的变化，用于评定沥青的老化性能。

任务拓展

施工中，若采用一种沥青不能满足配制沥青胶所要求的软化点时，可用两种或三种不同标号的沥青按线性比例进行估算，然后经过试配与调整，即可达到预期效果。

图4-15　沥青旋转薄膜加热烘箱

两种沥青掺配的比例可用式（4-6）估算：

$$Q_1 = \frac{T_2 - T}{T_2 - T_1} \times 100\%$$
$$Q_2 = 100 - Q_1$$

(4-6)

式中　Q_1——较软沥青用量（%）；
　　　Q_2——较硬沥青用量（%）；
　　　T_1——较软沥青软化点（℃）；
　　　T_2——较硬沥青软化点（℃）；
　　　T——要求配制沥青的软化点（℃）。

如用三种沥青时，可先求出两种沥青的配比，然后再与第三种沥青进行配比计算。

任务二　其他沥青及其应用

任务描述：了解改性剂和改性沥青种类，熟悉常用改性沥青的技术性质和技术要求，能使用现行检测规范，根据要求进行改性沥青的检测；了解乳化沥青分类、特点和应用。

一、改性沥青

随着交通流量和行驶频度的增长，货运车的轴重不断增加，需进一步提高路面的抗车辙能力，提高低温下抗开裂的能力，提高耐磨耗能力和延长使用寿命。使用环境的变化对石油沥青的性能提出了严峻的挑战，沥青材料的改性引起了人们的重视。

通过对沥青材料的改性，可改善以下几个方面的性能：提高沥青的高温抗变形能力，增强沥青路面的抗车辙能力；提高沥青的弹性性能，抵抗低温和抗疲劳开裂性能；改善沥青与石料的黏附性；提高沥青的抗老化能力，延长沥青路面的使用寿命。

改性沥青是指掺加橡胶、树脂、高分子聚合物、天然沥青、磨细的橡胶粉，或者其他材料等外掺剂（改性剂）制成的沥青结合料，从而使沥青或沥青混合料的性能得以改善。采用改性沥青的目的是为了提高路面的使用性能。提高路面的使用性能，意味着采用改性沥青配制的沥青混合料可适应气候（高温和低温状态）要求，铺筑的路面不易受损，能够满足高等级公路耐久性要求。

（一）常见改性剂和改性沥青种类

1. 橡胶及热塑性弹性体改性沥青

橡胶及热塑性弹性体改性沥青包括：天然橡胶改性沥青、SBS改性沥青（使用最为广泛）、丁苯橡胶改性沥青、氯丁橡胶改性沥青、顺丁橡胶改性沥青、丁基橡胶改性沥青、废橡胶和再生橡胶改性沥青、其他橡胶类改性沥青（如乙丙橡胶、丁腈橡胶等）。

2. 塑料与合成树脂类改性沥青

塑料与合成树脂类改性沥青包括：聚乙烯改性沥青、乙烯－乙酸乙烯聚合物改性沥青、聚苯乙烯改性沥青、香豆桐树脂改性沥青、环氧树脂改性沥青、α－烯烃类无规聚合物改性沥青。

3. 共混型高分子聚合物改性沥青

用两种或两种以上聚合物同时加入到沥青中对沥青进行改性，称为共混型高分子聚合物改性沥青。这里所说的两种以上的聚合物可以是两种单独的高分子聚合物，也可以是事先经过共混形成高分子互穿网络的高分子合金。

（二）常用改性沥青技术要求

1. SBS 改性沥青

SBS 改性沥青是以基质沥青为原料，加入一定比例的 SBS 改性剂，通过剪切、搅拌等方法使 SBS 均匀地分散于沥青中，同时，加入一定比例的专属稳定剂，形成 SBS 共混材料，利用 SBS 良好的物理性能对沥青做改性处理。

（1）**组成结构** SBS 属于苯乙烯类热塑性弹性体，是苯乙烯－丁二烯－苯乙烯三嵌段共聚物，SBS 中聚苯乙烯链段和聚丁二烯链段明显地呈现两相结构，聚丁二烯为连续相，聚苯乙烯为分散相，使其具有两个玻璃化转变温度，第一个玻璃化转变温度（Tg_1）为 $-88 \sim -83℃$，第二个玻璃化转变温度（Tg_2）为 90℃，在 $Tg_1 \sim Tg_2$ 之间端基聚苯乙烯聚集在一起形成微区分散于聚丁二烯连续相之间，起到物理交联、固定链段、硫化增强及防冷流作用，具有硫化橡胶的高弹性和抗疲劳性能，当温度升至 Tg_2 时，聚苯乙烯相软化和流动使得 SBS 具有树脂流动加工性。这种两相分离结构使其能与沥青基质形成空间立体网络结构，从而有效地改善沥青的温度性能、拉伸性能、弹性、内聚附着性能、混合料的稳定性、耐老化性等。在众多的沥青改性剂中，SBS 能够同时改善沥青的高低温性能及感温性能，使其成为研究和应用最多的品种，SBS 改性沥青占全球沥青需求量的 61% 之多。

（2）**主要特性**

1）在温差较大的地区有很好的耐高温、抗低温能力。

2）有较好的抗车辙能力，其弹性和韧性好。

3）提高了路面的抗疲劳能力，特别是在大流量、超载严重的公路上具有良好的应变能力，可减少路面的永久变形。

4）黏结能力特别强，能明显改善路面遇水后的抗拉能力，并极大地改善了沥青的水稳定性。

5）提高了路面的抗滑能力。

6）增强了路面的承载能力。

7）减少路面因紫外线辐射而导致的沥青老化现象。

8）减少因车辆渗漏柴油、机油和汽油而造成的破坏。

（3）**技术要求** SBS 改性沥青技术要求见表 4-6。

表4-6　SBS改性沥青技术要求

试验项目	单位	指标要求
针入度（25℃，5s，100g）	0.1mm	40~60
针入度指数PI，不小于	—	0
延度（5℃，5cm/min），不小于	cm	20
软化点（R&B），不小于	℃	70
运动黏度（135℃），不小于	Pa·s	3
闪点，不小于	℃	230
溶解度，不小于	%	99
弹性恢复（25℃），不小于	%	75
贮存稳定性（离析）：48h软化点差，不大于	℃	2.5
密度（15℃）	g/cm³	实测记录
TFOT（或RTFOT）后		
质量变化，不大于	%	±1.0
残留针入度比（25℃，5s，100g），不小于	%	65
残留延度（5℃），不小于	cm	15

2. 橡胶改性沥青

橡胶改性沥青（Asphalt Rubber，简称AR）是一种把废旧轮胎制成的胶粉，作为改性剂添加到基质沥青中，在一个专门的特殊设备中，经高温、添加剂和剪切混合等一系列作用制成的黏合材料。能使路面的使用寿命提高、降低噪声、减轻震动、提高热稳定性和热开裂性、提高抗结冰性。

（1）组成结构　在重交沥青与废旧轮胎橡胶粉和外加剂的共同作用下，橡胶粉通过吸收沥青中的树脂、烃类等多种有机质，经过一系列的物理和化学变化，使胶粉湿润、膨胀、黏度增大、软化点提高，并兼顾了橡胶和沥青的黏性、韧性、弹性，从而提高了橡胶沥青的路用性能。

橡胶粉改性沥青的改性原理是轮胎橡胶粉粒在充分拌合的高温条件下与基质沥青充分熔胀反应形成的改性沥青胶结材料。橡胶粉改性沥青对基质沥青的使用性能有很大的改善，且优于目前常用的改性剂SBS、SBR、EVA等制成的改性沥青。

（2）橡胶改性沥青的特点

1）针入度减小，软化点提高，黏度增大。这说明沥青高温稳定性提高，对夏季行车的路面车辙、推挤现象有改善。

2）温度敏感性降低。在温度较低时，沥青变脆使路面发生应力开裂；在温度较高时，路面变软，受承载车辆作用而变形。而用胶粉改性后，沥青的感温性得到改善，抗流动性提高，橡胶粉改性沥青的黏度系数大于基质沥青，说明改性后的沥青有较高的抗流动变形能力。

3）低温性能得到改善。胶粉可提高沥青的低温延度，增加沥青的柔韧性。

4）黏附性增强。由于石料表面黏附的橡胶沥青膜厚度增加，可提高沥青路面抗水侵害能力，延长路用寿命。

5）降低噪声污染。

6）增加车辆轮胎与路面的抓着性，提高行驶安全。

（3）分类

1）丁苯橡胶改性沥青。丁苯橡胶改性沥青是丁苯橡胶与沥青的混合物。在沥青中掺入2%~3%的丁苯橡胶，能使混合物在-30℃时仍有弹性变形现象；且在0℃时仍有很高的强度。这种改性沥青的耐磨性和抗老化性能较佳，对酸、碱、水、臭氧也都有较好的耐受能力。丁苯橡胶改善了沥青的延伸性，提高了针入度。

2）丁腈橡胶改性沥青。丁腈橡胶改性沥青是丁腈橡胶与沥青的混合物。丁腈橡胶是由丁二烯和丙烯腈在乳液中制成的共聚物。它有较高的耐热性，可在-150~130℃的环境中使用，且其耐汽油及脂肪烃油类的性能很优异。制作方法大多以丁腈橡胶的方式掺入乳化沥青中，以提高沥青的耐热、耐寒、耐油、耐化学腐蚀的性能和黏结性。这种改性材料是良好的防水材料。

3）天然橡胶改性沥青。天然橡胶改性沥青由混溶性较好的天然橡胶与石油沥青制成的混合物。这种改性沥青在较高温度时热稳定性好，变形很小；低温时仍有一定弹性和塑性，可以避免一般石油沥青在低温下容易产生的脆性和易裂性。配制时先行搅拌，使橡胶分散在液体碳氢化合物中，然后再将此胶乳和硬质沥青混合，使混合物达到所需的针入度。这种改性沥青是良好的防潮、防漏、耐气候变化及温度变化的防水材料。

（4）技术要求 橡胶改性沥青技术要求见表4-7。

表4-7 橡胶改性沥青技术要求

指标名称	Ⅰ类	Ⅱ类	Ⅲ类	测试方法
软化点/℃，不小于	60	55	50	GB/T4507
25℃针入度/0.1mm	25~75	25~75	50~100	GB/T4509
5℃延度/cm，不小于	10	10	15	GB/T4508
175℃黏度/Pa·s	1.5~5.0	1.5~5.0	1.5~5.0	SH/T0739
25℃弹性恢复（%），不小于	25	20	10	SH/T××××
闪点/℃，不小于	230	230	230	GB/T267

注：薄膜烘箱（TFOT）或旋转薄膜烘箱（RTFOT）实验后性质，GB/T5304或SH/T0736。

（三）改性沥青的选择与应用

1）改性沥青的选择必须考虑地理位置、气候条件、道路等级、路面结构等多方面的因素。

SBS改性沥青的最大的特点是高温、低温性能都好，有良好的弹性恢复性能。无论在炎热地区、温暖地区还是寒冷地区都适应。

橡胶类SBR改性沥青最大的特点是低温柔软性好，主要适宜在寒冷的气候条件下使用。

2）根据沥青改性的目的和要求选择合适的改性剂。

为提高抗永久变形能力，宜使用热塑性橡胶类、热塑型树脂类改性剂。

为提高抗低温变形能力，宜使用热塑性橡胶类、橡胶类改性剂。

为提高抗疲劳开裂能力，宜使用热塑性橡胶类、橡胶类、热塑型树脂类改性剂。

为提高抗水损坏能力，宜使用各类抗剥落剂等外加剂。

3）改性沥青的选择还与制备的条件有关。

实践操作

公路工程用 SBS 改性沥青技术性质的试验检测。SBS 改性沥青技术要求见表 4-6。

二、乳化沥青（Emulsified asphalt）

乳化沥青就是将黏稠沥青热融至流动态，经过机械力的作用，使沥青以细小的微粒状态（粒径可小至 1~5μm）分散于含有乳化剂-稳定剂的水溶液中。由于乳化剂-稳定剂的作用而形成均匀稳定的乳状液，又称为沥青乳液，简称乳液。

1. 乳化沥青的优点

乳化沥青具有许多优越性，其主要优点为：

（1）冷态施工、节约能源 乳化沥青可以冷态施工，现场无需加热设备和能源消耗，扣除制备乳化沥青所消耗的能源后，仍然可以节约大量能源。

（2）便利施工、节约沥青 由于乳化沥青黏度低、和易性好，施工方便，可节约劳力。此外，由于乳化沥青在集料表面形成的沥青膜较薄，不仅提高沥青与集料的黏附性，而且可以节约沥青用量。

（3）保护环境 乳化沥青施工不需加热，故不污染环境；同时，避免了劳动操作人员易烫伤及受沥青挥发物的毒害。

2. 乳化沥青的组成和乳化机理

（1）乳化沥青的组成 沥青材料不溶于水也不能与水混合，但通过高速搅动或剪切作用，将沥青破碎成微小颗粒，分散在有乳化剂-稳定剂作用的表面活性物质的水溶液中，则可获得一种均匀分散胶体。

由此可见，乳化沥青所需材料主要由沥青、乳化剂、稳定剂和水组成。

1）沥青。乳化沥青中的沥青材料基本采用石油沥青，在乳化沥青中沥青比例通常为 40%~60%，一般来说，高针入度的沥青比低针入度的沥青易于乳化。溶胶结构的石油沥青易于乳化，但其乳化后的黏附性却不如"溶-凝胶"结构的石油沥青。

不同化学结构和胶体结构的沥青对乳化剂有不同的要求，如：低活性的石蜡基、中间-石蜡基沥青，通常要求乳化剂具有较长的烷基链。

制备乳化沥青用的沥青，对高速公路和一级公路，宜符合 JTG F40—2004《公路沥青路面施工技术规范》规定道路石油沥青 A、B 级沥青的要求，见表 4-3。其他情况可采用 C 级沥青。

2）乳化剂。乳化沥青的性能很大程度上依赖于乳化剂的性能，乳化剂为一种表面活性剂，有天然与人工之分，目前大多采用人工合成的制剂，其纯度比天然制剂要高。

乳化剂按其解离后亲水端所带电荷不同，分为阳离子型乳化剂、阴离子型乳化剂和两性离子型乳化剂三种。

3）稳定剂。在沥青乳液中加入适量的稳定剂，可以起到节省乳化剂的用量，增加机械及泵送稳定性，提高乳化稳定性和储存稳定性，增强与集料的黏附性，防止乳化设备的腐蚀，延长乳化设备的使用寿命等作用。稳定剂分为有机稳定剂和无机稳定剂。

4）水。应采用不含钙、镁等杂质的 pH 值为 7.4 左右的纯净水。

（2）乳化机理 乳化剂在水介质中，能使两种互不相溶的物质，沥青-水组合成相互稳定存在的混合物。这是由于乳化剂分子中有一个水溶性（亲水性）基团和一个油溶性（憎水性）基团。在沥青-水体系中，乳化剂分子移动于沥青与水界面间，其分子的憎水基团吸附于沥青的表面，并使其带有电荷，而亲水基团则进入水中，从而将沥青颗粒与水连结起来，降低了两者之间的界面张力。同时，由于沥青粒子带有同种电荷互相排斥，阻止它们之间相互凝聚，因而使沥青乳液能保持一定时期的均匀和稳定，使沥青微粒能均匀地分散于水中不产生沉析。稳定剂的稳定作用使沥青微粒能在水中形成长时间稳定的分散系。

上述各种沥青乳液均属于水包油（O/W）型乳液（水是主体-连续相；沥青分散在水中）。其中沥青含量在 40%～65%，其余为水和乳化剂及稳定剂。如沥青的含量提高到 70%，则将形成为油包水（W/O）型乳液（沥青是主体-连续相；水分散在沥青中）。

3. 乳化沥青的分类

乳化沥青按乳化剂的种类不同，分为阴离子型乳化沥青、阳离子型乳化沥青和非离子型乳化沥青三大类。

按乳化沥青破乳速度不同，分为快凝型乳化沥青、中凝型乳化沥青和慢凝型乳化沥青三种，而快凝型又有快凝（QS）和速凝（RS）型之别。

快凝型乳化沥青主要适于机械铺设的稀浆封层，国外主要用于养护城市街道和飞机场。速凝型乳化沥青常用在需要集料和乳化沥青很快地起化学反应的石屑封层和灌浆工程中。

4. 乳化沥青技术性质

沥青乳液在使用过程中，与矿料接触后，乳液中水分逐渐散失，水膜逐渐变薄，并使沥青粒子互相凝聚，将乳化剂薄膜挤裂而成连续的沥青黏结膜层，称为沥青乳液的裂解（破乳）。其主要因为水分的蒸发、乳液与矿料的接触以及乳液和矿料的静电作用等。沥青乳液通过裂解或破乳，形成初始沥青膜，使矿料颗粒黏结在一起，成膜后的沥青具有一定的耐热性、黏结性、抗裂性、韧性及防水性。

乳化沥青的质量应符合 JTG F40—2004《公路沥青路面施工技术规范》，见表 4-8。

表 4-8 道路用乳化沥青技术要求（JTG F40—2004）

试验项目		单位	品种及代号										试验方法
			阳离子				阴离子				非离子		
			喷洒用			拌和用	喷洒用			拌和用	喷洒用	拌和用	
			PC-1	PC-2	PC-3	BC-1	PA-1	PA-2	PA-3	BA-1	PN-2	BN-1	
破乳速度			快裂	慢裂	快裂或中裂	慢裂或中裂	快裂	慢裂	快裂或中裂	慢裂或中裂	慢裂	慢裂	T0658
粒子电荷			阳离子（+）				阴离子（-）				非离子		T0653
筛上残留物（1.18mm 筛），不大于		%	0.1				0.1				0.1		T0652
黏度	恩格拉黏度计 E_{25}		2~10	1~6	1~6	2~30	2~10	1~6	1~6	2~30	1~6	2~30	T0622
	道路标准黏度计 $C_{25,3}$	s	10~25	8~20	8~20	10~60	10~25	8~20	8~20	10~60	8~20	10~60	T0621

（续）

试验项目		单位	品种及代号										试验方法
			阳离子				阴离子				非离子		
			喷洒用			拌和用	喷洒用			拌和用	喷洒用	拌和用	
			PC-1	PC-2	PC-3	BC-1	PA-1	PA-2	PA-3	BA-1	PN-2	BN-1	
蒸发残留物	残留分含量，不小于	%	50	50	50	55	50	50	50	55	50	55	T0651
	溶解度，不小于	%	97.5				97.5				97.5		T0607
	针入度（25℃）	0.1mm	50~200	50~300	45~150		50~200	50~300	45~150		50~300	60~300	T0604
	延度（15℃），不小于	cm	40				40				40		T0605
与粗集料的黏附性，裹附面积，不小于			2/3			—	2/3			—	2/3	—	T0654
与粗、细粒式集料拌和试验			—			均匀	—			均匀	—		T0659
水泥拌和试验的筛上剩余，不大于		%	—				—					3	T0657
常温存储稳定性：1d，不大于 5d，不大于		%	1 5				1 5				1 5		T0655

注：1. P 为喷洒型，B 为拌和型，C、A、N 分别表示阳离子、阴离子、非离子乳化沥青。
 2. 黏度可选用恩格拉黏度计或沥青标准黏度计之一测定。
 3. 表中的破乳速度与集料的黏附性、拌和试验的要求、所使用的石料品种有关，质量检验时应采用工程上实际的石料进行试验，仅进行乳化沥青产品质量品定时可不要求此三项指标。
 4. 储存稳定性根据施工实际情况选用试验时间，通常采用 5d，破乳生产后能在当天使用时也可用 1d 的稳定性。
 5. 当乳化沥青需要在低温冰冻条件下储存或使用时，尚需按 T0656 进行 -5℃ 低温储存稳定性试验，要求没有粗颗粒、不结块。
 6. 如果乳化沥青是将高浓度产品运到现场经稀释后使用时，表中的蒸发残留物等各项指标指稀释前乳化沥青的要求。

5. 乳化沥青的应用

乳化沥青产品主要应用于以下几方面：①透层油和透层油封层；②洒布封层；③防尘处理；④表层补强；⑤稳定作用；⑥冷再生；⑦改性封层；⑧冷拌坑槽修补；⑨黏结封层；⑩预涂层（预拌）、道路裂缝修补、防护层。

乳化沥青在道路工程中的应用是在 20 世纪 30 年代发展起来的，起初主要是以水作稀释剂而制成的阴离子沥青乳液。50 年代一些国家相继又研制出阳离子沥青乳液，从而使沥青乳液在各国迅速发展起来。由于乳化沥青具有众多长处，近几年来，乳化沥青还在建筑防水、防潮、金属材料的防腐、水利建设的防渗透以及农业土壤改良、植物生养等方面都得到了广泛地使用。

目前，乳化沥青的应用在欧洲许多国家较为普遍，国内自 1978 年以来，在乳化剂类型的选择、乳液的配制、乳化工艺条件等研究方面已进行了大量工作，目前乳化沥青的用量也呈稳步增长趋势。但我国乳化沥青在全部路用沥青使用中所占的比例低于10%，特别适用于稀浆封层的慢裂快凝型乳化沥青的品种较少，不能满足产品系列化的需要。

在我国虽然乳化沥青起步较晚，但是发展非常快，乳化沥青技术已开始大范围的推广应用。

6. 乳化沥青的制备

(1) 乳化工艺 乳化工艺包括生产流程、配方（外加剂）、温度控制、油水比例控制等内容。

乳化工艺的确定是一项复杂的工作。一般根据乳液性能、乳化剂性能、沥青性能、水质、设备性能、生产规模、施工要求等条件，通过室内试验，再在生产设备上试生产进行验证和修正，最后得到正式的乳化工艺。如图4-16所示为乳化工艺图的一个例子，乳化工艺的主要流程一般由下列几个主要工序组成。

1）乳化剂水溶液的调制。在水中加入需要数量的乳化剂和稳定剂，使其在水中充分溶解，水温一般控制在60~80℃。

2）沥青加热。沥青加热温度根据其品种、牌号、施工季节和地区而定。一般温度为120~150℃。

3）沥青与水比例控制。沥青与乳液通过流量计，严格控制加入比例。

4）沥青乳液贮存。贮运过程注意沥青乳液稳定性，避免产生破乳。

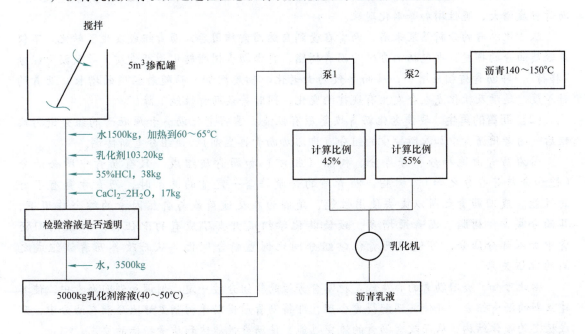

图4-16 用胺类乳化剂进行乳化的工艺图

(2) 乳化设备 乳化设备是完成沥青液相破碎分散的装置，其性能的好坏对乳液的质量有重要影响，主要是利用剪切、挤压、摩擦、冲击和膨胀扩散等作用来进行破碎分散。目前，使用机械分散法制造乳化沥青的设备类型很多，归纳起来有下列三大类。

1）搅拌式乳化机。该搅拌机有两个以上的搅拌部分，中心轴以比较缓慢的速度转，偏心轴上装有叶片，除自身高速旋转外还绕中心轴旋转，是三种旋转的合成，具有很强的分散搅拌能力。搅拌式乳化机的特点是简单易行，但生产率较低。

2) 匀化器类乳化机。其原理是使乳化的混合液在高压下从小孔中喷出，达到要求均匀分散的乳液。匀化器类乳化机可实现连续生产，乳化效果比搅拌式乳化机高，缺点是容易堵塞。

3) 胶体磨类乳化机。由高速转动的转子和固定的定子两个主要部分组成，转子和定子间有一定的间隙，最小可调至 0.025mm，混合液从进口流入，穿过转、定子间的缝隙，在此期间，沥青液相受到转子产生的离心力和摩擦力的作用，被磨碎成极细的颗粒出口流出，即完成分散乳化。胶体磨类乳化机是最常见也是理想的沥青乳化机。

任务拓展——其他沥青

一、再生沥青（Reclaimed asphalt）

再生沥青就是将已经老化的沥青经掺加再生剂后，使其恢复到原来（或接近原来）性能的一种沥青。

(1) 沥青的老化 沥青应用过程中，长期暴露于自然，因此受到各种自然因素如氧、阳光、温度、水、风等自然力的作用，致使沥青的性能发生物理、化学变化，并最终表现为沥青黏度增大、脆性增加等老化现象。

从老化沥青的分析结果来看，沥青在受到自然因素作用后，沥青组成发生了转化。不仅是轻质油分的挥发，也包括油分转为沥青树脂，再由沥青树脂转化为沥青质，导致沥青组分"移行"，即沥青质相应增加，从而导致沥青老化、黏度增加，而随着黏度的增长，沥青的针入度、延度及软化点也会发生有规律的变化，同时导致沥青性能下降。

(2) 沥青的再生 要使老化沥青恢复原有性能，需将老化沥青和原沥青的组分进行比较后，向老化沥青中加入所缺少的组分（即添加沥青再生剂），使组分重新协调。

因为沥青由饱和分、芳香分、树脂（胶质）和沥青质组成。只有沥青中所含油分（饱和分与芳香分之和）、树脂、沥青质的含量符合一定量的关系时，沥青才具有很好的性能。废旧沥青之所以失去使用性能，是因为在交通荷载与自然因素的综合作用下，其油分减少，树脂、沥青质增多，致使其化学组成失去了应有的配伍性。如果向旧沥青中加入部分油分，可使旧沥青化学组分间比例重新合理化，从而改善沥青族组成之间的配伍关系。

由此可知，废旧沥青的再生就是把富含芳烃的软组分按一定比例调和到旧沥青中，使其建立新的沥青组分，并使其匹配得更合理，即将沥青质借助于树脂更好地分散在油分中，形成稳定的胶体结构，从而改变沥青的流变性能，使沥青性能达到质量指标的要求。

具体步骤如下：①掺入油分与较低分子量的沥青树脂混和液（再生剂），使其充分渗入已老化的旧沥青块中，并使其软化、分解。②掺入含有较多高分子的石油沥青，用热拌法使它与已软化的旧沥青充分融合、拌匀，成为再生沥青。这样再生沥青组分接近于新沥青，从而恢复了它的路用性能。

二、煤沥青

煤沥青（俗称柏油）是将烟煤在隔绝空气条件下进行干馏而得的副产品——煤焦油，

再经蒸馏而获得的产品。蒸馏温度低于270℃所得的产品为液体或半固体，称为软煤沥青；蒸馏温度高于270℃所得固态产品，称为硬煤沥青。路用煤沥青多为700℃以上的高温煤焦油加工而得，它具有一定的温度稳定性。

1. 煤沥青的组分

利用选择性溶解的组分分析方法，可将煤沥青划分为几个化学性质、路用性能相近的组分，包括游离碳、硬树脂、软树脂、油分四个组分，油分又可分为中性油、酚、萘、蒽，见表4-9。

表4-9　煤沥青各组分的组分特性

化学组分		组分特性	对煤沥青性能的影响
游离碳		不溶于苯；加热不熔，高温分解	提高黏度和温度稳定性；增加低温脆性
树脂	硬树脂	类似石油沥青中的沥青质	提高沥青温度稳定性
	软树脂	赤褐色黏-塑性物，溶于氯仿	增加沥青延性
油分	中性油	液态碳氢化合物	—
	萘	溶于油分中，低温结晶析出，	影响低温变形能力，加速沥青老化
	蒽	常温下易挥发，有毒性	
	酚	溶于油分及水，易氧化，有毒性	加速沥青老化

2. 煤沥青的技术性质

煤沥青与石油沥青相比，由于两者组分不同，所以性质上存在某些差异。

(1) 温度稳定性较低　煤沥青中可溶性树脂含量较多，受热易软化溶于油分中。所以加热温度和时间都要严格控制，不易反复加热。

(2) 大气稳定性差　煤沥青中不饱和碳氢化合物含量较多，易老化变质。

(3) 塑性较差　煤沥青中含较多的游离碳，受力易变形开裂，尤其是在低温条件下易变得脆硬。

(4) 与矿料黏附性好　含有较多表面活性物质，能与矿料很好黏附，可提高黏结强度。

(5) 煤沥青密度比石油沥青大

(6) 有毒、有臭味、防腐能力强　煤沥青中含有酚、蒽等易挥发的有毒成分，施工时对人体有害，但用于木材的防腐效果较好。

煤沥青与石油沥青外观相似，使用时应注意区分，表4-10为简易鉴别方法。

表4-10　煤沥青与石油沥青的鉴别方法

鉴别方法	煤沥青	石油沥青
密度	>1.1（约为1.25）	接近1.0
锤击	音清脆、韧性差	音哑、富有弹性、韧性好
燃烧	烟呈黄色，有刺激味	烟无色，无刺激性臭味
溶液颜色	用30~50倍汽油或煤油溶解后，将溶液滴于滤纸上，斑点分内外两圈，呈内黑外棕或黄色	溶解方法同左。斑点完全散开呈棕色

3. 煤沥青的技术指标和技术标准

(1) 技术指标

1) 黏度（Viscosity）。表示煤沥青的黏结性，取决于液相组分和固相组分的比例。黏度是确定煤沥青标号的主要指标,用标准黏度计测定,常用的温度和流孔有 $C_{30,5}$、$C_{30,10}$、$C_{50,10}$、$C_{60,10}$ 四种。

2) 蒸馏试验（Distillation）。根据煤沥青化学组成特征,将其物理化学性质较接近的化合物分为:170℃以前的轻油;270℃以前的中油;300℃以前的重油三个馏程。其中 300℃ 以后的馏分是煤沥青中最有价值的油质部分,应测其软化点以表示其性质。

3) 含水量（Water content）。煤沥青中含有水分,在施工加热时易产生泡沫或爆沸现象,不宜控制。同时,煤沥青作为路面结合料,如果含有水分会影响煤沥青与集料的黏附,降低路面强度,因此必须限制其在煤沥青中的含量。

4) 甲苯不溶物含量。不溶于热甲苯的物质主要为游离碳和含有氧、氮、硫等结构复杂的大分子有机物及少量灰分,这些物质含量过多会降低煤沥青黏结性,因此必须加以限制。

5) 萘含量。萘在煤沥青中,低温时易结晶析出,使煤沥青失去塑性,导致路面冬季易产生开裂。在常温下,萘易挥发、升华,加速煤沥青老化,并且挥发出的气体,对人体有毒害,因此必须限制煤沥青中萘的含量。

6) 酚含量。酚能溶解于水,易导致路面强度降低,同时酚水溶物有毒,对环境、人类、牲畜有害,因此必须限制其在煤沥青中的含量。

(2) 技术标准

道路煤沥青由于渗透性好,常用于半刚性基层上撒透层油,在旧路面的软化剂、补缝中也时有使用。但因煤沥青是强致癌物质,故热拌沥青混合料中严禁采用煤沥青。

道路用煤沥青的标号根据气候条件、施工温度、使用目的等选用。

道路工程用煤沥青按其黏度和有关技术性质分为 9 个标号,我国行业标准 JTG F40—2004《公路沥青路面施工技术规范》规定其各项质量要求符合表 4-11 要求。

表 4-11 道路用煤沥青技术要求

试验项目		T-1	T-2	T-3	T-4	T-5	T-6	T-7	T-8	T-9	试验方法
黏度（s）	C30.5 C30.10 C50.10 C60.10	50~25	26~70	5~25	26~50	51~120	121~200	10~75	76~200	35~65	T0621
蒸馏试验,馏出量（%）	170℃前,不大于	3	3	3	2	1.5	1.5	1.0	1.0	1.0	T0641
	270℃前不大于	20	20	20	15	15	15	10	10	10	
	300℃	15~35	15~35	30	30	25	25	20	20	15	
300℃蒸馏残留物软化点（环球法）/℃		30~45	30~45	35~65	35~65	35~65	35~65	40~70	40~70	40~70	T0606
水分,不大于（%）		1.0	1.0	1.0	1.0	1.0	0.5	0.5	0.5	0.5	T0612
甲苯不溶物,不大于（%）		20	20	20	20	20	20	20	20	20	T0646
萘含量,不大于（%）		5	5	5	4	4	3.5	3	2	2	T0645
焦油酸含量,不大于（%）		4	4	3	3	2.5	2.5	1.5	1.5	1.5	T0642

注:T——道路煤沥青。

道路用煤沥青适用于下列情况。

1) 各种等级公路的各种基层上的透层,宜采用 T-1 或 T-2 级,其他等级不符合喷洒要求时可适当稀释使用。

2) 三级及三级以下的公路铺筑表面处治或贯入式沥青路面，宜采用 T-5、T-6 或 T-7 级。

3) 与道路石油沥青、乳化沥青混合使用，以改善渗透性。

道路用煤沥青严禁用于热拌热铺的沥青混合料，作其他用途时的储存温度宜为 70～90℃，且不得长时间储存。

巩固练习

1. 试述石油沥青的主要组分与其技术性质之间有什么关系？
2. 石油沥青可划分为哪几种胶体结构？如何划分？各种胶体结构的石油沥青有什么特点？
3. 石油沥青的主要技术性质有哪些？技术指标是什么？三大指标试验条件是什么？
4. 改性沥青的改性剂有哪些？各有什么特点？
5. 什么是乳化沥青？其优点有哪些？
6. 煤沥青与石油沥青相比有哪些性能差异？
7. 什么是再生沥青？再生沥青的意义是什么？

项目五　建筑砂浆的检测与应用

1. 熟悉建筑砂浆的组成材料要求；熟悉建筑砂浆的主要技术性质；能进行建筑砂浆主要技术性能指标的检测和评定。
2. 能进行建筑砂浆的配制。
3. 了解其他类型建筑砂浆的性能和应用。
4. 培养学生工程质量意识和团结协作精神。

在道路和桥隧工程中，砂浆是一项用量大、用途广的工程材料，它主要用于砌筑桥涵、挡土墙和隧道衬砌等砌体及砌体表面的抹面。按其用途可分为砌筑砂浆和抹面砂浆两类。合理地选择和使用砂浆，对保证工程质量、降低成本有着重要意义。

：使用现行检测规范，熟悉建筑砂浆的工作性、耐久性等技术性能以及外观质量等试验检测方法，能根据要求进行建筑砂浆的配制。

相关知识

教学视频17　建筑砂浆

砂浆是由胶结材料、细集料和水按适当比例配制而成。为了改善砂浆的和易性，可掺入适量的外加剂和混合材料。

一、砌筑砂浆

砌筑砂浆是将砖、石或砌块等黏结成为整体的砂浆。现就其组成材料的要求、技术性质以及配合组成简述如下。

1. 组成材料

砂浆的组成材料除了不含粗集料外，基本上与混凝土的组成材料要求相同，但亦有差异。

（1）**水泥**　常用的各种品种水泥均可作为砂浆的结合料。由于砂浆的强度等级较低，所以水泥的强度（标号）不宜太高，否则由于水泥用量不足导致砂浆的保水性不良。水泥砂浆中所用水泥的强度等级不宜超过32.5级。在水泥混合砂浆中，掺加的消石灰膏会降低砂浆强度，因此采用的水泥强度等级可适当提高，但不宜大于42.5级。

（2）**砂**　常用天然砂，质量应符合混凝土用砂的要求。砂的最大粒径应不超过灰缝的1/5~1/4。对于砖砌体，粒径不得大于2.5mm；对于石砌体，砂的最大粒径为5.0mm。对砂中泥和泥块含量常作如下限制：≥M10.0级砂浆应不超过5%，M2.5~M7.5的砂浆应不超过10%，≤M1.0级的砂浆应不超过15%~20%。

（3）掺合料　为改善砂浆的和易性，除了水泥外，还掺入各种掺合料（如石灰、黏土和粉煤灰等）作为结合料，配制成各种混合砂浆，以提高质量和降低成本。

（4）外加剂　为使砂浆具有良好的和易性和其他施工性能，可以在砂浆中掺入外加剂（如引气剂、早强剂、缓凝剂、防冻剂等），外加剂的品种和掺量及物理性能等都应通过试验确定。

（5）水　拌制砂浆用水与混凝土用水相同。

2. 技术性质

（1）新拌砂浆的和易性　新拌砂浆的和易性是指是否便于施工并保证质量的综合性质。和易性良好的砂浆易在粗糙的砖石表面铺成均匀的薄层且能与底面紧密黏结，既便于施工，又能提高生产效率和保证工程质量。新拌砂浆的和易性可以根据其流动性和保水性来综合评定。

1）流动性（稠度）是指新拌砂浆在自重或外力作用下流动，能在粗糙的砖、石基面上铺筑成均匀的薄层并能与底面很好黏结的性能。它实际上反映了砂浆的稠度，用砂浆稠度测定仪测定（图5-1）。试验时，将按预定配合比拌制的砂浆装入圆锥体中，使标准的滑针自由下沉，以沉入量作为流动性的指标，以mm计。砂浆的流动性受用水量、胶结材料的品种和用量、混合材料及外加剂掺量、砂粒粗细、砂粒形状、级配以及搅拌时间的影响。

砂浆流动性的选择与砌体种类、施工方法以及天气情况有关，可参考表5-1选用。

表 5-1　砌筑砂浆的稠度（JGJ/T 98—2010）

砌 体 种 类	砂 浆 稠 度 /mm
烧结普通砖砌体	70~90
轻骨料混凝土小型空心砖块砌体	60~90
烧结多孔砖、空心砖砌体	60~90
烧结普通砖平拱式过梁 空心墙、筒拱 普通混凝土小型空心砖块砌体 加气混凝土砌块砌体	50~70
石砌体	30~50

2）保水性。新拌砂浆保持水分不流失的能力，也表示各组成材料不易分离的性质。保水性不好的砂浆，其塑性差，贮运过程中水分容易离析，砌筑时水分易被砖石吸收，施工较为困难，对砌体质量将会带来不利影响。

砂浆保水性用分层度表示，用砂浆分层度测量仪测定（图5-2）。试验时，将已测定稠度的砂浆装入圆筒中，静置30min后取圆筒底部1/3砂浆再测稠度，两次稠度的差值即为分层度，以mm计。保水性好的砂浆，其分层度应为10~20mm。分层度大，表明砂浆的分层离析现象严重，保水性不好。分层度过小，表明砂浆干缩较大，影响黏结力。

砂浆的保水性与胶结材料的类型和用量、细集料的级配、用水量等有关。为了改善砂浆的保水性，常掺入石灰膏、粉煤灰或微沫剂等。

图 5-1　稠度仪

(2) 硬化后砂浆的强度　砂浆硬化后成为砌体的组成材料之一，应能承受和传递各种外力，因此砂浆应具有一定的抗压强度。砂浆抗压强度是确定其强度等级的重要依据。

砂浆强度等级是以边长为 70.7mm 的 6 个立方体试块，按规定方法成型并养护至 28 天后测定的抗压强度平均值（MPa）来表示的。水泥砂浆强度等级分为 M30、M25、M20、M15、M10、M7.5、M5 七个等级。

砂浆在砌筑时实际强度主要决定于所砌筑的基层材料的吸水性，可分为下述两种情况。

1）基层为不吸水材料（如致密的石材）时，影响砂浆强度的因素与混凝土的基本相同，主要决定于水泥强度与灰水比，可用式（5-1）表示：

$$f_{mo,28} = 0.29 f_{ce}\left(\frac{C}{W} - 0.4\right) \quad (5\text{-}1)$$

图 5-2　分层度仪

式中　$f_{mo,28}$——砂浆 28d 的抗压强度（MPa）；
　　　f_{ce}——水泥 28d 的实际强度（MPa）；
　　　C/W——灰水比。

2）基层为吸水材料（如砖或其他多孔材料）时，由于基层吸水性强，即使砂浆用水量不同，经基层吸水后，保留在砂浆中的水分大致相同。因而，砂浆的强度主要决定于水泥强度及用量，而与用水量无关。强度按式（5-2）计算：

$$f_{mo,28} = \frac{A \cdot m_c \cdot f_{ce}}{1000} + B \quad (5\text{-}2)$$

式中　$f_{mo,28}$——砂浆 28d 的抗压强度（MPa）；
　　　f_{ce}——水泥 28d 的实际强度（MPa）；
　　　m_c——每立方米砂浆的水泥用量（kg）；
　　　A、B——砂浆的特征系数，其值可由试验确定，或参考表 5-2。

表 5-2　A、B 系数值

砂浆品种	A	B
水泥混合砂浆	1.50	-4.25
水泥砂浆	1.03	3.50

注：各地区也可用本地区试验资料确定 A、B 值，统计用的试验组数不得少于 30 组。

(3) 黏结力　由于砖石等砌体是依靠砂浆黏结成整体的，因而要求砂浆与基材之间应有一定的黏结力。砂浆的黏结力与其强度密切相关，通常砂浆强度越高则黏结力越大。此外，黏结力也与基材的表面状态、清洁程度、湿润状况及施工养护条件等有关系。

(4) 耐久性　圬工砂浆经常受环境水的作用，故除强度外，还应考虑抗冻、抗渗、抗侵蚀等性能。提高砂浆的密实度可提高其耐久性。

二、抹面砂浆

涂抹于建筑物或构筑物表面的砂浆称为抹面砂浆。

对抹面砂浆要求具有良好的和易性,容易抹成均匀平整的薄层,便于施工。还要有较高的黏结力,砂浆层要能与底面黏结牢固,避免干裂脱落。

根据抹面砂浆功能的不同,一般可将抹面砂浆分为普通抹面砂浆和防水砂浆等。

普通抹面砂浆对砌体起保护作用,通常分两层或三层施工。各层的成分和稠度要求各不相同。底层砂浆的作用是使其能与底面牢固地黏结,因此要求砂浆具有良好的和易性及较高的黏结力,稠度较稀,其组成材料常随基底而异。中层砂浆主要是为了找平,有时可省去不用,较底层砂浆稍稠。面层砂浆主要起保护作用,一般要求用较细的砂子且涂抹平整。

抹面水泥砂浆常用配合比为:水泥:砂=1:3~1:2(体积比)。

水泥石灰混合砂浆可用:水泥:掺合料:砂=1:1:6.0~1:0.5:4.5。

防水砂浆是一种具有高抗渗性能的砂浆,主要用于隧道和地下工程。配制防水砂浆的办法,一是合理选择配合比。用普通水泥砂浆多层抹面作为防水层时,要求水泥不低于32.5级,砂子宜采用中砂或粗砂。配合比控制在水泥:砂=1:3~1:2,水胶比控制在0.40~0.50。用膨胀水泥或无收缩水泥配制防水砂浆时,由于水泥具有微膨胀或补偿性能,提高了砂浆的密实性,砂浆的抗渗性提高,并具有良好的防水效果。配合比(体积比)为水泥:砂=1:2.5,水胶比0.4~0.5。另一个有效的措施是掺防水剂,常用防水剂有硅酸钠(水玻璃)类防水剂、氯化物金属盐类防水剂和金属皂类防水剂。

 实践操作

现有一挡土墙,采用浆砌块石修筑,试进行砌筑砂浆的配制。

1. 水泥混合砂浆配合比计算

(1) 砂浆的试配强度 由式(5-3)计算。

$$f_{m,o} = kf_2 \tag{5-3}$$

式中 $f_{m,o}$——砂浆试配强度(MPa);

f_m——砂浆设计强度(MPa);

f_2——砂浆强度等级值(MPa),精确到0.1MPa;

k——系数,可按表5-3取用。

表5-3 砂浆强度系数表

施工水平	砂浆强度等级							k
	M5	M7.5	M10	M15	M20	M25	M30	
优良	1.00	1.50	2.00	3.00	4.00	5.00	6.00	1.15
一般	1.25	1.88	2.50	3.75	5.00	6.25	7.50	1.20
较差	1.50	2.25	3.00	4.50	6.00	7.50	9.00	1.25

(2) 确定水泥用量 1m³水泥混合砂浆的水泥用量由式(5-4)得:

$$m_c = \frac{1000(f_{mo} - \beta)}{\alpha f_{ce}} \tag{5-4}$$

式中 m_c——1m³砂浆中的水泥用量(kg);

f_{mo}——砂浆试配强度(MPa);

f_{ce}——水泥的实测强度(MPa)。在无法取得水泥的实测强度时,可按下式计算f_{ce}:

$$f_{ce} = \gamma_c f_{ce,k}$$

$f_{ce,k}$——水泥强度等级对应的强度值（MPa）；

γ_c——水泥强度的富余系数，该值按实际统计资料确定，无统计资料时，取$\gamma_c = 1.0$；

α, β——砂浆特征系数，$\alpha = 3.03$，$\beta = -15.09$。

（3）确定掺合料用量 配制水泥石灰混合砂浆按式（5-5）计算石灰膏的用量：

$$m_D = m_A - m_C \tag{5-5}$$

式中 m_D——1m³砂浆中石灰膏或黏土膏的掺量（kg）；

m_A——1m³砂浆中水泥与掺合料的总量（kg），可为300~350kg之间；

m_C——1m³砂浆中的水泥用量（kg）。

所用的石灰膏的稠度（沉入度）应为120mm，黏土膏为140~150mm。当石灰膏的稠度不为120mm时，可按表5-4进行换算。

表5-4 石灰膏不同稠度时的换算系数

石灰膏稠度/mm	120	110	100	90	80	70	60	50	40	30
换算系数	1.00	0.99	0.97	0.95	0.93	0.92	0.90	0.88	0.87	0.86

（4）确定砂子用量 砂浆中的水、胶结料和掺合料用于填充砂子的空隙，因此1m³干燥状态的砂子的堆积密度值也就是1m³砂浆所用的干砂用量。砂子在干燥状态时体积恒定，而当砂子含水5%~7%时，体积将膨胀30%左右，当砂子含水处于饱和状态时，体积比干燥状态要减少10%左右。所以必须按照砂子的干燥状态为基准进行计算。

（5）确定用水量 根据施工和易性所需稠度选用，水泥混合砂浆用水量通常小于水泥砂浆。当采用中砂时，砂浆用水量范围可选用240~310kg/m³；当采用细砂或粗砂时，用水量分别取该范围的上限或下限。当砂浆稠度小于70mm时，用水量可取该范围的下限。当施工现场气候炎热或在干燥季节，可酌量增加用水量。

2. 水泥砂浆的配合比确定

若按照水泥混合砂浆配合比设计方法计算水泥砂浆配合比，由于水泥强度太高，而砂浆强度太低，造成计算水泥用量偏少，因此通过计算得到的配合比不太合理。为了避免计算带来的不合理情况，水泥砂浆的配合比可以根据工程类别及砌体部位确定砂浆的设计强度等级，查阅表5-5选用。表中水泥强度等级为32.5级。大于32.5级时，水泥用量应取表中的下限值。用水量的选用原则见水泥混合砂浆。

表5-5 水泥砂浆材料用量 （单位：kg/m³）

强度等级	水泥用量	砂子用量	用水量
M5	200~230	1m³砂子的堆积密度	270~330
M7.5	230~260		
M10	260~290		
M15	290~330		
M20	340~400		
M25	360~410		
M30	430~480		

某工程砌筑用混合砂浆，强度等级为 M7.5 级，稠度 70～100。采用 42.5 级普通水泥，含水率为 2% 的中砂（堆积密度 1450kg/m³），石灰膏（稠度 110mm）配制。施工水平一般。试计算该砂浆配合比。

1. 确定砂浆的试配强度

$$f_{m,o} = kf_2$$
$$f_m = 7.5\text{MPa}$$

查表 5-3 得：
$$k = 1.20$$
$$f_{m,o} = 1.20 \times 7.5\text{MPa} = 9.0\text{MPa}$$

2. 确定水泥用量

根据砂浆特征系数得：$\alpha = 3.03$，$\beta = -15.09$

$$m_c = \frac{1000(f_{mo} - \beta)}{\alpha f_{ce}} = \frac{1000 \times (9.0 + 15.09)}{3.03 \times 42.5}\text{kg} = 187\text{kg}$$

查表 5-5 为 230～260kg，取 230kg。

3. 确定石灰膏用量

$$m_D = m_A - m_C$$
$$m_D = 350\text{kg} - 230\text{kg} = 120\text{kg}$$

石灰膏稠度为 110mm，查表 5-4，换算系数为 0.99。
$$120\text{kg} \times 0.99 = 119\text{kg}$$

4. 确定砂用量

砂的堆积密度为 1450kg/m³，砂的含水率为 2%，砂的用量为：
$$m_c = 1450 \times (1 + 0.02)\text{kg} = 1479\text{kg}$$

5. 选择用水量

查表 5-5，用水量 $m_w = 270\text{kg}$。

6. 确定初步配合比

质量比：
水泥：石灰膏：砂：水 = 230：119：1479：270 = 1：0.52：6.43：1.17

1. 抹面砂浆与砌筑砂浆的不同点是什么？
2. 砂浆的性能和混凝土性能有何不同？

项目六　无机结合料稳定材料的检测与应用

　项目目标

1. 熟悉无机结合料稳定材料的分类和组成材料；了解常用稳定土的强度形成原理；掌握常用无机结合料稳定材料的主要技术性质和检测方法。
2. 能进行常用无机结合料稳定材料配合比组成设计。
3. 培养学生技术创新能力、吃苦耐劳精神和实事求是的工作作风。

无机结合料稳定材料是指通过无机胶结材料将松散的集料黏结成为具有一定强度的整体材料。即在粉碎或原状松散的集料（土、碎石或砂砾）中，掺入一定量的无机结合材料（水泥、石灰或工业废渣等）和水，经拌和得到的混合料再压实与养生后，其抗压强度符合规定要求的材料。

无机结合料稳定材料具有稳定性好、抗冻性能强、结构本身自成板体，但耐磨性差，因此被广泛用于路面结构的基层或底基层。

　任务描述：根据规范和工程实际要求，对无机结合料稳定材料的技术性能指标检测、评定。

教学视频18　无机结合料稳定材料

一、无机结合料稳定材料的分类

无机结合料稳定材料的种类很多，其物理、力学性质各有特点，其分类方法也不尽相同。

1. 根据组成无机结合料稳定材料的集料类型分类

稳定土类和稳定粒料类。在粉碎或原状松散的土中掺入一定量的无机结合材料形成的称为稳定土类（如，石灰稳定土、水泥稳定土等）。在松散的碎石或砂砾中掺入一定量的无机结合材料形成的称为稳定粒料类（如，水泥稳定碎石、水泥稳定砂砾等）。

2. 按无机胶结材料的种类分类

1）用水泥稳定的混合料称为水泥稳定材料类（如，水泥稳定土、水泥稳定砂砾等）。
2）用石灰稳定的混合料称为石灰稳定材料类（如，石灰稳定土等）。
3）用水泥和石灰稳定的混合料称为综合稳定材料类（如，综合稳定土、综合稳定砂砾等）。
4）用一定量的石灰和工业废渣稳定的混合料称为石灰工业废渣稳定材料类。

无机结合料稳定材料使用时应根据结构要求、掺加剂和原材料的供应情况及施工条件，进行综合技术和经济性比较后选用。本项目着重介绍无机结合稳定土类材料。

水泥稳定土是一种经济实用的筑路材料，具有优良性能，可用于各级公路的基层和底基层，但不得用于二级及二级以上公路高级路面的基层。由于以水泥为主要胶结材料，通过水泥的水化、硬化将集料黏结起来，因此水泥稳定土具有良好的力学性能和板体性。其强度随养护龄期的增加而增加，并且早期强度较高；同时其强度的可调范围较大，由几个兆帕到十几个兆帕。水泥稳定土的水稳定性和抗冻性也较其他稳定材料好。所不足的是，水泥稳定土在温度、湿度变化时，易产生裂缝，而影响面层的稳定性；当细颗粒含量高、水泥用量大时开裂更为严重。

石灰稳定土具有良好的力学性能，并有较好的水稳性和一定程度的抗冻性，它的初期强度和水稳性较低，后期强度较高。由于干缩、温缩系数较大，易产生裂缝。石灰稳定土适用于各级公路路面的底基层，可用作二级和二级以下公路的基层，但石灰土不应用作高级路面的基层。在冰冻地区的潮湿路段以及其他地区的过分潮湿路段，不宜采用石灰土作基层。在只能采用石灰土时，应采取措施防止水分侵入石灰土层。

石灰工业废渣稳定材料同样是一种经济实用的筑路材料，具有较优良的性能，可用于各种道路的基层和底基层。由于以石灰为活性激发剂，石灰工业废渣为主要胶结材料，早期强度较低，但是后期强度与水泥稳定材料基本类似。因此，石灰工业废渣稳定材料具有良好的力学性能和板体性。石灰工业废渣稳定材料在温度、湿度变化时也易产生裂缝，当细颗粒含量高时开裂更为严重。石灰工业废渣稳定材料的抗水侵害能力较水泥稳定材料抗水侵害的能力差；但是其在温度、湿度变化时的温缩、干缩系数较水泥稳定材料的温缩、干缩系数小。

二、无机结合料稳定土组成材料及要求

1. 土

土的矿物成分对无机结合料稳定土性质有着重要的影响。试验表明，除有机质或硫酸盐含量高的土以外，各类砂砾土、砂土、粉土和黏土都可以用作无机结合稳定材料。一般规定用于稳定土的素土的液限不大于40，塑性指数不大于20。级配良好的土用作无机结合稳定料时，既可以节约无机结合料的用量，又可以取得满意的效果。重黏土中黏土颗粒含量多，不易粉碎和拌和，用石灰稳定时，容易使路面造成缩裂。粉质黏土的稳定效果最佳。用水泥稳定重黏土时，因不易粉碎和拌和，会造成水泥用量过高，经济性差。

(1) 水泥稳定土 凡易粉碎的土都可用水泥稳定。

对于二级或二级以下公路：

1）底基层。单个颗粒的最大粒径不应超过53mm，颗粒组成应满足表6-1要求。土的不均匀系数应大于5，细粒土的液限不应超过40%，塑性指数不应超过17；对中粒土和粗粒土，如小于0.6mm的颗粒含量在30%以下，塑性指数可稍大。

表6-1 用做底基层时水泥稳定土的颗粒组成范围（一）

筛孔尺寸/mm	53	4.75	0.6	0.075	0.002
通过质量百分率（%）	100	50～100	17～100	0～50	0～30

2）基层。单个颗粒的最大粒径不应超过37.5mm，颗粒组成应满足表6-2要求。

表6-2 用做基层时水泥稳定土的颗粒组成范围（一）

筛孔尺寸/mm	通过质量百分率（%）	筛孔尺寸/mm	通过质量百分率（%）
37.5	90~100	2.36	20~70
26.5	66~100	1.18	14~57
19	54~100	0.6	8~47
9.5	39~100	0.075	0~30
4.75	28~84		

对于高速公路和一级公路：

1）底基层。单个颗粒的最大粒径不应超过37.5mm，颗粒组成应满足表6-3要求。土的不均匀系数应大于5，细粒土的液限不应超过40%，塑性指数不应超过17；对中粒土和粗粒土，如小于0.6mm的颗粒含量在30%以下，塑性指数可稍大。

表6-3 用做底基层时水泥稳定土的颗粒组成范围（二）

筛孔尺寸/mm	37.5	4.75	0.6	0.075
通过质量百分率（%）	100	50~100	17~100	0~30

2）基层。单个颗粒的最大粒径不应超过31.5mm，颗粒组成应满足表6-4要求。

表6-4 用做基层时水泥稳定土的颗粒组成范围（二）

筛孔尺寸/mm	通过质量百分率（%）	筛孔尺寸/mm	通过质量百分率（%）
37.5	100	4.75	29~50
31.5	90~100	2.36	18~38
19	67~90	0.6	8~22
9.5	45~68	0.075	0~7

（2）石灰稳定土 塑性指数为15~20的黏土以及含有一定数量黏性土的中粒土和粗粒土均适宜用于石灰稳定土。

1）石灰稳定土用做高速公路和一级公路的底基层时，颗粒的最大粒径不应超过37.5mm；用做其他等级公路时，颗粒的最大粒径不应超过53mm。

2）石灰稳定土用做基层时，颗粒的最大粒径不应超过37.5mm。

（3）石灰工业废渣稳定土 宜采用塑性指数为15~20的黏土（亚黏土），有机质含量不超过10%，最大粒径不应大于15mm。

2. 无机结合料

（1）水泥 各类水泥都可以用于稳定土。水泥的矿物成分和分散度对其稳定效果有明显影响。对同一种土，硅酸盐水泥比铝酸盐水泥稳定效果好。在水泥矿物成分相同、硬化条件相似的情况下，其强度随水泥比表面积和活性的增大而提高。稳定土的强度还与水泥用量有关。不存在最佳水泥用量，而存在一个经济用量。通常在保证土的性质能起根本变化，且能保证稳定土达到所规定的强度和稳定性的前提下，取尽可能低的水泥用量。

（2）石灰 各种化学组成的石灰均可用于稳定土。石灰质量应符合表2-2~表2-4规定的生石灰和消石灰技术指标，在剂量不大的情况下，钙质石灰比镁质石灰稳定土的初期强度高，镁质石灰稳定土在剂量大时后期强度优于钙质石灰稳定土。石灰的最佳剂量，对黏性土和粉性土为干土重的8%~16%，对砂性土为干土重的10%~18%。

（3）工业废渣

1）粉煤灰。粉煤灰是火力发电厂排出的废渣，属硅质或硅铝质材料，其本身不具有或有很小的黏结性，但它以细分散状态与水和消石灰或水泥混合，可以发生反应形成具有黏结性的化合物。所以石灰粉煤灰可用来稳定各种粒料和土，又称二灰土。

粉煤灰中 SiO_2、Al_2O_3 和 Fe_2O_3 的总含量应大于 70%，烧失量不应超过 20%；其比表面积宜大于 $2500cm^2/g$。干粉煤灰和湿粉煤灰都可以应用，湿粉煤灰的含水量不宜超过 35%，干粉煤灰如堆积在空地上应加水，防止飞扬造成污染。使用时，应将凝固的粉煤灰块打碎或过筛，同时清除有害杂质。

2）煤渣。煤渣是煤经锅炉燃烧后的残渣，它的主要成分是 SiO_2 和 Al_2O_3，它的松干密度在 $700\sim1100kg/m^3$ 之间。煤渣的最大粒径不应大于 30mm，颗粒组成宜有一定级配且不宜含杂质。

3. 水

水是稳定土的一个重要组成部分，一般饮用水均满足要求，其技术指标符合水泥混凝土用水标准。水以满足稳定土形成强度的需要，同时使稳定土在压实时具有一定的塑性，以达到需要的压实度。水还可以使稳定土在养生时具有一定的湿度。最佳含水量用重型击实试验法确定。

三、无机结合稳定材料的技术性质

1. 无机结合稳定材料的强度形成原理

在土中掺入适量的石灰或水泥，并在最佳含水量下拌和均匀压实，使无机结合料与土发生一系列的物理、化学作用而逐渐形成强度。石灰与土之间的物理与化学作用大致可分为四个方面：离子交换作用、结晶作用、碳酸化作用和火山灰作用。水泥与土之间产生的物理与化学作用也可分为四个方面：硬凝反应、离子交换作用、化学激发作用、碳酸化作用。

（1）石灰稳定土强度形成原理

1）离子交换作用。土的微小颗粒具有一定的胶体性质，一般都带有负电荷，表面吸附着一定数量的钠、氢、钾等低价阳离子（Na^+、H^+、K^+）。石灰是一种强电解质，在土中加入石灰和水后，石灰在溶液中电离出来的钙离子（Ca^{2+}）就与土中的钠、氢、钾离子产生离子交换作用，原来的钠（钾）土变成钙土，土颗粒表面所吸附的离子由一价变成二价，减少了土颗粒表面吸附水膜的厚度，使土粒相互之间更为接近，分子引力随着增加，许多单个土粒聚成小团粒，组成一个稳定结构。

2）结晶作用。在石灰土中只有一部分熟石灰 $Ca(OH)_2$ 进行离子交换作用，绝大部分饱和的 $Ca(OH)_2$ 自行结晶。熟石灰与水作用生成熟石灰结晶网格，其化学反应式为：

$$Ca(OH)_2 + nH_2O \xrightarrow{\text{晶化}} Ca(OH)_2 \cdot nH_2O \tag{6-1}$$

由于结晶作用，把土粒胶结成整体，使石灰土的整体强度得到提高。

3）火山灰作用。熟石灰的游离 Ca^{2+} 与土中的活性氧化硅 SiO_2 和氧化铝 Al_2O_3 作用生成含水的硅酸钙和含水的铝酸钙，它们在水分作用下能够逐渐硬结，其反应式为：

$$xCa(OH)_2 + SiO_2 + nH_2O \rightarrow xCaO \cdot SiO_2(n+1)H_2O \tag{6-2}$$

$$xCa(OH)_2 + Al_2O_3 + nH_2O \rightarrow xCaO \cdot Al_2O_3(n+1)H_2O \tag{6-3}$$

上述所形成的熟石灰结晶网格和硅酸钙、含水的铝酸钙结晶都是胶凝物质，它具有水硬性并能在固体和水两种环境下发生硬化反应。这些胶凝物质在土微粒团外围形成一层稳定保护膜，填充颗粒空隙，使颗粒间产生结合料，减少了颗粒间的空隙与透水性，同时提高密实度，这是石灰土获得强度和水稳定性的基本原因，但这种作用比较缓慢。

4）碳酸化作用。在土中的 $Ca(OH)_2$ 与空气中的二氧化碳作用，生成 $CaCO_3$ 结晶，其化学反应式为：

$$Ca(OH)_2 + CO_2 \rightarrow CaCO_3 + H_2O \tag{6-4}$$

$CaCO_3$ 是坚硬的结晶体，它和其生成的复杂盐类把土粒胶结起来，从而大大提高了土的强度和整体性。

结晶作用和碳酸化作用使石灰土的后期板体性、强度和稳定性得到提高。

由于石灰与土发生了一系列的相互作用，从而使土的性质发生根本的改变。在初期，主要表现为土的结团、塑性降低、最佳含水量和最大密实度减少等，后期表现为结晶结构的形成，从而提高其板体性、强度和稳定性。

（2）水泥稳定土强度形成原理 在利用水泥来稳定土的过程中，水泥、土和水之间发生了多种非常复杂的作用，从而使土的性能发生了明显的变化。这些作用可以分为以下几种。

1）化学作用。如水泥颗粒的水化、硬化作用，有机物的聚合作用，水泥水化产物与黏土矿物之间的化学作用等。

2）物理-化学作用。如黏土颗粒与水泥及水泥水化产生物之间的吸附作用，微粒的凝聚作用，水及水化产物的扩散、渗透作用，水化产物的溶解、结晶作用等。

3）物理作用。如土块的机械粉碎作用，混合料的拌和、压实作用等。

现就其中的一些主要作用过程介绍如下。

① 硬凝反应。硬凝反应也是水泥的水化反应。在水泥稳定土中，首先发生的是水泥自身的水化反应，从而产生具有胶结能力的水化产物，这是水泥稳定土强度的主要来源。

水泥经水化反应生成的水化产物，在土的孔隙中相互交织搭接，将土颗粒包覆连接起来，使土逐渐丧失了原有的塑性等性质，并且随着水化产物的增加，混合料也逐渐坚固起来。但水泥稳定土中水泥的水化与水泥混凝土中水泥的水化之间还有所不同。这是因为：①土具有非常高的比表面积和亲水性；②水泥稳定土中的水泥含量少；③土对水泥的水化产物具有强烈的吸附性；④在一些土中常存在酸性介质环境。由于这些特点，在水泥稳定土中，水泥的水化硬化条件较混凝土中差得多；特别是由于黏土矿物对水化产物中的 $Ca(OH)_2$ 具有极强的吸附和吸收作用。使溶液中的碱度降低，从而影响了水泥水化产物的稳定性；水化硅酸钙中的 C/S 会逐渐降低析出 $Ca(OH)_2$，从而使水化产物的结构和性能发生变化，进而影响到混合料的性能。因此在选用水泥时，在其他条件相同情况下，应优先选用硅酸盐水泥，必要时还应对水泥稳定土进行"补钙"，以提高混合料中的碱度。

② 离子交换作用。土中的黏土颗粒由于颗粒细小、比表面积大，因而具有较高的活性，当黏土颗粒与水接触时，黏土颗粒表面通常带有一定量的负电荷，在黏土颗粒周围形成一个电场，这层带负电荷的离子就称为电位离子。带负电的黏土颗粒表面，吸引周围溶液中的正离子，如 K^+、Na^+ 等，而在颗粒表面形成了一个双电层结构，这些与电位离子电荷相反的离子就称为反离子。在双电层中电位离子形成了内层，反离子形成外层。靠近颗粒的反离子与颗粒表面结合较紧密，当黏土颗粒运动时，结合较紧密的反离子将随颗粒一起运动，而其他反离子将不产生运动；由此在运动与不运动的反离子之间便出现了一个滑移面。

由于在黏土颗粒表面存在着电场，因此也存在着电位，颗粒表面电位离子形成的电位称为热力学电位（φ），滑动面上的电位称为电动电位（ξ）；由于反离子的存在，离开颗粒表面越远电位越低，经过一定的距离电位将降低为零，此距离称为双电层厚度。由于各个黏土颗粒表面都具有相同的双电层结构，因此黏土颗粒之间往往间隔着一定的距离。

在硅酸盐水泥中，硅酸三钙和硅酸二钙占主要部分，其水化后所生成的氢氧化钙所占的比例也较高，可达水化产物的25%。大量的氢氧化钙溶于水以后，在土中形成了一个富含Ca^{2+}的碱性环境。当溶液中富含Ca^{2+}时，因为Ca^{2+}的电价高于Na^+、K^+等离子，因此与电位离子的吸引力较强，从而取代了Na^+、K^+，成为反离子，同时Ca^{2+}的双电层电位的降低速度加快。因而使电动电位减小、双电层的厚度降低，使黏土颗粒之间的距离减小，相互靠拢，导致土的凝聚，从而改变土的塑性，使土具有一定的强度和稳定度。这种作用就称为离子交换作用。

③ 化学激发作用。钙离子的存在不仅影响到了黏土颗粒表面双电层的结构，而且在这种碱性溶液环境下，土本身的化学性质也将发生变化。

土的矿物组成基本上都属于硅铝酸盐类，其中含有大量的硅氧四面体和铝氧八面体。在通常情况下，这些矿物具有比较高的稳定性，当黏土颗粒周围介质的pH值增加到一定程度时，黏土矿物中的部分SiO_2和Al_2O_3的活性将被激发出来，与溶液中的Ca^{2+}进行反应，生成新的矿物，这些矿物主要是硅酸钙和铝酸钙系列。这些矿物的组成和结构与水泥的水化产物都有很多类似之处，并且同样具有胶凝能力。生成的这些胶结物质包裹着黏土颗粒表面，与水泥的水化产物一起，将黏土颗粒凝结成一个整体。因此，氢氧化钙对黏土矿物的激发作用，将进一步提高水泥稳定土的强度和水稳定性。

④ 碳酸化作用。水泥水化生成的$Ca(OH)_2$，除了可与黏土矿物发生化学反应外，还可进一步与空气中的CO_2发生碳化反应并生成碳酸钙晶体。其反应见式（6-4）。

碳酸钙生成过程中产生体积膨胀，也可以对土的基体起到填充和加固作用；只是这种作用相对来讲比较弱，并且反应过程缓慢。

2. 无机结合稳定材料的技术性质和技术标准

无机结合稳定材料应用广泛，由于其耐磨性差，在路面工程中一般不用于路面面层，主要作为路面基层材料。为满足行车、气候和水文地质的要求，稳定材料必须具备一定的强度，抗变形能力和水稳定性。

(1) 强度 在柔性路面结构中，由于路面层厚度较薄，传给基层的荷载应力大，基层是承受车辆荷载作用的主要结构，一般称为承重层。它要求无机结合稳定材料具有足够的强度。

若面层系水泥混凝土路面，由于刚性板块传递给基层的应力已经很小，基层并非是主要承重作用；但却是保证其整体强度、防止水泥混凝土板产生开裂等损坏的重要支承层次，同时对延长路面使用寿命也有明显作用。因此要求基层材料具有适当的强度，而最重要的是要求材料强度均匀、整体性好，表面密实平整，透水性小。

无机结合稳定材料的抗压强度采用的是饱水状态下的无侧限抗压强度。

1) 试件尺寸。无机结合稳定材料的抗压强度试件采用的都是高：直径=1:1的圆柱体，不同颗粒大小的土应采用不同的试件尺寸，见表6-5。

表6-5 无机结合稳定材料无侧限抗压强度试件尺寸

土的颗粒大小	颗粒最大粒径/mm	试件尺寸（直径×高）/mm
细粒土	≤5	100×100
中粒土、粗粒土	≤40	150×150

试件制备时，尽可能用静力压实法制备等干密度的试件。

2）强度标准。不同的公路等级、稳定剂类型和路面结构层次，无机结合稳定土的抗压强度标准也不一样，见表6-6。

表6-6 无机结合稳定土抗压强度标准

稳定剂类型	结构层位	公路等级	
		二级和二级以下公路/MPa	高速公路和一级公路/MPa
水泥稳定类	基层	2.5~3	3~5
	底基层	1.5~2	1.5~2.5
石灰稳定类	基层	≥0.8	—
	底基层	0.5~0.7	≥0.8
二灰混合料	基层	0.6~0.8	0.8~1.1
	底基层	≥0.5	≥0.6

（2）密度 密度是材料单位体积的质量，是衡量材料内部紧密程度的指标。密度愈大材料愈致密，其空隙愈小、耐久性和强度就愈高。无机结合稳定材料的密度往往用压实度来表示。

1）压实度。压实度是指土或其他筑路材料在施加外力作用下，能获得的密实程度。它等于材料干密度与最大干密度的比值。

$$K = \frac{\rho_d}{\rho_{dmax}} \times 100 \tag{6-5}$$

式中 K——压实度（%）；

ρ_d——实测干密度（g/cm³）；

ρ_{dmax}——材料最大干密度（g/cm³）。

压实的实质是通过外力作用，克服材料之间的内摩擦力和黏结力，使材料颗粒产生位移并互相靠近，从而提高其密度。水的含量变化较大程度上影响结合料的性质，对所能达到的密实度起着非常重要的作用。

2）含水量。含水量是材料中所含水分的质量与干燥材料质量的比值。

适量的水在颗粒之间起着润滑作用，使材料的内摩擦阻力减小，有利于材料的压实；过多的水分，虽然能继续减小材料的内摩擦阻力，但单位材料中空气的体积逐渐减少到最小程度，而水的体积却不断在增加。由于水是不可压缩的，因此在相同的压实功作用下，难以改变材料颗粒的相对位置，故压实效果较差。另外，当使用过程中，由于自由水的蒸发，在材料中留下大量的孔隙，从而降低了材料的密度和耐久性。当水分含量过少时，由于材料颗粒间缺乏必要的水分润滑，使材料的内摩擦阻力加大，增加了压实的难度，同时因为材料含水量过低，材料的可塑性变差，其塑性变形的能力降低。

用等量的机械功去压实无机结合稳定材料，可以得到的最大密度，此时的含水量值称为最佳含水量。

无机结合稳定材料的最佳含水量和最大干密度都是通过标准击实试验得到的。

3）击实试验。击实试验模拟现场施工条件下，利用实验室标准化击实仪具，试验材料的密度和相应的含水量的关系如图6-1所示。

击实试验分轻型击实和重型击实两种，见表6-7。

表6-7　击实试验方法类型

试验方法	类别	锤底直径/cm	锤重/kg	落高/cm	试筒尺寸			层数	每层击数	击实功/(kJ/m²)	最大粒径/mm
					内径/cm	高/cm	容积/cm³				
轻型Ⅰ法	Ⅰ·1	5	2.5	30	10	12.7	997	3	27	598.2	25
	Ⅰ·2	5	2.5	30	15.2	12	2177	3	59	598.2	38
重型Ⅱ法	Ⅱ·1	5	4.5	45	10	12.7	997	5	27	2687	25
	Ⅱ·2	5	4.5	45	15.2	12	2177	5	98	2687	38

配制一组不同含水量的试样（不少于5个），按估计的塑限为最佳含水量，其他依次相差约2%，通过击实试验，将每个试样所得到的含水量（w）与干密度（ρ_d）绘制成击实曲线。则曲线峰值所对应的含水量即为最佳含水量（w_0），对应的干密度即是最大干密度（ρ_{dmax}）。

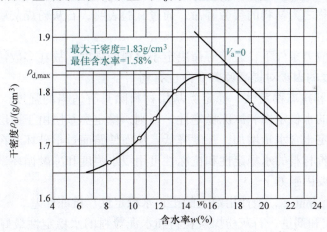

图6-1　击实曲线

(3) 变形性能

1）缩裂特性。

① 干缩。随着无机结合料稳定土强度的不断形成，水分逐渐消耗以及蒸发，体积发生收缩，收缩变形受到约束时，逐渐产生裂缝，称为干缩裂缝。试验表明，若以最佳含水量状态下各种无机结合料稳定土的干缩系数的大小排序为：石灰土＞石灰砂砾＞二灰土＞二灰砂砾＞水泥砂砾。稳定土干缩裂缝的产生与结合料的种类和用量、含细粒土的多少及养护条件有关。石灰稳定土比水泥稳定土容易产生干缩裂缝。对于含细粒土较多的无机结合料稳定土，常以干缩为主，故应加强初期养护，保证稳定土表面潮湿，减轻其干缩裂缝。

② 温缩。无机结合料稳定土具有热胀冷缩性质。随着气温的降低，稳定土会产生冷却

收缩变形，收缩变形受到约束时，逐渐形成裂缝，称为温缩裂缝。试验表明，若以最佳含水量状态下各种无机结合料稳定土的温缩系数大小排序为：石灰土＞石灰砂砾＞二灰土＞水泥砂砾＞二灰砂砾。其温缩裂缝的产生与结合料的种类与用量、土的粗细程度与成分以及养护条件有关。石灰稳定土比水泥稳定土的温缩大，细粒土比粗粒土的温缩大。掺入一定数量的粉煤灰可以降低温缩系数。早期养生良好的无机结合料稳定土易于成形，早期强度高，可以减少裂缝的产生。

2）裂缝防治措施。

① 改善土质。稳定土用土愈黏，则缩裂愈严重。所以采用黏性较小的土，或在黏性土中掺入砂土、粉煤灰等，以降低土的塑性指数。

② 控制含水量及压实度。稳定土因含水量过多产生的干缩裂缝显著，压实度小时产生的干缩比压实度大时严重。因此，稳定土压实时含水量比最佳含水量略小为好，并尽可能达到最佳压实效果。

③ 掺加粗粒料。掺入一定数量（掺入量60%～70%）的粗粒料，如砂、碎石、砾石等，使混合料满足最佳组成要求，可以提高其强度和稳定性，减少裂缝产生，同时可以节约结合料和改善碾压时的拥挤现象。

（4）疲劳特性 在重复荷载作用下，材料的强度与其静力极限强度相比则有所下降。荷载重复作用的次数越多，这种强度下降越大，即疲劳强度越小。材料从开始至出现疲劳破坏的荷载作用次数称之为材料的疲劳寿命，通过试验表明，石灰粉煤灰稳定材料的抗疲劳性能优于水泥砂砾。

由于在一定的应力条件下，疲劳寿命决定于材料的强度，故在多数情况下凡有利于水泥（石灰）类材料强度的因素对提高疲劳寿命也有利。

（5）水稳定性和抗冻稳定性 稳定类基层材料除具有适当的强度，能承受设计荷载以外，还应具备一定的水稳定性和冰冻稳定性，否则，稳定类基层由于面层开裂、渗水或者两侧路肩渗水将使稳定土含水量增加，强度降低，从而使路面过早破坏。在冰冻地区，冰冻将加剧这种破坏。评价材料的水稳定性和抗冻性可用浸水强度和冻融循环试验。影响水稳定性和抗冻稳定性的主要因素如下。

1）土类。细土含量多，塑性指数大的土，水稳定性、抗冻性差。

2）稳定剂种类和剂量。石灰粉煤灰粒料和水泥粒料的水稳定性最好。当稳定剂剂量不足时，胶结作用弱，透水性大，强度达不到要求，其稳定性也差。

3）密实度。密实度大时，透水能力降低，水稳定性增强。

4）龄期。由于某些稳定剂如水泥、石灰或二灰的强度形成需要一定的时间，因此这类稳定土的水稳定性随龄期的增长而增长。

 实践操作

现有石灰土路基施工，请根据要求进行石灰土材料的组成设计。

稳定类材料组成设计，也称混合料设计，即根据对某种稳定材料规定的技术要求，选择合适的原材料、掺配用料（需要时），确定结合料的种类、剂量及混合料的最佳含水量。稳定类材料组成设计是路面结构设计的重要组成部分。

由于无机稳定类材料种类很多，不可能作全面介绍，这里主要介绍常用的石灰、水泥稳定土的组成设计。其他类型的混合料设计可参照此方法。

1. 设计依据与标准

目前，稳定土设计的依据主要有强度和耐久性。

各种混合料的强度标准（7d）建议值见表6-6。关于耐久性标准，鉴于现行冻融试验方法所建立的试验条件与稳定层在路面结构中所能遇到的环境条件相比，更为恶劣，因此我国JTG/T F20—2015《公路路面基层施工技术细则》规定：混合料进行设计时，仅采用一个设计标准，即无侧限抗压强度。

2. 原材料试验

原材料试验主要包括基础材料和稳定剂性质试验。主要进行下列试验。

1）颗粒分析。
2）液限和塑性指数。
3）相对密度。
4）击实试验。
5）压碎值。
6）有机质含量（必要时做）。
7）硫酸盐含量（必要时做）。
8）稳定剂性质试验。

3. 稳定土配合比设计步骤

（1）一般规定

1）混合料组成设计应按设计要求，选择技术经济合理的混合料类型和配合比。
2）应根据公路等级、交通荷载等级、结构形式、材料类型等因素确定材料技术要求。
3）无机结合料稳定材料组成设计应包括原材料检测、混合料目标配合比设计、混合料生产配合比设计和施工参数确定四部分。
4）原材料检验应包括结合料、被稳定材料及其他相关材料的试验。所有检验指标均应满足相关设计标准或技术文件的要求。

（2）目标配合比设计包括技术内容

1）选择级配范围。
2）确定结合料类型及参配比例。
3）验证混合料相关的设计及施工技术指标。

（3）生产配合比设计包括技术内容

1）确定料仓供料比例。
2）确定水泥稳定材料的容许延迟时间。
3）确定结合料计量的标定曲线。
4）确定混合料的最佳含水率、最大干密度。

（4）施工参数确定包括技术内容

1）确定施工中结合料计量。
2）确定施工合理含水率及最大干密度。
3）确定混合料强度技术指标。

无机结合料的配合比设计具体流程如图6-2所示。

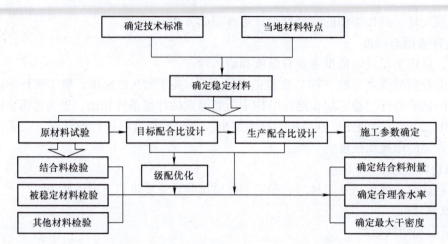

图6-2 无机结合料的配合比设计具体流程

（5）强度要求

无机结合料稳定材料应满足 JTG/T F20—2015《公路路面基层施工技术细则》规定的强度要求，应采用7d龄期侧限抗压强度作为无机结合料稳定材料施工质量控制的主要指标；高速公路和一级公路应验证所用材料的7d龄期无侧限抗压强度与90d或180d龄期弯拉强度的关系，各种无机结合料稳定材料强度要求见表6-8～表6-11。

表6-8 水泥稳定材料的7d龄期无侧限抗压强度标准 （单位：MPa）

结构层	公路等级	极重、特重交通	重交通	中、轻交通
基层	高速公路和一级公路	5.0～7.0	4.0～6.0	3.0～5.0
	二级及二级以下公路	4.0～6.0	3.0～5.0	2.0～4.0
底基层	高速公路和一级公路	3.0～5.0	2.5～4.5	2.0～4.0
	二级及二级以下公路	2.5～4.5	2.0～4.0	1.0～3.0

注：1. 公路等级高或交通荷载等级高或结构安全性要求高时，推荐取上限强度标准。
2. 表中强度标准指的是7d龄期无侧限抗压强度的代表值，本节以下各表同。

表6-9 石灰粉煤灰稳定材料的7d龄期无侧限抗压强度标准 （单位：MPa）

结构层	公路等级	极重、特重交通	重交通	中、轻交通
基层	高速公路和一级公路	≥1.1	≥1.0	≥0.9
	二级及二级以下公路	≥0.9	≥0.8	≥0.7
底基层	高速公路和一级公路	≥0.8	≥0.7	≥0.6
	二级及二级以下公路	≥0.7	≥0.6	≥0.5

表6-10 水泥粉煤灰稳定材料的7d龄期无侧限抗压强度标准 （单位：MPa）

结构层	公路等级	极重、特重交通	重交通	中、轻交通
基层	高速公路和一级公路	4.0～5.0	3.5～4.5	3.0～4.0
	二级及二级以下公路	3.5～4.5	3.0～4.0	2.5～3.5
底基层	高速公路和一级公路	2.5～3.5	2.0～3.0	1.5～2.5
	二级及二级以下公路	2.0～3.0	1.5～2.5	1.0～2.0

表 6-11　石灰稳定材料的 7d 龄期无侧限抗压强度标准　　（单位：MPa）

结构层	高速公路和一级公路	二级及二级以下公路
基层	—	≥0.8
底基层	≥0.8	0.5~0.7

（6）强度试验及计算

1）强度试验时，应按现场压实度标准采用静压法成型试件。

2）强度试验试件的径高比应为 1∶1。无机结合料稳定细粒材料的试件直径应为 100mm，无机结合料稳定中、粗粒材料试件直径为 150mm。

3）强度试验时，平行试验的最少试件数量应符合表 6-12 的规定。试验结果的变异系数大于表中规定值时，应重做试验或增加试件数量。

表 6-12　平行试验的最少试件数量

材料类型	变异系数要求		
	<10%	10%~15%	15%~20%
细粒材料①	6	9	—
中粒材料②	6	9	13
粗粒材料③	—	9	13

① 公称最大粒径小于 16mm 的材料。
② 公称最大粒径不小于 16mm，且小于 26.5mm 的材料。
③ 公称最大粒径不小于 26.5mm 的材料。

4）根据试验结果，应按式（6-6）计算强度代表值 R_d^0。

$$R_d^0 = \overline{R} \cdot (1 - Z_\alpha C_V) \tag{6-6}$$

式中　Z_α——标准正态分布表中随保证率或置信度 α 而变的系数，高速公路和一级公路应取保证率 95%，即 $Z_\alpha = 1.645$；二级及二级以下公路应取保证率 90%，即 $Z_\alpha = 1.282$；

　　　$\overline{R}$——一组试验的强度平均值；

　　　C_V——一组试验的强度变异系数。

（7）无机结合料的计算和比例

1）水泥稳定材料的水泥剂量应以水泥质量占全部干燥被稳定材料质量的百分率表示。

2）石灰稳定材料的石灰剂量应以石灰质量占全部干燥被稳定材料质量的百分率表示。

3）石灰工业废渣混合料应采用质量配合比计算，以石灰:工业废渣:被稳定材料的质量比表示。

4）石灰粉煤灰稳定材料和石灰煤渣稳定材料比例可采用 6-13 中的推荐值。

5）水泥粉煤灰稳定材料应采用质量配合比计算，以水泥:粉煤灰:被稳定材料的质量比表示。

6）水泥粉煤灰稳定材料和水泥煤渣稳定材料比例可采用表 6-14 中的推荐值。

表 6-13　石灰粉煤灰稳定材料和石灰煤渣稳定材料推荐比例

材料类型	材 料 名 称	使用层位	结合料间比例	结合料与被稳定材料间比例
石灰粉煤灰	硅铝粉煤灰的石灰粉煤灰类①	基层或底基层	石灰:粉煤灰 = 1:2~1:9	—
	石灰粉煤灰土	基层或底基层	石灰:粉煤灰 = 1:2~1:4②	石灰粉煤灰:细粒材料 = 30:70③~10:90
	石灰粉煤灰稳定级配碎石或砾石	基层	石灰:粉煤灰 = 1:2~1:4	石灰粉煤灰:被稳定材料 = 20:80~15:85④
石灰煤渣	石灰煤渣稳定材料	基层或底基层	石灰:煤渣 = 20:80~15:85	
	石灰煤渣土	基层或底基层	石灰:煤渣 = 1:1~1:4	石灰煤渣:细粒材料 = 1:1~1:4⑤
	石灰煤渣稳定材料	基层或底基层	石灰:煤渣:被稳定材料 = (7~9):(26~33):(67~58)	

① CaO 含量为 2%~6% 的硅铝粉煤灰。
② 粉土以 1:2 为宜。
③ 采用此比例时,石灰与粉煤灰之比宜为 1:2~1:3。
④ 石灰粉煤灰与粒料之比为 15:85~20:80 时,在混合料中,粒料形成骨架,石灰粉煤灰起填充孔隙和胶结作用。这种混合料称骨架密实式石灰粉煤灰粒料。
⑤ 混合料中石灰应不少于 10%,可通过试验选取强度较高的配合比。

表 6-14　水泥粉煤灰稳定材料和水泥煤渣稳定材料推荐比例

材料类型	材 料 名 称	使用层位	结合料间比例	结合料与被稳定材料间比例
水泥粉煤灰	硅铝粉煤灰的水泥粉煤灰类①	基层或底基层	水泥:粉煤灰 = 1:3~1:9	—
	水泥粉煤灰土	基层或底基层	水泥:粉煤灰 = 1:3~1:5	水泥粉煤灰:细粒材料 = 30:70②~10:90
	水泥粉煤灰稳定级配碎石或砾石	基层	水泥:粉煤灰 = 1:3~1:5	水泥粉煤灰:被稳定材料 = 20:80~15:85③
水泥煤渣	水泥煤渣稳定材料	基层或底基层	水泥:煤渣 = 5:95~15:85	—
	水泥煤渣土	基层或底基层	水泥:煤渣 = 1:2~1:5	水泥煤渣:细粒材料 = 1:2~1:5④
	水泥煤渣稳定材料	基层或底基层	水泥:煤渣:被稳定材料 = (3~5):(26~33):(71~62)	

① CaO 含量为 2%~6% 的硅铝粉煤灰。
② 采用此比例时,水泥与粉煤灰之比宜为 1:2~1:3。
③ 水泥粉煤灰与粒料之比为 15:85~20:80 时,在混合料中,粒料形成骨架,水泥粉煤灰起填充孔隙和胶结作用。
④ 混合料中水泥应不少于 4%,可通过试验选取强度较高的配合比。

7）水泥、石灰综合稳定时,水泥用量占结合料用量不小于 30% 时,应按水泥稳定材料的技术要求进行组成设计,水泥和石灰的比例宜取 60:40、50:50、40:60。水泥用量占结合料总量小于 30% 时,应按石灰稳定材料设计。

(8) 混合料推荐级配及技术要求

1）采用水泥稳定时,被稳定材料的液限应不大于 40%,塑性指数应不大于 17。塑性指数大于 17 时，宜采用石灰稳定或用水泥和石灰综合稳定。

2）采用水泥稳定，被稳定材料中含有一定量的碎石或砾石，且小于 0.6mm 的颗粒含量在 30% 以下时，塑性指数可大于 17，且土的均匀系数应大于 5。其级配及可采用表 6-15 中推荐的级配范围。

表 6-15 水泥稳定材料的推荐级配范围（%）

筛孔尺寸/mm	高速公路和一级公路的底基层或二级公路的基层	高速公路和一级公路的底基层	二级以下公路的基层	二级及二级以下公路的底基层
	C-A-1	C-A-2	C-A-3	C-A-4
53	—	—	100	100
37.5	100	100	90~100	—
31.5	90~100	—	—	—
26.5	—	—	60~100	—
19	67~90	—	54~100	—
9.5	45~68	—	39~100	—
4.75	29~50	50~100	28~84	50~100
2.36	18~38	—	20~70	—
1.18	—	—	14~57	—
0.6	8~22	17~100	8~47	17~100
0.075	0~7	0~30	0~30	0~50

注：表中水泥稳定材料不包括水泥稳定级配碎石或砾石。

3）采用水泥稳定，被稳定材料为较均匀的砂时，宜在砂中添加适量塑性指数小于 10 的黏性土、石灰土或粉煤灰，加入比例应用击实试验确定。添加粉煤灰的比例宜为 20%~40%。

4）水泥稳定级配碎石或砾石的级配可采用表 6-16 中推荐的级配范围。

表 6-16 水泥稳定级配碎石或砾石的推荐级配范围（%）

筛孔尺寸/mm	高级公路和一级公路			二级及二级以下公路		
	C-B-Q	C-B-2	C-B-3	C-C-1	C-C-2	C-C-3
37.5	—	—	—	100	—	—
31.5	—	—	100	100~90	100	—
26.5	100	—	—	94~81	100~90	100
19	86~82	100	68~86	83~67	87~73	100~90
16	79~73	93~88	—	78~61	82~65	92~79
13.2	72~65	86~76	—	73~54	75~58	83~67
9.5	62~53	72~59	38~58	64~45	66~47	71~52
4.75	45~35	45~35	22~32	50~30	50~30	50~30
2.36	31~22	31~22	16~28	36~19	36~19	36~19
1.18	22~13	22~13	—	26~12	26~12	26~12
0.6	15~8	15~8	8~15	19~8	19~8	19~8
0.3	10~5	10~5	—	14~5	14~5	14~5
0.15	7~3	7~3	—	10~3	10~3	10~3
0.075	5~2	5~2	0~3	7~2	7~2	7~2

5）石灰粉煤灰稳定材料可采用6-17中推荐的级配范围。

表6-17 石灰粉煤灰稳定级配碎石或砾石的推荐级配范围（%）

筛孔尺寸/mm	高速公路和一级公路				二级及二级以下公路			
	稳定碎石		稳定砾石		稳定碎石		稳定砾石	
	LF-A-1S	LF-A-2S	LF-A-1L	LF-A-2L	LF-B-1S	LF-B-2S	LF-B-1L	LF-B-2L
31.5	100	—	100	—	100~90	100	100~90	100
26.5	95~91	100	96~93	100	94~81	100~90	95~84	100~90
19	85~76	89~82	88~81	91~86	83~67	87~73	87~72	91~77
16	80~69	84~73	84~75	87~79	78~61	82~65	83~67	86~71
13.2	75~62	78~65	79~69	82~72	73~54	75~58	79~62	81~65
9.5	65~51	67~53	71~60	73~62	64~45	66~47	72~54	74~55
4.75	45~35	45~35	55~45	55~45	50~30	50~30	60~40	60~40
2.36	31~22	31~22	39~27	39~27	36~19	36~19	44~24	44~24
1.18	22~13	22~13	28~16	28~16	26~12	26~12	33~15	33~15
0.6	15~8	15~8	20~10	20~10	19~8	19~8	25~9	25~9
0.3	10~5	10~5	14~6	14~6	—	—	—	—
0.15	7~3	7~3	10~3	10~3	—	—	—	—
0.075	5~2	5~2	7~2	7~2	7~2	7~2	10~2	10~2

6）水泥粉煤灰稳定材料可采用表6-18中推荐的级配范围。

表6-18 水泥粉煤灰稳定级配碎石或砾石的推荐级配范围（%）

筛孔尺寸/mm	高速公路和一级公路				二级及二级以下公路			
	稳定碎石		稳定砾石		稳定碎石		稳定砾石	
	CF-A-1S	CF-A-2S	CF-A-1L	CF-A-2L	CF-B-1S	CF-B-2S	CF-B-1L	CF-B-2L
37.5	—	—	—	—	100	—	100	—
31.5	100	—	100	—	100~90	100	100~90	100
26.5	95~90	100	95~91	100	93~80	100~90	94~81	100~90
19	84~72	88~79	85~76	89~82	81~64	86~70	83~67	87~73
16	79~65	82~70	80~69	84~73	75~57	79~62	78~61	82~65
13.2	72~57	76~61	75~62	78~65	69~50	72~54	73~54	75~58
9.5	62~47	64~49	65~51	67~52	60~40	62~42	64~45	66~47
4.75	40~30	40~30	45~35	45~35	45~25	45~25	50~30	50~30
2.36	28~19	28~19	33~22	33~22	31~16	31~16	36~19	36~19
1.18	20~12	20~12	24~13	24~13	22~11	22~11	26~12	26~12
0.6	14~8	14~8	18~8	18~8	15~7	15~7	19~8	19~8
0.3	10~5	10~5	13~5	13~5	—	—	—	—
0.15	7~3	7~3	10~3	10~3	—	—	—	—
0.075	5~2	5~2	7~2	7~2	5~2	5~2	7~2	7~2

7）级配碎石或砾石的级配范围符合表6-19规定。

表6-19 级配碎石或砾石的级配范围（%）

筛孔尺寸/mm	G-A-1	G-A-2	G-A-3	G-A-4	G-A-5
37.5	100	—	—	—	—
31.5	100~90	100	100	—	—
26.5	93~80	100~90	95~90	100	100
19	81~64	86~70	84~72	88~79	100~95
16	75~57	79~62	79~65	82~70	89~82
13.2	69~50	72~54	72~54	76~61	79~70
9.5	60~40	62~42	62~47	64~49	63~53
4.75	45~25	45~25	40~30	40~30	40~30
2.36	31~16	31~16	28~19	28~19	28~19
1.18	22~11	22~11	20~12	20~12	20~12
0.6	15~7	15~7	14~8	14~8	14~8
0.3	—	—	10~5	10~5	10~5
0.15	—	—	7~3	7~3	7~3
0.075	5~2	5~2	5~2	5~2	5~2

注：对无塑性的混合料，小于0.075mm的颗粒含量宜接近高限。

8）二级及二级以下公路底基层采用未筛分碎石、砾石时，宜采用表6-20中推荐的级配范围。

表6-20 未筛分碎石、砾石的推荐级配范围（%）

筛孔尺寸/mm	G-B-1	G-B-2	筛孔尺寸/mm	G-B-1	G-B-2
53	100	—	4.75	10~30	17~45
37.5	85~100	100	2.36	8~25	11~35
31.5	69~88	83~100	0.6	6~18	6~21
19.0	40~65	54~84	0.075	0~10	0~10
9.5	19~43	29~59			

9）水泥稳定材料配合比试验推荐水泥试验剂量可采用表6-21中的推荐值。对水泥稳定材料，水泥的最小剂量应符合表6-22的规定。

表6-21 水泥稳定材料配合比试验推荐水泥试验剂量

被稳定材料	条件		推荐试验剂量（%）
有级配的碎石或砾石	基层	$R_d \geq 5.0$MPa	5、6、7、8、9
		$R_d < 5.0$MPa	3、4、5、6、7
土、砂、石屑等		塑性指数<12	5、7、9、11、13
		塑性指数≥12	8、10、12、14、16
有级配的碎石或砾石	底基层		3、4、5、6、7
土、砂、石屑等		塑性指数<12	4、5、6、7、8
		塑性指数≥12	6、8、10、12、14
碾压贫混凝土	基层	—	7、8.5、10、11.5、13

表 6-22　水泥的最小剂量（%）

被稳定材料类型	拌和方法	
	路拌法	集中厂拌法
中、粗粒材料	4	3
细粒材料	5	4

（9）无机结合料稳定材料生产配合比设计技术要求

1）根据目标配合比确定的各档材料比例，应对拌和设备进行调试和标定，确定合理的生产参数。

2）拌和设备的调试和标定应包括料斗称量精度的标定，结合料剂量的标定和拌和设备加水量的控制等内容。

3）对水泥稳定、水泥粉煤灰稳定材料，应分别进行不同成型时间条件下的混合料强度试验，绘制相应的延迟时间曲线，并根据设计要求确定容许延迟时间。

4）应在第一阶段生产试验的基础上进行第二阶段试验。分别按不同结合料剂量和含水率进行混合料试拌，并取样、试验。

（10）混合料生产参数的确定应包括结合料剂量含水率和最大干密度等指标，并应符合下列规定。

1）对水泥稳定材料，工地实际采用的水泥剂量，宜比室内试验确定的剂量多 0.5~1.0 个百分点。采用集中厂拌法施工时宜增加 0.5 个百分点，采用路拌法施工时宜增加 1 个百分点。

2）以配合比设计的结果为依据，综合考虑施工过程的气候条件，对水泥稳定材料，含水率可增加 0.5~1.5 个百分点，对其他稳定材料，可增加 1~2 个百分点。

3）最大干密度，应以最终合成级配击实试验的结果为标准。

1. 什么叫稳定土？它具有什么特点？
2. 对组成稳定土的材料有什么要求？
3. 试述稳定土强度形成原理。

项目七　水泥混凝土的检测与配制

项目目标

1. 熟悉普通水泥混凝土的组成材料要求；掌握水泥混凝土的主要技术性质和技术标准；能进行主要技术性能指标的检测，分析结果并提出改善方法。
2. 掌握水泥混凝土强度等级的确定方法；能进行普通水泥混凝土配合比设计和配制。
3. 了解掺外加剂、其他材料等水泥混凝土的配合比设计。
4. 了解知名混凝土结构工程项目，培养学生爱国主义精神和科学、严谨、务实的工作作风，训练分析问题、解决问题的能力。

水泥混凝土是道路与桥梁工程建设中，应用最广泛、用量最大的建筑材料之一。随着现代高等级公路的发展，水泥混凝土与沥青混凝土一样，成为高等级路面的主要建筑材料。在现代公路桥梁中，钢筋混凝土桥是最主要的一种桥型，广泛应用于高等级公路工程中。

水泥混凝土是以水泥和水组成的水泥浆体为黏结介质，将分散其间的不同粒径的粗、细集料胶结起来，在一定的条件下，硬化成为具有一定力学性能的一种人工石材。

水泥混凝土可按其组成、特性和功能等从不同角度进行分类。

1. 按表观密度分类

（1）普通混凝土　表观密度约为 2400kg/m³，是道路路面和桥梁结构中最常用的混凝土。

（2）轻混凝土　表观密度可以轻达 1900kg/m³，现代大跨径钢筋混凝土桥梁为减轻结构自重，往往采用各种轻集料配制成轻集料结构混凝土，达到轻质高强，以增大桥梁的跨度。

（3）重混凝土　表观密度可达 3200kg/m³，为了屏蔽各种射线的辐射采用的高密度集料配制的混凝土。

2. 按水泥混凝土抗压强度分类

（1）低强度混凝土　抗压强度小于 30MPa。
（2）中强度混凝土　抗压强度 30~60MPa。
（3）高强度混凝土　抗压强度大于 60MPa。

此外，可根据工程的特殊要求，配制各种特种混凝土，如加气混凝土、泵送混凝土、防水混凝土、道路混凝土、水工混凝土、纤维加筋混凝土、补偿收缩混凝土等。

任务一　普通水泥混凝土的检测与应用

任务描述：使用现行检测规范，完成对水泥混凝土的工作性、强度、耐久性等技术性能以及外观质量等试验检测和评定，并出具试验检测报告。

普通水泥混凝土的主要技术性质包括：新拌混凝土的工作性，硬化后混凝土的力学性质和耐久性。

一、新拌水泥混凝土的工作性

水泥混凝土在尚未凝结硬化以前，称为新拌混凝土或混凝土拌合物。新拌混凝土具有良好的工艺性质，称为工作性。

1. 工作性的含义

教学视频19 水泥混凝土工作性

工作性这一术语的含义，至今尚无公认的定义。通常认为它包含："流动性""可塑性""稳定性"和"易密性"这四个方面的含义。优质的新拌混凝土应具有：满足输送和浇捣要求的流动性；不为外力作用产生脆断的可塑性；不产生分层、泌水的稳定性和易于浇捣密致的密实性。

2. 影响工作性的主要因素

（1）组成材料质量及其用量（内因）

1）水泥浆的数量和集浆比。在水胶比一定的条件下，水泥浆愈多，流动性愈大。如水泥浆过多，集料则相对减少，即集浆比小，将出现流浆现象，拌合物的稳定性变差，不仅浪费水泥，而且会使拌合物的强度和耐久性降低；若水泥浆用量过少，则无法很好包裹集料表面及填充其空隙，拌合物中水泥浆的数量应以满足流动性为宜。

2）水泥浆的稠度。水泥浆的稠度取决于水胶比。在固定用水量的条件下，水胶比小时，会使水泥浆变稠，拌合物流动性小；若加大水胶比，可使水泥浆变稀，流动性增大，但会使拌合物流浆、离析，严重影响混凝土强度和耐久性。因此，应合理地选用水胶比。

3）砂率。砂率是指混凝土中砂的质量占砂石总质量的百分率。砂率反映了粗细集料的相对比例，它影响混凝土集料的空隙和总比表面积。砂率对混凝土拌合物的工作性影响很大，一方面是砂形成的砂浆在粗集料间起润滑作用，在一定砂率范围内随砂率的增大，润滑作用愈明显，流动性可以提高；另一方面，在砂率增大的同时，集料的总表面积随之增大，需要润滑的水分增多，在用水量一定的条件下，拌合物流动性降低，所以当砂率超过一定范围后，流动性反而随砂率的增大而降低，如图 7-1 所示。如果砂率过小，砂浆数量不足会使混凝土拌合物的黏聚性和保水性降低，产生离析和流浆现象。所以，应在用水量和水泥用量不变的情况下，选取保证流动性、黏聚性和保水性的合理砂率。

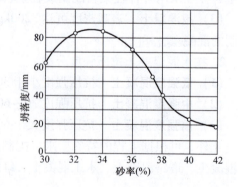

图 7-1 砂率与混凝土拌合物流动性的关系

4）组成材料性质。水泥的品种、细度、矿物组成以及混合材料的掺量等，都会影响混凝土拌合物的工作性，由不同品种的水泥达到标准稠度的需水量不同，所以不同品种水泥配制成的混凝土拌合物的流动性也不同。通常普通水泥的混凝土拌合物比矿渣水泥、火山灰水泥的工作性好，矿渣水泥拌合物的流动性虽大，但黏聚性差，易产生泌水离析；火山灰水泥则流动性小，但黏聚性最好。此外，水泥的细度对拌合物的和易性也有很大的影响，提高水泥的细度可改善混凝土拌合物的黏聚性和保水性，减少拌合物泌水、离析现象，但其流动性变差。

集料对混凝土拌合物和易性影响的主要因素有：集料级配、颗粒形状、表面特性及粒径大小等。一般情况下，级配好的集料，其流动性较大，黏聚性与保水性较好；表面光滑的集料，其流动性较大，总表面积减小，流动性增大；集料棱角较少者，其流动性较大。

外加剂对混凝土拌合物的影响较大，在混凝土拌合物中加入少量的外加剂，可在不增加用水量和水泥用量的情况下，有效地改善混凝土拌合物的工作性。

（2）环境条件与搅拌时间（外因） 对混凝土拌合物工作性有影响的环境因素主要有湿度、温度、风速。在组成材料性质和配合比例一定的条件下，混凝土拌合物和易性主要受水泥的水化率和水分的蒸发率所支配。

3. 混凝土拌合物工作性的选择

混凝土拌合物工作性依据结构物的断面尺寸、钢筋配置的疏密以及捣实的机械类型和施工方法等来选择。

1）公路桥涵用混凝土拌合物的工作性，应根据公路桥涵技术规范有关规定选择。表7-1可供公路桥涵工程施工中选用参考。

表7-1 公路桥涵用混凝土拌合物的坍落度

项次	结 构 种 类	坍落度/mm
1	桥涵基础、墩台、挡土墙及大型制块等便于灌筑捣实的结构	0~20
2	上列桥涵墩台等工程中较不便施工处	10~30
3	普通配筋的钢筋混凝土结构，如钢筋混凝土板、梁、柱等	30~50
4	钢筋较密、断面较小的钢筋混凝土结构（梁、柱、墙等）	50~70
5	钢筋配置特密、断面高而狭小，极不便灌筑捣实的特殊结构部位	70~90

注：1. 使用高频振捣器时，其混凝土坍落度可适当减小。
2. 本表是指不采用机械捣器的坍落度，采用人工捣实时可适当放大。
3. 曲面或斜面结构的混凝土，其坍落度应根据实际需要另行选定。
4. 需要配置大坍落度混凝土时，应掺加外剂。
5. 轻集料混凝土的坍落度，比表中数值减少10~20mm。

2）道路混凝土拌合物的工作性选择。水泥混凝土路面所用道路混凝土拌合物的工作性，按照JTG/T F30—2014《公路水泥混凝土路面施工技术细则》中的规定，对于滑模摊铺机施工的碎石混凝土最佳工作坍落度为25~50mm；卵石混凝土为20~40mm。

二、硬化水泥混凝土的强度

强度是混凝土硬化后的主要力学性质，按我国现行JTG 3420—2020《公路工程水泥及水泥混凝土试验规程》规定，混凝土的强度有：立方体抗压强度、轴心抗压强度、圆柱体抗压强度、劈裂抗拉强度、抗折强度等。

教学视频20 水泥混凝土力学性质1

1. 混凝土的抗压强度标准值和强度等级

钢筋混凝土和预应力钢筋混凝土桥梁结构设计时，混凝土材料的强度是用强度等级作为设计依据的。在结构设计时，混凝土各种力学强度的标准值，均可由强度等级换算出，所以强度等级是混凝土各种力学强度值的基础。

立方体抗压强度只是一组混凝土试件抗压强度的算术平均值，并未涉及数理统计、保证率的概念。立方体抗压强度标准值是按数理统计方法确定，具有不低于95%保证率的立方体抗压强度。

混凝土强度等级是根据立方体抗压强度标准值来确定的。强度等级的表示方法，用符号"C"和"立方体抗压强度标准值"两项内容来表示，如C20即表示混凝土立方体抗压强度标准值为20MPa。

我国现行规范 GB 50010—2010《混凝土结构设计规范》规定，普通混凝土按立方体抗压强度标准值划分 C15、C20、C25、C30、C35、C40、C45、C50、C55、C60、C65、C70、C75、C80 14 个等级。

2. 影响水泥混凝土强度的因素

（1）材料组成

1）水泥强度与水胶比。水泥混凝土的强度主要取决于其内部起胶结作用的水泥石的质量，水泥石的质量则取决于水泥的特性和水胶比。

水泥是混凝土中的活性组分，在混凝土配合比相同的条件下，水泥强度等级越高，则配制的混凝土强度越高。当用同一种水泥（品种及强度等级相同）时，混凝土强度主要取决于水胶比。因为水泥水化时所需的结合水，一般只占水泥质量的23%左右，但混凝土拌合物，为了获得必要的流动性，常需用较多的水（约占水泥质量的40%~70%），即采用较大的水胶比，当混凝土硬化后，多余的水分就残留在混凝土中形成水泡或蒸发后形成气孔，大大减少了混凝土抵抗荷载的有效断面，而且可能在孔隙周围产生应力集中。因此，在水泥强度等级相同的情况下，水胶比愈小，水泥石的强度愈高，与集料黏结力愈大，混凝土的强度愈高。但是，如果水胶比太小，拌合物过于干稠，在一定的捣实成型条件下，混凝土拌合物将出现较多的孔洞，导致混凝土的强度下降。

根据国内外大量的实践资料统计结果，提出水胶比、水泥实际强度与混凝土28天立方体抗压强度的关系公式为：

$$f_{cu,28} = \alpha_a \cdot f_{ce} \left(\frac{B}{W} - \alpha_b \right) \tag{7-1}$$

式中 $f_{cu,28}$——混凝土的抗压强度（MPa）；

f_{ce}——水泥的实际强度（MPa）；

$\frac{B}{W}$——胶水比；

α_a、α_b——粗集料回归系数，按 JGJ 55—2011《普通混凝土配合比设计规程》规定，α_a、α_b 可按表7-2选用。

该经验公式一般只适用于是流动性混凝土及低流动性混凝土，对于干硬性混凝土则不适用。

表7-2 回归系数 α_a，α_b 选用

石子品种	系数	
	碎石	卵石
α_a	0.53	0.49
α_b	0.20	0.13

2）集料特性与水泥浆用量。集料的强度不同，使混凝土的破坏机理有所差别，如集料

强度大于水泥石强度,则混凝土强度由界面强度及水泥石强度支配,在此情况下,集料强度对混凝土强度几乎没有影响;如集料强度小于水泥石强度,则混凝土强度与集料强度有关,会使混凝土强度下降。

粗集料的形状与表面性质对强度有着直接的关系。集料颗粒形状接近立方体形为好,若使用扁平或细长颗粒,就会对施工带来不利影响,增加了混凝土的孔隙率,增加了混凝土的薄弱环节,导致混凝土强度的降低。

水泥浆用量由强度、耐久性、工作性、成本等几个方面因素确定,选择时需兼顾。

(2) 养护温度与湿度 一般情况下,水泥的水化和混凝土强度发展的速度是随环境温度的高低而增减,如图7-2所示。

混凝土浇筑后,如能保持湿润的状态,混凝土的强度和龄期按水泥的特性成对数关系增长。当湿度适当,水泥水化得以顺利进行,使混凝土强度得到充分发展;如果湿度不够,混凝土会失水干燥,因此混凝土浇筑后必须有较长时间在潮湿环境中养护,如图7-3所示。

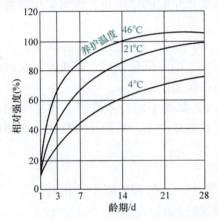

图7-2 养护温度条件对混凝土强度的影响

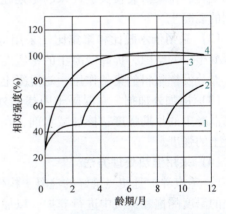

图7-3 养护湿度条件对混凝土强度的影响
注:1~4湿度依次增大。

(3) 龄期 在正常条件下,混凝土的强度随着龄期的增长而提高,在最初3~7天内发展较快,28天达到设计强度规定的数值,以后强度发展逐渐缓慢,甚至可持续百年左右。在相同养护条件下,其增长规律如图7-4所示。

在标准养护条件下,混凝土强度与其龄期的对数大致成正比,如图7-4所示,工程中常常利用这一关系,根据混凝土早期强度,估算其后期强度,其表达式为:

$$f_{cu,n} = f_{cu,a} \frac{\lg n}{\lg a} \tag{7-2}$$

式中 $f_{cu,n}$——n天龄期的混凝土抗压强度(MPa);

$f_{cu,a}$——a天龄期的混凝土抗压强度(MPa)。

此式仅适用于普通硅酸盐水泥拌制的混凝土,且龄期$a \geq 3$天时才适用。由于对混凝土强度的影响因素很多,强度发展不可能完全一样,故此式只作为一般参考。

此外,试件尺寸、加荷速度和试件表面平整度对混凝土试件强度也有一定影响。

3. 提高混凝土强度的技术措施

(1) 采用高强度水泥和特种水泥 为了提高混凝土强度可采用高强度等级水泥,对于

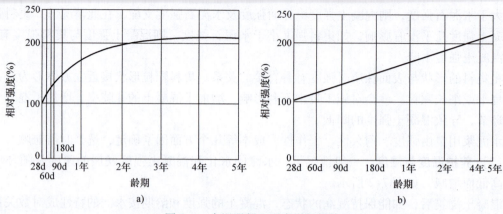

图 7-4 水泥混凝土强度增长规律
a) 龄期为常数坐标 b) 龄期为对数坐标

抢修工程、桥梁拼装接头、严寒的冬期施工以及其他要求早强的结构物，则可采用特种水泥配制的混凝土。

（2）采用低水胶比和浆集比　采用低的水胶比，可以减少混凝土中的游离水，从而减少混凝土中的空隙，提高混凝土的密实度和强度。另一方面降低浆集比，减薄水泥浆层的厚度，充分发挥集料的集架作用，对混凝土的强度也有一定帮助。

（3）掺加外加剂　在混凝土中掺加外加剂，可改善混凝土的技术性质。掺早强剂，可提高混凝土的早期强度；掺加减水剂，在不改变流动性的条件下，可减小水胶比，从而提高混凝土的强度。

（4）采用湿热处理方法

1）蒸汽养护是使浇筑好的混凝土构件经 1~3h 预养后，在 90% 以上的相对湿度、60℃以上的温度的饱和蒸汽中进行养护，以加速混凝土强度的发展。

2）蒸压养护是将浇筑成型混凝土构件静置 8~10h，放入蒸压釜内，通入高压（≥8at）、高温（≥175℃）饱和蒸汽进行养护。

（5）采用机械搅拌和振捣　混凝土拌合物在强力搅拌和振捣作用下，水泥浆的凝聚结构暂时受到破坏，从而降低了水泥浆的黏度及集料间的摩擦阻力，使拌合物能更好地充满模型并均匀密实，混凝土强度得到提高。

三、混凝土的变形

混凝土的变形主要有温度变形、化学收缩、干湿变形和荷载作用下的变形等。

1. 温度变形

混凝土具有热胀冷缩的性质。温度变化引起的热胀冷缩对大体积及大面积混凝土极为不利，因此对大体积混凝土工程，应设法降低混凝土的发热量，应每隔一段长度设置伸缩缝，在结构物内配置温度钢筋。

2. 化学收缩

混凝土拌合物由于水化产物的体积比反应前物质的总体积要小，因而产生收缩，称为化学收缩。这种收缩随龄期增长而增加，40 天以后渐趋稳定，化学收缩是不能恢复的。

3. 干湿变形

这种变形主要表现为湿胀干缩，混凝土在干燥空气中硬化时，随着水分的逐渐蒸发，体积也将逐渐发生收缩。混凝土干缩主要是水泥石所产生,因此尽量降低水泥用量,减小水胶比是减少混凝土干缩的关键。另外,用水量、水泥品种及细度、集料种类和养护条件都对混凝土的干缩有一定的影响。

4. 荷载作用下的变形

(1) 短期荷载作用下的变形　混凝土在短期荷载作用下的变形可分为四个阶段。

第一阶段是混凝土承受的压应力低于30%极限应力时,由非荷载作用形成的微裂缝基本保持稳定,没有扩展趋势,混凝土的受压应力-应变曲线近似呈直线状。

第二阶段是混凝土承受的压应力约为30%~50%极限应力时,微裂缝无论在长度、宽度和数量上均随应力水平的逐步提高而增加。混凝土的受压应力-应变曲线随界面裂缝的演变逐渐偏离直线,产生弯曲。

第三阶段是混凝土承受的压应力约为50%~75%极限应力时,裂缝变得不稳定,逐渐延伸到砂浆基体中,同时砂浆基体也开始形成裂缝,裂缝逐渐开始搭接,此应力水平称为临界应力。

第四阶段是混凝土承受的压应力超过75%极限应力时,裂缝迅速扩展成为连续的裂缝体系,混凝土产生非常大的应变,其受压应力-应变曲线明显弯曲,趋向水平,直至达到极限应力。

在应力-应变关系曲线上任一点的应力σ与应变ε的比值为混凝土在该应力下的弹性模量。因混凝土在短期荷载作用下,应力-应变关系是非线性关系,如图7-5所示,故弹性模量有三种表示方法,如图7-6所示。

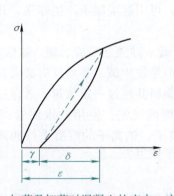
图7-5　加荷及卸荷时混凝土的应力-应变曲线

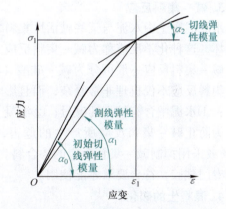
图7-6　水泥混凝土弹性模量分类

1) 初始切线弹性模量。该值为混凝土的应力-应变曲线的原点对曲线所作切线的斜率。此值不易测准,实际意义不大。

2) 切线弹性模量。该值为混凝土的应力-应变曲线上任一点对曲线所作切线的斜率。它仅适用于很小的荷载范围。

3) 割线弹性模量。该值为混凝土的应力-应变曲线原点对曲线上相应于40%极限应力的点所作连线的斜率。该模量较易测准,适宜于工程应用。

(2) 长期荷载作用下的变形——徐变　混凝土在持续荷载的作用下,随时间增长的变形称为徐变,也称为蠕变。混凝土的徐变在早期增长很快,然后逐渐减慢,一般要2~3年才可能基本趋于稳定。当混凝土卸载后,一部分变形瞬间恢复,还有一部分要若干天内才能逐渐稳定,称为徐变恢复,剩下的不可恢复部分称为残余变形。

四、混凝土的耐久性

道路与桥梁用混凝土除了要满足工作性和强度要求外，还应具有优良的耐久性。

1. 抗冻性

混凝土的抗冻性是指混凝土在饱和水状态下遭受冰冻时，抵抗冻融循环作用而不破坏的能力。冻融破坏的原因是混凝土中的水结冰后发生体积膨胀，当冰胀应力超过混凝土的抗拉强度时，便使混凝土产生微细裂缝，反复冻融使裂缝不断扩大，导致混凝土强度降低直至破坏。

对于道路与桥梁工程混凝土的抗冻性要求，我国现行 JTG 3420—2020《公路工程水泥及水泥混凝土试验规程》规定，采用"快冻法"试验。抗冻标号分为 D25、D50、D100、D150、D200、D250 和 D300 等。

2. 混凝土的耐磨性

耐磨性是道路路面和桥梁工程用混凝土的最重要的性能之一。作为高级路面的水泥混凝土，必须具有抵抗车辆轮胎磨耗和磨光的性能。作为大型桥梁的墩台用混凝土，也需要具有抵抗湍流空蚀的能力。

混凝土的耐磨性的评价，以试件磨损面上单位的磨损作为评定混凝土耐磨性的相对指标。按我国现行 JTG 3420—2020《公路工程水泥及水泥混凝土试验规程》规定进行测试。

提高混凝土抗磨损能力的措施，应是提高混凝土的断裂韧性，降低脆性，减少原生缺陷，提高硬度及降低弹性模量。

3. 碱-集料反应

水泥混凝土中水泥与某些碱活性集料发生化学反应，可引起混凝土产生膨胀、开裂，甚至破坏，这种化学反应称为碱-集料反应（简称 ARR）。

碱-集料反应一般可分为碱-硅酸（集料）反应、碱-硅酸盐反应、碱-碳酸盐反应。碱-集料反应不仅机理非常复杂，而且影响因素很多，但是发生碱-集料反应必须具有三个条件：①水泥中含有较高的碱量；②混凝土中存在活性集料并超过一定数量；③存在水分。

为防止碱-集料反应所产生的危害，按我国现行规范规定：使用的水泥含碱量小于 0.6% 或采用抑制碱-集料反应的掺合料。当使用含钾离子、钠离子的混凝土外加剂，必须进行专门试验，符合要求才能使用。

4. 混凝土的碳化

混凝土的碳化作用是指大气中的二氧化碳在有水的条件与水泥水化产物氢氧化钙发生反应，生成碳酸钙和水。因氢氧化钙是碱性，而碳酸钙是中性，所以碳化又叫中性化。

碳化主要是对混凝土的碱度、强度和收缩产生影响。混凝土的碳化深度随着龄期的延长而增加，碳化的速度受许多因素影响，主要有：水泥品种和用量、水胶比、环境条件、外加剂、集料种类等。提高混凝土抗碳化的主要措施有降低水胶比、使用减水剂、在混凝土表面刷涂料或水泥砂浆抹面等。

5. 混凝土的抗侵蚀性

当混凝土所处的环境水有侵蚀性时，必须对侵蚀问题予以重视。环境侵蚀主要指对水泥石的侵蚀，如淡水侵蚀、硫酸盐侵蚀、酸碱侵蚀等。混凝土的抗侵蚀性主要在于选用合适的水泥品种和提高混凝土密实度。密实性好及具有封闭孔隙的混凝土，环境水不易侵入混凝土内部，故其抗侵蚀性好。

五、普通水泥混凝土强度的评定方法

按现行国家标准 GB/T 50107—2010《混凝土强度检验评定标准》的规定，混凝土强度应分批进行检验评定。一个验收批的混凝土应由强度等级相同、龄期相同以及生产工艺条件和配合比基本相同的混凝土组成。

1. 统计方法评定

1）当混凝土生产条件在较长时间内能保持一致，且同一品种混凝土的强度变异性能保持稳定时，应由连续的三组试件组成一个验收批，其强度应同时满足下列要求：

$$m_{f_{cu}} \geq f_{cu,k} + 0.7\sigma_o \tag{7-3}$$

$$f_{cu,min} \geq f_{cu,k} - 0.7\sigma_o \tag{7-4}$$

当混凝土强度等级低于 C20 时，其强度的最小值尚应满足下式要求：

$$f_{cu,min} \geq 0.85 f_{cu,k} \tag{7-5}$$

当混凝土强度等级高于 C20 时，其强度的最小值尚应满足下式要求：

$$f_{cu,min} \geq 0.90 f_{cu,k} \tag{7-6}$$

式中 $m_{f_{cu}}$——同一验收批混凝土立方体抗压强度的平均值（N/mm²）；

$f_{cu,k}$——混凝土立方体抗压强度标准值（N/mm²）；

σ_o——验收批混凝土立方体抗压强度的标准差（N/mm²）；精确到 0.1N/mm²；σ_o 计算值小于 2.5N/mm² 时，应取 2.5N/mm²；

$$\sigma_o = \sqrt{\frac{\sum_{i=1}^{n} f_{cu,i}^2 - n m f_{cu}^2}{n-1}} \tag{7-7}$$

$f_{cu,min}$——同一验收批混凝土立方体抗压强度最小值（N/mm²）。

2）其他情况混凝土强度的评定

当样本容量不少于 10 组时，其强度应同时满足下列要求：

$$m_{f_{cu}} \geq f_{cu,k} + \lambda_1 \cdot S_{f_{cu}} \tag{7-8}$$

$$f_{cu,min} \geq \lambda_2 f_{cu,k} \tag{7-9}$$

同一检验批混凝土立方体抗压强度的标准差应按下式计算：

$$S_{f_{cu}} = \sqrt{\frac{\sum_{i=1}^{n} f_{cu,i}^2 - n m f_{cu}^2}{n-1}} \tag{7-10}$$

式中 $S_{f_{cu}}$——同一检验批混凝土立方体抗压强度的标准差（N/mm²），精确到 0.1N/mm²；当检验批混凝土强度的标准差 $S_{f_{cu}}$ 计算值小于 2.5N/mm² 时，应取 2.5N/mm²；

λ_1、λ_2——合格评定系数，按表 7-3 取用；

n——本检验期内的样本容量。

表 7-3 混凝土强度的合格判定系数

试件组数	10～14	15～19	≥20
λ_1	1.15	1.05	0.95
λ_2	0.90	0.85	

2. 非统计方法评定

当用于评定的样本容量小于 10 组时，应采用非统计方法评定混凝土强度。其强度应同时符合下列规定：

$$m_{f_{cu}} \geq \lambda_3 \cdot f_{cuk} \quad (7-11)$$

$$f_{cu,min} \geq \lambda_4 \cdot f_{cuk} \quad (7-12)$$

式中 λ_3、λ_4——合格评定系数，应按表7-4取用。

表7-4 混凝土强度的非统计法合格评定系数

混凝土强度等级	<C60	≥C60
λ_3	1.15	1.10
λ_4	0.95	

3. 混凝土强度的合格性评定

1）当检验结果满足上述规定时，则该批混凝土强度应评定为合格；当不能满足上述规定时，该批混凝土强度应评定为不合格。

2）对评定为不合格批的混凝土，可按国家现行的有关标准进行处理。

实践操作

普通水泥混凝土的技术性能指标有坍落度、维勃稠度、抗压强度、抗折强度等，根据我国现行 JTG 3420—2020《公路工程水泥及水泥混凝土试验规程》规定，主要指标的检测要点如下。

一、新拌混凝土工作性的测定

目前国际上还没有一种能够全面表征新拌混凝土工作性的测定方法，按我国现行规定，混凝土拌合物的稠度试验方法有坍落度与坍落扩展度法和维勃稠度法等。

1. 坍落度与坍落扩展度法试验

实训视频20 水泥混凝土坍落度试验

将新拌混凝土按规定方法装入标准坍落度内，装满刮平后，立即将筒垂直提起，此时，混合料将产生一定程度的坍落，坍落的高度（mm）即为坍落度，如图7-7所示。当混凝土拌合物的坍落度大于220mm时，应采用坍落度扩展度值。坍落度与坍落扩展度法试验所用的混凝土坍落度仪应符合 JG/T 248—2009《混凝土坍落度仪》中有关技术要求的规定。做坍落度试验时，还需要观察混凝土试体的棍度、含砂情况、黏聚性及保水性以评定新拌混凝土的工作性。坍落度与坍落扩展度法试验只适用于集料公称最大粒径不大于31.5mm、坍落度大于10mm的混凝土拌合物稠度测定。

2. 维勃稠度试验

将坍落度筒放在直径为240mm、高度为200mm圆筒内，圆筒安装在专用的振动台上，按坍落度试验的方法将新拌混凝土装满后再拔去坍落度筒，并在新拌混凝土顶上放置一个透明圆盘。开动振动台并记录时间，从开始振动至透明圆盘底面完全被水泥浆布满为止，所经历的时间以 s 计（精确至1s），即为新拌混凝土的维勃稠度值，如图7-8所示。该方法适用于集料公称最大粒径不大于31.5mm、维勃稠度在5~30s之间的干稠性水泥混凝土拌合物的稠度测定。碾压混凝土拌合物的稠度测定用改进 VC 法。坍落度不大于50mm或干硬性混凝土和维勃稠度大于30s的特干硬性混凝土拌合物的稠度可采用增实因数法来测定。

图 7-7　坍落度试验流程示意图

3. 表观密度的测定

试验前用湿布将试样筒内外擦试干净，称出质量。将混凝土拌合物分两层装入，每层插捣次数为 25 次，用捣棒从边缘到中心沿螺旋线均匀插捣，直至拌合物表面不出现气泡为止。当坍落度小于 70mm 时，宜用振动台振实，应将试样筒在振动台上夹紧，一次将拌合物装满试样筒，立即开始振动，振动过程中如混凝土低于筒口，应随时添加混凝土，振动直至拌合物表面出现水泥浆为止。然后用金属直尺齐筒口刮去多余的混凝土，用镘刀抹平表面，并用玻璃板检验，而后擦净试样筒外部并称其质量即可计算其密度。

图 7-8　混凝土维勃稠度仪

二、硬化混凝土强度测定

1. 立方体抗压强度（f_{cu}）的测定

按照标准的制作方法制成边长为 150mm 的正立方体试件，在标准养护室中（温度 20℃±2℃，相对湿度为 95% 以上），或在温度为 20℃±2℃ 的条件下，养护 28 天龄期，按标准方法测定其抗压强度值。

2. 混凝土的轴心抗压强度的测定

混凝土立方体试件在进行抗压强度试验时，由于材料试验机的承压板对试件端部的摩阻效应，使其强度有较大的提高。为使混凝土试件在抗压强度试验时的受力状态更接近其在结构中承压状态，通常采用棱柱体（高宽比 $h/b=2$ 或圆柱体高径比 $h/d=2$）试件，测定其轴心抗压强度。我国现行国家标准规定，采用 150mm×150mm×300mm 的棱柱体作为标准试件，测定其轴心抗压强度 f_{cp}（见 JTG 3420—2020《公路工程水泥及水泥混凝土试验规程》）。

关于轴心抗压强度与立方体抗压强度间关系，通过许多级棱柱体和立方体试件的强度试验表明：在立方体抗压强度为 10~50MPa 的范围内，轴心抗压强度与立方体抗压强度之比约为 0.7~0.8。

3. 混凝土的劈裂抗拉强度（f_{ts}）的测定

我国现行国家标准 GB 50010—2010《混凝土结构设计规范》规定，采用 150mm×150mm×150mm 的立方体作为标准试件，在立方体试件（或圆柱体）中心平面内用圆弧为垫条施加两个方向相反、均匀分布的压应力，当压力增大至一定程度时试件就沿此平面劈裂破坏，这样测得的强度称为劈裂抗拉强度。

4. 混凝土的抗弯拉强度（f_{tf}）的测定

道路路面或机场跑道用水泥混凝土，以抗弯拉强度为主要强度指标，抗压强度作为参考指标。JTG D40—2011《公路水泥混凝土路面设计规范》规定道路路

教学视频21　水泥混凝土力学性质2

实训视频21　水泥混凝土试件制作及养护方法

实训视频22　水泥混凝土抗压试验

实训视频23　水泥混凝土抗弯拉强度试验

面用水泥混凝土的抗折强度是以标准方法制备成150mm×150mm×550mm的梁形试件，在标准条件下，经养护28天后，按三分点加荷方式测定其抗折强度（f_{tf}）。

根据JTG D40—2011《公路水泥混凝土路面设计规范》不同交通等级的水泥混凝土弯拉强度标准值见表7-5。

表7-5 水泥混凝土弯拉强度标准值

交通等级	特重	重	中等	轻
水泥混凝土弯拉强度标准值	5.0	5.0	4.5	4.0

任务拓展——其他功能混凝土

在道路与桥梁工程中，除了普通水泥混凝土材料外，对于高强混凝土、流态混凝土、纤维增强混凝土、聚合物混凝土等都有了很大的发展，现将这几种混凝土简述如下。

一、高强混凝土

强度等级不低于C60的混凝土称为高强混凝土。为了减轻自重、增大跨径，现代高架公路、立体交叉和大型桥梁等混凝土结构均采用高强混凝土。为了保证混凝土质量，达到应有的强度，通常采用下列几方面的综合措施。

1. 精选优质原材料

（1）优质高强水泥 并非所有高强度等级水泥都能配制出高强混凝土。高强混凝土用水泥，应从矿物组成和细度两方面考虑。矿物成分中C_3S和C_3A含量应较高，特别是C_3S含量要高。水泥经两次振动磨细后，可大大提高强度，细度按比表面积计，应达到4000～6000cm^2/g以上。

（2）采用磁化水拌和 磁化水是普通的水以一定速度流经磁场，由于磁化作用提高了水的活性。用磁化水拌制混凝土，容易进入水泥颗粒内部，使水泥水化更安全、充分，因而可提高混凝土强度30%～50%。

（3）硬质高强的集料 粗集料应选择坚质岩石轧制的碎石，岩石强度应为混凝土强度等级的两倍以上。碎石宜呈近似正立方体，有棱角以及形成具有高内摩擦力的骨架。碎石表面组织应粗糙，使其与水泥石具有优良的黏结力。通常碎石最大粒径不大于15mm，混凝土可得到较高的抗压强度。细集料与粗集料应能组成密实的矿质混合料。

（4）高效外加剂 高强混凝土均需采用减水剂及其他外加剂。应选用优质高效的NNO、MF等减水剂。

2. 采用各种提高强度的方法

提高水泥混凝土强度的方法，按其原理归纳于表7-6。

为使混凝土达到高强度，主要可采用下列方法。

（1）改善水泥的水化条件

1）增加水泥中早强和高强的矿物成分的含量，水泥矿物中硅酸三钙（C_3S）、铝酸三钙（C_3A）和氟铝酸钙（$C_{11}A_7CaF_2$）的含量增加时，对水泥混凝土早强、高强都有一定的效果，特别是以氟铝酸钙（$C_{11}A_7CaF_2$）为主要成分的水泥，快凝、快硬的效果显著，4h的抗压强度可达20MPa以上。

表 7-6　高强混凝土的制造原理和方法

原理	方法（选用见√）					
	应用减水剂	采用活性集料	高温高压蒸汽养生	高压成型	应用聚合物	应用增强纤维
改善水泥水化条件			√			
使用水泥以外的结合料					√	
减少孔隙率				√	√	
减少水胶比	√			√		
改善集料与水泥黏结力		√			√	
使用增强材料						√

2) 提高水泥的细度可使水泥加速和加快水化。研究表明，当超高强水泥细度提高到比表面积为 6000cm²/g、水胶比为 0.2 时，水泥净浆的抗压强度可达 215MPa。

3) 采用压蒸养护，如前所述，水泥的水化和凝结硬化的速度是随养护温度的升高而加速的。采用蒸压养护技术，可促使水泥水化反应迅速完成。研究表明，按压蒸养护方法（浇筑 4h 后，开始在 65℃下养护 14h；然后进入压蒸，升温 8h 达 10at，在 180℃下保持 1h；降温 24h 结束）养护的混凝土（组成为用灰量 530kg，水胶比 0.3，减水剂 ML1.5%) 28d 抗压强度可达 100MPa 以上。

(2) 掺加各种高聚物　使用水泥以外的结合料，目前主要是混凝土中掺加各种聚合物。

(3) 增强集料和水泥的黏附性　混凝土破坏的方式主要有水泥石的破坏、集料的破坏或水泥石与集料黏附性的破坏。这三种破坏方式中，尤以水泥石与集料的黏附力不足而引起的破坏最为常见。为此，研究者采用水泥熟料作为混凝土的集料，制成"熟料混凝土"。在拌制混凝土时，有的还掺加减水剂，这样可取得明显的高强效果。这种混凝土 1d 的抗压强度可达 68MPa，28d 的抗压强度可达 98MPa。还有的研究者采用环氧树脂处理集料表面，也得到良好的高强效果。

(4) 掺加高效外加剂　掺加外加剂降低水胶比，提高混凝土强度。

(5) 增加混凝土的密实度　随着混凝土密实度的增加（即孔隙率的减少），混凝土的强度也随之提高，同时其他一系列物理-力学性能也得到改善。为提高混凝土的密实度，可采用下列措施。

1) 加压脱水成型法，曾有研究报道，对用灰量为 400~500kg/m³、水胶比为 0.35~0.4 的预制板，在成型时施加 0.07MPa 的压力使多余的水分排出，并经过适当养护，其 28d 抗压强度达 105MPa。

2) 超声高频振动，采用高频或超声振动，排除混凝土中的气泡，使集料与水泥颗粒间的排列更为致密，由于孔隙率的减少，而达到高强效果。有研究报道，采用超声高频振动法制成的混凝土，28d 抗压强度可达 140MPa。另外，还有采用加压和高频振动相结合的方法制成的混凝土，28d 抗压强度可达 250MPa。

3) 掺加减水剂，减水剂可增加混凝土的流动度和提高强度。目前采用 SM 型减水剂、水胶比为 0.25 的混凝土，28d 抗压强度达 100MPa 以上。

(6) 采用纤维增强　采用各种纤维增强，对提高混凝土强度可获得良好的高强效果。

二、流态混凝土

流态混凝土是在预拌的坍落度为 8~12cm 的基体混凝土拌合物中，加入外加剂——流化剂，经过二次搅拌，使基体混凝土拌合物的坍落度顿时增加至 18~22cm。能自流填满模型或钢筋间隙的混凝土又称超塑性混凝土。

1. 流态混凝土的特点
流态混凝土具有下列特点。

(1) 流动性大、浇筑性好 流态混凝土流动性好，坍落度在20cm以上，便于泵送浇筑后，可以不振捣，因为它具有自密性。

(2) 减少用水量、提高混凝土性能 由于流化剂可大幅度减少用水量，如用灰量不变，则可在保证流动性的前提下减小水胶比，因而可提高混凝土的强度和耐久性。

(3) 降低浆集比、减少收缩 流态混凝土是依赖流化剂的流化效应来提高其流动性，如保持原来水胶比不变，则不仅可减少用水量，同时还可节约水泥用量。这样拌合物中水泥浆的体积减少后，则可减小混凝土硬化后的收缩率，避免收缩裂缝。

(4) 不产生离析和泌水 由于流化剂的作用，在用水量较小的情况下，具有较大的流动性，所以它不会像普通混凝土那样产生离析和泌水。

2. 流态混凝土的组成
流态混凝土是由基体混凝土和流化剂组成的新型混凝土。

(1) 基体混凝土组成 为适应流态混凝土的大坍落度要求，基体混凝土的组成也有一些特点，如水泥用量一般不低于$300kg/m^3$，粗集料最大粒径不大于20mm，细集料希望含有一定数量粒径小于0.315mm的粉料，砂率通常可达45%左右。基体混凝土拌合物的坍落度值应与流化后拌合物的坍落度值相匹配，通常两值之差约为10cm。

(2) 流化剂 流化剂属于高效减水剂，常用的有：三聚氰胺磺酸盐甲醛缩合物（SMF）、萘系磺酸盐缩合物（SNF）和改性木质素磺酸盐（MLS）三类。流化剂的用量一般为水泥用量的0.5%~0.7%，如超过0.7%，坍落度并无明显增加且易产生离析现象。

(3) 掺合料 在流态混凝土中常掺加优质粉煤灰，可改善流动性、提高强度、节约水泥。

3. 流态混凝土的力学性能

(1) 抗压强度 一般情况下，流态混凝土与基体混凝土相比，同龄期的强度无大差别。但是由于流化剂的性能各异，有些流化剂可起到一定早强作用，因而使流态混凝土的强度有所提高。

(2) 强性模量 掺加流化剂后，混凝土的弹性模量与抗压强度一样，未见明显差别。

(3) 与钢筋的黏结强度 由于流化剂使混凝土拌合物的流动性增加，所以流态混凝土较普通混凝土与钢筋的黏结强度有所提高。

(4) 徐变和收缩 流态混凝土的徐变较基体混凝土稍大，而与普通大流动性混凝土接近。流态混凝土收缩与流化剂的品种和掺量有关。掺加缓凝型流化剂时，其收缩比基体混凝土大。

(5) 抗冻性 流态混凝土的抗冻性比基体混凝土稍差，与大流动性混凝土接近。

(6) 耐磨性 试验表明，流动性混凝土的耐磨性较基体混凝土稍差，作为路面混凝土应考虑提高耐磨性措施。

4. 工程应用
流态混凝土在道路与桥梁工程中应用日益广泛，例如越江隧道的水泥混凝土路面，斜拉桥的混凝土主塔以及地铁的衬砌封顶等均须采用流态混凝土。

三、纤维增强混凝土

纤维增强混凝土（Fiber reinforced concrete）简称纤维混凝土，是由水泥混凝土为基材与不连续而分散的纤维为增强材料所组成的一种复合材料。常作为增强材料的纤维有钢纤维、玻璃纤维、合成纤维和天然纤维等。因为其他几类纤维模量较低、增强效果较差，目前用于道路路面或桥梁桥面混凝土的增强纤维，主要为钢纤维。

1. 钢纤维的构造与性能

钢纤维混凝土用钢纤维主要是采用碳钢加工制成的纤维，对长期处于受潮条件的混凝土，也有采用不锈钢加工制成的纤维。

钢纤维的尺寸主要由强化效果和施工难易性决定。钢纤维太粗或太短，其强化效果较差；如过长或过细，施工时不易拌和，容易结团。为了增加钢纤维和混凝土之间的黏结力，采用增加纤维表面积的方法，将其加工为异形纤维，如波形、哑铃形、端部带弯钩等形状。

2. 钢纤维混凝土的力学性能

钢纤维混凝土的力学性能主要表现为抗弯拉强度提高，特别是冲击韧性有很大的提高，抗疲劳强度也有一定的提高。

钢纤维混凝土的力学性能，除了与基体混凝土组成有关外，还与钢纤维的形状尺寸、掺量、配置方向和分散程度等有关。钢纤维的掺量以纤维体积率表示。当钢纤维的形状和尺寸在适合范围内，钢纤维混凝土的强度随纤维体积率和长径比增加而增加。钢纤维在混凝土中的配置方向和分散度对混凝土力学强度也有影响。配置方向和分散度与混凝土的组成和施工工艺等因素有关。

3. 工程应用

钢纤维与混凝土组成复合材料后，可使混凝土的抗弯拉强度、抗裂强度、韧性和冲击强度等性能得到改善，所以钢纤维混凝土广泛应用于道路与桥隧工程中，如机场道面、高等级路面、桥梁桥面铺装和隧道衬砌等工程。

四、碾压式水泥混凝土

碾压式水泥混凝土（Roller Compacted Concrete，RCC）是以级配集料和较低的水泥用量与用水量以及掺合料和外加剂等组成的超干硬性混凝土拌合物，经振动压路机等机械碾压密实而形成的一种混凝土。这种混凝土铺筑成的路面具有强度高、密度大、耐久性好和节约水泥等优点。

1. 材料组成

（1）水泥　路面碾压混凝土用水泥与普通水泥混凝土相同，应符合 JTG F30—2014《公路水泥混凝土路面施工技术细则》的有关技术要求。

（2）矿质混合料　路面碾压混凝土用粗、细集料应能组成密实的混合料，符合密级配的要求。

粗集料最大粒径，用于路面面层的应不大于20mm，用于路面底层的应不大于30（或40）mm。碎石中往往缺乏2.5～5mm部分，因而应补充部分石屑。为达到密实结构，砂率宜采用较高值。

（3）掺合料　为节约水泥、改善和易性和提高耐久性，通常均应掺加粉煤灰。

2. 技术性能和经济效益

（1）技术性能

1）强度高。碾压混凝土路面由于矿质混合料组成为连续密级配，经过振动压路机和轮胎压路机等的碾压，使各种集料排列为骨架密实结构，这样不仅节约水泥用量，而且使水泥胶结物能发挥最大作用，因而具有高强度，特别是早期强度的提高。通过现场钻孔取样及无损测试表明，不论抗压或抗弯拉强度均较普通混凝土有所提高。

2) 干缩率小。碾压混凝土由于其组成材料配合比的改进，使拌合物具有优良的级配和很低的含水率。这种拌合物在碾压机械的作用下，才有可能使矿质集形成包裹一层很薄水泥浆而又互相靠拢的骨架。所以碾压混凝土的干缩率也大大减小。根据试验，在20℃时，普通混凝土的干缩率为 18.7×10^{-4}，而碾压混凝土仅有 6.9×10^{-4}。

3) 耐久性好。如前所述，碾压式混凝土可形成密实骨架结构的高强、干缩率低的混凝土。在形成这种密实度结构的过程中，拌合物中的空气被碾压机械排出，所以在碾压式混凝土中的孔隙率大为降低，这样抗水性、抗渗性和抗冻性等耐久性指标都有了提高。

4) 外加剂。为改善和易性及有足够的碾压时间，可以掺加缓凝型减水剂。

(2) 经济效益

1) 节约水泥，由于碾压式混凝土用水量少，在保持同样的水胶比的条件下，其用灰量也较少。在达到相同强度前提下，可较普通水泥混凝土节约水泥30%。

2) 提高工效，碾压式混凝土采用强制式拌和机拌和，自卸车运料，用改装后的摊铺机摊铺，振动压路机和胶轮压路机碾压，按此施工组织的工效可较普通水泥混凝土提高两倍左右。

3) 提早通车，碾压式混凝土早期强度高，养生时间短，可提早开放交通，带来明显的社会、经济效益。

4) 降低投资，碾压式混凝土路面的造价与沥青混凝土路面接近，养护费用较沥青混凝土路面低，而且使用年限较长。

3. 工程应用

碾压式混凝土应用于水泥混凝土路面，可以做成一层式或两层式，也可作为底层。面层采用沥青混凝土作为抗滑、磨耗层。

特别应该指出，碾压式混凝土路面的质量，不仅取决于材料的组成配合，更主要的取决于路面施工工艺。

五、仿生裂缝自愈合混凝土

水泥混凝土结构在受力或其他因素作用下，会出现损伤，造成微裂纹。虽然这些损伤是隐形的，但是如果不能及时修复，这些微裂纹会进一步发展，出现大的裂纹，随着水的渗入会出现钢筋锈蚀，从而降低混凝土结构的抗震能力和使用寿命。研究和开发新型自愈合仿生混凝土，使其能够主动、自动地对损伤部位进行修复、恢复并提高混凝土材料的性能，已成为结构功能（智能）一体化混凝土的发展趋势。例如桥梁或一些关键结构的灾难性故障，都要求找到出事之前能警示或能预知失事而自动加固，自动修补裂纹的材料。智能材料的发展就是应人类这方面的需要而产生的。在人类的现实生活中可以见到，人的皮肤划破后，经一段时间皮肤会自然长好，而且修补得天衣无缝，这些事实都启迪了科学家们对智能材料的构思。自愈合仿生混凝土是模仿生物组织对受创伤部位自动分泌某种物质而使创伤部位得到愈合的机能。在混凝土组分中复合特殊组分（如含黏结剂的液芯纤维或胶囊），在混凝土内部形成智能型仿生自愈合神经网络系统，当混凝土材料出现裂纹时，部分液芯纤维或胶囊破裂，黏结液流出渗入裂缝，黏结液可使混凝土裂缝重新愈合。

巩固练习

1. 什么是水泥混凝土？为什么能够在高级路面和桥梁工程中得到广泛应用？
2. 试述新拌混凝土工作性含义？施工中是如何选择稠度大小？如达不到施工要求时有哪些改善措施？
3. 试述影响新拌混凝土工作性的主要因素。
4. 什么是水泥混凝土"立方体强度标准值"，它与"强度等级"有什么关系？
5. 试述影响水泥混凝土强度的主要因素及提高强度的主要措施。
6. 试述我国现行的混凝土配合比设计方法、内容和步骤。
7. 道路和桥梁用水泥混凝土的耐久性包括哪些含义？提高混凝土的耐久性的措施有哪些？
8. 水泥混凝土用的材料在技术性质上有哪些主要要求？这些技术性质不符合要求，对混凝土质量有何影响？

任务二 普通水泥混凝土的配合比设计

任务描述：能描述普通水泥混凝土的配合比设计要求，使用现行设计规范，根据工程的需要完成对普通水泥混凝土的配合比设计。

相关知识

一、水泥混凝土的组成材料的选择

水泥混凝土的技术性质很大程度上是由原材料的性质及其相对含量决定的。要得到优质的混凝土，首先要正确选用原材料。

1. 水泥

（1）水泥品种的选择 配制水泥混凝土一般可采用硅酸盐水泥、普通硅酸盐水泥、矿渣硅酸盐水泥、火山灰硅酸盐水泥和粉煤灰硅酸盐水泥。必要时也可采用快硬硅酸盐水泥或其他水泥。水泥的性能必须符合现行国家有关标准的规定。

采用何种水泥，应根据混凝土工程特点和所处的环境条件、施工气候和条件等因素，参照表7-7选用。

教学视频22 水泥混凝土组成设计1

表7-7 常用水泥品种的选用参考表

项次	混凝土结构环境条件或特殊要求	优先使用	可以使用	不得使用
1	地面以上不接触水流的普通环境中	硅酸盐水泥 普通水泥	矿渣水泥 火山灰水泥 粉煤灰水泥	
2	干燥环境中	硅酸盐水泥 普通水泥	矿渣水泥	火山灰水泥 粉煤灰水泥

（续）

项次	混凝土结构环境条件或特殊要求	优先使用	可以使用	不得使用
3	受水流冲刷或冰冻	硅酸盐水泥 普通水泥	矿渣水泥	火山灰水泥 粉煤灰水泥
4	处于河床最低冲刷线以下	矿渣水泥 火山灰水泥 粉煤灰水泥	硅酸盐水泥 普通水泥	
5	严寒地区露天或寒冷地区水位升降范围内	硅酸盐水泥 普通水泥	矿渣水泥 （强度等级 >32.5）	火山灰水泥 粉煤灰水泥
6	严寒地区水位升降范围内	硅酸盐水泥 普通水泥 （强度等级 >42.5）		矿渣水泥 火山灰水泥 粉煤灰水泥
7	厚大体积结构施工时要求水化热低	矿渣水泥 粉煤灰水泥	普通水泥 火山灰水泥	硅酸盐水泥 快硬水泥
8	要求快速脱模	硅酸盐水泥 快硬水泥	普通水泥	
9	低温环境施工要求早强	硅酸盐水泥 快硬水泥	普通水泥	
10	蒸汽养护	矿渣水泥 火山灰水泥 粉煤灰水泥	硅酸盐水泥 普通水泥	
11	要求抗渗	普通水泥 火山灰水泥 粉煤灰水泥	硅酸盐水泥	矿渣水泥
12	要求耐磨	硅酸盐水泥 普通水泥	矿渣水泥 （强度等级 >42.5） 快硬水泥	火山灰水泥 粉煤灰水泥
13	接触侵蚀性环境中	根据侵蚀介质种类、浓度等具体条件，按有关规定或通过试验选用		

（2）水泥强度等级的选择　选用水泥强度等级应与要求配制的混凝土等级相适应。如必须用高强度等级水泥配制低强度等级混凝土，会使水泥用量偏少，影响和易性和密实性，从而应加入一定数量的混合材料；如必须用低强度等级水泥配制高强度等级混凝土，则会使水泥用量过大，不经济且会影响混凝土其他技术性质，如造成收缩率增大等。经验表明，一般以水泥强度等级（以 MPa 为单位）为混凝土强度等级的 1.1~1.6 倍为宜，配制强度等级较高的混凝土时，以水泥强度等级（以 MPa 为单位）为混凝土强度等级的 0.7~1.2 倍。但是，随着混凝土要求的强度等级不断提高，近代高强混凝土并不受此比例的约束。

水泥混凝土路面用水泥的强度等级的选择，应根据路面的交通等级所要求的抗弯拉强度确定，参照表 7-8。水泥供应条件允许，应优先选用早强型水泥，以缩短养护时间。

项目七 水泥混凝土的检测与配制

表 7-8 各交通等级路面水泥各龄期的抗弯拉强度、抗压强度

交通等级	特重		重		中、轻	
龄期/d	3	28	3	28	3	28
抗压强度/MPa，≥	25.5	57.5	22.0	52.5	16.0	42.5
抗弯拉强度/MPa，≥	4.5	7.5	4.0	7.0	3.5	6.5

2. 集料

普通混凝土所用集料按粒径大小分为两种，粒径大于 4.75mm 的称为粗集料，粒径小于 4.75mm 的称为细集料。

普通混凝土中所用细集料，一般是由天然岩石长期风化等自然条件形成的天然砂。普通混凝土中所用粗集料有碎石和卵石两种。粗、细集料的总体积一般占混凝土体积的 60%~80%，集料质量的好坏直接影响到混凝土的各项性能。因此，我国在 GB/T 14684—2011《建设用砂》、GB/T 14685—2011《建设用卵石、碎石》和 JTG/T 3650—2020《公路桥涵施工技术规范》标准中，对细集料、粗集料提出了明确的技术质量要求。

(1) 细集料 水泥混凝土用砂按技术要求分为 Ⅰ、Ⅱ、Ⅲ 类，Ⅰ 类砂宜用于强度等级大于 C60 的混凝土，Ⅱ 类砂宜用于强度等级为 C30~C60 的混凝土，Ⅲ 类砂宜用于强度等级小于 C30 的混凝土和建筑砂浆。其技术要求主要包括：颗粒级配、含泥量、石粉含量和泥块含量，有害物质及坚固性等。

1) 砂的颗粒级配和细度模数。砂的粗细程度和颗粒级配应使所配制混凝土达到设计强度等级，提高混凝土的密实度和节约水泥的目的。

砂按细度模数分为粗砂（3.7~3.1）、中砂（3.0~2.3）和细砂（2.2~1.6），按 0.63mm 筛孔的累计筛余百分率，分为三个级配区，级配范围见表 7-9。

表 7-9 砂的颗粒级配

方孔筛/mm	级配区		
	Ⅰ 区	Ⅱ 区	Ⅲ 区
9.50	0	0	0
4.75	10~0	10~0	10~0
2.36	35~5	25~0	15~0
1.18	65~35	50~10	25~0
0.6	85~71	70~41	40~16
0.3	95~80	92~70	85~55
0.15	100~90	100~90	100~90

注：1. 表中的数据为累计筛余数（%）。
2. 砂的实际颗粒级配与表列累计百分率相比，除 4.75mm 和 0.6mm 筛孔外，允许稍有超出分界线，但其总量百分率应小于 5%。
3. Ⅰ 区砂中 0.15mm 筛孔累计筛余可放宽至 100~85，Ⅱ 区砂中 0.15mm 筛孔累计筛余可放宽至 100~80，Ⅲ 区砂中 0.15mm 筛孔累计筛余可放宽至 100~75。

混凝土用砂的颗粒级配应在表 7-9 规定的三个级配区范围内。Ⅰ 区砂属于粗砂范畴，拌制混凝土时其内摩阻力较大，保水性差，适宜配制水泥用量多的富混凝土或低流动混凝土；

Ⅱ区砂宜优先选用,可以配制不同等级混凝土;Ⅲ区砂细砂颗粒多,配制的混凝土黏性较大,保水性能好,易插捣成型,但因其比表面积大,使用时宜降低砂率。

细度模数只反映全部颗粒的粗细程度,而不能反映颗粒的级配情况,因为细度模数相同而级配不同的砂,可配制出性质不同的混凝土,所以考虑砂的颗粒分布情况时,只有同时应用细度模数和级配两项指标,才能真正反映其全部性质。

2)有害杂质含量。集料中会含有妨碍水泥水化或降低集料与水泥石黏附性,以及能与水泥水化物产生不良化学反应的各种物质,称为有害杂质。我国现行标准 GB/14684—2011《建设用砂》对混凝土用砂的有害杂质含量限值规定见表7-10。

砂中常含的有害杂质主要有云母、轻质物、有机质、硫化物及硫酸盐、氯化物等,其含量应符合表7-10的规定。

表7-10 有害杂质含量限值

项目	指标		
	Ⅰ类	Ⅱ类	Ⅲ类
云母(按质量计)(小于)(%)	1.0	2.0	2.0
轻质物(按质量计)(小于)(%)	1.0	1.0	1.0
有机物(比色法)	合格	合格	合格
硫化物及硫酸盐(按SO_3质量计)(%)	0.5	0.5	0.5
氯化物(以氯离子质量计)(%)	0.01	0.02	0.06

3)含泥量、石粉含量和泥块含量。混凝土用砂的含泥量是指粒径小于0.075mm的尘屑、淤泥和黏土的总含量百分数;泥块是指原粒径大于1.18mm,经水洗、手压后可破碎成小于0.6mm的颗粒含量。

这些细微颗粒的材料或者在集料表面形成包裹层,妨碍集料与水泥石的黏附,或者以松散的颗粒形式存在,大大地增加了集料的表面积,因而增加了需水量,特别是黏土颗粒,体积不稳定,干燥时收缩,潮湿时膨胀,对混凝土有很大的破坏作用。

天然砂的含泥量和泥块含量应符合表7-11的规定,人工砂的石粉含量和泥块含量应符合表7-12的规定。

表7-11 天然砂的含泥量和泥块含量限值

项目	指标		
	Ⅰ类	Ⅱ类	Ⅲ类
含泥量(按质量计)(%)	<1.0	<3.0	<5.0
泥块含量(按质量计)(%)	0	<1.0	<2.0

表7-12 人工砂的石粉含量和泥块含量限值

	项目		指标		
			Ⅰ类	Ⅱ类	Ⅲ类
1	亚甲蓝试验	MB<1.40 或合格	石粉含量(按质量计)(%)	<3.0	<5.0	<7.0[①]
2			泥块含量(按质量计)(%)	0	<1.0	<2.0
3		MB≥1.40 或不合格	石粉含量(按质量计)(%)	<1.0	<3.0	<5.0
4			泥块含量(按质量计)(%)	0	<1.0	<2.0

① 根据使用地区和用途,在试验验证的基础上,可由供需双方协商确定。

4）坚固性。天然砂的坚固性采用硫酸钠溶液法进行试验检测，砂样经 5 次循环后其质量损失应符合表 7-13 的规定；人工砂采用压碎指标法进行试验检测，压碎值指标应符合表 7-14 的规定。

表 7-13　坚固性指标

项目	指标		
	Ⅰ类	Ⅱ类	Ⅲ类
质量损失（小于）（%）	8	8	10
单级最大压碎值指标（小于）（%）	20	25	30

表 7-14　碎石或卵石压碎值及坚固性指标

项目	指标		
	Ⅰ类	Ⅱ类	Ⅲ类
碎石压碎值指标（小于）	10	20	30
卵石压碎值指标（小于）	12	16	16
质量损失（小于）（%）	5	8	12

5）表观密度、堆积密度、空隙率。砂的表观密度、堆积密度、空隙率是砂的三项重要指标，应符合如下规定：表观密度大于 2500kg/m³、堆积密度大于 1350kg/m³、空隙率小于 47%。

6）碱集料反应。经碱集料反应试验后，由砂制备的试件无裂缝、酥裂、胶体外溢等现象，在规定的试验龄期膨胀率应小于 0.10%。

（2）粗集料　根据国家标准 GB/T 14685—2011《建设用卵石、碎石》的规定，粗集料的主要技术要求包括：强度、坚固性、颗粒级配、含泥量和泥块含量、针片状颗粒含量、有害物质含量和碱集料反应等。按粗集料的技术要求，可将碎石、卵石分为Ⅰ、Ⅱ、Ⅲ类。

1）强度。为保证混凝土的强度，要求粗集料必须具备足够的强度。碎石或卵石的强度，可用岩石立方体强度和压碎值指标两种方法检验。

在饱水状态下，其抗压强度火成岩应不小于 80MPa，变质岩应不小于 60MPa，水成岩应不小于 30MPa。

在测定岩石强度有困难时，也可用压碎值指标来表征岩石的强度。压碎值指标应符合表 7-14 规定。

2）坚固性。碎石或卵石的坚固性是指集料在气候、环境变化或其他物理因素作用下抵抗碎裂的能力。为保证混凝土的耐久性，用作混凝土的粗集料应具有足够的坚固性，以抵抗冻融和自然因素的风化作用。混凝土用粗集料坚固性用硫酸钠溶液法检验，试样进行 5 次循环后，其质量损失应符合表 7-14 规定。

3）最大粒径及颗粒级配。最大粒径的选择根据 GB 50204—2015《混凝土结构工程施工质量验收规范》规定：混凝土用粗集料最大粒径不得超过结构截面最小尺寸的 1/4 且不得超过钢筋间最小净距的 3/4，对混凝土实心板，集料的最大粒径不宜超过板厚的 1/4 且不得超过 40mm。

粗集料颗粒级配的好坏，直接影响混凝土的技术性质经济效果，因而粗集料级配的选定，是保证混凝土质量的重要一环。混凝土作粗集料的级配应符合表 7-15 的规定。当连续级配不能配合成满意的混合料时，可掺加单粒级集料配合。连续级配矿质混合料的优点是所配制的新拌混凝土可能性较为密实，特别是具有优良的工作性，不易产生离析等现象，故为经常采用的级配。

表 7-15　碎石或卵石的颗粒级配与范围

级配情况	序号	公称粒级 /mm	筛孔尺寸（方孔筛）/mm									
			2.36	4.75	9.5	16.0	19.0	26.5	31.5	37.5	53.0	63.0	75.0	90.0
			累计筛余（按质量计）(%)									
连续粒级	1	5～10	95～100	80～100	0～15	0							
	2	5～16	95～100	85～100	30～60	0～10							
	3	5～20	95～100	90～100	40～80	—	0～10	0					
	4	5～25	95～100	90～100	—	30～70	—	0～5	0				
	5	5～31.5	95～100	90～100	70～90	—	15～45	—	0～5	0			
	6	5～40	95～100	95～100	75～90	—	30～65	—	—	0～5	0		
单粒级	1	10～20		95～100	85～100		0～15	0					
	2	16～31.5		95～100		85～100			0～10	0			
	3	20～40			95～100		80～100			0～10	0		
	4	31.5～63				95～100			75～100	45～75		0～10	0
	5	40～80					95～100			70～100		30～60	0～10	0

4）表面特征及形状。表面粗糙且棱角多的碎石与表面光滑、圆形的卵石相比较：碎石配制的混凝土，由于它对水泥石的黏附性好，故具有较高的强度，但是在相同单位用水量（即相同水泥浆用量）条件上，卵石配制的新拌混凝土具有较好的工作性。

粗集料的颗粒形状以正立方体为佳，不宜含有过多的针、片状颗粒，否则将显著影响混凝土的抗折强度，同时影响新拌混凝土的工作性。针状颗粒是指颗粒长度大于平均粒径的 2.4 倍的颗粒，片状颗粒是指颗粒厚度小于平均粒径的 0.4 倍的颗粒（平均粒径指该粒级上、下粒径的平均值）。混凝土用粗集料的针、片状颗粒含量应符合表 7-16 中的规定。

5）有害物质含量。粗集料中常含有一些有害物质，如黏土、淤泥、云母、硫酸盐、硫化物和有机质。它们的危害与在细集料中相同。它们的含量不能超过表 7-16 要求。

表 7-16　粗集料的有害杂质含量限值

项目	指标		
	Ⅰ类	Ⅱ类	Ⅲ类
针、片状颗粒含量（按质量计，小于）(%)	5	15	25
含泥量（按质量计）(%)	<0.5	<1.0	<1.5
泥块含量（按质量计）(%)	0	<0.5	<0.7
有机物	合格	合格	合格
硫化物及硫酸盐含量（按 SO_3 质量计，小于）(%)	0.5	1.0	1.0

6）表观密度、堆积密度、空隙率。表观密度、堆积密度、空隙率应符合如下规定：表观密度大于 $2500kg/m^3$、堆积密度大于 $1350kg/m^3$、空隙率小于 47%。

7）碱集料反应。当集料中含有活性氧化硅时，如果混凝土中的水泥中又含有较多的碱，就可能发生碱集料反应。碱集料反应是水泥中碱性氧化物（Na_2O 和 K_2O）水解后的氢氧化钠和氢氧化钾与集料中活性二氧化硅发生化学反应，在集料表面生成复杂的碱-硅酸凝胶，这种凝胶吸水体积膨胀，使集料与水泥石界面胀裂，黏结强度下降，引起混凝土结构破坏，另外，也可能发生其他类型的碱-集料反应，如含有黏土的白云石或石灰石会与水泥中碱发生碳酸盐反应，因此，应采用含碱量小于 0.6% 的水泥，不宜采用含有活性二氧化硅和碳酸盐的石料，同时，在粗集料中严禁混入煅烧过的白云石或石灰石块。经碱-集料反应试验后，由碎石、卵石制备的试件无裂缝、酥裂、胶体外溢等现象，在规定的试验龄期膨胀率应小于 0.10%。

3. 混凝土拌和用水

用于拌制和养护混凝土的水，应不含有影响混凝土正常凝结和硬化的有害杂质、油质和糖类等。按我国现行标准 JGJ 63—2006《混凝土用水标准》规定，混凝土拌和用水根据其对混凝土（或砂浆）物理力学性能的影响和有害物质含量，控制质量。具体要求如下：

（1）有害物质含量控制　混凝土拌和用水中的有害物质含量应符合表 7-17 的规定。

表 7-17　混凝土拌和用水质量要求

项　目	素混凝土	钢筋混凝土	预应力混凝土
PH 值	≥4.5	≥4.5	≥5.0
不溶物含量/(mg/L)	≤5000	≤2000	≤2000
可溶物含量/(mg/L)	≤10000	≤5000	≤2000
氯离子含量（以 Cl^- 计）/(mg/L)	≤3500	≤1000	≤500
硫酸盐含量（以 SO_4^{2-} 计）/(mg/L)	≤2000	≤2000	≤600
碱含量/(rag/L)	≤1500	≤1500	≤1500

注：1. 对于设计使用年限为 100 年的结构混凝土，氯离子含量不得超过 500mg/L。
　　2. 使用钢丝或经热处理钢筋的预应力混凝土，氯离子含量不得超过 350mg/L。
　　3. 碱含量按 $Na_2O + 0.658K_2O$ 计算值来表示，采用非碱活性骨料时，可不检验碱含量。

（2）对混凝土凝结时间的影响　用待检验水与饮用水样进行水泥凝结时间对比试验，两者的初凝时间差及终凝时间差，均不得大于 30min，同时，初凝时间和终凝时间应符合现行国家标准 GB 175—2007《通用硅酸盐水泥》的规定。

（3）对水泥胶砂强度的影响　被检验水样应与饮用水样进行水泥胶砂强度比对试验，被检验水样配制的水泥胶砂 3d 和 28d 强度不应低于饮用水配制的水泥胶砂 3d 和 28d 强度的 90%。

4. 外加剂

混凝土外加剂是在拌制混凝土过程中掺入，用以改善混凝土性质的物质。掺量不大于水泥质量的 5%（特殊情况除外）。

1）外加剂类型。混凝土外加剂品种繁多，通常每种外加剂具有一种或多种功能，按照主要功能分类见表 7-18。

表 7-18 外加剂分类

外加剂功能	外加剂类型
改善混凝土拌合物流变性能	减水剂、引气剂、泵送剂、保水剂等
调节混凝土凝结时间、硬化速度	缓凝剂、早强剂、速凝剂等
调节混凝土体中含气量	引气剂、加气剂、泡沫剂、消泡剂等
改善混凝土耐久性	引气剂、阻锈剂、防水剂、抗渗剂等
为混凝土提供特殊性能	膨胀剂、防冻剂、着色剂、碱-集料反应抑制剂等

按照化学成分阶段，外加剂分为无机化合物类和有机化合物类。无机化合物类主要是无机电解质盐类，如早强剂 $CaCl_2$ 和 Na_2SO_4 等。有机化合物外加剂包括某些有机化合物及其复盐、表面活性剂类。目前混凝土中所用的减水剂和引气剂多属于表面活性剂。

2）各种外加剂名称、主要功能及组成材料见表 7-19。

表 7-19 外加剂名称、主要功能及组成材料

外加剂名称	主要功能	组成材料
普通减水剂	1）在混凝土工作性及强度不变的条件下，可节省水泥 5%～10% 2）在保证混凝土工作性及水泥用量不变的条件下，可减少用水量 10% 左右，混凝土强度提高 10% 左右 3）在保持混凝土用水量及水泥用量不变的条件下，可增大混凝土拌合物流动性	1）木质素磺酸盐类（木钙、木镁、木钠） 2）腐植酸类 3）烤胶类
高效减水剂	1）在保证混凝土工作性及水泥用量不变的条件下，可减少用水量 15% 左右，混凝土强度提高 20% 左右 2）在保持混凝土用水量及水泥用量不变的条件下，可大幅度提高混凝土拌合物流动性 3）可节省水泥 10%～20%	1）多环芳香族磺酸盐类（萘系磺化物与甲醛缩合的盐类） 2）水溶性树脂磺酸盐类（磺化三聚氰胺树脂、磺化古玛隆树脂）
引气剂及引气减水剂	1）提高混凝土耐久性和抗渗性 2）提高混凝土拌合物工作性，减少混凝土泌水离析 3）引气减水剂还有减水剂的功能	1）松香树脂类（松香热聚物、松香皂） 2）烷基苯磺酸盐类（烷基苯磺酸盐、烷基苯酚聚氧乙烯醚） 3）脂肪醇磺酸盐类（脂肪醇聚氧乙烯醚、脂肪醇聚氧乙烯磺酸钠）
早强剂及早强减水剂	1）提高混凝土的早期强度 2）缩短混凝土的蒸养时间 3）早强减水剂还有减水剂的功能	1）氯盐类（氯化钙、氯化钠） 2）硫酸盐类（硫酸钠、硫代硫酸钠） 3）有机胺类（三乙醇胺、三异丙醇胺）

(续)

外加剂名称	主 要 功 能	组 成 材 料
缓凝剂及缓凝减水剂	1）延缓混凝土的凝结时间 2）降低水泥初期水化热 3）缓凝减水剂还有减水剂的功能	1）糖蜜类（糖钙） 2）木质素磺酸盐类（木钙、木钠木镁） 3）羟基羧酸及其盐类（柠檬酸、酒石酸钾钠） 4）无机盐类（锌盐、硼酸盐、磷酸盐）
膨胀剂	使混凝土体积，在水化、硬化过程中产生一定膨胀，减少混凝土干缩裂缝，提高抗裂性和抗渗性能	1）硫铝酸钙类（明矾石、CSA膨胀剂） 2）氧化钙类（石灰膨胀剂） 3）氧化镁类（氧化镁） 4）金属类（铁屑） 5）复合类（氧化钙、硫铝酸剂）

3）各种混凝土工程对外加剂的选择见表 7-20。

表 7-20 各种混凝土工程对外加剂的选择

序号	工程项目	选用目的	选用剂型
1	自然条件下的混凝土工程和构件	改善工作性、提高早期强度，节约水泥	各种减水剂，常用木质素类
2	太阳直射下施工	缓凝	缓凝减水剂，常用糖蜜类
3	大体积混凝土	减少水化热	缓凝剂、缓凝减水剂
4	冬期施工	早强、防寒、抗冻	早强减水剂、早强剂、抗冻剂
5	流态混凝土	提高流动度	非引气型减水剂，常用 FDN、UNF
6	泵送混凝土	减少坍落损失	泵送剂、引气剂、缓凝减水剂，常用 FDNP、UNF-5
7	高强混凝土	C50 以上混凝土	高效减水剂、非引气减水剂、密实剂
8	灌浆、补强、填缝	防止混凝土收缩	膨胀剂
9	蒸养混凝土	缩短蒸养时间	非引气高效减水剂、早强减水剂
10	预制构件	缩短生产周期，提高模具周转率	高效减水剂、早强减水剂
11	滑模工程	夏季宜缓凝	普通减水剂木质素类或糖蜜类
11	滑模工程	冬季宜早强	高效减水剂或早强减水剂
12	大模板工程	提高和易性，一天强度能拆模	高效减水剂或早强减水剂
13	钢筋密集的构造物	提高和易性，利于浇筑	普通减水剂、高效减水剂
14	耐冻融混凝土	提高耐久性	引气高效减水剂
15	灌注桩基础	改善和易性	普通减水剂、高效减水剂
16	商品混凝土	节约水泥，保证运输后的和易性	普通减水剂、缓凝型减水剂

有些外加剂含氯、硫和其他杂质，对混凝土的耐久性有影响，应限制使用，其限制规定见表 7-21。

表7-21 外加剂限制使用规定

外加剂名称	不得使用的混凝土工程
氯盐、含氯盐的早强剂、含氯盐的早强减水剂	1）在高湿度空气环境中使用的结构（排出大量蒸汽的） 2）处于水位升降部位的结构 3）露天结构或经常受水淋的结构 4）有镀锌钢材或铝铁相接触部位的结构，以及有外露钢筋预埋件而无防护措施的结构 5）与含有酸、碱或硫酸盐等侵蚀性介质相接触的结构 6）使用过程中经常处于环境温度为60℃以上的结构 7）使用冷拉钢筋、冷轧或冷拔钢丝的结构 8）薄壁结构 9）预应力混凝土结构 10）蒸养混凝土构件
硫酸盐及其复合剂	1）有活性集料的混凝土 2）有镀锌钢材或铝铁相接触部位的结构 3）有外露钢筋预埋件而无防护措施的结构

二、普通水泥混凝土配合比设计

混凝土的配合比是指混凝土中各组成材料的质量比例。确定配合比的工作，称为配合比设计。配合比设计优劣与混凝土性能有着密切的关系。

1. 混凝土配合比设计的基本资料

1）混凝土设计强度等级。
2）工程特征（工程所处环境、结构断面、钢筋最小净距等）。
3）耐久性要求（如抗冻性、抗侵蚀、耐磨、碱–集料等）。
4）水泥强度等级和品种。
5）砂、石的种类，石子最大粒径、密度等。
6）施工方法等。

2. 表示方法

混凝土配合比表示方法，有下列两种：

（1）单位用量表示法 以1m³混凝土中各种材料的用量表示（如，水泥∶水∶细集料∶粗集料＝330kg∶150kg∶726kg∶1364kg）。

（2）相对用量表示法 以水泥的质量为1，并按"水泥∶细集料∶粗集料∶水胶比"的顺序排列表示（如1∶2.14∶3.81；$W/B=0.45$）。

3. 基本要求

对于道路与桥梁工程用水泥混凝土的配合比设计，应满足下列四项基本要求：

（1）施工工作性的要求 按照结构物断面尺寸和形状、钢筋的配置情况、施工方法及设备等，合理确定混凝土拌和的工作性（坍落度或维勃稠度）。

（2）结构物强度要求 不论是混凝土路面或桥梁，在设计时都会对不同的结构部位提出不同的"设计强度"要求。为了保证结构物可靠性，在配制混凝土配合比时，必须要考虑到结构物的重要性、施工单位施工水平、施工环境因素等，采用一个"设计强度"的"配制强度"，才能满足"设计强度"的要求。但是"配制强度"的高低一定要适宜，定得太低结构物不安全,定得太高会造成浪费。

(3) 环境耐久性要求 根据结构物所处的环境条件,如严寒地区的路面、桥梁墩台处于水位升降范围,处于有侵蚀介质中,为保证结构的耐久性,在设计混凝土配合比时,应考虑允许的"最大水胶比"和"最小水泥用量"。

(4) 经济性的要求 在满足混凝土设计强度、工作性和耐久性的前提下,在配合比设计中要尽量降低高价材料(如水泥)的用量,并考虑应用当地材料和工业废料(如粉煤灰),以配制成性能优良、价格便宜的混凝土。

4. 混凝土配合比设计三参数

由水泥、水、粗集料、细集料组成的普通水泥混凝土配合比设计,实际上就是确定水泥、水、砂和石这四种基本组成材料的用量。其中有三个重要参数:水胶比、砂率和单位用水量。

(1) 水胶比 水胶比是指水与胶凝材料(水泥和其他掺料,如粉煤灰、矿粉等)的用量比。

(2) 砂率 砂率为砂的用量占砂石总质量的百分率,它影响着混凝土的黏聚性和保水性。

(3) 单位用水量 单位用水量是指 $1m^3$ 混凝土拌合物中水的用量(kg/m^3)。当水胶比固定的条件下,用水量如果确定,则水泥用量也随之确定,当然集料的总用量也能确定。因此,单位用水量反映了水泥浆与集料之间的比例关系。

实践操作

普通水泥混凝土配合比设计的步骤(以抗压强度为指标的计算方法)。

1. 初步配合比的计算

(1) 确定混凝土配制强度 $f_{cu,o}$ 确定混凝土配制强度 $f_{cu,o}$,首先应根据设计要求的混凝土强度等级和施工单位质量管理水平,再按 JGJ 55—2011《普通水泥混凝土配合比设计规程》的规定,可按式(7-13)计算:

$$f_{cu,o} = f_{cu,k} + 1.645\sigma \tag{7-13}$$

式中 $f_{cu,o}$——混凝土配制强度(MPa);

$f_{cu,k}$——混凝土立方体抗压强度标准值(MPa);

σ——混凝土强度标准差(MPa)。

混凝土强度标准差可根据近期同类混凝土强度资料求得,当无历史统计资料时,强度标准值可根据强度等级按表 7-22 规定取用。

表 7-22 强度标准差 σ 值表

强度等级/MPa	≤C20	C25 ~ C45	C50 ~ C55
标准差 σ/MPa	4.0	5.0	6.0

(2) 初步确定水胶比

1) 当混凝土强度等级小于 C60 级时,混凝土水胶比按式(7-14)计算:

$$\frac{W}{B} = \frac{\alpha_a \cdot f_b}{f_{cu,o} + \alpha_a \cdot \alpha_b \cdot f_b} \tag{7-14}$$

式中 α_a、α_b——回归系数,取值见表 7-2;

f_b——胶凝材料 28d 抗压强度实测值(MPa)。

当胶凝材料 28d 抗压强度实测值时,按式(7-15)确定 f_{ce}:

$$f_b = \gamma_f \gamma_s \times f_{ce} \tag{7-15}$$

式中 γ_f、γ_s——粉煤灰影响系数和粒化高炉矿渣粉影响系数,可按表 7-23 选用;

f_{ce}——水泥 28d 胶砂抗压强度(MPa),可实测,也可按式(7-16)确定;

$$f_{ce} = \gamma_c \times f_{ce,g} \tag{7-16}$$

式中 γ_c——水泥强度等级值的富余系数,可按统计资料确定;当缺乏时,可按表 7-24 选用;

$f_{ce,g}$——水泥强度等级值(MPa)。

表 7-23 粉煤灰影响系数 γ_f 和粒化高炉矿渣粉影响系数 γ_s

掺量(%)	种类	
	粉煤灰影响系数 γ_f	粒化高炉矿渣粉影响系数 γ_s
0	1.00	1.00
10	0.90 ~ 0.95	1.00
20	0.80 ~ 0.85	0.95 ~ 1.00
30	0.70 ~ 0.75	0.90 ~ 1.00
40	0.60 ~ 0.65	0.80 ~ 0.90
50	—	0.70 ~ 0.85

注:1. 宜采用 I 级或 II 级粉煤灰;采用 I 级灰宜取上限值,采用 II 级灰宜取下限值。
2. 采用 S75 级粒化高炉矿渣粉宜取下限值,采用 S95 级粒化高炉矿渣粉宜取上限值,采用 S105 级粒化高炉矿渣粉可取上限值加 0.05。
3. 当超出表中的掺量时,粉煤灰影响系数和粒化高炉矿渣粉影响系数应经试验确定。

表 7-24 水泥强度等级值的富余系数 γ_c

水泥强度等级值	32.5	42.5	52.5
富余系数	1.12	1.16	1.10

2)校核水胶比。结构混凝土材料耐久性的基本要求见表 7-25。

表 7-25 结构混凝土材料的耐久性基本要求

环境等级	最大水胶比	最低强度等级	最大氯离子含量(%)	最大碱含量(kg/m³)
一	0.60	C20	0.30	不限制
二 a	0.55	C25	0.20	
二 b	0.50(0.55)	C30(C25)	0.15	3.0
三 a	0.45(0.50)	C35(C30)	0.15	
三 b	0.40	C40	0.10	

注:环境类别见表 7-26。

表 7-26 混凝土环境类别

环境类别	条件
一	室内干燥环境;永久的无侵蚀性静水浸没环境
二(a)	室内潮湿环境;非严寒和非寒冷地区的露天环境;非严寒和非寒冷地区与无侵蚀性的水或土直接接触的环境;寒冷和寒冷地区的冰冻线以下与无侵蚀性的水或土直接接触的环境
二(b)	干湿交替环境;水位频频变动区环境;严寒和寒冷地区的露天环境;严寒和寒冷地区的冰冻线以上与无侵蚀性的水或土直接接触的环境
三(a)	严寒和寒冷地区冬季水位变动区环境;受除冰盐影响环境;海风环境
三(b)	盐渍土环境;受除冰盐作用环境;海岸环境

（续）

环境类别	条 件
四	海水环境
五	受人为或自然的侵蚀性物质影响的环境

注：1. 室内潮湿环境是指经常暴露在湿度大于75%的环境。
  2. 严寒和寒冷地区的划分应符合现行国家标准【民用建筑热工设计规范】GB50176的有关规定。
  3. 海岸环境为距海岸线100m以内；室内潮湿环境为距海岸线100m以外、300m以内，但应考虑主导风向及结构所处迎风、背风部位等因素的影响。
  4. 受除冰盐影响环境为受除冰盐盐雾影响的环境；受除冰盐作用环境指被除冰盐溶液溅射的环境以及使用除冰盐地区的洗车库、停车楼等建筑。
  5. 暴露的环境是指混凝土结构表面所处的环境。

(3) 确定单位用水量

1) 干硬性、塑性混凝土用水量的确定。当水胶比在0.40~0.80范围时，根据粗集料的品种、最大粒径及施工要求的混凝土拌合物稠度，其用水量可按表7-27、表7-28选取。

表7-27 干硬性混凝土的用水量

拌合物稠度		卵石公称最大粒径/mm			碎石公称最大粒径/mm		
项目	指标	10	20	40	16	20	40
		用水量/(kg/m³)					
维勃稠度/S	16~20	175	160	145	180	170	155
	11~15	180	165	150	185	175	160
	5~10	185	170	155	190	180	165

表7-28 塑性混凝土的用水量

拌合物稠度		卵石公称最大粒径/mm				碎石公称最大粒径/mm			
项目	指标	10	20	31.5	40	16	20	31.5	40
		用水量/(kg/m²)							
坍落度/mm	10~30	190	170	160	150	200	185	175	165
	35~50	200	180	170	160	210	195	185	175
	55~70	210	190	180	170	220	205	195	185
	75~90	215	195	185	175	230	215	205	195

注：1. 用水量是采用中砂时的平均值。采用特细砂时，每立方米混凝土用水量可增加5~10kg；采用粗砂，则可减少5~10kg。
  2. 掺用各种外加剂或掺合料时，用水量应相应调整。

水胶比小于0.40的混凝土以及使用特殊成型工艺的混凝土用水量通过试验确定。

2) 流动性和大流动性混凝土的用水量宜按下列步骤计算。

以表7-28中坍落度为90mm的用水量为基础，按坍落度每增大20mm用水量增加5kg，计算未掺外加剂时的混凝土的用水量；掺外加剂时的混凝土用水量可按式(7-17)计算：

$$m_{wo} = m'_{wo}(1-\beta) \qquad (7-17)$$

式中 m_{wo}——计算配合比1m³的混凝土用水量（kg）；

m'_{wo}——未掺外加剂混凝土1m³的混凝土用水量（kg），以表7-28中90mm坍落度的用水量为基础，按每增大20mm坍落度相应增加5kg用水量来计算；

β——外加剂的减水率（%）。

(4) 胶凝材料用量

1) 按配制强度要求计算胶凝材料用量：

$$m_{bo} = \frac{m_{wo}}{W/B} \tag{7-18}$$

式中 m_{bo}——计算配合比 1m³ 混凝土中胶凝材料用量（kg/m³）；

m_{wo}——计算配合比 1m³ 混凝土的用水量（kg/m³）；

W/B——混凝土水胶比。

2) 按混凝土耐久性要求校核单位水泥用量：

根据混凝土耐久性要求，普通水泥混凝土的最小水泥用量，依结构的所处环境条件应不得小于表 7-29 中的规定。

表 7-29 混凝土的最小胶凝材料用量

最大水胶比	最小胶凝材料用量/(kg/m³)		
	素混凝土	钢筋混凝土	预应力混凝土
0.60	250	280	300
0.55	280	300	300
0.50	320		
≤0.45	330		

(5) 砂率的选定 当无历史资料可参考时，混凝土砂率的确定应符合下列规定。

1) 坍落度为 10~60mm 的混凝土砂率，可根据粗集料品种、最大粒径及水胶比按表 7-30 选取。

表 7-30 混凝土的砂率（%）

水胶比（W/B）	卵石最大粒径/mm			碎石最大粒径/mm		
	10	20	40	16	20	40
0.40	26~32	25~31	24~30	30~35	29~34	27~32
0.50	30~35	29~34	28~33	33~38	32~37	30~35
0.60	33~38	32~37	31~36	36~41	35~40	33~38
0.70	36~41	35~40	34~39	39~44	38~43	36~41

注：1. 本表数值是中砂的选用砂率，其细砂或粗砂可相应地减少或增大砂率。
2. 采用人工砂配制混凝土时，砂率可适当增大。
3. 只用一个单粒级粗集料配制混凝土时，砂率应适当增大。

2) 坍落度大于 60mm 的混凝土砂率，可经试验确定，也可在表 7-30 的基础上，按坍落度每增大 20mm，砂率增大 1% 的幅度予以调整。

3) 坍落度小于 10mm 的混凝土，其砂率应经试验确定。

(6) 计算粗、细集料单位用量

1) 质量法又称假定密度法。此法是假定混凝土拌合物的表观密度为一个固定值，混凝土拌合物各组成材料的单位用量之和即为其表观密度。在砂率值为已知的条件下，粗、细集料的单位用量可用下式计算得：

$$m_{co} + m_{go} + m_{so} + m_{wo} = \rho_{cp} \quad (7\text{-}19)$$

$$\beta_s = \frac{m_{so}}{m_{go} + m_{so}} \times 100\% \quad (7\text{-}20)$$

式中 m_{co}、m_{go}、m_{so}、m_{wo}——$1m^3$ 混凝土中的水泥、粗集料、细集料和水的用量（kg）；

β_s——混凝土的砂率（%）；

ρ_{cp}——$1m^3$ 混凝土拌合物的湿表观密度（kg），其值可根据施工单位积累的试验资料确定。当缺乏资料时，可根据集料粒径以及混凝土强度等级，在 2350~2450kg 范围内选定。

2) 体积法又称绝对体积法。该法是假定混凝土拌合物的体积等于各组成材料绝对体积及混凝土拌合物中所含空气体积之和。在砂率为已知的条件下，粗集料、细集料的单位用量可由下式求得：

$$\frac{m_{co}}{\rho_c} + \frac{m_{go}}{\rho_g} + \frac{m_{so}}{\rho_s} + \frac{m_{wo}}{\rho_w} + 0.01\alpha = 1 \quad (7\text{-}21)$$

$$\beta_s = \frac{m_{so}}{m_{go} + m_{so}} \times 100\% \quad (7\text{-}22)$$

式中 m_{co}、m_{go}、m_{so}、m_{wo}——$1m^3$ 混凝土中的水泥、粗集料、细集料和水的用量（kg）；

β_s——混凝土的砂率（%）；

ρ_c——水泥密度（kg/m^3），可取 2900~3100kg/m^3；

ρ_w——水的密度（kg/m^3），可取 1000kg/m^3；

ρ_s、ρ_g——粗、细集料的表观密度（kg/m^3）；

α——混凝土的含气量百分数，在不使用引气型外加剂时，取值为 1。

通过以上六个步骤计算，可将水泥、水、粗集料、细集料的用量全部求出，得到初步配合比（$m_{co} : m_{wo} : m_{so} : m_{go}$），而以上各项计算多数利用经验公式或经验资料获得，因此配合比所制得的混凝土不一定符合实际要求，所以应对配合比进行试配、调整和确定。

2. 试拌调整提出基准配合比

（1）试配

① 材料的要求：试配混凝土所用各种原材料，要与实际工程使用的材料相同，粗、细集料的称量均以干燥状态为基准。如不是干燥的集料配制，称料时应在用水量中扣除集料中的水，集料也应增加。

② 搅拌方法和拌合物数量：混凝土的搅拌方法，应尽量与生产时使用方法相同。试拌时，每盘混凝土数量一般应不少于表 7-31 中的建议值。如需要进行抗折强度试验，则应根据实际需要计算拌合用量。采用机械搅拌时，拌合量不应小于搅拌机额定搅拌量的 1/4。

表 7-31 混凝土试配的最小搅拌量

集料最大粒径/mm	拌和物数量/L
31.5 及以下	20
40.0	25

（2）校核工作性，调整配合比 按初步配合比计算出试配所需的材料用量，配制混凝土拌合物。首先通过试验测定混凝土的坍落度，同时观察拌合物黏聚性和保水性。当不符合

要求时,应进行调整。经反复调整后得到的配合比 $m_{c1}:m_{w1}:m_{s1}:m_{g1}$,称为基准配合比。

3. 检验强度,确定试验室配合比

(1) 制作试件、检验强度 经过和易性调整试验得出的混凝土基准配合比,其水胶比不一定选用恰当,混凝土的强度不一定符合要求,所以应对混凝土强度进行复核。混凝土强度试验时至少采用三个不同的配合比。其中一个是基准配合比,另两组的水胶比则分别增加及减少0.05,用水量应与基准配合比相同,砂率可分别增加1%和减少1%。

每种配合比制作一组(三块)试件,在制作混凝土强度试件时,应检验混凝土拌合物的坍落度(或维勃稠度)、黏聚性、保水性及拌合物的表观密度,并以此结果作为代表相应配合比的混凝土拌合物的性能。按标准条件养护28天,根据试验得出的混凝土强度与其相对应的水胶比关系,用作图法或计算法求出混凝土配制强度与其相应的水胶比,如图7-9所示。

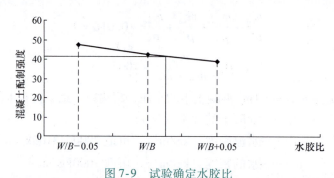

图7-9 试验确定水胶比

(2) 根据检验强度后确定的水胶比和砂率 重新计算混凝土的配合比($m_{c2}:m_{w2}:m_{s2}:m_{g2}$)。

(3) 根据实测拌合物湿表观密度修正配合比 由强度复核之后的配合比,还应根据实测的混凝土拌合物的表观密度作校正,以确定1m³混凝土中各种材料的用量。由此得到的配合比($m'_{c2}:m'_{w2}:m'_{s2}:m'_{g2}$),称为试验室配合比。

其步骤如下:

1)计算出混凝土拌合物的计算表观密度,可按下式计算:

$$\rho_{c,c} = m_c + m_w + m_g + m_s \tag{7-23}$$

2)计算出混凝土密度校正系数,可按下式计算:

$$\delta = \rho_{c,t}/\rho_{c,c} \tag{7-24}$$

式中 $\rho_{c,c}$——混凝土表观密度计算值(kg);

$\rho_{c,t}$——混凝土表观密度实测值(kg)。

当混凝土表观密度计算值与实测值之差的绝对值不超过计算值的2%时,按以上原则确定的配合比即为确定的设计配合比;当两者之差超过2%时,应将配合比中每项材料用量乘以校正系数δ,即为确定的设计配合比。

4. 施工配合比

试验室最后确定的配合比,是按干燥状态集料计算的,而施工现场的砂、石材料为露天堆放,都含有一定的水分。因此,施工现场应根据现场砂、石实际含水率变化,将试验确定的配合比换算为施工配合比($m_c:m_w:m_s:m_g$)。

设施工现场实测砂、石含水率分别为$a\%$,$b\%$。施工中配制1m³混凝土各种材料用量为:

项目七　水泥混凝土的检测与配制

$$m_c = m'_{c2}$$
$$m_s = m'_{s2}(1+a\%)$$
$$m_g = m'_{g2}(1+b\%)$$
$$m_w = m'_{w2} - (m'_{s2} \cdot a\% + m'_{g2} \cdot b\%)$$

(7-25)

【题目】 根据所给条件，试设计钢筋混凝土桥台混凝土配合比。

【原始资料】

1）已知混凝土设计强度等级为 C35，强度标准差为 4.0MPa。要求由机械拌和、振捣，施工要求混凝土拌合物坍落度为 35～50mm。桥梁所在地属于寒冷地区。

2）组成材料：可供应强度等级 42.5MPa 普通硅酸盐水泥，实测 28d 抗压强度为 46.8MPa，密度为 $3.1 \times 10^3 \text{kg/m}^3$；砂采用中砂，表观密度为 $2.65 \times 10^3 \text{kg/m}^3$，施工现场砂含水率为 2%；碎石粒径为 5～37.5mm，表观密度为 $2.70 \times 10^3 \text{kg/m}^3$，施工现场碎石含水率为 1%；水为自来水。

教学视频23　水泥混凝土组成设计2

【设计要求】

1）按题给资料计算出初步配合比。

2）按初步配合比在试验室进行试拌调整得出试验室配合比。

3）根据现场砂、石实际含水率，将试验定配合比换算为施工配合比。

【设计步骤】

一、计算初步配合比

1. 确定混凝土配制强度 $f_{cu,o}$

按题意已知：设计要求混凝土强度为 35MPa，标准差为 4.0MPa。

混凝土配制强度

$$f_{cu,o} = f_{cu,k} + 1.645\sigma = 35\text{MPa} + 1.645 \times 4\text{MPa} = 41.6\text{MPa}$$

2. 计算水胶比 $\dfrac{W}{B}$

已知混凝土配制强度为 41.6MPa，水泥 28d 实际强度为 46.8MPa。本单位无混凝土强度回归系数统一资料，查表 7-2 中回归系数 $\alpha_a = 0.53$，$\alpha_b = 0.20$。计算水胶比：

$$\frac{W}{B} = \frac{\alpha_a \cdot f_b}{f_{cu,o} + \alpha_a \cdot \alpha_b \cdot f_b} = \frac{0.53 \times 46.8}{41.6 + 0.53 \times 0.20 \times 46.8} = 0.53$$

水胶比校核，查表 7-25 为 0.55，选取水胶比为 0.53。

3. 计算单位用水量 m_{wo}

由题意已知，要求混凝土拌合物坍落度为 35～50mm，碎石最大粒径为 37.5mm。查表 7-27 选用混凝土用水量为 175kg/m³。

4. 计算水泥用量 m_{co}

已知混凝土单位用水量为175kg/m³，水胶比为0.53，混凝土单位水泥用量为：

$$m_{co} = \frac{m_{wo}}{\frac{W}{B}} = \frac{175}{0.53} \text{kg/m}^3 = 330 \text{kg/m}^2$$

耐久性校核，查表7-28为300kg，取330kg。

5. 选定砂率 β_s

按已知，集料采用最大粒径为37.5mm的碎石，水胶比为0.53，查表7-29，选取砂率为0.32。

6. 计算砂石用量

（1）采用质量法 已知：单位胶凝材料用量为330kg/m³，单位用水量为175kg/m³，取混凝土拌合物湿表观密度为2400kg/m³，砂率为0.32，得：

$$\begin{cases} m_{so} + m_{go} = \rho_{cp} - m_{co} - m_{wo} = 2400 - 330 - 175 \\ \dfrac{m_{so}}{m_{so} + m_{go}} = \beta_s = 0.32 \end{cases}$$

解得：$m_{so} = 606 \text{kg/m}^3$，$m_{go} = 1289 \text{kg/m}^3$

按质量法计算得初步配合比：$m_{co} : m_{wo} : m_{so} : m_{go} = 330 : 175 : 606 : 1289$

（2）采用体积法 已知：水泥密度为$3.1 \times 10^3 \text{kg/m}^3$；砂的表观密度为$2.65 \times 10^3 \text{kg/m}^3$；碎石表观密度为$2.70 \times 10^3 \text{kg/m}^3$。

$$\begin{cases} \dfrac{m_{so}}{\rho_s} + \dfrac{m_{go}}{\rho_g} = 1000 - \dfrac{m_{co}}{\rho_c} - \dfrac{m_{wo}}{\rho_w} - 10\alpha \\ \dfrac{m_{so}}{m_{so} + m_{go}} = \beta_s \end{cases}$$

非引气混凝土 $\alpha = 1$

$$\begin{cases} \dfrac{m_{so}}{2.65} + \dfrac{m_{go}}{2.70} = 1000 - \dfrac{330}{3.10} - \dfrac{175}{1} - 10 \\ \dfrac{m_{so}}{m_{so} + m_{go}} = 0.32 \end{cases}$$

解得：砂用量为608kg/m³；碎石用量为1293kg/m³。

按体积法计算得初步配合比：$m_{co} : m_{wo} : m_{so} : m_{go} = 330 : 175 : 608 : 1293$

两种方法计算结果相近。

二、调整工作性、提出基准配合比

1. 计算试样材料用量（按质量法）

按计算初步配合比取样25L，则各种材料的用量为：

水泥：$330 \times 0.025 \text{kg} = 8.25 \text{kg}$　　砂：$606 \times 0.025 \text{kg} = 15.15 \text{kg}$

石子：$1289 \times 0.025 \text{kg} = 32.23 \text{kg}$　　水：$175 \times 0.025 \text{kg} = 4.38 \text{kg}$

2. 调整工作性

按计算材料用量拌制混凝土拌合物，测定其坍落度为25mm，不满足题给的施工和易性要求。为此，保持水胶比不变，增加3%水泥浆，即水泥用量增至8.50kg，水用量增至4.51kg，再经搅拌后测得坍落度为40mm，黏聚性、保水性均良好。

3. 提出基准配合比

可得出基准配合比：$m_{c1}:m_{w1}:m_{s1}:m_{g1}=340:180:606:1289$

三、检验确定、测定试验室配合比

1. 检验强度

以 0.53 为基准，选用 0.48、0.53 和 0.58 三个水胶比，基准用水量不变，相应调整水泥、砂、碎石用量，分别拌制三组混凝土试样，其中对水胶比为 0.48 和 0.58 的两组混凝土做工作性调整，满足设计要求。分别做成试块，实测 28d 抗压强度，与三个水胶比相应的 28d 抗压强度结果分别为：47.8MPa、42.5MPa、38.8MPa。

按图 7-9 方法绘制强度-水胶比曲线，确定与混凝土配制强度 41.6MPa 对应的水胶比为 0.54。

2. 混凝土实验室配合比

1）按强度试验结果计算配合比，$1m^3$各材料用量为：

水：180kg

水泥：（180÷0.54）kg = 333kg

砂、石用量按体积法计算得，砂：606kg；碎石：1289kg。

2）根据实测拌合物湿表观密度修正配合比

计算湿表观密度为　　$333kg/m^3 + 180kg/m^3 + 606kg/m^3 + 1289kg/m^3 = 2408kg/m^3$

实测湿表观密度为　　$2489kg/m^3$

修正系数　　　　　　2489/2408 = 1.03

按实测湿表观密度修正各种材料用量：

水泥：　　　　　$333 × 1.03kg/m^3 = 343kg/m^3$

水：　　　　　　$180 × 1.03kg/m^3 = 185kg/m^3$

砂：　　　　　　$606 × 1.03kg/m^3 = 624kg/m^3$

碎石：　　　　　$1289 × 1.03kg/m^3 = 1328kg/m^3$

因此，试验室配合比为：$m'_{c2}:m'_{w2}:m'_{s2}:m'_{g2}=343:185:624:1328$

四、换算工地配合比

根据工地实测，砂的含水量为2%，碎石的含水量为1%，各种材料的用量为：

水泥：　　　$343kg/m^3$

砂：　　　　$624 × (1+2\%)kg/m^3 = 636kg/m^3$

碎石：　　　$1328 × (1+1\%)kg/m^3 = 1341kg/m^3$

水：　　　　$185kg/m^3 - (624 × 2\% + 1328 × 1\%)kg/m^3 = 159kg/m^3$

因此，工地配合比为：$m_c:m_w:m_s:m_g = 343:159:636:1341$

一、掺外加剂普通混凝土配合比设计

设计步骤：

1. 确定试配强度和水胶比

与前述普通水泥混凝土配合比设计方法相同。

2. 计算掺外加剂混凝土的单位用水量

根据集料品种和规格、外加剂的类型与掺量以及施工和易性的要求，按下式确定 $1m^3$ 混凝土的用水量：

$$m_{w,ad} = m_w(1-\beta) \tag{7-26}$$

式中 m_w——$1m^3$ 基准混凝土（未掺外加剂混凝土）中的用水量（kg）；

$m_{w,ad}$——$1m^3$ 掺外加剂混凝土的用水量；

β——外加剂的减水率，应经混凝土试验确定。

3. 计算外加剂混凝土的单位胶凝材料用量

$$m_b = \frac{m_{w,ad}}{\dfrac{W}{B}} \tag{7-27}$$

式中 m_b——$1m^3$ 混凝土中胶凝材料用量。

4. 计算 $1m^3$ 混凝土中外加剂用量

$$m_{ad} = m_b \times \beta_a \tag{7-28}$$

式中 β_a——外加剂掺量（%），应经试验确定。

5. 计算单位粗、细集料用量

根据表7-30选定砂率，然后用质量法或体积法确定粗、细集料用量。

6. 试拌调整

根据计算所得各种材料用量进行混凝土试拌，如不满足要求则应对材料用量进行调整，重新计算和试拌，达到设计要求为止。

【设计实例】按普通水泥混凝土设计例题资料，掺加高效减水剂 UNF-5，掺加量 0.5%，减水率 $\beta_{ad}=10\%$，试求该混凝土配合比。

【解】：

1）确定试配强度和水胶比

由前述计算得：试配强度 $f_{cu,o}=41.6MPa$，水胶比 $W/B=0.54$。

2）计算掺外加剂混凝土的单位用水量 $m_{w,ad}=175\times(1-0.10)kg=158kg$

3）计算掺外加剂混凝土的单位胶凝材料用量 $m_b=(158/0.54)kg=293kg$

4）计算单位粗、细集料用量 砂率同前，$\beta_s=32\%$

按质量法计算得：$m_{s,ad}=624kg$ $m_{g,ad}=1325kg$

5）外加剂用量 $m_{ad}=293\times0.5\% kg=1.47kg$

6）掺加剂混凝土配合比 $m_b:m_{s,ad}:m_{g,ad}=293:624:1325$

7）试拌调整

二、粉煤灰混凝土配合比设计

设计步骤：

1. 计算配置强度和水胶比

混凝土水胶比为：

$$\frac{W}{B} = \frac{\alpha_a \cdot f_b}{f_{cu,o} + \alpha_a \cdot \alpha_b \cdot f_b} \tag{7-29}$$

其中胶凝材料28d胶砂强度值为：

$$f_b = \gamma_f \gamma_s \times f_{ce}$$

2. 计算单位用水量 m_{wo}

根据已知条件查表7-28选用混凝土用水量。

3. 计算胶凝材料用量 m_{bo}

$$m_{bo} = \frac{m_{wo}}{\dfrac{W}{B}}$$

计算粉煤灰用量：$m_{fo} = m_{bo}\beta_f$ （7-30）

式中 β_f——粉煤灰掺量（%）。

计算水泥用量：$m_{co} = m_{bo} - m_{fo}$

4. 确定砂率

根据骨料的技术特征，混凝土拌合物的性能和施工要求，参考历史资料来选定砂率。

5. 计算粗细骨料用量

$$m_{fo} + m_{co} + m_{wo} + m_{so} + m_{go} = m_{cp} \tag{7-31}$$

式中 m_{cp}——混凝土拌合物湿表观密度。

$$\frac{m_{so}}{m_{so} + m_{go}} \times 100\% = \beta_s$$

6. 确定粉煤灰混凝土的各种材料用量

7. 试拌调整

【设计实例】按普通水泥混凝土设计例题资料，掺加Ⅰ级粉煤灰，假定粉煤灰掺量为20%，求该混凝土配合比。

【解】：

1. 计算水胶比

由题给条件知：水泥品种为普通硅酸盐水泥，混凝土工程种类为钢筋混凝土，配置强度为41.6MPa。粉煤灰等级为Ⅰ级，水泥强度等级为42.5MPa，水泥混凝土强度等级为C35，查表7-23取粉煤灰影响系数为0.8。

则胶凝材料28d胶砂强度值为：

$$f_b = \gamma_f \gamma_s \times f_{ce} = 0.8 \times 1.00 \times 46.8 = 37.4 \text{MPa}$$

混凝土水胶比为：

$$\frac{W}{B} = \frac{\alpha_a \cdot f_b}{f_{cu,o} + \alpha_a \cdot \alpha_b \cdot f_b} = \frac{0.53 \times 37.4}{41.6 + 0.53 \times 0.20 \times 37.4} = 0.44$$

2. 计算单位用水量 m_{wo}

由题意已知,要求混凝土拌合物坍落度为 35~50mm,碎石最大粒径为 37.5mm。查表 7-28 选用混凝土用水量为 175kg/m³。

3. 计算胶凝材料用量 m_{bo}

已知混凝土单位用水量为 175kg/m³,水胶比为 0.44,混凝土单位胶凝材料用量为:

$$m_{bo} = \frac{m_{wo}}{\frac{W}{B}} = \frac{175}{0.44} \text{kg/m}^2 = 398 \text{kg/m}^2$$

粉煤灰用量:$m_{fo} = m_{bo}\beta_f = 398 \times 20\% \text{ kg} = 79.6 \text{kg}$

水泥用量:$m_{co} = m_{bo} - m_{fo} = 398 \text{kg} - 79.6 \text{kg} = 318.4 \text{kg}$

4. 确定砂率

当无历史资料可参考时,混凝土砂率可根据粗集料品种、最大粒径及水胶比按表 7-30 确定为 0.32。

5. 粗细骨料用量的计算

$$m_{fo} + m_{co} + m_{wo} + m_{so} + m_{go} = 2400 \text{kg}$$

$$\frac{m_{so}}{m_{so} + m_{go}} \times 100\% = 0.32$$

根据以上两式可以确定:

$$m_{so} = 585 \text{kg} \qquad m_{go} = 1242 \text{kg}$$

6. 确定粉煤灰混凝土的各种材料用量

由前计算得 $m_{fo} = 79.6 \text{kg}$,$m_{co} = 318.4 \text{kg}$,$m_{wo} = 175 \text{kg}$,$m_{so} = 585 \text{kg}$,$m_{go} = 1242 \text{kg}$。

7. 试拌调整

三、道路混凝土的配合比设计

水泥混凝土路面用混凝土配合比设计方法,按我国现行 JTG/T F30—2014《公路水泥混凝土路面施工技术细则》的规定,采用抗弯拉强度为指标的方法,本任务介绍本规范推荐的抗弯拉强度为指标的经验公式法。

路面用水泥混凝土配合比设计,应满足:①抗弯拉强度;②工作性;③耐久性。

路面用水泥混凝土配合比设计按下列步骤进行:

(一) 计算初步配合比

1. 确定配制强度

$$f_c = \frac{f_r}{1 - 1.04 C_v} + t \cdot S \tag{7-32}$$

式中 f_c——混凝土配制 28d 抗弯拉强度的均值(MPa);

f_r——混凝土设计抗弯拉强度(MPa);

S——抗弯拉强度试验样本的标准差(MPa);

t——保证率系数,按规范(JTG/T F30—2014)查表确定;

C_v——抗弯拉强度变异系数,应按统计数据在规范(JTG/T F30—2014)规定范围内取值。(在无统计数据时,抗弯拉强度变异系数应按设计取值;如施工配置抗

弯拉强度超出设计给定的抗弯拉强度变异系数上限,则必须改进机械装备和提高施工控制水平)

2. 计算水灰(胶)比的计算和确定

根据粗集料的类型,水灰比(如果有掺活性混合料时,用水胶比代替水灰比)可分别按下列统计公式计算:

对碎石或碎卵石混凝土

$$\frac{W}{C} = \frac{1.5684}{f_c + 1.0097 + 0.3595f_s} \quad (7\text{-}33)$$

对卵石混凝土

$$\frac{W}{C} = \frac{1.2618}{f_c + 1.5492 - 0.4709f_s} \quad (7\text{-}34)$$

式中 f_c——意义同前;
  f_s——水泥实际抗压强度(MPa);
  $\frac{W}{C}$——水灰比。

掺用粉煤灰时,用水胶比 W/B 代替水灰比 W/C。

应在满足弯拉强度计算值和耐久性两者要求的水灰(胶)比中取小值。

砂率应根据砂的细度模数和粗集料种类,查表 7-32 取值。在做抗滑槽时,砂率在表基础上可增大 1%~2%。

表 7-32 砂的细度模数与最优砂率关系

砂细度模数		2.2~2.5	2.5~2.8	2.8~3.1	3.1~3.4	3.4~3.7
砂率 S_P(%)	碎石	30~34	32~36	34~38	36~40	38~42
	卵石	28~32	30~34	32~36	34~38	36~40

注:碎卵石可在碎石和卵石混凝土之间内插取值。

3. 计算单位用水量

根据粗集料种类和适宜的坍落度,分别按下列经验式计算单位用水量(砂石料以自然风干状态计)。

碎石:

$$m_o = 104.97 + 0.309S_L + 11.27\frac{C}{W} + 0.61S_P \quad (7\text{-}35)$$

卵石:

$$m_o = 86.89 + 0.370S_L + 11.24\frac{C}{W} + 1.00S_P \quad (7\text{-}36)$$

式中 S_L——坍落度(mm);
  S_P——砂率(%)。

计算所得用水量是按集料为自然风干状态计。

掺外加剂的混凝土单位用水量按下式计算:

$$m_{0w} = m_0\left(1 - \frac{\beta}{100}\right) \quad (7\text{-}37)$$

式中 m_{0w}——掺外加剂混凝土的单位用水量(kg/m³);
  β——所用外加剂量的实测减水率(%)。

单位用水量应取计算值和规定值两者中的小值。若实际单位用水量仅掺引气剂不满足所取数值,则应掺用引气(高效)减水剂,三、四级公路也可采用真空脱水工艺。

4. 计算单位水泥用量（m_{co}）

混凝土拌合物 $1m^3$ 的胶凝材料用量按下式计算，并取计算值与规定值两者中的大值：

$$m_{co} = \frac{m_o}{\dfrac{W}{C}} \tag{7-38}$$

单位水泥用量不得小于 JTG/T F30—2014《公路水泥混凝土路面施工技术细则》规定的按耐久性要求的最小水泥用量。

5. 计算砂石材料单位用量（m_{s0}，m_{g0}）

砂石料用量可按密度法或体积法计算。按密度法计算时，混凝土单位质量可取 2400～2450kg/m；按体积法计算时，应计入设计含气量。采用超量取代法掺用粉煤灰时，超量部分应代替砂，并折减用砂量。经计算得到的配合比，应验算单位粗集料填充体积率，且不宜小于70%。

重要路面、桥面工程应采用正交试验法进行配合比优选。

（二）配合比调整

1. 试拌调整

按初步计算配合比进行调整：流动性不满足要求，应在水灰比不变的情况下，增减水泥浆用量；如果黏聚性或保水性不符合要求，则调整砂率的大小。

2. 实测拌合物相对密度

由于在计算砂、石用量时未考虑含气量，故应实测混凝土拌合物捣实后的相对密度，并对各组成材料的用量进行最后调整，以确定基准配合比。

3. 强度复核

按试拌调整后的道路混凝土配合比，同时配制和易性满足设计要求的、较计算配合比水灰比增大 0.03 或减少 0.03 共三组混凝土试件，经标准养护 28 天，测其抗折强度，选定既满足设计要求，又节约水泥的配合比为试验室配合比。

4. 施工配合比的换算

根据施工现场材料性质、砂石材料颗粒表面含水量，对理论配合比进行换算，最后得出施工配合比。

【设计实例】 某一级公路拟采用水泥混凝土路面，试设计路面用混凝土配合比。

1. 原材料各项指标

水泥：52.5级普通硅酸盐水泥，密度为 $3.1g/cm^3$，实测28d胶砂抗折强度为8.7MPa。

碎石：石灰石，最大粒径37.5mm，级配合格，表观密度为 $2.70g/cm^3$。

砂：中砂，表观密度为 $2.63g/cm^3$，细度模数为2.6，其他各项指标均符合技术要求。

水：饮用水。

2. 设计要求

混凝土抗折强度等级为5.0MPa，施工要求混凝土抗折强度样本的标准差为0.4MPa（$n=9$）。混凝土拌合物的坍落度为 10～30mm。

3. 配合比设计

1) 确定试配强度：

$$f_c = \frac{f_r}{1-1.04C_v} + t \cdot S = \frac{5}{1-1.04\times 0.075}MPa + 0.61\times 0.4MPa = 5.67MPa$$

2）计算水胶比：

由公式 $\dfrac{W}{C}=\dfrac{1.5684}{f_c+1.0097-0.3595f_s}$ 可得：$\dfrac{W}{C}=0.42$

查 JGJ 55—2011《普通混凝土配合比设计规程》，耐久性允许最大水灰比为 0.44。故取计算水灰比为 0.42。

3）计算用水量：

查规范，$W/C=0.42$ 时，$S_P=34\%$；代入公式（7-32），得：

$$m_0=104.97+0.309S_L+11.27\dfrac{C}{W}+0.61S_P=143\text{kg/m}^3$$

4）计算水泥用量：

$$m_{wo}=143\times\dfrac{1}{0.42}\text{kg/m}^3=340\text{kg/m}^3$$

查 JGJ 55—2011《普通混凝土配合比设计规程》，耐久性允许最小水泥用量为 300kg/m³，故取 340kg/m³。

5）计算砂、石用量：

$$\begin{cases}\dfrac{340}{3.4}+\dfrac{m_{so}}{2.63}+\dfrac{m_{go}}{2.70}+\dfrac{143}{1}+0.01\times1=1000\\ \dfrac{m_{so}}{m_{so}+m_{go}}=34\%\end{cases} \quad 解得：\begin{array}{l}m_{so}=671\text{kg/m}^3\\ m_{go}=1302\text{kg/m}^3\end{array}$$

验算：碎石的填充体积 $=\dfrac{m_{go}}{\rho_{gh}}=\dfrac{1302}{1701}\times100\%=76.5\%$，符合要求。

由此确定路面混凝土的初步配合比为：$m_{co}:m_{wo}:m_{so}:m_{go}=340:143:671:1302$

4. 配合比确定与调整

由上述各经验公式推算得出的普通混凝土配合比，应在试验室内按下述步骤和 JTG 3420—2020《公路工程水泥和水泥混凝土试验规程》规定方法进行试配检验和调整。

1）首先检验各种混凝土拌合物是否满足不同摊铺方式的最佳工作性要求。

2）对于采用密度法计算的配合比，应实测拌合物视密度，并应按视密度调整配合比，调整时水灰比不得增大，单位水泥用量、钢纤维掺量不得减小，调整后的拌合物视密度允许偏差为 ±2.0%。

3）以初选水灰（胶）比为中心，按 0.02 增减幅度选定 2~4 个水灰（胶）比，制作试件，检验各种混凝土 7d 和 28d 配制弯拉强度、抗压强度、耐久性等指标（有抗冻性要求的地区，抗冻性为必测项目，耐磨性及干缩为选测项目）。也可保持计算水灰（胶）比不变，以初选单位水泥用量为中心，按 15~20kg/m 增减幅度选定 2~4 个单位水泥用量；钢纤维混凝土还应以选定的钢纤维掺量为中心，按 0.1% 增减幅度选定 2~4 个钢纤维掺量，制作试件并做上述各项试验。

4）施工单位通过上述各项指标检验提出的配合比，在经监理或建设方中心实验室验证合格后，方可确定为实验室基准配合比。

5）实验室的基准配合比应通过搅拌楼实际拌和检验和不小于 200m 试验路段的验证，并应根据料场砂石料含水量、拌合物实测视密度、含气量、坍落度及其损失，调整单位用水量、砂率或外加剂掺量。调整时，水灰（胶）比、单位水泥用量、钢纤维体积率不得减小。

考虑施工中原材料含泥量、泥块含量、含水量变化和施工变异性等因素，单位水泥用量应适当增加5~10kg。满足试拌试铺的工作性、28d（至少7d）配制弯拉强度、抗压强度和耐久性等要求的配合比，经监理或建设方批准后方可确定为施工配合比。

任务三　高强高性能混凝土配合比设计

任务描述：能描述高强高性能混凝土的配合比设计要求，使用现行设计规范，根据工程的需要完成对高强高性能混凝土的配合比设计。

相关知识

一、概述

高强混凝土与高性能混凝土概念上相互联系，又有较大区别。高强混凝土强调混凝土的力学性质，以较高的抗压强度为主要特征；高性能混凝土在较高强度的基础上更注重耐久性、体积稳定性与施工性能。由此可见，高强混凝土并非高性能混凝土，而高性能混凝土也并非高强混凝土；二者在配制与生产应用上有许多相似之处，但又有所区别。

1. 高强混凝土

高强混凝土通常指用常规的水泥、砂、石为原材料，使用一般的制作工艺，主要依靠高效减水剂或同时掺入一定数量的矿物材料，使新拌的混凝土具有良好的工作性，在硬化后即有高强性能的水泥混凝土。一般认为强度等级为60MPa及其以上（相当于$\phi150mm \times 300mm$试件的50MPa）的混凝土称为高强混凝土。

高强混凝土根据不同的工作性、水胶比以及成型方式，有正常工作性的高强混凝土、工作性非常低的高强混凝土、压实高强混凝土以及低水胶比高强混凝土。

高强混凝土对减小结构物的自重和断面尺寸，增加高度和跨径，提高承载能力和经济效益具有重要的现实意文。近年来我国在铁路、公路桥梁建设中，广泛应用高效减水剂制造高强度混凝土，港口工程等部门则应用高强混凝土制造管柱、桩和管道等。

2. 高性能混凝土

目前，不同国家对高性能混凝土的定义有所不同。法国将具有良好的施工性能、高强度及高早期强度、经济性及高耐久性，而且$\phi150mm \times 300mm$试件的抗压强度在50MPa以上的混凝土定义为高性能混凝土。其特别适用于海港建筑物、桥梁、高速公路、高层建筑、核反应堆等混凝土结构。日本学者将具有高和易性、高耐久性、低水化热、低干缩和$\phi100mm \times 200m$试件的28天抗压强度42~45MPa的混凝土定义为高性能混凝土，强调高性能保凝土的流密实性。

我国CECS 207—2006《高性能混凝土应用技术规程》定义高性能混凝土为：采用常规材料和工艺生产的能保证混凝土结构所要求的各项力学性能，并具有高耐久性、高工作性和高体积稳定性的混凝土。并对高性能混凝土作了如下基本规定：

1）高性能混凝土必须保证设计要求的强度等级，并应针对所处环境进行耐久性设计，以保证在设计使用年限内的结构安全性和正常使用功能。

2）高性能混凝土的耐久性设计，应针对混凝土结构所处环境及预定的功能，选择适当的水泥品种、矿物微细粉以及适当的水胶比，并采用适当的化学外加剂，确保混凝土结构所要求的耐久性。

3）处于多种劣化因子综合作用下的混凝土结构，宜采用高性能混凝土。根据混凝土结构所处环境条件，高性能混凝土应满足下列的一种或几种技术要求：

① 水胶比小于 0.38。
② 56d 龄期的 6h 总导电量小于 1000C。
③ 300 次冻融循环后相对动弹性模量大于 80%。
④ 胶凝材料抗硫酸盐腐蚀试验：试件 15 周膨胀率小于 0.4%，混凝土最大水胶比不大于 0.45。
⑤ 混凝土中可溶性碱的总含量小于 $3.0kg/m^3$。

4）高性能混凝土在施工应用过程中有产生自收缩开裂的风险，脱模后宜以塑料薄膜覆盖混凝土表面，并进行保湿养护，维持混凝土表面的潮湿。

3. 高强高性能混凝土

根据 JCJ/T 281—2012《高强混凝土应用技术规程》，将强度等级大于或等于 C60 的混凝土称为高强混凝土；将具有良好施工和易性，优异耐久性且均匀密实的混凝土称为高性能混凝土。同时，具有高强混凝土与高性能混凝土各性能特点的混凝土称为高强高性能混凝土。

现代混凝土结构中高强高性能混凝土的应用越来越普遍，因此，应掌握其性能特点和配比设计原理。

二、高强高性能混凝土的原材料

高强高性能混凝土是多组分材料，其原材料除水泥、集料以外，各种外加剂、矿物掺和料也是重要的组成成分。正确选用这些原材料并确定合理的配合比，是获得高强高性能混凝土的关键。

1. 水泥

水泥的品种通常选用硅酸盐水泥和普通硅酸盐水泥。配制 C80 及以上强度等级的混凝土时，水泥 28d 胶砂强度不宜低于 50MPa。$1m^3$ 混凝土中的水泥用量要控制在 500kg 以内，且尽可能降低水泥用量。C60、C65 混凝土胶凝材料用量不宜大于 $560kg/m^3$；C70～C80 的混凝土胶凝材料用量不宜大于 $580kg/m^3$。

2. 掺和料

（1）硅粉 它是生产硅铁时产生的烟灰，故也称硅灰，是高强混凝土配制中应用最早、技术最成熟、应用较多的一种掺和料。硅粉中活性 SiO_2 含量达 90% 以上，比表面积达 15000m²/kg 以上，火山灰活性高，且能填充水泥的空隙，从而极大地提高混凝土密实度和强度。硅灰的适宜掺量为水泥用量的 5%～10%。

研究结果表明，硅粉对提高混凝土强度十分显著，当外掺 6%～8% 的硅灰时，混凝土强度一般可提高 20% 以上，同时可提高混凝土的抗渗、抗冻、耐磨、耐碱集料反应等耐久性能。但硅灰对混凝土也带来不利影响，如增大混凝土的收缩值、降低混凝土的抗裂性、减小混凝土流动性、加速混凝土的坍落度损失等。

（2）**磨细矿渣**　通常将矿渣磨细到比表面积为 $350m^2/kg$ 以上，从而使其具有优异的早期强度和耐久性。磨细矿渣掺量一般控制在 20%~40% 之间。矿粉的细度越大，其活性越高，增强作用越显著，但粉磨成本也大大增加。与硅粉相比，磨细矿渣增强作用略逊，但其他性能优于硅粉。

（3）**优质粉煤灰**　一般选用Ⅰ级灰。利用其内含的玻璃微珠润滑作用，降低水胶比，以及细粉末填充效应和火山灰活性效应，提高混凝土强度，改善综合性能。优质粉煤灰的掺量一般控制在 20%~30% 之间，Ⅰ级粉煤灰的作用效果与矿粉相似，且抗裂性优于矿粉。

（4）**沸石粉**　天然沸石含大量活性 SiO_2 和微孔，磨细后作为混凝土掺和料能起到微粉和火山灰活性功能，比表面积 $500m^2/kg$ 以上，能有效改善混凝土黏聚性和保水性，并增强内养护性，从而提高混凝土后期强度和耐久性，其掺量一般为 5%~10%。

（5）**偏高岭土**　偏高岭土是由高岭土（$Al_2O_3 \cdot 2SiO_2 \cdot 2H_2O$）在 700~800℃ 条件下脱水制得的白色粉末，平均粒径为 1~2um，SiO_2 和 A_2O_3 含量在 90% 以上，特别是 Al_2O_3 含量较高。在混凝土中的作用机理与硅粉及其他火山灰相似，除了微粉的填充效应和对碳酸盐水泥的加速水化作用外，主要是活性 SiO_2、Al_2O_3 与 $Ca(OH)_2$ 作用生成 CSH 凝胶、水化铝酸钙（C4AH13、C3AH6）、水化硫铝酸钙（C2ASH8）。由于其极高的火山灰活性，故有超级火山灰（Super-Pozzolan）之称。偏高岭土掺量般控制在 15% 之内。

掺入偏高岭土能显著提高混凝土的早期强度和长期拉压强度、抗弯拉强度及劈裂抗拉强度。由于高活性偏高岭土对钾、纳和氯离子的强吸附作用和对水化产物的改善作用，能有效抑制混凝土的碱集料反应和提高抗硫酸盐腐蚀能力。

3. 外加剂

高性能减水剂、高效减水剂（或泵送剂）是高强高性能混凝土最常用的外加剂品种，减水率一般要求大于 20%，以最大限度降低水胶比，提高强度。为改善混凝土的施工和易性及提高其他特殊性能，也可同时参入引气剂、缓凝剂、防水剂、膨胀剂、防冻剂等。掺量可根据需要选用。

4. 集料

一般宜选用级配良好的中砂，细度模数不大于 2.6，含泥量不应大于 1.5%。当配制 C70 以上混凝土时，含泥量不应大于 1.0%。有害杂质控制在国家标准以内。

石子应采用连续级配，最大公称粒径不宜大于 25mm，强度宜大于混凝土强度的 1.30 倍，含泥量不应大于 0.5%，针片状含量不宜大于 5%。

任务拓展——高强高性能混凝土的配合比设计

与普通混凝土相比，高强高性能混凝土在配合比方面的主要区别是低水胶比、多组分。降低水胶比是提高混凝土密实度，达到高强的主要途径。但降低水胶比对和易性有不利影响，提高和易性的途径是掺用高效减水时，并通过掺加粉煤灰、硅灰等矿物掺和料，改善拌和物和易性和混凝土的微观结构。

高强高性能混凝土配合比设计理论尚不完善，一般可遵循下列原则进行。

(1) 水胶比（W/B） 普通混凝土配合比设计中的水胶比公式对 C60 以上的混凝土已不完全适用，但水胶比是决定混凝土强变的主要因素，目前尚无完善的公式可供选用，故配合比设计时通常根据设计强度等级、原材料和经验选定水胶比。

(2) 用水量和水泥用量 普通水泥混凝土中用水量根据坍落度要求、集料品种、粒径选择。高强度高性能混凝土可参考执行。当由此确定的用水量导致水泥或胶凝材料总用量过大时，可通过调整减水剂品种或掺量来降低用水量或胶凝材料用量，也可以根据强度和耐久性要求，先确定水泥或胶凝材料的用量，再由水胶比计算用水量，当流动性不能满足设计要求时再通过调整减水剂品种或掺量加以调整。

(3) 砂率 对于泵送高强混凝土，砂率的选用要考虑可泵性要求，一般为 34%~44%。在满足施工工艺和施工和易性要求时，砂率宜尽量选小些，以降低水泥用量。从原则上来说砂率宜通过试验确定最优砂率。

(4) 减水剂 减水剂品种选择原则除了考虑减水率外，尚要考虑对混凝土坍落度损失、保水性和黏聚性的影响，更要考虑对强度、耐久性和收缩的影响。

减水剂的掺量可根据减水率的要求，在允许掺量范围内，通过试验确定。但一般不宜因减水的需要而超量掺用。

(5) 掺和料 掺和料的掺量通常根据混凝土性能要求和掺合料品种性能，结合原有试验资料和经验选择，并通过试验确定。

其他设计计算步骤与普通混凝土基本相同。

1. 简述路用普通水泥混凝土配合比设计步骤。
2. 抹面砂浆与砌筑砂浆的不同点是什么？
3. 砂浆的性能和混凝土性能有何不同要求？
4. 试设计某桥预应力混凝土 T 梁用混凝土的配合组成。

【设计资料】

(1) 按设计图纸，水泥混凝土强度等级 C40；施工要求坍落度 30~50mm。

(2) 可供选择的组成材料及性质：

1) 水泥：硅酸盐水泥 I 型 42.5 级，实测 28d 抗压强度 48.5MPa，密度 $\rho_c = 3.1\text{g/cm}^3$。

2) 碎石：一级石灰岩轧制的碎石；最大粒径 31.5mm，表观密度 $\rho_c' = 2.78\text{g/cm}^3$，现场含水率为 1.0%。

3) 砂：清洁河砂，属于中砂，表观密度 $\rho_c' = 2.68\text{g/cm}^3$，现场含水率为 5.0%。

4) 水：饮用水，符合水泥混凝土拌和水要求；

5) 减水剂：采用 UNF-5，用量 0.8%，减水率 12%。

【设计要求】

(1) 确定水泥混凝土配制强度，并选择适宜的组成材料。

(2) 按我国国标现行方法计算初步配合比。

(3) 通过试验室试样调整和强度试验，确定试验室配合比。

(4) 按提供的现场材料含水率折算为工地配合比。

(5) 试设计某一级公路面层用水泥混凝土（无抗冻性要求）的配合比组成。(选做)

【设计资料】

(1) 混凝土设计抗弯拉强度等级为 5.5MPa；施工单位混凝土弯拉强度标准差 S 为 0.5 (样本 $n=6$)，现场采用小型机具摊铺。

(2) 要求施工坍落度 10～30mm。

(3) 组成材料

1) 水泥：52.5 级普通硅酸盐水泥，实测 28d 抗弯拉强度 7.45MPa，密度 $\rho_c = 3150 \text{kg/m}^3$。

2) 碎石：一级石灰岩轧制的碎石；最大粒径 $d_{\max} = 37.5\text{mm}$，表观密度 $\rho'_c = 2750 \text{kg/m}^3$，振实密度 $\rho'_c = 1736 \text{kg/m}^3$。

3) 砂：清洁河砂，属于中砂，表观密度 $\rho'_c = 2700 \text{kg/m}^3$。

4) 水：饮用水，符合水泥混凝土拌和水要求。

【设计要求】 计算该路面混凝土的初步配合比。

（建议：$t = 0.59$，$C_v = 0.075$，耐久性允许最大水灰比 0.44，耐久性允许最小水泥用量为 300kg/m^3，砂率取 34%）

项目八　沥青混合料的检测与配制

项目目标

1. 了解热拌沥青混合料的组成与结构；掌握热拌沥青混合料的主要技术性质、技术指标和工程应用；能进行沥青混合料的物理力学指标的测定并出具检测报告。
2. 能描述沥青混合料的组成材料和配合比设计方法；能根据要求进行热拌沥青混合料的配制。
3. 了解其他各类沥青混合料的性质及应用。
4. 培养学生敬业、精益、专注、创新的工匠精神，团队合作能力，树立生态、环境保护意识。

沥青混合料是由具有一定黏度和适当用量的沥青材料与一定级配的矿质集料，经过充分拌和而形成的混合物。将这种混合物加以摊铺、碾压成型，成为各种类型的沥青路面。

最常用的沥青路面包括：沥青表面处理、沥青贯入式、沥青碎石和沥青混凝土4种。我们主要学习需要在试验室进行设计的沥青混合料。

任务一　沥青混合料概述

任务描述：初步了解沥青混合料的分类和特点，熟悉热拌沥青混合料的组成和强度形成原理，并掌握其主要影响因素。

一、沥青混合料的定义和分类

沥青混合料 Bituminous mixtures（英），Asphalt（美）是由矿料与沥青结合料拌和而成的混合料的总称。

1. 按结合料分类

（1）石油沥青混合料　以石油沥青为结合料的沥青混合料（包括：黏稠石油沥青、乳化石油沥青及液体石油沥青）。

（2）煤沥青混合料　以煤沥青为结合料的沥青混合料。

教学视频24　沥青混合料概述

2. 按施工工艺分类

（1）热拌热铺沥青混合料　简称热拌沥青混合料。沥青与矿料在热态拌和、热态铺筑的混合料。

（2）冷拌沥青混合料　以乳化沥青或稀释沥青与矿料在常温状态下拌和、铺筑的混合料。

3. 按矿质集料级配类型分类

（1）连续级配沥青混合料　沥青混合料中的矿料是按级配原则，从大到小各级粒径都有，按比例相互搭配组成的混合料，称为连续级配混合料。

（2）间断级配沥青混合料　连续级配沥青混合料矿料中缺少一个或两个档次粒径的沥青混合料称为间断级配沥青混合料。

4. 按混合料密实度分类

1）密级配沥青混合料 Dense – graded bituminous mixtures（英），Dense – graded asphalt mixtures（美）按密实级配原则设计组成的各种粒径颗粒的矿料与沥青结合料拌和而成，设计空隙率较小（对不同交通及气候情况、层位可作适当调整）的密实式沥青混凝土混合料（以 AC 表示）和密实式沥青稳定碎石混合料（以 ATB 表示）。

2）开级配沥青混合料 Open – graded bituminous paving mixtures（英），Open graded asphalt mixtures（美）矿料级配主要由粗集料嵌挤组成，细集料及填料较少，设计空隙率为 18% 的混合料。

3）半开级配沥青混合料 Half（semi）– open – graded bituminous paving mixtures（英），Half（semi）– open – graded asphalt mixtures（美）由适当比例的粗集料、细集料及少量填料（或不加填料）与沥青结合料拌和而成，经马歇尔标准击实成型试件的剩余空隙率在 6%~12% 的半开式沥青碎石混合料（以 AM 表示）。

5. 按公称最大粒径分类

沥青混凝土混合料的集料公称最大粒径可分为下列 5 类：

（1）特粗式沥青混合料　集料公称最大粒径等于或大于 37.5mm 的沥青混合料。

（2）粗粒式沥青混合料　集料公称最大粒径为 31.5mm 或 26.5mm 的沥青混合料。

（3）中粒式沥青混合料　集料公称最大粒径为 16mm 或 19mm 的沥青混合料。

（4）细粒式沥青混合料　集料公称最大粒径为 9.5mm 或 13.2mm 的沥青混合料。

（5）砂粒式沥青混合料　集料公称最大粒径等于或小于 4.75mm 的沥青混合料，也称为沥青石屑或沥青砂。

6. 其他

1）沥青稳定碎石混合料（简称沥青碎石）Bituminous stabilization aggregate paving mixtures（英）、Asphalt – treated permeable base（美）由矿料和沥青组成具有一定级配要求的混合料，按空隙率、集料最大粒径、添加矿粉数量的多少分为密级配沥青碎石（ATB）、开级配沥青碎石（OGFC 表面层及 ATPB 基层）、半开级配沥青碎石（AM）。

2）沥青玛蹄脂碎石混合料 Stone mastic asphalt（英），Stone matrix asphalt（美）由沥青结合料与少量的纤维稳定剂、细集料以及较多量的填料（矿粉）组成的沥青玛蹄脂填充于间断级配的粗集料骨架的间隙中，组成一体的沥青混合料，简称 SMA。

二、沥青混合料的特点

1）沥青混合料是一种弹塑黏性材料，因而它具有一定的高温稳定性和低温抗裂性。它不需设置施工缝和伸缩缝，路面平整且有弹性，行车比较舒适。

2）沥青混合料路面有一定的粗糙度，雨天具有良好的抗滑性。路面又能保证一定的平整度，如高速公路路面，其平整度可达1.0mm以下，而且沥青混合料路面为黑色，无强烈反光，行车比较安全。

3）施工方便，速度快，养护期短，能及时开放交通。

4）沥青混合料路面可分期改造和再生利用。随着道路交通量的增大，可以对原有的路面拓宽和加厚。对旧有的沥青混合料，可以运用现代技术，再生利用，以节约原材料。

由于沥青混凝土路面平整性好、行车平稳舒适、噪声低，许多国家在建设高速公路时都优先采用。半刚性基层具有强度大、稳定性好及刚度大等特点，被广泛用于修建高等级公路沥青路面的基层或底基层。我国在建或已建成的高速公路路面90%以上采用半刚性基层沥青路面。由于沥青混合料最能适应现代交通的特点，所以它是现代高速公路的最主要的路面材料，并广泛应用于干线公路和城市道路路面。

三、热拌沥青混合料

热拌沥青混合料（Hot – mix asphalt mixture 简称HMA）是经人工组配的矿质混合料与黏稠沥青在专门设备中加热拌和而成，用保温运输工具运送至施工现场，并在热态下进行摊铺和压实的混合料，通称"热拌热铺沥青混合料"。

热拌沥青混合料（HMA）适用于各种等级公路的沥青路面。其种类按集料公称最大粒径、矿料级配、空隙率划分，热拌沥青混合料种类见表8-1。

表8-1 热拌沥青混合料种类[①]

混合料类型	密级配			开级配		半开级配	公称最大粒径/mm	最大粒径/mm
	连续级配		间断级配	间断级配				
	沥青混凝土	沥青稳定碎石	沥青玛蹄脂碎石	排水式沥青磨耗层	排水式沥青碎石基层	沥青碎石		
特粗式	—	ATB – 40	—	—	ATPB – 40	—	37.5	53.0
粗粒式	—	ATB – 30	—	—	ATPB – 30	—	31.5	37.5
	AC – 25	ATB – 25	—	—	ATPB – 25	—	26.5	31.5
中粒式	AC – 20	—	SMA – 20	—	—	AM – 20	19.0	26.5
	AC – 16	—	SMA – 16	OGFC – 16	—	AM – 16	16.0	19.0
细粒式	AC – 13	—	SMA – 13	OGFC – 13	—	AM – 13	13.2	16.0
	AC – 10	—	SMA – 10	OGFC – 10	—	AM – 10	9.5	13.2
砂粒式	AC – 5	—	—	—	—	AM – 5	4.75	9.5
设计空隙率[②]（%）	3~5	3~6	3~4	>18	>18	6~12	—	—

① JTG F40—2004《公路沥青路面施工技术规范》。
② 设计空隙率可按配合比设计要求适当调整。

热拌沥青混合料是沥青混合料中最典型的品种，其他各种沥青混合料均为由其发展而来的亚种，本次任务主要学习热拌沥青混合料的组成结构。

沥青混合料是一种复合材料，它是由沥青、粗集料、细集料和矿粉以及外加剂所组成。这些组成材料在混合料中，由于组成材料质量的差异和数量的多少，可形成不同的组成结构，并表现为不同的力学性能。

(1) 沥青混合料的组成结构

1) 沥青混合料组成结构的现代理论。随着对沥青混合料组成结构研究的深入，对传统的理论提出不同看法。沥青混合料的组成结构有下列两种理论。

① 表面理论（Surface theory）。按传统的理解，沥青混合料是由粗集料、细集料和填料经人工组配成密实的级配矿质骨架，此矿质骨架由稠度较稀的沥青混合料分布其表面，而将它们胶结成为一个具有强度的整体。这种理论认识可图解如下。

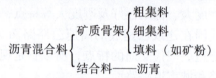

② 胶浆理论（Mortar theory）。近代某些研究从胶浆理论出发，认为沥青混合料是一种多级空间网状结构的分散系。它是以粗集料为分散相而分散在沥青砂浆的介质中的一种粗分散系；同样，砂浆是以细集料为分散相而分散在沥青胶浆介质中的一种细分散系；而胶浆又是以填料为分散相而分散在高稠度的沥青介质中的一种微分散系。这种理论认识可图解如下。

这3级分散系以沥青胶浆最为重要，它的组成结构决定沥青混合料的高温稳定性和低温变形能力。这一理论比较集中于研究填料（矿粉）的矿物成分、填料的级配（以0.075mm为最大粒径）以及沥青与填料颗粒表面的交互作用等因素对于混合料性能的影响等。

2) 沥青混合料的组成结构类型。通常沥青混合料按其组成结构可分为下列3类。

① 悬浮-密实结构（Suspended dense structure）是指矿质集料由大到小组成连续型密级配的混合料结构。混合料中粗集料数量较少，不能形成骨架，细集料较多，足以填补空隙。这种沥青混合料黏结力较大，内摩擦角较小，虽然可以获得很大的密实度，但是各级集料均被次级集料所隔开，不能直接靠拢而形成骨架，有如悬浮于次级集料及沥青胶浆之间，其结构组成示意如图8-1a所示，因而高温稳定性差。

② 骨架-空隙结构（Void framework structure）是指矿质集料属于开级配的混合料结构。矿质集料中粗集料较多，可形成矿质骨架，细集料较少，不足以填满空隙。这种结构如图8-1b所示，虽然具有较高的内摩擦角 φ，但黏结力 c 较低。因而此结构混合料空隙率大，耐久性差，沥青与矿料的黏结力差，热稳定性较好，这种结构沥青混合料的强度主要取决于内摩擦角。当沥青路面采用这种形式的沥青混合料时，沥青面层下必须作下封层。

③ 密实-骨架结构（Dense framework structure）是指此结构具有较多数量的粗骨料形成空间骨架，同时又有足够的细集料填满骨架的空隙。这种结构不仅具有较高的黏结力 c，而

且具有较高的内摩擦角 φ，是沥青混合料中最理想的一种结构类型，如图 8-1c 所示。

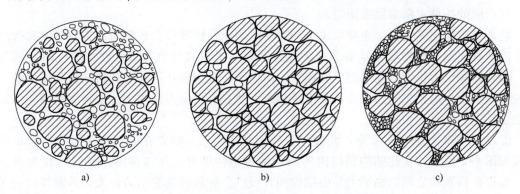

图 8-1　三种典型沥青混合料结构组成示意图
a）悬浮 – 密实结构　b）骨架 – 空隙结构　c）密实 – 骨架结构

（2）沥青混合料的强度形成原理　沥青混合料在路面结构中产生破坏的情况，主要是发生在高温时由于抗剪强度不足或塑性变形过剩而产生推挤等现象，以及低温时抗拉强度不足或变形能力较差而产生裂缝现象。目前沥青混合料强度和稳定性理论，主要是要求沥青混合料在高温时必须具有一定的抗剪强度和抵抗变形的能力。

教学视频25　沥青混合料强度影响因素

目前，对沥青混合料强度构成特性开展研究时，许多学者普遍采用了摩尔 – 库仑理论作为分析沥青混合料的强度理论，并引用两个强度参数——黏结力 c 和内摩擦角 φ，作为其强度理论的分析指标。通过三轴剪切强度研究得出结论：(τ) 主要取决于沥青与矿质集料间物理 – 化学作用而产生的黏结力（c），以及矿质集料在混合料中分散程度不同而产生的内摩擦角（φ），见式（8-1）。

$$\tau = c + \sigma \tan\varphi \tag{8-1}$$

式中　τ——沥青混合料的抗剪强度（MPa）；
　　　σ——正应力（MPa）；
　　　c——沥青混合料的黏结力（MPa）；
　　　φ——沥青混合料的内摩擦角（rad）。

（3）影响沥青混合料抗剪强度的因素

1）沥青黏度的影响。沥青混凝土作为一个具有多级空间网络结构的分散系，从最细一级网络结构来看，它是各种矿质集料分散在沥青中的分散系，因此它的抗剪强度与分散相的浓度和分散介质黏度有着密切的关系。在其他因素固定的条件下，沥青混合料的黏结力消随着沥青黏度的提高而增加。因为沥青的黏度大，表示沥青内部沥青胶团相互位移时，其分散介质抵抗剪切作用的力大，使沥青的黏滞阻力增大，因而具有较高抗剪强度。

2）沥青与矿料化学性质的影响。在沥青混合料中，对沥青与矿料交互作用的物理 – 化学过程，多年来许多研究者曾做了大量工作，但仍然认为还是一个有待深入研究的重要课题。

① 沥青与矿料的物理吸附。一切固态物质的相界面上，都具有将周围物质的分子或离子吸引到表面上来的能力。因此，液体与固体的相互作用，主要是由于分子间引力的作用而

产生的，故称为物理吸附。其吸附过程，就是当沥青材料与矿料之间在仅有分子引力的作用下，所形成的一种定向多层吸附层。

物理吸附作用的大小，主要取决于沥青中的表面活性物质及矿料与沥青分子亲和性的大小。当沥青表面活性物质含量愈多，矿料与沥青分子亲和性就愈大，则物理吸附作用就愈强，混合料黏结力也就愈高。但是，在水的作用下，是能破坏沥青与矿料的吸附作用的。所以说物理吸附作用，只能当混合料在干燥状态下才具有一定得黏附力。这种吸附不能保证其水稳定性。

② 沥青与矿料的化学吸附。沥青与矿料相互作用后，沥青在矿料表面形成一层扩散结构膜如图 8-2 所示，在此结构膜以内的沥青称为结构沥青，在结构膜以外的沥青为自由沥青。如果矿料颗粒之间的黏结力是由结构沥青提供，颗粒间的黏结力较大；若颗粒间的黏结力是由自由沥青提供的，则黏结力较小。所以我们在配制沥青混合料时，应控制沥青用量，使混合料能形成结构沥青，减少自由沥青。

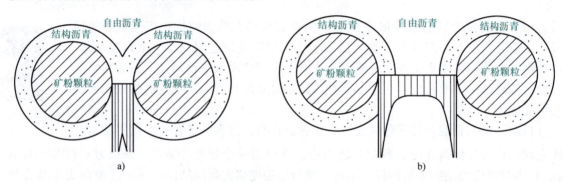

图 8-2　沥青与矿粉交互作用形成结构沥青
a）矿粉颗粒之间为结构沥青联结，其黏结力较大　b）矿粉颗粒之间为自由沥青联结，其黏结力较小

化学吸附是沥青材料中的活性物质（如沥青酸）与矿料的碱性物质产生化学反应在矿料表面构成单分子层的化学吸附层（沥青酸盐）。当沥青与矿料形成化学吸附层时，相互之间的黏结力大大提高。此时矿料与沥青的吸附黏结力要比矿料与水的结合力大。因此，在水的作用下，这种吸附是不可逆的。也就是说，只有当矿料与沥青材料之间产生化学吸附时，混合料的水稳定性才能得到保证。

研究认为，沥青材料在不同性质矿料表面形成不同组成结构和厚度的化学吸附层。在石灰石颗粒表面形成较为发育的化学吸附层；而在石英石颗粒表面则形成发育较差的化学吸附层。所以在沥青混合料中，当采用碱性的石灰石矿粉时，矿粉之间更有可能通过结构沥青来连接，因而具有较高的黏结力。

3）矿料比面的影响。由前述沥青与矿粉交互作用的原理可知，结构沥青的形成主要是由于矿料与沥青的物理 - 化学作用，而引起沥青化学组分在矿料表面的重分布。所以在相同的沥青用量条件下，与沥青产生物理 - 化学作用的矿料表面积愈大，形成的沥青膜愈薄，则在沥青中结构沥青所占的比率愈大，因而沥青混合料的黏结力也愈高。通常在工程应用上，以单位质量集料的总表面积来表示表面积的大小，称为"比表面积"（简称"比面"）。如 1kg 的粗集料的表面积约为 $0.5 \sim 3 m^2$，它的比面即为 $0.5 \sim 3 m^2/kg$，而矿粉的比面则比粗集料大得多，往往可达到 $300 \sim 2000 m^2/kg$ 以上。在沥青混合料中矿粉用量虽只占 7% 左右，而其表面积却占矿质混合料的总表面积的 80% 以上，所以矿粉的性质和用量对沥青混合料的抗剪强度影响很大。为增加沥青与矿料物理-化学作用的表面，在沥青混合料配料时，必须含有适量的矿粉。提高矿粉细度可增加矿粉比面，所以对矿粉细度也有一定的要求。希望小于 0.075mm 粒径的含量不要过少；但是小于 0.005mm 部分的含量亦不宜过多，否则将使沥青混合料结成团块，不易施工。

4) 沥青用量的影响。在固定质量的沥青和矿料的条件下，沥青与矿料的比例（即沥青用量）是影响沥青混合料抗剪强度的重要因素，不同沥青用量的沥青混合料结构如图 8-3 所示。

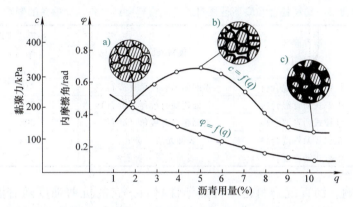

图 8-3　不同沥青用量时的沥青混合料结构和 c，φ 值变化示意图
a) 沥青用量不足　b) 沥青用量适中　c) 沥青用量过度

在沥青用量很少时，沥青不足以形成结构沥青的薄膜来黏结矿料颗粒。随着沥青用量的增加，结构沥青逐渐形成，沥青更为完满地包裹在矿料表面，使沥青与矿料间的黏附力随着沥青的用量增加而增加。当沥青用量足以形成结构沥青并充分黏结附矿粉颗粒表面时，沥青胶浆具有最优的黏结力。随后，如沥青用量继续增加，则由于沥青用量过多，逐渐将矿料颗粒推开，在颗粒间形成未与矿粉交互作用的"自由沥青"，则沥青胶浆的黏结力随着自由沥青的增加而降低。随着沥青用量的增加，沥青不仅起着黏结剂的作用，而且起着润滑剂的作用，降低了粗集料的相互密排作用，因而降低了沥青混合料的内摩擦角。

沥青用量不仅影响沥青混合料的黏结力，同时也影响沥青混合料的内摩擦角，见表 8-2。通常当沥青薄膜达最佳厚度（亦即主要以结构沥青黏结）时，具有最大的黏结力；随着沥青用量的增加，沥青混合料的内摩擦角逐渐降低。

表 8-2　沥青用量对沥青混合料的黏结力和内摩擦角的影响

试件编号	沥青用量（%）	高温稳定性指标（65℃）		试件编号	沥青用量（%）	高温稳定性指标（65℃）	
		黏结力 c/kPa	内摩擦角 φ/rad			黏结力 c/kPa	内摩擦角 φ/rad
1400	4.0	276	0.6225	1403	6.0	225	0.5195
1401	4.5	300	0.6004	1404	6.5	209	0.4928
1402	5.0	267	0.5899	1405	7.0	129	0.3997

注：沥青针入度为 83（1/10mm）。

5)矿质集料的级配类型、粒度、表面性质的影响。沥青混合料的抗剪强度与矿质集料在沥青混合料中的分布情况有密切关系。沥青混合料有密级配、开级配和间断级配等不同组成结构类型已如前述,因此矿料级配类型是影响沥青混合料抗剪强度的因素之一。

此外,沥青混合料中,矿质集料的粗度、形状和表面粗糙度对沥青混合料的抗剪强度都有极为明显的影响。通常集料颗粒具有面和棱角,各方向尺寸相差不大,近似正立方体,表面有明显的粗糙度,铺筑路面具有很大的内摩擦角和较大的抗剪强度。所以混合料中,矿质集料愈粗,配制成的沥青混合料内摩擦角也愈大。相同粒径组成的集料,卵石的内摩擦角比碎石的内摩擦角低,见表8-3。

表8-3 集料粒径和表面性质对沥青混合料黏结力和内摩擦角的影响

试件编号	沥青混合料类型	集料表面性质	高温稳定性指标(65℃)	
			黏结力 c /kPa	内摩擦角 φ /rad
1101	粗粒式沥青混合料	表面粗糙有棱角(碎石)	318	0.6004
1102	中粒式沥青混合料	表面粗糙有棱角(碎石)	279	0.5905
1103	细粒式沥青混合料	表面粗糙有棱角(碎石)	308	0.5841
1201	粗粒式沥青混合料	表面光滑(卵石)	232	0.4387
1202	中粒式沥青混合料	表面光滑(卵石)	172	0.3799

6)温度的影响。沥青混合料是一种热塑性材料,它的抗剪强度随着温度的升高而降低。其强度参数中,黏结力随温度升高而显著降低,但是内摩擦角受温度变化的影响较少。

7)形变速率的影响。沥青混合料是一种热塑性材料,它的抗剪强度与形变速率有密切关系。在其他条件相同的情况下,形变速率对沥青混合料的内摩擦角影响较小,而对沥青混合料的黏结力影响则较为显著。试验资料表明,黏结力随形变速率的增加而显著提高,而内摩擦角值随形变速率的变化很小。

综上所述可以认为,高强度沥青混合料的基本条件是:①具有合理的矿质混合料骨架,这可以通过适当地选择级配和使矿物颗粒最大限度地相互接近来取得;②对所用混合料拌和和压实条件都适合的最佳沥青用量;③能与沥青起化学吸附的活性矿料。

过多的沥青用量和矿物骨架空隙率的增大,都会使削弱沥青混合料结构黏结力的自由沥青量增多。为使沥青混合料产生较高的强度,应设法使自由沥青含量尽可能地少。但是,必须有某些数量的自由沥青,以保证应有的耐侵蚀性及沥青混合料的最佳塑性。

应该指出的是,合理的沥青混合料结构,不是用最高强度来表示,而是所需要的合理强度。这种强度应配合沥青混合料在低温下具有充分的变形能力以及耐侵蚀性。

沥青混合料的拌和与压实工艺的进一步完善,也能大大减少自由沥青量,并提高沥青混合料的结构强度。

任务拓展——其他沥青混合料

一、冷拌沥青混合料

与热拌沥青混合料相对应的是冷拌沥青混合料(或称常温沥青混合料),这类混合料的结合料可以采用液体沥青或乳化沥青。为了节约能源、保护环境，我国较少采用液体沥青。

采用乳化沥青为结合料，可拌和乳化沥青混凝土混合料或乳化沥青碎石混合料。

我国目前经常采用的冷拌沥青混合料，主要是乳化沥青拌和的沥青碎石混合料。

1. 冷拌沥青碎石混合料的组成

(1) 集料与填料 要求与热拌沥青碎石混合料相同。

(2) 结合料 采用乳化沥青。

2. 冷拌沥青碎石混合料的类型

冷拌沥青碎石混合料的类型，按其结构层位决定，通常路面的面层采用双层式时，采用粗粒式（或特粗）沥青碎石 AM25（或 AM40），上层选用较密实的细粒式（或中粒式）沥青碎石 AM10、AM13（或 AM16）。

3. 冷拌沥青碎石混合料的配合组成设计

(1) 矿料混合料的级配组成 乳化沥青碎石混合料的矿料级配组成与热拌沥青碎石混合料相同，参见本项目表 8-13。

(2) 沥青用量 乳化沥青碎石混合料的乳液用量，参照热拌沥青碎石混合料的用量折算。实际的沥青用量通常可比同规格热拌沥青碎石混合料的沥青用量减少 10%～20%。确定沥青用量时，应根据当地实践经验以及交通量、气候、石料情况、沥青标号、施工机械等条件综合考虑确定。

4. 冷拌沥青混合料的应用

乳化沥青碎石混合料适用于三级及三级以下的公路的沥青路面面层，二级公路的罩面层施工，以及各级公路沥青路面的基层、联结层或平整层。冷拌改性沥青混合料可用于沥青路面的坑槽冷补。

二、沥青稀浆封层混合料

沥青稀浆封层混合料，简称沥青稀浆混合料，是由乳化沥青、石屑（或砂）、水泥和水等拌和而成的一种具有流动性的沥青混合料。

1. 沥青稀浆封层混合料的组成

沥青稀浆封层是由下列材料组成：

(1) 结合料 乳化沥青，常用阳离子慢凝乳液。

(2) 集料 级配石屑（或砂）组成矿质混合料，最大粒径为 10mm、5mm 或 3mm。

(3) 填料 为提高集料的密实度，需掺加石灰或粉煤灰和石粉等填料。

(4) 水 为润湿集料，使稀浆混合料具有要求的流动度，需掺加适量的水。

(5) 添加剂 为调节稀浆混合料的和易性和凝结时间需添加各种助剂，如氯化铵、氯化钠、硫酸铝等。

2. 沥青稀浆封层混合料的类型

沥青稀浆封层混合料按其用途和适应性分为三种类型。

(1) ES-1 型 为细粒式封层混合料，沥青用量较高（>8%），具有较好渗透性，有利于治愈裂缝。适用于大裂缝的封缝或中轻交通的一般道路薄层处理。

(2) ES-2 型 为中粒式封层混合料，是最常用级配，可形成中等粗糙度，用于一般道路路面的磨耗层；也适用于旧高等级路面的修复罩面。

(3) ES-3型　为粗粒式封面混合料,其表面粗糙,适用作为抗滑层;亦可进行二次抗滑处理,可用于高等级路面。

3. 沥青稀浆封层混合料配合比设计

沥青稀浆封层混合料的配合比设计可以根据理论的矿料表面吸收法,即按单位质量的矿料表面积,裹覆8μm厚的沥青膜,计算出最佳沥青用量。但是这种方法并不能反映稀浆混合料的工作特性、旧路面的情况和施工的要求。为满足上述特性、情况和要求,目前采用试验的方法来确定配合比,其主要试验内容包括下列各项。

(1) 稠度试验　为满足施工和易性的要求,通过流动度试验,决定稀浆混合料的用水量。

(2) 初凝时间试验　为适应施工的要求,对稀浆混合料的初凝时间进行控制。

(3) 稳定时间　即固化时间,表示封层已完成养护,以便开放交通。固化时间可用锥体贯入度法或黏结力法测定。在配合比设计时,固化时间亦可采用助剂调节。

(4) 湿轮迹试验　是确定沥青最低用量和检验混合料固化后耐磨性的重要试验。

(5) 负荷车轮试验　该试验是确定容许最高的沥青用量。

通过以上试验,确定用水量、沥青用量、集料和填料用量即可计算出配合比。

4. 沥青稀浆封层混合料的应用

沥青稀浆封层混合料可以用于旧路面的养护维修,亦可作为路面加铺抗滑层、磨耗层。由于这种混合料施工方便,投资费用少,对路况有明显改观,所以得到广泛应用。

三、桥面铺装材料

桥面铺装又称车道铺装。其作用是保护桥面板,防止车轮或履带直接磨耗桥面,并用来分散车轮集中荷载。通常用水泥混凝土和沥青混凝土铺装,本任务主要是介绍沥青混凝土桥面铺装。

1. 桥面铺装的基本要求

钢筋混凝土桥与钢桥对桥面铺装的要求如下。

(1) 钢筋水泥混凝土桥　大中型钢筋水泥混凝土桥(包括高架桥、跨线桥、立交桥)用沥青铺装层,应与混凝土桥面很好地黏结,并具有防止渗水、抗滑及有较高抵抗振动变形的能力。对于小桥桥面铺装只要与相接路段的车行道路面面层结构一致即可。

(2) 钢桥　钢桥的沥青面层除前述要求外,还应具有承受较大变形、疲劳耐久性及抵抗永久性流动变形的能力。应采用新型材料如高聚物改性混合料、浇注式沥青混合料等以适应更高的要求。

2. 桥面铺装的构造

钢筋混凝土桥或钢桥上铺水泥混凝土桥面板,其桥面铺装构造如图8-4所示,可分下列层次。

(1) 垫层　为使桥面横坡能形成路拱的形状,先用贫混凝土作为三角垫层和整平层(厚度不小于6cm)。为防止水渗入桥面,加强桥面与垫层黏结。

(2) 防水黏结层　厚度约1.0~1.5mm,可采用下列形式之一。

1) 沥青涂胶类防水黏结层。采用沥青或改性沥青,分两次撒布,总用量0.4~0.5kg/m²,然后撒布一层洁净中砂,经碾压成下封层。

2）高聚物涂胶类防水黏结层。采用聚氨酯胶泥、环氧树脂、各种高聚物（氯丁橡胶、丁苯橡胶等）胶乳与乳化沥青制成的改性沥青胶乳等防水层。

3）沥青卷材防水层。采用各种化纤胎的改性沥青卷材和改性沥青胶黏剂做成三毡四油或两毡三油等结构的防水层。可以用油毛毡或其他防水卷材。

4）乳化沥青碎石防水黏结层。在桥面上先浇洒一层乳化沥青，再浇布不超过1cm厚的预拌沥青小石子。

(3) 保护层 为了保护防水层免遭损坏，在其上应加铺保护层。保护层采用

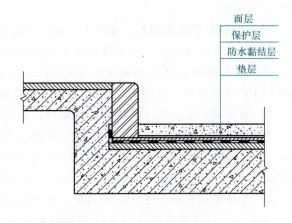

图 8-4　桥面铺装结构图

AC-10（或 AC-5）型沥青混凝土（或沥青石屑或单层表面处理），厚度约1.0cm。

(4) 面层 面层分承重层和抗滑层。承重层宜采用高温稳定性好的 AC-16（或 AC-20）型中粒式热拌沥青混凝土，厚度4~6cm。抗滑层（或磨耗层），宜采用抗滑表层结构，厚度2.0~2.5cm。为提高桥面铺装的高温稳定性，承重层和抗滑层结合料宜采用高聚物改性沥青。

四、水泥混凝土路面填缝料

水泥混凝土路面板因受温度应力的影响或施工的原因，必须修筑纵向和横向的接缝，温度缝多为横向，分为膨胀缝和收缩缝两种。施工缝又称工作缝，工作缝有纵向和横向，为使表面水不会渗入接缝而降低路面基层的稳定性，必须在这些接缝处嵌填接缝材料。

1. 常用的接缝材料

水泥混凝土路面接缝材料包括接缝板和填缝料。

(1) 接缝板

1）木材类：松木、杉木、桐木、白杨板等。

2）合成板材类：软木板、木屑板等。

3）泡沫树脂类：聚苯乙烯泡沫板等。

(2) 填缝料

1）加热施工式填缝料分类：

① 树脂沥青类，如聚氯乙烯胶泥填缝料。

② 橡胶沥青类，如氯丁橡胶沥青填缝料。

2）常温施工式填缝料有聚氨酯类，如聚氨酯改性沥青填缝胶、聚氨酯焦油、密封胶等。

2. 填缝料的技术要求

(1) 填缝料的技术要求 作为水泥混凝土路面接缝的填缝料，首先要求它与混凝土板具有很好的黏结性；在低温时，有较大的延性以适应混凝土板的收缩而不开裂；在高温时，有较好的热温性，不软化、不流淌；此外，还要具有一定的抗砂石嵌入能力，并且能抵抗自

然因素的老化。

(2) 填缝料的技术指标 填缝料的技术性能可以通过下列技术指标来评定。

1) 高温流变值是表征填缝料在夏季高温时抗流动的能力。其测定方法是在平滑的钢板上，将填缝料灌注成三个 6cm×4cm×0.2cm 的试样，再将其置于 75°倾角的支架上，在 (60±1)℃ 的恒温箱中恒温 5h，测定其长边的流动变形值。

2) 低温延伸量是表征填缝料在低温时，能适应混凝土板的收缩变形且能与板保持黏结的最大延伸能力。其测定方法是将填缝料灌注在 20cm×11cm×3.5cm 的两混凝土块间的 16cm×4cm×2.5cm 的槽内，在 (-10±1)℃ 的冰箱中放置 4h 后，以 0.1mm/s 的速度拉开两混凝土块，测量填缝料与混凝土块脱离或填缝料自身开裂时的伸长量。

3) 复原率是表征填缝料适应混凝土板胀缩的弹性恢复能力。其测定方法是：在 (25±1)℃ 条件下，使总质量为 (75±1) g 的球针任其自由贯入试样 5s，然后人工历时 10s 将球针压入试样 10cm 并使其稳定 5s，放开球针让其自由回弹 20s，测定其回弹值。该值与 1cm 之比，即为回弹率。

4) 砂石嵌入度是表征填缝料抵抗砂石嵌入的能力。其测定方法是：在 25℃ 时，质量为 197.5g 的圆锥，历时 5s，贯入试样的深度作为嵌入度值。

5) 耐久性是表征填缝经受自然因素老化的性能。其测定方法是：将测定复原率的另一份试样，在 (105±2)℃ 的烘箱中烘 7d，然后按前述方法测定其复原率；与未经老化试样复原率之比，用以表示耐久性。

1. 沥青混合料分为几类？这些分类在实际应用上有什么意义？
2. 热拌沥青混合料按其组成结构可分为哪几种类型？各种结构类型的沥青混合料各有什么优缺点？
3. 分析影响沥青混合料抗剪强度的因素。

任务二 热拌沥青混合料检测与应用

任务描述：现有一批沥青混合料准备进入施工现场进行摊铺，需进行沥青混合料的物理力学指标的测定以确定其可用性。即对沥青混合料进行取样，制作沥青混合料试件，检测其技术性能。

一、沥青混合料的技术性质

沥青混合料在路面中，直接承受车辆荷载的作用，首先应具备有一定力学强度；除了交通的作用外，还受到各种自然因素的影响，因此还必须具有抵抗自然因素作用的耐久性；现代交通的作用下，为保证行车安全、舒适，还需要具有特殊表面特性（即抗滑性）；最后为便利施工还应具有施工的和易性。现就这几方面分述如下。

教学视频26 沥青混合料技术性质1

1. 高温稳定性（Stability）

沥青混合料是一种典型的流变性材料，它的强度和劲度模量随着温度的升高而降低。所以沥青混合料路面在夏季高温时，在重交通的重复作用下，由于交通的渠化，在轮迹带逐渐形成、变形下凹、两侧鼓起的所谓"车辙"，这是现代高等级沥青路面最常见的病害。

沥青混合料高温稳定性是指沥青混合料在夏季高温（通常为60℃）条件下，经车辆荷载长期重复作用后，不产生车辙和波浪等病害的性能。

多年来，许多研究者曾致力于"评价沥青混合料高温稳定性的方法"的研究，先后曾提出过许多评价的方法，其中最著名的是：哈巴－费尔德稳定度（Habbard–Field stability）、维姆稳定度（Hveem stability）、马歇尔稳定度（Marshall stability）和司密斯三轴试验（Smithtriaxialtest）等。在这些方法中，三轴试验的结果，可以从力学的角度来分析沥青混合料的强度和稳定性（如前面混合料强度形成原理中所述）。但是由于三轴试验较为复杂，所以维姆稳定度（ASTMDl560）和马歇尔稳定度（ASTM Dl559）仍然被广泛采用。特别是马歇尔稳定度已成为国际上通用的方法，为许多国家所采用。近年来，由于流变学在沥青混合料中应用的发展，采用蠕变（Creep）、劲度（Stiffness）来研究沥青混合料的高温稳定性较为普遍。此外，还有应用动稳定度（Dynamic stabillity 简称 DS）试验、室内大型环道试验和路上加速加载试验等来评价沥青混合料抗车辙能力。

我国现行标准 JTG F40—2004《公路沥青路面施工技术规范》的规定，采用马歇尔稳定度试验（包括稳定度、流植、马歇尔模数）来评价沥青混合料高温稳定性；对高速公路、一级公路、城市快速路、主干路用沥青混合料，还应通过动稳定度试验检验其抗车辙能力。

（1）马歇尔稳定度 马歇尔稳定度的试验方法自 B. 马歇尔（Marshall）提出，迄今已半个多世纪，经过许多研究者的改进，目前普遍是测定：①马歇尔稳定度（MS）、②流值（FL）和③马歇尔模数（T）三项指标。

稳定度是指标准尺寸试件在规定温度和加荷速度下，在马歇尔仪中最大的破坏荷载（kN）；流值是达到最大破坏荷重时试件的垂直变形（以 mm 计）；马歇尔模数为稳定度除以流值的商，即：

$$T = \frac{MS}{FL} \quad (8-2)$$

式中　T——马歇尔模数（kN/mm）；

　　　MS——稳定度（kN）；

　　　FL——流值（mm）。

根据 J. M. 爱德华兹（Edwars）研究认为马歇尔模数（T）与车辙深度（DS）有一定的相关性，如图 8-5 所示，认为马歇尔模数愈大，车辙深度愈小。但是对这一结论也有不同的看法。

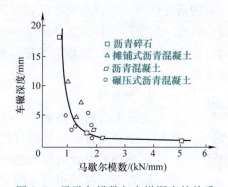

图 8-5　马歇尔模数与车辙深度的关系

(2) 车辙试验 对于渠化交通的沥青混合料路面来说，高温稳定性主要表现为车辙。随着交通量不断增长以及车辆行驶的渠化，沥青路面在行车荷载的反复作用下，会由于永久变形的累积而导致路面出现车辙，车辙使路面过量的变形，影响了路面的平整度；轮迹处沥青层厚度减薄，削弱了面层及路面结构的整体强度，从而易于诱发其他病害；雨天路表排水不畅，降低了路面的抗滑能力，甚至会由于车辙内积水而导致车辆漂滑，影响了高速行车的安全；车辆在超车或更换车道时方向失控，影响了车辆操纵的稳定性。可见，车辙的产生严重影响了路面的使用寿命和服务质量。

车辙试验方法，首先是由英国道路研究所（TRRL）开发的，后来经过了许多国家道路工作者的研究改进。

目前的方法是（参考 JTG E20—2011 T0719《公路工程沥青及沥青混合料试验规程》）用标准成型方法，制成 300mm × 300mm × 50mm 的沥青混合料试件，在 60℃ 的温度条件下，以一定荷载的轮子在同一轨迹上作一定时间的反复行走，形成一定的车辙深度，然后计算试件变形 1mm 所需试验车轮行走次数，即为动稳定度。

$$\text{DS} = \frac{t_2 - t_1}{d_2 - d_1} \times C_1 \times C_2 \tag{8-3}$$

式中　DS——沥青混合料动稳定度（次/mm）；

d_1、d_2——时间 t_1 和 t_2 的变形量（mm）；

C_1、C_2——试验机或试样修正系数。

2. 低温抗裂性

沥青混合料不仅应具备高温的稳定性，同时还要具有低温的抗裂性，以保证路面在冬季低温时不产生裂缝。沥青混合料的低温抗裂性是沥青混合料在低温下抵抗断裂破坏的能力。

冬季，随着温度的降低，沥青材料的劲度模量变得越来越大，材料变得越来越硬，并开始收缩。由于沥青路面在面层和基层之间存在着很好的约束，因而当温度大幅度降低时，沥青面层中会产生很大的收缩拉应力或者拉应变，一旦其超过材料的极限拉应力或者极限拉应变，沥青面层就会开裂。

沥青混合料低温抗裂性要求的指标，许多研究者曾提出过不同的指标，但为多数人所采纳的方法是测定混合料在低温时的纯拉劲度和温度收缩系数，用上述两参数作为沥青混合料在低温时的特征参数，用温度应力与抗拉强度对比的方法来预估沥青混合料的断裂温度。

有的研究认为，沥青路面在低温时的裂缝与沥青混合料的抗疲劳性能有关。建议采用沥青混合料在一定变形条件下，达到试件破坏时所需的荷载作用次数来表征沥青混合料的疲劳寿命。此破坏时的作用次数称为柔度。根据研究认为，柔度与混合料纯拉试验时的延伸度有明显关系。

3. 耐久性

沥青混合料在路面中，长期受自然因素的作用，为保证路面具有较长的使用年限，必须具备有较好的耐久性。

影响沥青混合料耐久性的因素很多，诸如，沥青的化学性质、矿料的矿物成分、沥青混合料的组成结构（如，残留空隙）等。

沥青的化学性质和矿料的矿物成分，对耐久性的影响已如前述。就沥青混合

教学视频27 沥青混合料技术性质2

料的组成结构而言，首先是沥青混合料的空隙率。空隙率的大小与矿质骨料的级配、沥青材料的用量以及压实程度等有关。从耐久性角度出发，希望沥青混合料空隙率尽量减少，以防止水的渗入和日光紫外线对沥青的老化作用等，但是一般沥青混合料中均应残留 3%～6% 空隙，以备夏季沥青材料膨胀。

沥青混合料空隙率与水稳定性有关。空隙率大，且沥青与矿料黏附性差的混合料，在饱水后石料与沥青黏附力降低，易发生剥落，同时颗粒相互推移产生体积膨胀以及出现力学强度显著降低等现象，引起路面早期破坏。

此外，沥青路面的使用寿命还与混合料中的沥青含量有很大的关系。当沥青用量较正常的用量减少时，则沥青膜变薄，混合料的延伸能力降低，脆性增加；如沥青用量偏少，将使混合料的空隙率增大，沥青膜暴露较多，加速了老化作用。同时增加了渗水率，加强了水对沥青的剥落作用。有研究认为，沥青用量较最佳沥青用量少 0.5% 的混合料能使路面使用寿命减少一半以上。

我国现行规范采用空隙率、饱和度（即沥青填隙率）和残留稳定度等指标来表征沥青混合料的耐久性。

4. 抗滑性

随着现代高速公路的发展，对沥青混合料路面的抗滑性提出更高的要求。沥青混合料路面的抗滑性与矿质集料的微表面性质、混合料的级配组成以及沥青用量等因素有关。为保证长期高速行车的安全，配料时要特别注意粗集料的耐磨光性，应选择硬质有棱角的集料。硬质集料往往属于酸性集料，与沥青的黏附性差，为此，在沥青混合料施工时，必须在采用当地产的软质集料中掺加外运来的硬质集料组成复合集料和掺入抗剥剂等措施。我国现行国标对抗滑层集料提出了磨光值、道瑞磨耗值和冲击值三项新指标。

沥青用量对抗滑性的影响非常敏感，沥青用量超过最佳用量的 0.5% 即可使抗滑系数明显降低。

含蜡量对沥青混合料抗滑性有明显的影响，我国行业标准 JTG F40—2004《公路沥青路面施工技术规范》规定，A 级沥青含蜡量应不大于 2.2%，B 级沥青含蜡量应不大于 3.2%，C 级沥青含蜡量应不大于 4.5%。

5. 施工和易性

要保证室内配料在现场施工条件下顺利的实现，沥青混合料除了应具备前述的技术要求外，还应具备适宜的施工和易性。影响沥青混合料施工和易性的因素很多，诸如当地气温、施工条件及混合料性质等。

单纯从混合料材料性质而言，影响沥青混合料施工和易性的首先是混合料的级配情况，如粗细集料的颗粒大小相距过大，缺乏中间尺寸，混合料容易分层层积（粗粒集中表面，细粒集中底部）；如细集料太少，沥青层就不容易均匀地分布在粗颗粒表面；细集料过多，则使拌和困难。此外当沥青用量过少，或矿粉用量过多时，混合料容易产生疏松不易压实。反之，如沥青用量过多，或矿粉质量不好，则容易使混合料黏结成团块，不易摊铺。

生产上对沥青混合料的工艺性能，大都凭目力鉴定。有的研究者曾以流变学理论为基础提出过一些沥青混合料施工和易性的测定方法，但仍多为试验研究阶段，并未被生产上普遍采纳。

二、热拌沥青混合料的技术标准

我国的现行国标 JTG F40—2004《公路沥青路面施工技术规范》规定热拌沥青混合料马歇尔试验技术标准见表8-4、表8-5。该标准按交通性质可分为：①高速公路、一级公路；②其他等级公路；③行人道路三个等级。对马歇尔试验指标（包括稳定度、流值、空隙率、沥青饱和度等）提出不同要求。对不同组成结构的混合料（如 SMA 混合料或沥青稳定碎石混合料）按类别分别提出不同的要求。这是我国近年科学研究和实践经验的总结，对我国沥青混合料的生产、应用都有指导意义。

表8-4 密级配沥青混凝土混合料马歇尔试验技术标准
（本表适用于公称最大粒径≤26.5mm 的密级配沥青混凝土混合料）

试验指标		单位	高速公路、一级公路				其他等级公路	行人道路
			夏炎热区（1-1、1-2、1-3、1-4区）		夏热区及夏凉区（2-1、2-2、2-3、2-4、3-2区）			
			中轻交通	重载交通	中轻交通	重载交通		
击实次数（双面）		次	75				50	50
试件尺寸		mm	φ101.6mm×63.5mm					
空隙率 VV	深约90mm 以内	%	3~5	4~6	2~4	3~5	3~6	2~4
	深约90mm 以下	%	3~6		2~4	3~6	3~6	—
稳定度 MS 不小于		kN	8				5	3
流值 FL		mm	2~4	1.5~4	2~4.5	2~4	2~4.5	2~5
矿料间隙率 VMA(%)，不小于	设计空隙率（%）	相应于以下公称最大粒径（mm）的最小 VMA 及 VFA 技术要求（%）						
		26.5	19		16	13.2	9.5	4.75
	2	10	11		11.5	12	13	15
	3	11	12		12.5	13	14	16
	4	12	13		13.5	14	15	17
	5	13	14		14.5	15	16	18
	6	14	15		15.5	16	17	19
沥青饱和度 VFA（%）			55~70		65~75		70~85	

注：1. 对空隙率大于5%的夏炎热区重载交通路段，施工时应至于提高压实度1个百分点。
    2. 当设计的空隙率不是整数时，由内插确定要求的 VMA 最小值。
    3. 对改性沥青混合料，马歇尔试验的流值可适当放宽。
    4. 气候分区参考附录二。

表8-5 沥青稳定碎石混合料马歇尔试验配合比设计技术标准

试验指标	单位	密级配基层（ATB）		半开级配面层（AM）	排水式开级配磨耗层（OGFC）	排水式开级配基层（ATPB）
公称最大粒径	mm	26.5mm	等于或大于31.5mm	等于或小于26.5mm	等于或小于26.5mm	所有尺寸
马歇尔试件尺寸	mm	φ101.6mm×63.5mm	φ152.4mm×95.3mm	φ101.6mm×63.5mm	φ101.6mm×63.5mm	φ152.4mm×95.3mm
击实次数(双面)	次	75	112	50	50	75

（续）

试验指标	单位	密级配基层（ATB）		半开级配面层（AM）	排水式开级配磨耗层（OGFC）	排水式开级配基层（ATPB）
空隙率 VV	%	3~6		6~10	不小于 18	不小于 18
稳定度，不小于	kN	7.5	15	3.5	3.5	—
流值	mm	1.5~4	实测	—	—	—
沥青饱和度 VFA	%	55~70		40~70	—	—
密级配基层 ATB 的矿料间隙率 VFA，不小于（%）		设计空隙率（%）		ATB－40	ATB－30	ATB－25
		4		11	11.5	12
		5		12	12.5	13
		6		13	13.5	14

注：在干旱地区，可将密级配沥青稳定碎石基层的空隙率适当放宽到 8%。

实践操作

沥青路面用沥青混合料的技术性能常用指标有密度、马歇尔稳定度、流值、动稳定度等，根据我国现行规定，主要指标的检测要点如下。

1. 沥青混合料试件制作

JTG E20—2011《公路工程沥青及沥青混合料试验规程》的规定，用标准击实法制作沥青混合料试作，以供试验室进行沥青混合料物理力学性质试验使用。

2. 沥青混合料密度的测定

JTG E20—2011《公路工程沥青及沥青混合料试验规程》的规定，压实沥青混合料的密度可以采用表干法，该方法适应于测定吸水率不大于 2% 的各种沥青混合料的毛体积密度。

3. 沥青混合料物理力学指标的测定

JTG E20—2011《公路工程沥青及沥青混合料试验规程》的规定，沥青混合料的物理力学性能指标测定主要采用马歇尔稳定度试验法，该方法适用于马歇尔稳定度和浸水残留稳定度的测定，以进行沥青混合料的配合比设计或沥青路面施工质量检验。

4. 沥青混合料中沥青含量的测定

JTG E20—2011《公路工程沥青及沥青混合料试验规程》的规定，沥青混合料中沥青含量试验采用离心分离法。该方法适用于热拌热铺沥青混合料路面施工时的沥青用量检测，以评定拌和厂产品的质量；此法也适用于旧路调查时检测沥青混合料的沥青用量。

5. 沥青混合料车辙试验

JTG E20—2011《公路工程沥青及沥青混合料试验规程》的规定，沥青混合料高温稳定性采用车辙试验方法。该方法适用于测定沥青混合料的高温抗车辙能力，供沥青混合料配合比设计时的高温稳定性检验使用，也可用于现场沥青混合料的高温稳定性检验。

6. 沥青混合料的矿料级配检验

JTG E20—2011《公路工程沥青及沥青混合料试验规程》的规定，沥青混合

实训视频24 沥青混合材料制作（击实法）

实训视频25 沥青混合材料密度（表干）

实训视频26 马歇尔稳定度试验

实训视频27 沥青混合料沥青含量

料的矿料级配检验采用筛分法。该方法适用于测定沥青路面施工过程中沥青混合料的矿料级配，供评定沥青路面的施工质量时使用。

7. 沥青混合料谢伦堡析漏试验

JTG E20–2011《公路工程沥青及沥青混合料试验规程》规定了沥青结合料在高温状态下从沥青混合料中析出多余的自由沥青数量的测定方法。该方法适应于检验沥青玛蹄脂碎石混合料（SMA）、排水式大孔隙沥青混合料（OGFC）或沥青碎石类混合料的最大沥青用量使用。

8. 沥青混合料肯塔堡飞散试验

JTG E20–2011《公路工程沥青及沥青混合料试验规程》规定了沥青混合料由于沥青用量或黏结性不足，在交通荷载作用下，路面表面集料脱落而散失的程度的评价方法。该方法适应于确定沥青路面表面层使用的沥青玛蹄脂碎石混合料（SMA）、排水式大孔隙沥青混合料、抗滑表层混合料、沥青碎石或乳化沥青碎石混合料所需的最少沥青用量。

任务拓展——几种新型沥青混合料的技术性能简介

一、大孔隙开级配排水式沥青磨耗层（OGFC）

多孔隙沥青混凝土表面层或多孔隙沥青混凝土磨耗层，在一些国家又称开级配磨耗层（OGFC）或称排水沥青混凝土磨耗层或透水沥青混凝土磨耗层。多孔隙沥青混凝土压实后空隙率在18%~25%之间，从而在层内形成一个水道网。

1. OGFC的技术性能

（1）**降低噪声** 噪声水平降低是由于：①层内孔隙吸音；②消除了轮胎与路面接触面的吸气；③有良好的平整度。噪声降低与空隙率大小密切相关，由于孔隙堵塞，减音效果随时间降低，奥地利的研究表明，与水泥混凝土路面相比，多孔隙沥青混凝土至少减少噪声6~7dB。加拿大研究表明与密实沥青混凝土路面相比，多孔隙沥青混凝土平均降低噪声3~4dB，3年后降低2~3dB。挪威研究成果表明，为使噪声降低5dB（A），孔隙率需大于20%，沥青含量尽量高（高达5.3%并添加纤维）。英国资料表明，与新铺嵌有预拌碎石的热压式沥青混凝土面层相比，0~20mm的多孔隙沥青混凝土干燥状态下降低噪音4~5.5dB。

（2）**抗滑能力** 多孔隙沥青混凝土的主要优点在于改善潮湿气候（即降雨时）条件下和高速行驶时的抗滑能力，在中速或低速行驶时，其抗滑能力并不比密实沥青混凝土面层好多少。新铺的多空隙沥青混凝土由于集料表面有沥青膜，其抗滑能力可能比预期的低，在一定时间后（普通沥青约3个月，改性沥青1~1.5年）抗滑能力增加到正常水平。

（3）**减少行车引起的水雾** 在潮湿的道路上，特别是高速行车由轮胎溅起飞扬的水雾所带来的危害已为人所共知，水雾阻碍视线，特别使超车变得非常危险。多孔隙沥青路面可以在相当程度上减少由行车引起的水雾现象，40mm厚的多孔隙沥青路面足以吸收8mm的雨量才使内部空隙趋于饱和状态。

多孔隙沥青混凝土的缺点如下：

（1）**耐久性较差** 多孔隙沥青混凝土缺点是易剥落。荷兰资料表明，多孔隙沥青混凝土耐久性约比密实沥青混凝土表面层短5年，导致费用约高25%。如掺加改性剂提高沥青性质则可以延长寿命。

（2）多孔隙沥青混凝土沥青含量允许范围较小　如果沥青含量过低则集料裹覆不够或是沥青膜太薄而很快地被氧化导致路面提早破坏，沥青含量过多又会导致沥青从集料中析出，摊铺时材料中沥青含量不均匀。

2. OGFC 混合料组成和设计

多孔隙沥青混合料组成设计目标：保证混合料压实后具有较大空隙率；结合料不被氧化，具有较高耐久性；易于拌和、摊铺和压实；与普通沥青混凝土一样同样要求强度、稳定性、表面抗滑性等。

（1）组成材料的选择　应采用坚固、耐久、高强度（集料压碎值不大于20%）、低扁平指数和高磨光值的碎石。结合料耐久性好，与填料和细料混合后应有足够的黏度，以防施工中结合料流失。采用聚合物、废橡胶粉或纤维等添加剂可加强耐久性、改善抗形变和抗疲劳能力和预防沥青流失。填料用熟石灰比用石灰、石粉更好。

（2）合适级配的选择　选定的矿料级配应使用孔隙率大于20%的混合料。通常采用在2.36mm到9.5mm之间的间断级配的矿料，断的量值取决于所用结合料和设计的空隙率。为达到目标空隙率，级配中应含高比例的粗集料，大于4.75mm的矿料含量宜超过75%，填料含量为2%~5%，具体取决于所用结合料。

因此，设计的主要目的之一，是利用足够的结合料含量和高空隙率得到耐久的混合料。对已知的集料类型，通过优化沥青膜的厚度，就能设计出耐久的多孔隙沥青混凝土。

3. OGFC 的应用

由于OGFC既有利于环境，又有利于交通安全，所以从上世纪70年代末以来，在国外高等级公路上得到较多的应用，如要求低噪音的高速公路，都尽可能地使用OGFC。

二、再生沥青混合料

再生沥青路面就是利用已破坏的旧沥青路面材料，通过添加再生剂、新沥青和新集料；合理设计配合比，重新铺筑的沥青路面。再生沥青混合料有表面处治型再生混合料、再生沥青碎石以及再生沥青混凝土三种形式，按集料最大粒径的尺寸，可以分成粗粒式、中粒式和细粒式三种。按施工温度分成热拌再生混合料和冷拌再生混合料二种，热拌再生混合料由于在热态下拌和，旧油和新沥青处于熔融状态，经过机械搅拌，能够充分地混合，再生效果较好，而冷拌再生沥青混合料再生效果较差，成型期较长，通常限于低交通量的道路上。

1. 组成材料

再生沥青混合料由再生沥青和集料组成。再生沥青由旧沥青、添加剂以及新沥青材料组成，集料包括旧集料和新集料。

从化学角度讲，沥青再生就是老化的逆过程。沥青老化就是沥青中化学组分含量比值失去平衡，胶体结构产生变化，表现为旧油针入度低于40（0.1mm）。一般采用再生剂调节沥青（旧油）化学组分，使其重新达到平衡。再生剂的作用机理如下。

1) 调节旧油的黏度，使旧油过高的黏度降低，使过于脆硬的旧沥青混合料软化，以便于机械拌和，并同新的沥青、新的集料均匀混合。

2) 使老化的旧油中凝聚的沥青质重新分解，调节沥青的胶体结构，从而达到改善沥青流变性质的目的。

2. 再生沥青混合料组成设计

(1) 任务 再生沥青混合料配合比设计主要任务在于：
1) 确定旧路面材料掺配比例。
2) 选择再生剂和新沥青材料并确定其用量。
3) 选择砂石集料，确定新旧集料的配合比例。
4) 检验再生沥青品质，并确定再生混合料最佳油石化。
5) 根据路用要求，检验再生混合料的物理力学性质。

(2) 再生沥青混合料的技术经济要求
1) 再生沥青混合料必须具有足够的强度和热稳定性。
2) 再生沥青混合料具有良好的低温抗裂性，低温下表现为较低的收缩系数，较高的抗弯强度和较低的弯拉模量。
3) 再生沥青路面有足够的抗滑性和防渗性。
4) 再生沥青路面具有良好的耐久性。
5) 尽可能地使用旧路面材料，最大限度节约沥青和砂石材料。

三、大粒径沥青 LSAM 混凝土

国内外高等级公路建设和运营实践表明：随着交通量的增长，重车和胎压的增大以及交通车辆的渠化，使得沥青路面的抗车辙能力（抗高温累积变形）和路面的耐久性变差。如何提高沥青路面的抗车辙能力和延长路面的使用寿命，成为道路科研工作者十分重要的科研课题。

我国沥青路面常用的混合料类型，从矿料粒径大小来分有细粒式、中粒式、粗粒式三种类型的沥青混合料。一般情况下，细粒式沥青混合料用于表面层，中粒式和粗粒式沥青混合料用于中、下面层或连接层。在生产实际中，这些类型的混合料通常为悬浮－密实型结构，强度形成主要依赖于沥青与矿料之间的黏结力以及矿料之间的内摩擦力。在大交通量、重轴载车辆的作用下，由于这些混合料的抗剪切强度较低，容易产生车辙等病害，影响路面的使用性能，降低路面的使用寿命，增加路面的养护费用。因此，深入系统地研究沥青混合料的强度机理、力学特征、级配组成、体积特性，特别是着重研究开发骨架密实型结构，研究总结不同接触程度的骨架类型与各种路用性能的关系和规律，提高以抗车辙能力为主的高温稳定性，改善抗疲劳性能、水稳定性和低温抗裂性等综合路用性能，已成为迫在眉睫的一项重要任务，这也是大粒径沥青混合料设计的目的和思路。

通常所说的大粒径沥青混合料（Large Stone Asphalt Mixes，简称 LSAM），一般是指含有矿料的最大粒径在 25～63mm 之间的热拌热铺沥青混合料。

最初的 LSAM 设计采用大马歇尔设计法，重点强调粒径的形状、体积和沥青膜厚度的计算。随着人们对沥青混合料认识的深入，美国开始利用 Superpave 的旋转压实仪成型试件设计 LSAM 密级配，一些州也开始以体积特性为设计的指导原则，使 LSAM 设计方法更合理和完善，并在实践中表现出优秀的路用性能。

LSAM 通常铺筑在表面层的下面，其上的细集料表面层在保证必要的铺筑厚度和压实性的前提下，应当尽可能减薄其厚度，以便最大限度地发挥 LSAM 抗车辙能力。LSAM 的铺筑厚度一般为最大粒径的 2.5 倍，或者为最大公称粒径的 3 倍。当 LSAM 集料的最大尺寸为

38mm时，路面厚度通常为9.5~10cm，LSAM集料的最大尺寸为53mm时，路面厚度通常为11~13cm。

目前，国外研究成果和实践表明，大粒径沥青混凝土具有以下四方面的优点：①级配良好的LSAM可以抵抗较大的塑性和剪切变形，承受重载交通的作用，具有较好的抗车辙能力，提高沥青路面的高温稳定性；特别对于低速、重车路段，需要的持荷时间较长时，设计良好的LSAM与传统沥青混凝土相比，显示出十分明显的抗永久变形能力；②大粒径集料的增多和矿粉用量的减少，使得在不减少沥青膜厚度的前提下，减少沥青总用量，从而降低工程造价；③可一次性摊铺较大的厚度，缩短工期；④沥青层内部储温能力高，热量不易散失，利于寒冷季节施工，延长施工期。

四、热拌沥青混合料面层

法国的很薄热拌沥青混合料面层厚25mm，用砂含量少的断级配以改善宏观表面构造，采用高结合料含量和聚合物改性沥青或添加纤维以改善宏观表面构造的耐久性。由于很薄沥青混凝土的宏观构造深度好，因此它保障了行车安全。这种混合料与SMA相似。

1988年在法国铺筑了很薄沥青混凝土面层试验段。到1992年在试验段上共进行了144次刹车系数测量。很薄沥青混凝土使用了聚合物改性沥青纤维。累计重车交通量在100万到500万之间。其抗滑性能优于传统的沥青混合料，但主要在高速情况下。

1988年又开发了15mm厚的热拌沥青混合料面层。此沥青混合料铺在厚黏层（沥青乳液）上，其沥青用量介于传统黏层和表面处治沥青层之间。喷洒沥青的喷管安装在摊铺机的后部，使运料时不在新喷洒的黏层沥青上行使。

五、粗骨架高结合料混合料（CMHB）

近来美国的克萨斯州运输局开发一种新型的粗骨架高结合料含量（CMHB）混合料，它不需要添加剂或填料，根据野外的反复实践，这种混合料有很好的抗辙槽能力，并且不会离析。

在CMHB混合料中，集料级配设计成允许粗碎石相互接触。当达到碎石与碎石间互相接触时，行车荷载由粗集料承担并传递到下层路面。由于粗碎石是混合料中承担荷载的主要的组成部分，就预防辙槽而言，混合料对细和中等尺寸集料的质量和数量的依赖性明显减少。

CMHB的性能有以下三个方面。

1. 耐久性较好

由于CMHB混合料中粗集料高度集中，可以使用较多的沥青。提高了沥青含量，且矿料上较厚的沥青膜将改善混合料的耐久性。

2. 增加沥青膜厚度

当粗集料含量增加时，沥青膜的厚度也增加，同时细和中等尺寸集料减少。细和中等尺寸集料通常产生最大的击实抗力。减少细集料用量同时增加沥青膜厚度，使混合料较易压实，更加致密。

3. 无辙槽

混合料表现好且很均匀，摊铺混合料过程中没有产生离析也没有产生可见辙槽。这种新设计方法最重要的方面是可用来设计不需要添加剂、只要矿料和沥青的热拌沥青混凝土。

六、机场道面沥青混凝土

荷兰用于机场道面的沥青混凝土，磨耗层应用针入度 80/100（1/10mm）沥青，联结层用针入度 45/60（1/10mm）沥青。同时用四种 SBS 改性沥青。用重复加载单独压缩蠕变试验（40℃，0.4MPa）研究不同沥青混合料的抗永久形变性能。其结果表明，聚合物改性沥青的抗永久形变能力大于普通沥青；同样是 SBS 改性沥青，由于种类的不同或含量的差别，相互之间在抗永久形变能力方面也有明显差别。

道面沥青混凝土的施工用 8.5t 钢轮振动压路机和 2 台 10.5t 三轮压路机。根据聚合物改性沥青的弹性性能采用了下列碾压方法：在温度到 140℃ 以前振动碾压，在此阶段压实度从 90% 增加到约 96%。由于在 90~140℃ 之间使用了静压。静压一直延续到混合料的温度降到 40℃。在此阶段压实度从 96% 到约 100%。

七、水泥-乳化沥青复合结合料

在沥青中掺入水泥、石灰或采用沥青、水泥分层包裹骨料的方法，以期获得半刚性面层材料。此类半刚性面层材料的施工工艺最好采用冷拌冷铺工艺进行。考虑到结合料的价格因素，我们选用乳化沥青和水泥分别为基本的有机和无机结合料。

影响复合结合料胶砂强度的可能因素主要有水胶比、沥青与水泥用量比（油灰比）成型工艺、养生条件、沥青和水泥的种类与用量等。

乳化沥青用量增加，油灰比增大，胶砂试件的变形能力增加，脆度系数减少。另外，相同结合料用量条件下，混凝土配合比将会影响混凝土韧性大小；降低水胶比，混凝土孔隙率减小，试件强度应有所提高。但水胶比的变化对复合结合料混凝土的性质影响不能简单确定，应综合考虑其他因素，如密实度、成型拌和工艺等。

通过试验表明：沥青同矿料之间以及沥青同水泥之间相互作用的加强及沥青分散程度的提高，能够有效地提高混凝土抗折强度、降低脆度系数，从而增加其韧性，降低面层材料的刚度。对于水泥-乳化沥青复合材料，还要从成型工艺上深化研究，例如采用上压、下振的成型工艺等，这样才能更好地发挥其作用。

八、SMA 沥青混合料

沥青玛蹄脂碎石混合料（SMA）是一种新型沥青混合料结构。它起源于德国。20 世纪 90 年代初引入美国，被称为 Stone Matrix Asphalt，缩写为 SMA。1993 年 SMA 在我国首都机场高速公路首次应用。

SMA 是一种由沥青与少量的纤维稳定剂、细集料以及较多量的填料（矿粉）组成的沥青玛蹄脂填充于间断级配的粗集料骨架间隙中，组成一体的沥青混合料，简称 SMA。在我国，有关专家根据其构成原理，在 JTG-D50—2006《公路沥青路面设计规范》中正式命名为"沥青玛蹄脂碎石混合料"。

1. SMA 的产生及发展

SMA 产生于 20 世纪 60 年代的德国。最初是作为一种强度很高的沥青路面罩面，以抵抗带钉轮胎造成的各种路面损坏。尽管后来不再使用带钉轮胎，但仍被广泛地应用于高速公路、载重卡车比例大的道路、站口、交叉路口及机场跑道等。德国1984年版《沥青路面工程补充技术规范及准则》中将SMA列为德国标准的路面结构。现在在欧洲已得到推广和普及。

20世纪90年代，美国高级考察团在欧洲学习先进技术和经验之后，于1991年7月在美国威斯康星州的94号州际公路上，首次铺筑了SMA路面，并由此使得SMA路面在美国得到迅速发展。

我国自20世纪90年代初，开始引进SMA技术，并首先在北京机场路、首都机场跑道等工程试用，随后在江苏、河北、广东、辽宁等地开始推广应用，并已列入JTG D50—2017《公路沥青路面设计规范》。

由于各国的情况不同，在引进德国的SMA技术的同时，各国都结合气候及交通量不同等，对SMA的配合比设计指标及材料性质都有不同的要求。德国的SMA来源于浇注式沥青混凝土，再加上德国夏天不太热，因此沥青用量普遍较高。美国与我国的沥青路面一直是传统密级配沥青混凝土路面，而且无论在欧洲还是美国，由于高速公路网已建成，SMA主要用于沥青路面的表面罩面，而我国正处于高速公路的新建阶段，SMA主要作为高速公路的抗滑表层，且基础情况与国外也不尽相同；再加上气候的差异和我国施工机械材料交通和经济条件等，使得我国的SMA路面在吸取欧洲、美国等经验的基础上，通过近十年的研究应用，积累了一些设计和施工经验。

2. SMA的结构特点

沥青混合料是由矿质骨料、沥青胶浆和空气组成的三相体系，其中矿质骨架是由粗骨料、细骨料组成，是不连续的分散相，而沥青胶浆是分散介质。根据沥青混合料内部结构特性，目前沥青混合料较通用的有两种类型：一是根据连续级配的原理，组成的密级配沥青混合料，这种级配的混合料由于细集料的数量较多，矿料颗粒被自由沥青黏结，粗集料被细集料挤开，因此粗集料以悬浮状态，存在于细集料之间，属于悬浮式密实结构，具有密实度较高、稳定性较差的特点；另一种是连续开级配的沥青混合料，由于细集料的数量少，粗集料之间不仅紧密相连，而且有较高的空隙，这种结构的沥青混合料的内摩擦阻力起重要作用，黏结力只起集料稳定作用，属于骨架空隙结构，具有受沥青材料的变化影响较小、稳定性较好的特点。

SMA属于间断级配的沥青混合料，是目前通用的两种结构形式的有机组合，属于骨架-密实结构，它既有一定数量的粗集料形成骨架结构，又有足够的细集料填充到粗集料之间的空隙中去。其中4.75mm以上颗粒的粗集料含量在70%～80%之间，0.075mm筛孔的通过率10%，粉胶比超过通常1.2的限制值。沥青结合料较普通混合料高1%以上。因沥青用量高而掺加纤维稳定剂，在配合比设计时，不完全依靠马歇尔配比设计方法，主要由体积指标确定。施工中对材料要求高且拌和时间延长，施工温度提高等。由于SMA具有粗集料多、矿粉多、沥青结合料多、细集料少、掺加纤维增强剂及材料要求高的特点，使得SMA既保持了大孔隙排水性路面表面功能好的优点，又克服了其耐久性差的缺点，兼具嵌挤和密实型混合料的长处，即同时具有较高的黏结力和内摩擦阻力。

SMA混合料马歇尔试验配合比设计技术要求见表8-6。

表8-6　SMA混合料马歇尔试验配合比设计技术要求

试验项目	单位	技术要求		试验方法
		不使用改性沥青	使用改性沥青	
马歇尔试件尺寸	mm	$\phi 101.6mm \times 63.5mm$		T0702
马歇尔试件击实次数①	—	两面击实50次		T0702
孔隙率 VV②	%	3~4		T0708
矿料间隙率 VMA②，不小于	%	17.0		T0708
粗集料骨架间隙率 VCA_{mix}③，不大于	—	VCA_{DRC}		T0708
沥青饱和度 VFA②	%	75~85		T0708
稳定度④，不小于	kN	5.5	60	T0709
流值	mm	2~5	—	T0709
谢伦堡沥青析漏试验的结合料损失	%	不大于0.2	不大于0.1	T0732
肯塔堡飞散试验的混合料损失或浸水飞散试验	%	不大于20	不大于15	T0733

① 对集料坚硬不易击碎，通行重载交通的路段，也可将击实次数增加为双面75次。
② 对高温稳定性要求较高的重交通路段或炎热地区，设计孔隙率允许放宽到4.5%，VMA允许放宽到16.5%（SMA-16）或16%（SMA-19），VFA允许放宽到70%。
③ 试验粗集料骨架间隙率VCA的关键性筛孔，对SMA-19、SMA-16是指4.75mm，对SMA-13、SMA-10是指2.36mm。
④ 稳定度难以达到要求时，容许放宽到5.0kN（非改性）或5.5kN（改性），但冻稳定度检验必须合格。

3. SMA的路用性能

（1）优良的温度稳定性　在SMA的组成中，粗集料骨架占到了70%以上，混合料中粗集料相互之间的接触面较多，其空隙主要由高黏度玛蹄脂填补。由于粗集料颗粒之间相互良好的嵌挤作用，传递荷载能力高，可以很快地把荷载传到下层，并承担较大轴载和高压轮胎；同时骨架结构增加了混合料的抗剪切能力，在高温条件下，即使沥青玛蹄脂的黏度下降，对路面结构的抵抗能力影响也会减小。因此，SMA具有较强的抗车辙能力及良好的高温稳定性。

在低温条件下，抗裂性能主要由结合料延伸性能决定。由于SMA的集料之间填充了相当数量的沥青玛蹄脂，沥青膜较厚，温度下降时，混合料收缩变形使集料被拉开时，沥青玛蹄脂有较好的黏结作用。利用其柔韧性，使得混合料能够抵抗低温变形。

（2）良好的耐久性　沥青混合料的耐久性包括水稳定性、耐疲劳性和抗老化性能。

SMA混合料的空隙率在3%~4%之间，受水的影响很小，沥青玛蹄脂与石料黏结性好，并且由于SMA不透水，对下层的沥青层和基层有较强的保护作用和隔水作用，使路面能保持较高的整体强度和稳定性，水稳定性较其他类型混合料有较大改善。

SMA混合料内部被沥青结合料充分填充，使得沥青膜较厚且空隙率小，沥青与空气的接触少，抗老化、抗松散、耐磨耗，因而沥青混合料的抗老化性能好，耐疲劳性能大大优于密级配沥青混凝土。鉴于此，SMA混合料具有良好的耐久性。

（3）优良的表面特性　沥青混凝土路面的低噪声、抗滑、雨天行车溅水及车后产生水雾等性能，直接影响交通安全和环境保护。SMA混合料的集料方面要求采用坚硬、粗糙、耐磨的优质石料。在级配上采用间断级配，粗集料含量高，路面压实后表面构造深度大，抗滑性好,拥有良好的横向排水性能;雨天行车不会产生较大的水雾和溅水,增加雨天行车的可见度,并减少夜间的路面反光,路面噪声可降低 3~5dB,从而使 SMA 路面具有良好的表面特性。

(4)投资效益高 由于 SMA 结构能全面提高沥青混合料和沥青路面的使用性能,使得 SMA 路面能够减少维修养护费用,延长使用寿命。尽管 SMA 初期费用比一般沥青混凝土高 20%~25%,使用期延长 2 年左右才能补偿其初期投资,但在使用 SMA 较早的欧洲,一般认为 SMA 路面使用寿命比密级配混合料路面延长 20%~40%。德国早期铺筑的 SMA 路面平均使用寿命为 17 年左右。因此,由于 SMA 使用寿命的延长,增加投资效益,道路使用期间维修和养护工作减少,降低维护费用,提高社会效益。

1. 试述沥青混合料强度形成的原理,并从内部材料组成和外界影响因素方面加以分析。
2. 试论述路面沥青混合料应具备的主要技术性能。
3. 我国热拌混合料质量评定有哪几项指标?并说明各项指标用以控制的沥青混合料的技术性质。
4. 简述马歇尔试验、车辙试验的主要操作步骤。

任务三　热拌沥青混合料的配合比设计

任务描述:使用现行设计规范,根据工程的需要完成对热拌沥青混合料的配合比设计。

一、沥青混合料组成材料的技术要求

为了保证沥青混合料的技术性质,首先要选择满足质量要求的各组成材料。

1. 沥青材料

沥青路面所用的沥青材料有石油沥青、煤沥青、液体石油沥青和沥青乳液等。各类沥青路面所用沥青材料的标号,应根据路面的类型、施工条件、地区气候条件、施工季节和矿料性质与尺寸等因素而定。这样才能使拌制的沥青混合料具有较高的力学强度和较好的耐久性。

教学视频28　沥青混合料组成设计1

道路石油沥青适用于各类沥青面层,选用时应视道路等级及地区气候条件、施工季节气温、路面类型、施工方法等有所区别,见表8-7。

表8-7　道路石油沥青的适用范围

沥青等级	适用范围
A级沥青	各个等级的，适用于任何场合和层次
B级沥青	1. 高速公路、一级公路沥青下面层及以下的层次，二级及二级以下公路的各个层次 2. 用做改性沥青、乳化沥青、改性乳化沥青、稀释沥青的基质沥青
C级沥青	三级及三级以下公路的各个层次

沥青路面采用的沥青标号见表4-3，宜按照公路等级、气候条件、交通条件、路面类型及在结构层中的层位及受力特点、施工方法等，结合当地的使用经验，经技术论证后确定。

1) 对于高速公路、一级公路，夏季温度高、高温持续时间长、重载交通、山区及丘陵区上坡路段、服务区、停车场等行车速度慢的路段，尤其是汽车荷载剪应力大的层次，宜采用稠度大、60℃黏度大的沥青，也可提高高温气候分区的温度水平选用沥青等级；对冬季寒冷的地区或交通量小的公路、旅游公路宜选用稠度小、低温延度大的沥青；对温度日温差、年温差大的地区宜注意选用针入度指数大的沥青。当高温要求和低温要求发生矛盾时应优先考虑满足高温性能的要求。

2) 当缺乏所需标号的沥青时，可采用不同标号掺配的调和沥青，其掺配比例由试验决定。掺配后的沥青质量应符合表4-3的要求。

在沥青的使用上，一般上面层宜用较稠的沥青，下层或联结层宜用较稀的沥青。对于渠化交通的道路，宜采用较稠的沥青。煤沥青不得用于面层热拌沥青混合料。

2. 粗集料

通常采用碎石、卵石及冶金矿渣等。沥青混合料的粗集料应该洁净、干燥、无风化、无杂质，并且具有足够的强度和耐磨性，形状要接近正立方体，针片状颗粒的含量应符合表8-8的要求，且要求表面粗糙，有一定的棱角。

我国行业标准 JTG F40—2004《公路沥青路面施工技术规范》规定其各项质量要求符合表8-8。

对路面抗滑表层的粗集料应选用坚硬、耐磨、抗冲击性好的碎石或破碎砾石，不可使用筛选砾石、矿渣及软质集料。

由于碱性石料与沥青具有较强的黏附力，组成沥青混合料可得到较高的力学强度。选用石料应尽量选用碱性石料。在缺少碱性石料的情况下，也可采用酸性石料代替，但必须对沥青或粗集料进行适当的处理，可采用掺加消石灰、水泥或用饱和石灰水处理，以增加混合料的黏结力。并应选用针入度较小的沥青与之搭配使用。

表8-8　沥青混合料用粗集料质量技术要求

指标	单位	高速公路及一级公路		其他等级公路	试验方法
		表面层	其他层次		
石料压碎值，不大于	%	26	28	30	T0316
洛杉矶磨耗损失，不大于	%	28	30	35	T0317
表观相对密度，不小于	—	2.60	2.50	2.45	T0304
吸水率，不大于	%	2.0	3.0	3.0	T0304

（续）

指标	单位	高速公路及一级公路		其他等级公路	试验方法
		表面层	其他层次		
坚固性，不大于	%	12	12	—	T0314
针片状颗粒含量（混合料），不大于	%	15	18	20	T0312
其中颗粒大于9.5mm，不大于	%	12	15	—	
其中颗粒小于9.5mm，不大于	%	18	20	—	
水洗法 <0.075mm 颗粒含量，不大于	%	1	1	1	T0310
软石含量，不大于	%	3	5	5	T0320

注：1. 坚固性试验根据需要进行。
    2. 用于高速公路、一级公路时，多孔玄武岩的视密度限度可放宽至 2.45t/m³，吸水率可放宽至3%，但必须得到建设单位的批准，且不得用于 SMA 路面。
    3. 对 S14 即 3～5 规格的粗集料，针片状颗粒含量可不予要求，<0.075mm 含量可放宽到3%。

3. 细集料

热拌沥青混合料的细集料包括天然砂、机制砂和石屑。细集料同样应洁净、干燥、无风化、无杂质，质地坚硬、有棱角，并有适当的级配，且与沥青具有良好的黏结力。细集料与粗集料和填料配制成的矿质混合料，其级配应符合要求。当一种细集料不能满足级配要求时，可采用两种或两种以上的细集料掺和使用。热拌密级配沥青混合料中天然砂的用量通常不宜超过集料总量的20%。我国行业标准 JTG F40—2004《公路沥青路面施工技术规范》对细集料的技术要求见表8-9～表8-11。

表8-9　沥青混合料用细集料质量要求

项　目	单位	高速公路、一级公路	其他等级公路	试验方法
表观相对密度，不小于	—	2.50	2.45	T0328
坚固性，（>0.3mm 部分），不小于	%	12	—	T0340
含泥量（小于 0.075mm 的含量），不大于	%	3	5	T0333
砂当量，不小于	%	60	50	T0334
亚甲蓝值，不大于	g/kg	25	—	T0346
棱角性（流动时间），不小于	s	30	—	T0345

注：坚固性试验可根据需要进行。

表8-10　沥青混合料用天然砂规格

筛孔尺寸/mm	通过各筛孔的质量百分率（%）		
	粗砂	中砂	细砂
9.5	100	100	100
4.75	90～100	90～100	90～100
2.36	65～95	75～90	85～100
1.18	35～65	50～90	75～100
0.6	15～30	30～60	60～84
0.3	5～20	8～30	15～45
0.15	0～10	0～10	0～10
0.075	0～5	0～5	0～5

表 8-11 沥青混合料用机制砂或石屑规格

规格	公称粒径 /mm	水洗法通过各筛孔（方孔筛/mm）的质量百分率（%）							
		9.5	4.75	2.36	1.18	0.6	0.3	0.15	0.075
S15	0~5	100	90~100	60~90	40~75	20~55	7~40	2~20	0~10
S16	0~3		100	85~100	50~80	25~60	8~45	0~25	0~15

注：当生产石屑采用喷水抑制扬尘工艺时，应特别注意含粉量不得超过表中要求。

4. 填料

矿质填料通常是指矿粉。矿粉应采用碱性石料磨制的石粉，如石灰石、白云石等，也可以由石灰、水泥、粉煤灰代替，但用这些物质作填料时，其用量不宜超过矿料总量的2%，其中粉煤灰的用量不宜超过填料总量的50%。

矿粉应具有足够的细度，故小于0.075mm的石粉应大于75%，并要求石粉干净、疏松、不结团、含水量小于1%，亲水系数小于1。我国行业标准 JTG F40—2004《公路沥青路面施工技术规范》对其具体要求见表 8-12。

表 8-12 沥青混合料用矿粉质量技术要求

指标		高速公路、一级公路、城市快速路、主干路	其他公路与城市道路
视密度 不小于（t/m³）		2.0	2.45
含水量 不大于（%）		1	1
粒度范围	<0.6mm（%）	100	100
	<0.15（%）	90~100	90~100
	<0.075（%）	75~100	70~100
外观		无团粒结块	

二、沥青混合料的配合比设计

沥青混合料组成设计的内容就是确定粗集料、细集料、矿粉和沥青材料相互配合的最佳组成比例，使之既能满足沥青混合料的技术要求又符合经济性的原则，是施工过程中一件十分重要的工作。

沥青混合料配合比设计包括目标（试验室）配合比设计、生产配合比设计和生产配合比验证三个阶段。

实践操作

一、目标配合比设计

目标配合比设计可分为矿质混合料组成设计和沥青用量确定两部分。它是沥青混合料配合比设计的重点。

1. 矿质混合料的配合组成设计

矿质混合料配合组成设计的目的是选配一个具有足够密实度和较大内摩阻力的矿质混合料，并根据级配理论，计算出需要的矿质混合料的级配范围。为了应用已有的研究成果和实践经验，通常是采用规范推荐的矿质混合料级配范围来确定，按下列步骤进行。

（1）确定沥青混合料类型 沥青混合料类型，根据道路等级、路面类型、所处的结构层位，各层沥青混合料应满足所在层位的功能要求，便于施工，不容易离析，见表8-13仅供参考。

表8-13 沥青混合料类型

结构层次	高速公路、一级公路 城市快速路、主干路		其他等级公路		一般城市道路及 其他道路工程	
	三层式沥青混凝土路面	两层式沥青混凝土路面	沥青混凝土路面	沥青碎石路面	沥青混凝土路面	沥青碎石路面
上面层	AC-13 AC-16	AC-13 AC-16	AC-13 AC-16	AC-13	AC-5 AC-10 AC-13	AM-5 AM-10
中面层	AC-20 AC-25	—	—	—	—	—
下面层	AC-25 AC-30	AC-20 AC-30	AC-20 AC-25 AC-35	AC-13 AM-25 AM-30	AC-20 AC-25	AC-25 AM-30 AM-40

（2）确定矿料的公称最大粒径 沥青路面结构层厚度（h_i）和公称最大粒径的比与路面的耐久性有一定的关系，随 h_i 增大，耐疲劳性提高，但车辙量增大。相反，h_i 减小，车辙量也减小，但耐久性降低。现有的研究表明，$h_i \geq 3$ 时，路面具有较好的耐久性和高温稳定性。例如，公称最大粒径26.5mm的粗粒式沥青混凝土，其结构层厚度应大于8cm；公称最大粒径19mm的中粒式沥青混凝土，其结构层厚度应大于6cm；公称最大粒径16mm的中粒式沥青混凝土，其结构层厚度应大于5cm；公称最大粒径13.2mm的细粒式沥青混凝土，其结构层厚度应大于4cm。只有控制了结构层厚度与公称最大粒径之比，混合料才能拌和均匀，易于摊铺。特别是在压实时易于达到要求的密实度和平整度，保证施工质量。根据我国的具体情况和实践经验，对于热拌热铺密级配沥青混合料，沥青层一层的压实厚度不宜小于集料公称最大粒径的2.5~3.0倍。

（3）确定矿质混合料的级配范围 根据已确定的沥青混合料类型，查阅推荐的矿质混合料级配范围表，见表8-13，即可确定所需的级配范围。

（4）矿质混合料配合比计算

1）组成材料的原始数据测定。根据现场取样，对粗集料、细集料和矿粉进行筛分试验，按筛分结果分别绘出各组成材料的筛分曲线，同时测出各组成材料的相对密度，以供计算物理常数之用。

2）计算组成材料的配合比。根据各组成材料的筛分试验资料，采用图解法或电算法，计算符合要求级配范围的各组成材料用量比例。

（5）调整配合比 计算的合成级配应根据下列要求作必要的配合调整。

1）通常情况下，合成级配曲线宜尽量接近设计级配中限，尤其应使0.075mm、2.36mm和4.75mm筛孔的通过量尽量接近设计级配范围中限。

2）对高速公路、一级公路、城市快速路和主干路等交通量大、车辆载重大的道路，宜偏向级配范围的下限（粗）；对一般道路、中小交通量和人行道路等宜偏向级配范围的上限

（细）。

3）合成级配曲线不得有过多的锯齿形交错，且在 0.3～0.6mm 范围内不出现"驼峰"。当经过反复调整不能满意时，宜更换原材料重新设计。

2. 确定沥青混合料的最佳沥青用量

教学视频29 沥青混合料组成设计2

沥青混合料的沥青最佳用量（简称 OAC）可以通过各种理论计算方法求得。但是由于实际材料性质的差异，按理论公式计算得到的最佳沥青用量，仍然要通过试验方法修正，因此理论法只能得到一个供试验的参考数据。采用试验的方法确定沥青最佳用量，目前最常用的有维姆法和马歇尔法。

我国现行国标 JTG F40—2004《沥青路面施工及验收规范》规定的方法，是在马歇尔法和美国沥青学会方法的基础上，结合我国多年研究成果和生产实践总结发展起来的更为完善的方法。该法确定沥青最佳用量按下列步骤。

（1）制备试样

1）按确定的矿质混合料配合比，计算各种矿质材料的用量。

2）根据经验估算的沥青用量范围（或表 8-13 推荐的沥青用量范围），估计适宜的沥青用量（或油石比）。

3）沥青混合料试件的制作温度按现行规范规定的方法确定，并与施工实际温度相一致。

（2）测定物理指标 为确定沥青混合料的沥青最佳用量，需测定和计算沥青混合料的下列物理指标。

1）沥青混合料的最大理论相对密度。对非改性的普通沥青混合料，在成型马歇尔试件的同时，可用真空法实测沥青混合料的最大理论相对密度（γ_t），也可以按式（8-4a）或式（8-4b）计算。

对改性沥青或 SMA 混合料宜按式（8-4a）或式（8-4b）计算沥青混合料的最大理论相对密度。

$$\gamma_t = \frac{100 + P_a}{\frac{100}{\gamma_{se}} + \frac{P_a}{\gamma_b}} \tag{8-4a}$$

$$\gamma_t = \frac{100}{\frac{P_s}{\gamma_{se}} + \frac{P_b}{\gamma_b}} \tag{8-4b}$$

式中 γ_t——沥青混合料的最大理论相对密度，无量纲；

P_a——沥青混合料中的油石比（%）；

P_b——沥青混合料中的沥青用量%，$P_b = P_a/(1 + P_a)$；

P_s——沥青混合料中的矿质混合料含量% $P_s = 100 - P_b$；

γ_{se}——矿质混合料的有效相对密度，按式（8-5a）计算，无量纲；

γ_b——沥青的相对密度（25℃），无量纲。

矿质混合料的有效相对密度按式（8-5a）计算：

$$\gamma_{se} = C \times \gamma_{sa} + (1 - C) \times \gamma_{sb} \tag{8-5a}$$

$$C = 0.033 w_x^2 - 0.2936 w_x + 0.9339 \tag{8-5b}$$

$$w_{x} = \left(\frac{1}{\gamma_{sb}} - \frac{1}{\gamma_{sa}}\right) \times 100 \tag{8-5c}$$

式中 γ_{se}——合成矿料的有效相对密度；

γ_{sb}——矿质混合料的合成毛体积相对密度，按式（8-6）求得，无量纲；

γ_{sa}——矿质混合料的合成表观相对密度，按式（8-7）求得，无量纲；

C——合成矿料的沥青吸收系数，可按矿料的合成吸水率从式（8-5b）求得；

w_x——合成矿料的吸水率%，按式（8-5c）求得。

矿质混合料的合成毛体积相对密度和合成表观相对密度按式（8-6）和式（8-7）计算

$$\gamma_{sb} = \frac{100}{\frac{P_1}{\gamma_1} + \frac{P_2}{\gamma_2} + \cdots + \frac{P_n}{\gamma_n}} \tag{8-6}$$

式中 γ_{sb}——矿质混合料的合成毛体积相对密度；

P_1、P_2、$\cdots P_n$——各种矿料成分的配合比，其和为100；

γ_1、γ_2、$\cdots \gamma_n$——各种矿料相应的毛体积相对密度。

$$\gamma_{sa} = \frac{100}{\frac{P_1}{\gamma'_1} + \frac{P_2}{\gamma'_2} + \cdots + \frac{P_n}{\gamma'_n}} \tag{8-7}$$

式中 γ_{sa}——矿质混合料的合成表观相对密度；

P_1、P_1、$\cdots P_n$——各种矿料成分的配合比，其和为100；

γ'_1、γ'_2、$\cdots$、γ'_n——各种矿料相应的表观相对密度。

2）测定压实沥青混合料试件的毛体积相对密度（γ_f）。通常采用表干法测定毛体积相对密度，对吸水率大于2%的试件，宜改用蜡封法测定毛体积相对密度。

3）计算沥青混合料试件的空隙率、矿料间隙率、有效沥青的饱和度、粉胶比、沥青膜有效厚度等体积指标，进行体积组成分析。

$$VV = \left(1 - \frac{\gamma_f}{\gamma_t}\right) \times 100 \tag{8-8}$$

$$VMA = \left(1 - \frac{\gamma_f}{\gamma_{sb}} \times P_s\right) \times 100 \tag{8-9}$$

$$VFA = \frac{VMA - VV}{VMA} \times 100 \tag{8-10}$$

式中 VV——试件的空隙率（%）；

VMA——试件的矿料间隙率（%）；

VFA——试件的有效沥青的饱和度%（有效沥青含量占VMA的体积比例）；

γ_f——试件的毛体积相对密度（实际测定），无量纲；

γ_t——沥青混合料的最大理论相对密度，无量纲；

P_s——沥青混合料中的矿质混合料含量（%），$P_s = 100 - P_b$；

γ_{sb}——矿质混合料的合成毛体积相对密度，按式（8-6）计算。

（3）测定力学指标 为确定沥青混合料的沥青最佳用量，应测定沥青混合料的下列力学指标。

1）马歇尔稳定度。按标准方法制备的试件，在60℃的条件下，保温45min，然后将试件放置于马歇尔稳定度仪（图8-6）上，以（50±5）mm/min 的形变速度加载，直至试件破坏时的最大荷载（以 kN 计）称为马歇尔稳定度。

2）流值。在测定稳定度的同时，测定试件的流动变形，当达到最大荷载的瞬间，试件所产生的垂直流动变形值（以 mm 计）称为流值。

在有 X-Y 记录仪的马歇尔稳定度仪上，可自动绘出荷载（P）与形变（F）的关系曲线。

3）马歇尔模数。通常用马歇尔稳定度（MS）与流值（FL）之比值表示沥青混合料的视劲度，称为马歇尔模数见式（8-11）：

$$T = \frac{MS}{FL} \quad (8-11)$$

式中　T——马歇尔模数（kN/mm）；

　　　MS——马歇尔稳定度（kN）；

　　　FL——流值（mm）。

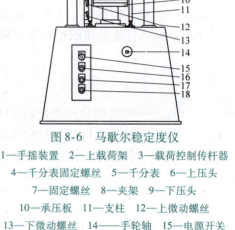

图 8-6　马歇尔稳定度仪

1—手摇装置　2—上载荷架　3—载荷控制传杆器
4—千分表固定螺丝　5—千分表　6—上压头
7—固定螺丝　8—夹架　9—下压头
10—承压板　11—支柱　12—上微动螺丝
13—下微动螺丝　14—手轮轴　15—电源开关
16—上升开关　17—下降开关　18—停止开关

(4) 马歇尔试验结果分析

1）绘制沥青用量与物理-力学指标关系图，以沥青用量为横坐标，以实测密度、空隙率、饱和度、稳定度和流值为纵坐标，将试验结果绘制成沥青用量与各项指标的关系曲线，如图 8-7 所示。

2）根据稳定度、密度、空隙率和沥青饱和度确定最佳沥青用量初始值（OAC_1）。

初始值从图 8-7 中取相应于密度最大值的沥青用量 a_1，相应于实测稳定度最大值的沥青用量 a_2，相应于规定空隙率范围的中值沥青用量 a_3，和相应于规定沥青饱和度范围的中值沥青用量 a_4，求取四者的平均值作为最佳沥青用量的初始值 OAC_1，即：

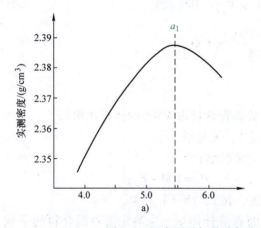
a)

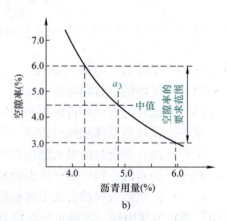
b)

图 8-7　沥青用量与马歇尔稳定度试验物理-力学指标关系图

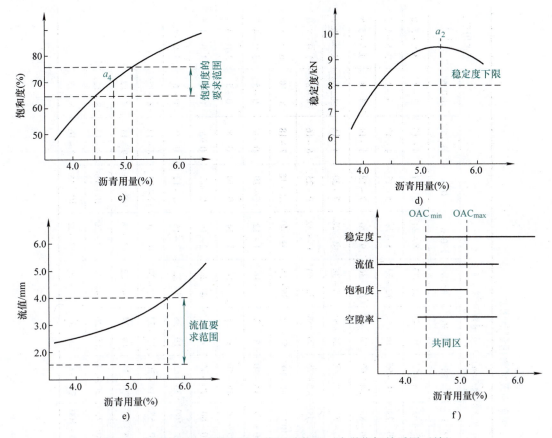

图8-7 沥青用量与马歇尔稳定度试验物理-力学指标关系图（续）

$$\text{OAC}_1 = \frac{a_1 + a_2 + a_3 + a_4}{4} \tag{8-12a}$$

式中 a_1——密度最大值相对应的沥青用量；
a_2——稳定度最大值相对应的沥青用量；
a_3——空隙率中值对相应的沥青用量；
a_4——沥青饱和度中值相对应的沥青用量。

如果在选择试验的沥青用量范围未能涵盖沥青饱和度的要求范围，按式（8-12b）求取三者的平均值作为 OAC_1。

$$\text{OAC}_1 = \frac{a_1 + a_2 + a_3}{3} \tag{8-12b}$$

对所选择试验的沥青用量范围，密度或稳定度没有出现峰值时，可直接以目标空隙率所对应的沥青用量作为 OAC_1，但 OAC_1 必须介于 $\text{OAC}_{\min} \sim \text{OAC}_{\max}$ 的范围内，否则应重新进行配合比设计。

根据符合各项技术指标的沥青用量范围，确定沥青最佳沥青用量初始值（OAC_2）

按图8-7求出各项指标（不含矿料间隙率）均符合沥青混合料技术标准（表8-14）的沥青用量范围 $\text{OAC}_{\min} \sim \text{OAC}_{\max}$，其中值为 OAC_2。

表 8-14 沥青混合料矿料及沥青用量范围表

级配类型			通过下列筛孔（方孔筛/mm）的质量百分率（%）												沥青用量① (%)
			31.5	26.5	19.0	16.0	13.2	9.5	4.75	2.36	1.18	0.6	0.3	0.15	0.075	
密级配沥青混凝土	粗粒	AC-25	100	90~100	75~90	65~83	57~76	45~65	24~52	16~42	12~33	8~24	5~17	4~13	3~7	3.0~5.0
	中粒	AC-20		100	90~100	78~92	62~80	50~72	26~56	16~44	12~33	8~24	5~17	4~13	3~7	3.5~5.5
	细粒	AC-16			100	90~100	76~92	60~80	34~62	20~48	13~36	9~26	7~18	5~14	4~8	3.5~5.5
		AC-13				100	90~100	68~85	38~68	24~50	15~38	10~28	7~20	5~15	4~8	4.5~6.5
	砂粒	AC-10					100	90~100	45~75	30~58	20~44	13~32	9~23	6~16	4~8	5.0~7.0
		AC-5						100	90~100	55~75	35~55	20~40	12~18	7~18	5~10	6.0~8.0
半开级配沥青碎石	中粒	AM-20		100	90~100	60~85	50~75	40~65	15~40	5~22	2~16	1~12	0~10	0~8	0~5	3.0~4.5
		AM-16			100	90~100	60~85	45~68	18~40	6~25	3~18	1~14	0~10	0~8	0~5	3.0~4.5
	细粒	AM-13				100	90~100	50~80	20~45	8~28	4~20	2~16	0~10	0~8	0~6	3.0~4.5
		AM-10					100	90~100	35~65	10~35	5~22	2~16	0~12	0~9	0~6	3.0~4.5
沥青玛琋脂碎石混合料	中粒式	SMA-20		100	90~100	72~92	62~82	40~55	18~30	13~22	12~20	10~16	9~14	8~13	8~12	
		SMA-16			100	90~100	65~85	45~65	20~32	15~24	14~22	12~18	10~15	9~14	8~12	
	细粒式	SMA-13				100	90~100	50~75	20~34	15~26	14~24	12~20	10~16	9~15	8~12	
		SMA-10					100	90~100	28~60	20~32	14~26	12~22	10~18	9~16	8~13	

① 沥青用量仅供学生练习参考。

即
$$OAC_2 = \frac{OAC_{min} + OAC_{max}}{2} \tag{8-13}$$

据 OAC_1 和 OAC_2 综合确定沥青最佳用量（OAC）。

按最佳沥青用量的初始值 OAC_1 在图中求取相应的各项指标值，检查其是否符合规范规定的马歇尔试验技术标准。如符合，由 OAC_1 及 OAC_2 综合决定最佳沥青用量 OAC。如不符合，应调整级配，重新进行配合比设计马歇尔试验，直至各项指标均能符合要求为止。

通常情况下取 OAC_1 及 OAC_2 的中值作为计算的最佳沥青用量 OAC。

$$OAC = \frac{OAC_1 + OAC_2}{2} \tag{8-14}$$

3) 根据实践经验、公路等级、气候条件和交通情况，调整确定最佳沥青用量 OAC。

① 调查当地各项条件相接近的工程的沥青用量及使用效果，论证适宜的最佳沥青用量。检查计算得到的最佳沥青用量是否接近，如相差甚远，应查明原因，必要时重新调整级配，进行配合比设计。

② 对炎热地区公路以及高速公路、一级公路的重载交通路段，山区公路的长大坡度路段，预计有可能产生较大车辙时，宜在空隙率符合要求的范围内将计算的最佳沥青用量减小 0.1%~0.5%作为设计沥青用量。

③ 对寒区公路、旅游公路、交通量很少的公路，最佳沥青用量可以在 OAC 的基础上增加 0.1%~0.3%，以适当减小设计空隙率，但不得降低压实度要求。

4) 检验最佳沥青用量时的粉胶比和有效沥青膜厚度。沥青混合料的粉胶比按式 (8-15) 计算，宜符合 0.6~1.6 的要求。对常用的公称最大粒径为 13.2~19mm 的密级配沥青混合料，粉胶比宜控制在 0.8~1.2 范围内。

$$FB = \frac{P_{0.075}}{P_{be}} \tag{8-15}$$

式中　FB——粉胶比，沥青混合料的矿料中 0.075mm 通过率与有效沥青含量的比值，无量纲；

$P_{0.075}$——矿质混合料中 0.075mm 的通过率（水洗法）(%)；

P_{be}——沥青混合料中的有效沥青含量，按式 (8-16) 计算 (%)。

$$P_{be} = P_b - \frac{P_{ba}}{100} \times P_s \tag{8-16}$$

$$P_{ba} = \frac{\gamma_{se} - \gamma_b}{\gamma_{se} \times \gamma_{sb}} \times \gamma_b \times 100 \tag{8-17}$$

式中　P_{be}——沥青混合料中的有效沥青含量 (%)；

P_b——沥青混合料中的沥青用量 (%)；

P_s——沥青混合料中的矿质混合料含量 (%)，$P_s = 100 - P_b$；

P_{ba}——沥青混合料中被矿料吸收的沥青结合料比例 (%)；

γ_{se}——矿质混合料的有效相对密度，按式 (8-5a) 计算，无量纲；

γ_{sb}——矿质混合料的合成毛体积相对密度，按式 (8-6) 求得，无量纲；

γ_b——沥青的相对密度 (25℃)，无量纲。

按现行规范 JTG F40—2004《公路沥青路面施工技术规范》规定的方法估算沥青混合料的有效沥青膜厚度。

(5) 配合比设计检验

1) 水稳定性检验。按最佳沥青用量 OAC 制作马歇尔试件进行浸水马歇尔试验和冻融劈裂试验，检验其残留稳定度和残留强度是否合格。

如最佳沥青用量 OAC 与两个初始值 OAC_1、OAC_2 相差很大，宜将 OAC 与 OAC_1 或 OAC_2 分别制作试件，进行残留稳定度试验，根据结果适当调整 OAC 值。

我国现行规范 JTG F40—2004《公路沥青路面施工技术规范》规定，对用于高速公路和一级公路的密级配沥青混合料，必须在规定的试验条件下进行浸水马歇尔试验和冻融劈裂试验检验沥青混合料的水稳定性，并同时符合表 8-15 中的两个要求。达不到要求时，必须按规范要求采取抗剥措施，调整最佳沥青用量后再次试验。

表 8-15 沥青混合料水稳定性检验技术要求

气候条件与技术指标		相应于下列气候分区的技术要求				试验方法
年降雨量（mm）及气候分区		>1000	500~1000	250~500	<250	
		1. 潮湿区	2. 湿润区	3. 半干区	4. 干旱区	
浸水马歇尔试验残留稳定度（%），不小于						
普通沥青混合料		80		75		
改性沥青混合料		85		80		T0709
SMA 混合料	普通沥青	75				
	改性沥青	80				
裂试验的残留强度比（%），不小于						
普通沥青混合料		75		70		
改性沥青混合料		80		75		T0729
SMA 混合料	普通沥青	75				
	改性沥青	80				

2) 抗车辙能力检验。按最佳沥青用量 OAC 制作车辙试验试件，按试验规程（JTG E20—2011）方法，在 60℃条件下用车辙试验机对设计的沥青用量检验其动稳定度。

当最佳沥青用量 OAC 与两个初始值 OAC_1 和 OAC_2 相差很大时，宜将 OAC_1 或 OAC_2 分别制作试件进行车辙试验，根据试验结果对 OAC 作适当调整，如不符合要求，应重新进行配合比设计。

我国现行规范 JTG F40—2004《公路沥青路面施工技术规范》规定，对于高等级和一级公路的最大公称粒径等于或小于 19mm 的密级配沥青混合料（AC），及 SMA、OGFC 混合料，必须在配合比的基础上，在规定的实验条件下进行车辙试验，并符合表 8-16 的要求。不符合要求的沥青混合料，必须更换材料或重新进行配合比设计。二级公路参照此要求执行。

表 8-16 沥青混合料车辙试验动稳定度技术要求

气候条件与技术指标	相应于下列气候分区所要求的动稳定度/（次/mm）								试验方法
七月平均最高气温（℃）及气候分区	>30				20~30			<20	
	1. 夏炎热区				2. 夏热区			3. 夏凉区	
	1-1	1-2	1-3	1-4	2-1	2-2	2-3	2-4	3-1	
普通沥青混合料，不小于	800		1000		600		800		600	T0719
改性沥青混合料，不小于	2400		2800		2000		2400		1800	
SMA 混合料	非改性，不小于	1500								
	改性，不小于	3000								
OGFC 混合料	1500（一般交通路段）、3000（重交通量路段）								

注：1. 如果其他月份的平均最高气温高于七月时，也可使用该月平均最高气温。
2. 在特殊情况下，如钢桥面铺装、重载车特别多或纵坡较大的长距离上坡路段、厂矿专用道路，可酌情提高动稳定度的要求。
3. 对因气候寒冷确需使用针入度很大的沥青（如大于 100 1/10mm），动稳定度难以达到要求，或因采用石灰岩等不很坚硬的石料，改性沥青混合料的动稳定度难以达到要求等特殊情况，可酌情降低要求。
4. 为满足炎热地区及重载车要求，在配合比设计时采取减少最佳沥青用量的技术措施时，可适当提高试验温度或增加试验荷载进行试验，同时增加试件的碾压成型密度和施工压实度要求。
5. 车辙试验不得采用二次加热的混合料，试验必须检验其密度是否符合试验规程的要求。
6. 如需要对公称最大粒径等于和大于 26.5mm 的混合料进行车辙试验，可适当增加试件的厚度，但不宜作为评定合格与否的依据。

3）低温抗裂能力检验。宜对密级配沥青混合料在温度 -10℃、加载速度 50mm/min 的条件下进行弯曲试验，测定破坏强度、破坏应变、破坏劲度模量，并根据应力曲线的形状，综合评价沥青混合料的低温抗裂性能。

4）渗水系数检验。宜利用轮碾机成型的车辙试验试件，脱模架起进行渗水试验，检验的渗水系数宜符合表 8-17 的要求。

表 8-17 沥青混合料试件渗水系数技术要求

级配类型	渗水系数要求/（mL/min）	试验方法
密级配沥青混凝土，不大于	120	
SMA 混合料，不大于	80	T 0730
OGFC 混合料	实测	

5）钢渣活性检验。对使用钢渣作为集料的沥青混合料，应按现行试验规程进行活性和膨胀性试验，钢渣沥青混凝土的膨胀量不得超过 1.5%。

决定矿料级配和沥青用量：经反复调整及综合以上试验结果，并参考以往工程实践经验，综合决定矿料级配和最佳沥青用量。

图 8-8 所示为密级配沥青混合料目标配合比设计流程图。

二、生产配合比设计

在目标配合比确定之后，应利用实际施工的拌和机进行试拌以确定施工配合比。在试验

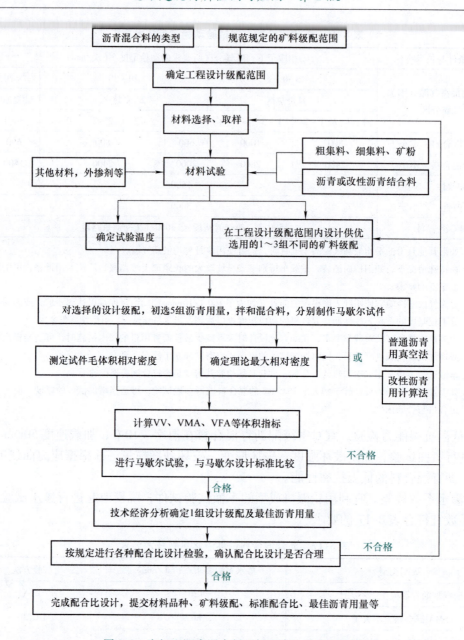

图 8-8 密级配沥青混合料目标配合比设计流程图

前,应首先根据级配类型选择振动筛筛号,使几个热料仓的材料不致相差太多,最大筛孔应保证使超粒径料排出,各级粒径筛孔通过量符合设计范围要求。试验时,按试验室配合比设计的冷料比例上料、烘干、筛分,然后取样筛分,与试验室配合比设计一样进行矿料级配计算,得出不同料仓及矿料用量比例,接着按此比例进行马歇尔试验。规范规定试验油石比可取目标配合比设计的最佳沥青用量 OAC、OAC±0.3% 等三个沥青用量进行马歇尔试验和试拌,通过室内试验及从拌和机取样试验综合确定生产配合比的最佳沥青用量,由此确定的最佳沥青用量与目标配合比设计的结果的差值,不宜大于 ±0.2%。

三、生产配合比验证

此阶段即试拌试铺阶段。施工单位进行试拌试铺时，应报告监理部门和工程指挥部会同设计、监理、施工人员一起进行鉴别。用拌和机按照生产配合比结果进行试拌，首先在场人员对混合料级配及沥青用量发表意见，如有不同意见，应适当调整再进行观察，力求意见一致。然后用此混合料在试验段上试铺，进一步观察摊铺、碾压过程和成型混合料的表面状况，判断混合料的级配和油石比。如不满意应适当调整，重新试拌试铺，直至满意为止。另一方面，试验室密切配合现场指挥在拌和厂或摊铺机房采集沥青混合料试样，进行马歇尔试验，检验是否符合标准要求。同时还应进行车辙试验及浸水马歇尔试验，进行高温稳定性及水稳定性验证。在试铺试验时，试验室还应在现场取样进行抽提试验，再次检验实际级配和油石比是否合格。同时按照规范规定的试验段铺设要求，进行各种试验。当全部满足要求时，便可进入正常生产阶段。

配制实例

沥青混合料配合比设计实例（一）

【题目】 试设计某高速公路沥青混凝土路面用沥青混合料的配合组成。

【原始资料】
1) 道路等级：高速公路。
2) 路面类型：沥青混凝土。
3) 结构层位：三层式沥青混凝土的上面层（细粒式沥青混凝土）。
4) 气候条件：最低月平均气温－8℃，最高月平均气温28℃。
5) 材料性能：

① 沥青材料：可供应A级50号、70号和90号沥青，经检验技术性能均符合要求。

② 矿质材料：碎石和石屑，石灰石轧制碎石，饱水抗压强度120MPa，洛杉矶磨耗率12%、黏附性Ⅰ级（水煮法），表观密度2.70kg/m³。砂为洁净砂，细度模数属中砂，含泥量及泥块量均<1%，表观密度2.65kg/m³。矿粉为石灰石磨细石粉，粒度范围符合技术要求，无团粒结块，密度2.58kg/m³。

【设计要求】
1) 根据道路等级、路面类型和结构层位确定沥青混凝土的矿质混合料的级配范围。根据现有各种矿质材料的筛析结果，用图解法确定各种矿质材料的配合比。
2) 根据选定的矿质混合料类型相应的沥青用量范围，通过马歇尔试验，确定最佳沥青用量。

综合实训视频1 水泥混凝土配合比

综合实训视频2 沥青混合料设计

教学视频30 沥青混合料组成设计3

3) 根据高速公路用沥青混合料要求，对矿质混合料的级配进行调整，沥青用量按水稳定性检验和抗车辙能力校核。

【设计步骤】

1. 矿质混合料配合组成设计

(1) 确定沥青混合料类型 已知道路等级为高速公路，路面类型为沥青混凝土，路面结构为三层式沥青混凝土上面层，为使上面层具有较好的抗滑性，选用细粒式AC-13沥青混凝土混合料。

(2) 确定矿质混合料级配与范围 按表8-14，细粒式AC-13沥青混凝土的矿质混合料级配范围见表8-18。

表8-18 矿质混合料要求级配范围

级配类型	筛孔尺寸（方孔筛）/mm								
	16.0	13.2	9.5	4.75	2.36	1.18	0.6	0.3	0.15	0.075
	通过百分率（%）								
细粒式沥青混凝土（AC-13）	100	90~100	68~85	38~68	24~50	15~38	10~28	7~20	5~15	4~8

(3) 矿质混合料配合比计算

1) 组成材料筛析试验。根据现场取样，碎石、石屑、砂和矿粉等原材料筛分结果见表8-19。

表8-19 组成材料筛析试验结果

材料类型	筛孔尺寸（方孔筛）/mm									
	19.0	16.0	13.2	9.5	4.75	2.36	1.18	0.6	0.3	0.15	0.075
	通过百分率（%）									
碎石1	100.0	86.6	48.8	8.8	0.2	0.2	0.2	0.2	0.2	0.2	0.2
碎石2	100.0	100.0	100.0	99.0	14.8	0.3	0.3	0.3	0.3	0.3	0.3
石屑	100.0	100.0	100.0	100.0	97.5	64.5	40.8	31.4	14.8	9.0	5.0
砂	100.0	100.0	100.0	100.0	99.9	80.2	61.2	38.5	11.2	3.1	1.2
矿粉	100.0	100.0	100.0	100.0	100.0	100.0	100.0	99.8	99.6	95.2	84.6

2) 组成材料配合比计算。由图解法确定各种材料用量为碎石1：碎石2：石屑：砂：矿粉=35%：29%：13%：17%：6%。各种材料组成配合比见表8-20。

3) 调整配合比。由于高速公路交通量大，轴载重，为使沥青混合料具有较高的高温稳定性，合成级配曲线应偏向级配曲线范围的下限，为此应调整配合比。

经过计算，结果见表8-20，满足规范要求，并将合成级配绘于图8-9中，由图中可看出，该合成级配曲线为一光滑平顺的曲线。

表 8-20 矿料合成级配计算表

材料序号	材料规格	比例（%）	矿料合成级配计算结果										
			26.5	19	16	13.2	9.5	4.75	2.36	1.18	0.6	0.3	0.15	0.075
合成规格矿料在合成级配中的百分比（%）	碎石1	35	35.0	35.0	35.0	30.3	17.1	3.1	0.1	0.1	0.1	0.1	0.1	0.1
	碎石2	29	29.0	29.0	29.0	29.0	29.0	28.7	4.3	0.1	0.1	0.1	0.1	0.1
	石屑	13	13.0	13.0	13.0	13.0	13.0	13.0	12.7	8.4	5.3	4.1	1.9	1.2
	砂	17	17.0	17.0	17.0	17.0	17.0	17.0	17.0	13.6	10.4	6.5	1.9	0.5
	矿粉	6	6.0	6.0	6.0	6.0	6.0	6.0	6.0	6.0	6.0	6.0	6.0	5.7
合成级配		100	100.0	100.0	95.3	82.1	67.8	40.1	28.2	21.9	16.8	10.0	7.6	6.2
级配要求	下限		100	100	95	70	56	30	20	16	10	8	6	4
	上限		100	100	100	92	76	50	36	28	20	16	13	8
	中值		100	100	97.5	81	66	40	28	22	15	12	9.5	6

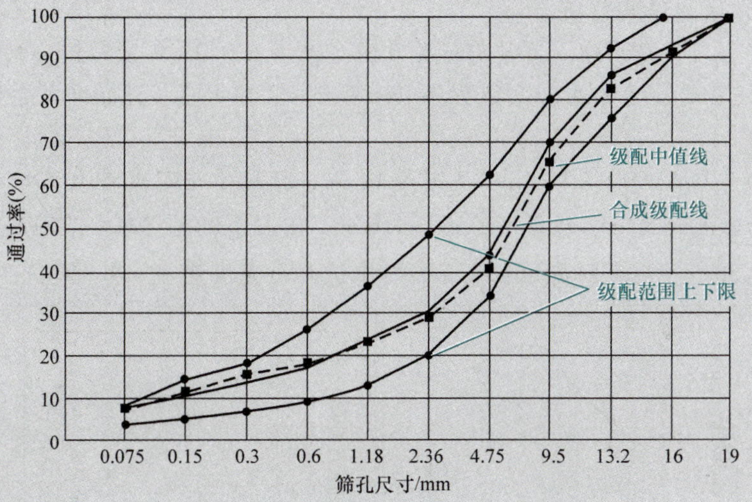

图 8-9 矿质混合料级配范围和合成级配图

2. 沥青最佳用量确定

(1) 试件成型根据当地气候条件 最低月平均温度 -8℃，最高月平均气温 28℃，属于夏热冬暖区，采用 A 级 70 号沥青。

按表 8-13 推荐的沥青用量范围，细粒式沥青混凝土（AC-13）的沥青用量为 4.5%~6.5%。采用 0.5% 间隔变化，与前计算的矿质混合料配合比制备 5 组试件，按表 8-4 规定每面各击实 75 次的方法成型。

(2) 马歇尔试验

1) 物理指标测定。按上述方法成型的试件，经 24h 后测定其毛体积相对密度、空隙率、矿料间隙率、沥青饱和度等物理指标。

2) 力学指标测定。测定物理指标后的试件，在 60℃ 下测定其马歇尔稳定度和流值，并计算马歇尔模数。

马歇尔试验结果见表 8-21，并将规范要求（表 8-4）的高速公路用细粒式沥青混凝土的各项指标技术标准列于表 8-21 供对照评定。

表 8-21　马歇尔试验物理－力学指标测定结果汇总表

试件组号	技术性质						
	油石比	毛体积相对密度 $P_t/(g/cm^3)$	空隙率 VV（%）	间隙率 VMA（%）	饱和度 VFA（%）	稳定度 MS/kN	流值 FL/mm
1	3.9	2.366	6.7	15.1	55.7	11.12	2.3
2	4.2	2.380	5.5	14.9	63.1	12.24	2.8
3	4.5	2.395	4.4	14.6	70.1	11.90	3.3
4	4.8	2.392	4.0	15.0	73.4	10.47	3.7
5	5.1	2.388	3.6	15.3	76.8	9.55	4.0
技术标准（JTG F40—2004）	—	—	4~6	>12	65~75	>8	1.5~4

（3）马歇尔试验结果分析

1）绘制沥青用量与物理－力学指标关系图。根据表8-21马歇尔试验结果汇总表，绘制沥青用量与视密度、空隙率、饱和度、矿料间隙率、稳定度、流值的关系图，如图8-10所示。

2）确定沥青用量初始值 OAC_1。从图8-10得，相应于稳定度最大值的沥青用量 $a_1 = 4.3\%$，相应于密度最大值的沥青用量 $a_2 = 4.6\%$，相应于规定空隙率范围的中值的沥青用量 $a_3 = 4.4\%$，相应于规定沥青饱和度范围的中值的沥青用量 $a_4 = 4.3\%$。

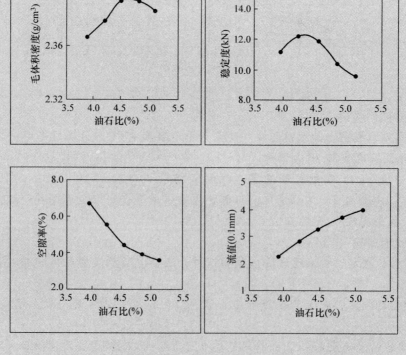

图8-10　马歇尔试验沥青用量与物理－力学指标关系图

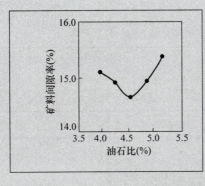
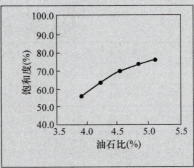
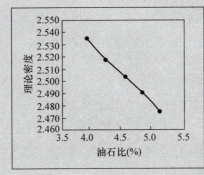
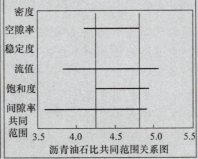

图 8-10　马歇尔试验沥青用量与物理 – 力学指标关系图（续）

$$OAC_1 = (4.3\% + 4.6\% + 4.4\% + 4.3\%)/4 = 4.45\%$$

3）确定沥青用量初始值 OAC_2 由图 8-10 得，各指标符合沥青混合料技术指标的沥青用量范围：

$$OAC_{min} = 4.25\% \qquad OAC_{max} = 4.80\%$$
$$OAC_2 = (4.25\% + 4.80\%)/2 = 4.53\%$$

4）综合确定最佳沥青用量 OAC。按沥青最佳用量初始值 $OAC_1 = 4.35\%$ 检查各项指标均能符合要求，由 OAC_1 和 OAC_2 综合确定沥青最佳用量取 $OAC = 4.49\%$。

当地气候属于温区，并考虑高速公路渠化交通，预计有可能出现车辙，再在中限值 OAC_2 与下限值 OAC_{min} 之间选取一个沥青用量 $OAC' = 4.39\%$。

(4) 水稳定性检验　采用沥青用量为 4.49% 和 4.39% 制备试件，在浸水 48h 后测定马歇尔稳定度，试验结果见表 8-22。

表 8-22　沥青混合料水稳定性试验结果

沥青用量 （%）	马歇尔稳定度 SM /kN	浸水马歇尔稳定度 SM_1 /kN	浸水残留稳定度 Smo （%）
OAC = 4.49	12.06	10.9	90.4
OAC' = 4.39	12.12	10.6	87.5

从表 8-22 试验结果可知，两种沥青用量浸水残留稳定度均大于 80%，符合沥青混凝土水稳定性要求。

(5) 抗车辙能力校核 同样，以沥青用量4.49%和4.39%进行抗车辙试验，试验结果见表8-23。

表8-23 沥青混合料抗车辙试验

沥青用量（%）	试验温度 T/℃	试验轮压 P/MPa	试验条件	动稳定度 DS/（次/mm）
OAC = 4.49	60	0.7	不浸水	1165
OAC' = 4.39	60	0.7	不浸水	1159

从表8-23中可知，沥青用量为4.39%时，动稳定度符合高速公路抗车辙的要求。

沥青混合料配合比设计实例（二）

【题目】 试设计高速公路沥青混凝土路面用沥青混合料的配合组成——进行上面层SMA-13改性沥青混合料目标配合比设计。

【原始资料】

本次目标配合比设计所用集料为玄武岩；沥青为SBS改性沥青；纤维为松散木质素纤维（用量为沥青混合料总质量的0.3%）；抗剥落剂用量为沥青质量的0.4%。

各种集料、矿粉及沥青的密度试验结果见表8-24和表8-25、各种矿料及矿粉的筛分结果见表8-26。

表8-24 集料密度试验结果

材料	1#	2#	3#	4#	矿粉
视密度/（g/cm³）	2.973	2.980	2.975	2.984	2.741
毛体积密度/（g/cm³）	2.928	2.927	2.896	2.881	—
吸水率（%）	0.52	0.61	0.91	1.20	—

表8-25 沥青密度试验结果表

沥青类型	密度/（g/cm³）
改性沥青	1.038

表8-26 各种矿料和矿粉的筛分结果

矿料	筛孔尺寸/mm									
	16	13.2	9.5	4.75	2.36	1.18	0.6	0.3	0.15	0.075
	通过方孔筛的百分率（%）									
1#	100	86.6	12.8	0.6	0.4	0.4	0.4	0.4	0.4	0.3
2#	100	100.0	98.2	5.4	0.6	0.5	0.5	0.5	0.5	0.4
3#	100	100.0	100.0	96.4	1.7	0.6	0.6	0.6	0.6	0.4
4#	100	100.0	100.0	100.0	78.0	40.2	24.6	16.1	11.8	5.4
矿粉	100	100.0	100.0	100.0	100.0	100.0	100.0	100.0	97.2	81.7

【设计要求】 本次沥青混合料配合比设计为SMA-13型。

【设计步骤】

1. 混合料级配

SMA-13 混合料级配范围列于表 8-27。

表 8-27 SMA-13 混合料级配要求

范围	通过下列筛孔（方孔筛/mm）的质量百分率（%）									
	16	13.2	9.5	4.75	2.36	1.18	0.6	0.3	0.15	0.075
上限	100	100	75	34	26	24	20	16	15	12
下限	100	90	50	20	15	14	12	10	9	8

2. 矿料配合比计算

先确定 SMA-13 的三种级配（级配 A、级配 B 和级配 C），4.75mm 筛孔通过率分别为 24.7%、27.7%、30.2%，三种级配组成见表 8-28（具体方法同矿质混合料中图解法，计算过程见项目一相关内容）。分别测定三种级配的 VCA_{DRC}。本次配合比初试油石比按 6.0% 双面各击实 75 次制作试件，测定 VCA_{mix} 及 VMA 等指标，在满足 VCA_{mix} 小于 VCA_{DRC} 和 VMA 大于 17% 等条件的基础上确定级配，测试结果见表 8-29 和表 8-30。

表 8-28 三种级配的设计组成结果

级配类型 1#:2#:3#:4#:矿粉	通过下列筛孔（方孔筛/mm）的质量百分率（%）									
	16.0	13.2	9.5	4.75	2.36	1.18	0.6	0.3	0.15	0.075
级配 A 40.5:37:0:11.5:11	100	94.6	64.0	24.7	20.4	16.0	14.2	13.3	12.5	9.8
级配 B 39:35.5:0:14:11.5	100	94.8	65.4	27.7	22.8	17.5	15.3	14.1	13.2	10.4
级配 C 45.5:26:0:17:11.5	100	93.9	59.9	30.2	25.1	18.6	16.0	14.5	13.5	10.6

表 8-29 VCA_{DRC} 测试结果

级配类型	捣实容重/(g/cm³)	4.75mm 通过百分率（%）	粗集料毛体积密度/(g/cm³)	VCA_{DRC}（%）
级配 A	1.718	24.7	2.928	41.32
级配 B	1.729	27.7	2.928	40.94
级配 C	1.720	30.2	2.928	41.25

表 8-30 初试级配的体积分析

级配类型	油石比（%）	理论密度/(g/cm³)	毛体积密度/(g/cm³)	空隙率（%）	VMA（%）	VFA（%）	VCA_{mix}（%）
级配 A	6.0	2.657	2.551	3.99	17.0	76.6	38.28
级配 B	6.0	2.656	2.572	3.16	16.3	80.6	40.25
级配 C	6.0	2.655	2.583	2.71	15.9	82.9	42.07
要求	—	—	—	3~4.5	≥17.0	75~85	≤VCA_{DRC}

注：1. 最大理论密度采用计算法。
  2. 对高温稳定性要求较高的重载路段或炎热地区，VV 允许放宽到 4.5%。

由表8-29和表8-30可知，级配B和级配C沥青混合料体积指标不满足要求，因此选取级配A为设计级配，如图8-11所示。

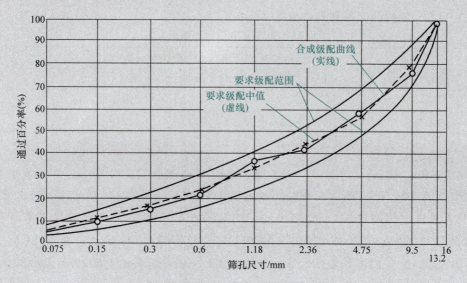

图8-11　SMA-13设计级配曲线

3. 马歇尔稳定度试验

按级配A称取矿料，采用3种油石比，双面各击实75次成型马歇尔试件，然后将成型的试件进行马歇尔稳定度试验，试验结果列于表8-31。

表8-31　沥青混合料马歇尔试验结果

级配类型	油石比（%）	稳定度/kN	流值/(0.1mm)	空隙率（%）	VMA（%）	VFA（%）	VCA_{mix}（%）	毛体积密度/(g/cm³)	理论密度/(g/cm³)
SMA-13	5.7	11.15	19.6	4.76	17.1	72.2	38.35	2.541	2.668
	6.0	11.68	20.1	3.95	17.0	76.7	38.26	2.552	2.657
	6.3	10.63	22.8	3.21	17.0	81.1	38.24	2.560	2.645
要求	—	≥6.0	—	3-4.5	≥17	75-85	≤VCA_{DRC}	—	—

4. 设计油石比的确定

根据SMA路面设计要求，空隙率应控制在3%~4.5%。本次油石比为6.0%时空隙率为3.95%且其他指标（VMA、VCA、稳定度、饱和度等）均满足设计要求，根据实际工程应用经验，选取6.0%为设计油石比。

5. 谢伦堡析漏试验（烧杯法）

试验条件：试验温度（185±2）℃，将混合料保温1h后进行析漏测试，结果见表8-32。

表8-32　析漏试验结果

级配类型	油石比（%）	析漏1（%）	析漏2（%）	析漏3（%）	平均值（%）	要求（%）
SMA-13	6.0	0.07	0.06	0.07	0.07	≤0.10

6. 肯特堡飞散试验

试验条件：将成型的马歇尔试件（双面各击实75次）在（20±0.5）℃水温下浸泡20h，然后采用洛杉矶磨耗试验机旋转300次进行飞散测试，结果见表8-33。

表8-33 飞散试验结果

级配类型	油石比（%）	飞散率1（%）	飞散率2（%）	飞散率3（%）	飞散率4（%）	平均值（%）	要求（%）
SMA-13	6.0	5.3	5.6	5.7	6.1	5.7	≤15

7. 沥青混合料抗水损害试验

为了检验沥青混合料的抗水损害性能，分别进行了设计油石比下的沥青混合料的浸水马歇尔试验和冻融劈裂试验，试验结果见表8-34、表8-35。

（1）浸水马歇尔试验

表8-34 浸水马歇尔试验结果

混合料类型	空隙率（%）	马歇尔稳定度/kN	浸水马歇尔稳定度/kN	残留稳定度SO（%）	要求（%）
SMA-13	3.91	11.20	10.48	93.6	≥85

（2）冻融劈裂试验

表8-35 冻融劈裂试验结果

混合料类型	空隙率（%）	非条件劈裂强度/MPa	条件劈裂强度/MPa	劈裂强度比（%）	要求（%）
SMA-13	5.04	0.7816	0.7000	89.6	≥80

8. 动稳定度试验

试验条件：在（60±1）℃，（0.7±0.05）MPa条件下进行车辙试验以检验沥青混合料的高温稳定性，动稳定度试验结果见表8-36。

表8-36 车辙试验动稳定度试验结果

混合料类型	油石比（%）	车辙动稳定度/（次/mm）				要求
		1	2	3	平均	
SMA-13	6.0	5250	5727	7000	5992	>3000

9. 低温抗裂性试验（表8-37）

表8-37 低温抗裂性试验结果

试件编号	最大荷载/kN	跨中挠度/mm	抗弯拉强度/MPa	劲度模量/MPa	破坏应变/με	要求/με
1	1.26	0.55	12.31	4521.1	2722.5	≥2500
2	1.14	0.55	11.22	4119.8	2722.5	
3	1.21	0.51	11.55	4507.7	2562.8	
4	1.14	0.57	11.01	3868.7	2847.2	
5	1.21	0.53	11.90	4537.7	2623.5	
6	1.25	0.52	12.15	4692.1	2589.6	
平均	1.20	0.54	11.69	4374.5	2678.0	

10. 结论

通过混合料级配调试和相关验证试验，表明所设计的 SMA-13 型沥青混合料的抗水损害性能、高温稳定性能和低温抗裂性能均满足技术要求，可作为路面工程生产配合比调试的依据。矿料配合比及设计油石比见表 8-38。

表 8-38　矿料配合比及设计油石比

混合料类型	下列各种矿料所占比例（%）					油石比（%）
	1#	2#	3#	4#	矿粉	
SMA-13	40.5	37.0	0.0	11.5	11.0	6.0

1. 试述我国热拌沥青混合料配合组成的设计方法。矿质混合料的组成和沥青最佳用量是如何确定的？

2. 配制沥青混合料所用各种原材料应具备哪些主要技术要求？这些技术要求对沥青混合料的技术性质有什么影响？

3. 采用马歇尔试验设计沥青混凝土配合比，为什么由马氏试验确定配合比后还要进行浸水稳定度和车辙试验？

4. 什么是常温沥青混合料？它是由什么材料组成的？在技术性能上有何特征？

5. 试设计一级公路沥青路面面层用细粒式沥青混凝土混合料配合组成。

【原始材料】

1）道路等级：一级公路。

2）路面类型：沥青混凝土。

3）结构层次：两层式沥青混凝土的上面层。

4）气候条件：最低月平均气温：-5℃，最高月平均气温：28℃。

5）材料性能：

① 沥青材料。可供应 A 级 50 号和 70 号沥青，经检验各项指标符合要求。

② 碎石和石屑。Ⅰ级石灰岩轧制碎石，饱水抗压强度 150MPa，洛杉矶磨耗率 10%，黏附性（水煮法）Ⅰ级，视密度 $2.72t/m^3$。

③ 细集料。洁净河砂，担度属中砂，含泥量小于 1%，视密度 $2.68t/m^3$。

④ 矿粉。石灰石粉，粒度范围符合要求，无团粒结块，视密度 $2.58t/m^3$。

粗细集料和矿粉级配组成经筛分试验结果见表 8-39。

表 8-39　组成材料筛析结果

材料名称	筛孔尺寸（方筛孔）/mm									
	16	13.2	9.5	4.75	2.36	1.18	0.6	0.3	0.15	0.075
	通过百分率（%）									
碎石	100	96.4	20.2	2.0	0	0	0	0	0	0
石屑	100	100	100	80.3	45.3	18.2	3.0	0	0	0
砂	100	100	100	100	90.5	80.2	70.5	36.2	18.2	2.0
矿粉	100	100	100	100	100	100	100	100	100	85.2

【设计要求】

1）根据道路等级、路面类型和结构层次确定沥青混凝土的类型和矿质混合料的级配范围。

根据现有各种矿质材料的筛析结果，用图解法或试算（电算）法确定各种矿质材料的配合比。

2）根据推荐的相应沥青混凝土类型的沥青用量范围，通过马歇尔试验的物理-力学指标，确定沥青最佳用量。

3）根据一级公路路面用沥青混合料要求，对矿质混合料的级配进行调整，并对沥青最佳用量按水稳定性检验和抗车辙能力校核。

马歇尔试验结果汇总见表8-40，供分析评定参考用。

表8-40 马歇尔试验物理-力学指标测定结果汇总表

试件组号	沥青用量（%）	技术性质						
		实测密度/（g/cm³）	空隙率 VV（%）	矿料间隙率 VMA（%）	沥青饱和度 VFA（%）	稳定性 MS/kN	流值 FL/mm	马氏模数 T/（kN/mm）
1	4.5	2.362	6.1	16.4	62.7	8.3	2.0	4.1
2	5.0	2.379	4.8	16.1	70.4	9.8	2.3	4.3
3	5.5	2.394	4.0	15.6	74.5	9.6	2.8	3.4
4	6.0	2.380	3.3	15.4	79.3	7.9	3.6	2.2
5	6.5	2.378	2.9	16.0	82.7	5.3	4.5	1.2

注：以上两表数据仅供学生计算练习和分析评定用。试验课应有教师带领学生到现场取样，根据工地实际材料进行筛析，确定矿质混合料的配合比，然后通过马歇尔试验取得物理-力学指标的数据，以分析确定沥青最佳用量。

附　　录

附录A　数值修约规则

工程质量的评价是以试验检测数据为依据的，在试验检测过程中，任何测量的准确度都是有限的，我们只能以一定的近似值来表示测量结果。因此，测量结果数值计算的准确度就不应该超过测量的准确度，如果任意地将近似值保留过多的位数，反而会歪曲测量结果的真实性。在测量和数字运算中，必须对原始数据进行分析处理，才能得到可靠的试验检测结果。确定该用几位数字来代表测量值或计算结果，是一件很重要的事情。关于有效数字和计算规则介绍如下。

数值修约就是通过省略原数值的最后若干位数字，调整所保留的末位数字，使最后所得到的值最接近原数值的过程。经数值修约后的数值称为（原数值的）修约值。

修约间隔是指修约值的最小数值单位。修约间隔的数值一经确定，修约值即为该数值的整数倍，举例如下。

例 A-1　如指定修约间隔为 0.1，修约值应在 0.1 的整数倍中选取，相当于将数值修约到一位小数。

例 A-2　如指定修约间隔为 100，修约值应在 100 的整数倍中选取，相当于将数值修约到"百"数位。

一、数值修约规则

1. 确定修约间隔

1）指定修约间隔为 10^{-n}（n 为正整数），或指明将数值修约到 n 位小数。

2）指定修约间隔为 1，或指明将数值修约到"个"数位。

3）指定修约间隔为 10^n（n 为正整数），或指明将数值修约到 10^n 数位，或指明将数值修约到"十""百""千"……数位。

2. 进舍规则

1）拟舍弃数字的最左一位数字小于 5，则舍去，保留其余各位数字不变。

例 A-3　将 12.149 8 修约到个数位，得 12；将 12.14988 修约到一位小数，则得 12.1。

例 A-4　某沥青针入度测试值为 70.1、69.5、70.8（0.1mm），则该沥青试验结果为：先算得平均值为 70.1，然后进行取整（即修约到个数位），得针入度试验结果是 70（0.1mm）。

2）拟舍弃数字的最左一位数字大于 5，则进一，即保留数字的末位数字加 1。

例 A-5 将 1 268 修约到"百"数位，得 13×10^2（特定场合可写为 1 300）；将 1 268 修约到"十"数位，得 12.7×10^2（特定场合可写为 1 270）。

说明："特定场合"系指修约间隔明确时。

3）拟舍弃数字的最左一位数字是 5，且其后有非 0 数字时进一，即保留数字的末位数字加 1。

例 A-6 将 10.500 2 修约到个数位，得 11。

4）拟舍弃数字的最左一位数字为 5，且其后无数字或皆为 0 时，若所保留的末位数字为奇数（1，3，5，7，9）则进一，即保留数字的末位数字加 1；若所保留的末位数字为偶数（0，2，4，6，8），则舍去。

例 A-7 修约间隔为 0.1（或 10^{-1}）。

拟修约数值	修约值
1.050	10×10^{-1}（特定场合可写成为 1.0）
0.35	4×10^{-1}（特定场合可写成为 0.4）

例 A-8 修约间隔为 1000（或 10^3）。

拟修约数值	修约值
2 500	2×10^3（特定场合可写成为 2 000）
3 500	4×10^3（特定场合可写成为 4 000）

例 A-9 准确至三位小数（修约间隔为 0.001 或 10^{-3}）。

某沥青密度试验测试值分别为 1.034、1.031（g/cm^3），则该沥青密度试验结果为：先算得平均值为 1.032 5，修约后试验结果是 1.032g/cm^3。

5）负数修约时，先将它的绝对值按上述的规定进行修约，然后在所得值前面加上负号。

例 A-10 将下例数值修约到"十"数位。

拟修约数值	修约值
-355	-36×10（特定场合可写为 -360）
-325	-32×10（特定场合可写为 -320）

例 A-11 将下列数值修约到三位小数，即修约间隔为 10^{-3}。

拟修约数值	修约值
-0.036 5	-36×10^{-3}（特定场合可写为 -0.036）

3. 不允许连续修约

1）拟修约数字应在确定修约间隔或指定修约数位后一次修约获得结果，不得多次按 2 规则连续修约。

例 A-12 修约 97.46，修约间隔为 1。

正确的做法：97.46→97。

不正确的做法：97.46→97.5→98。

例 A-13 修约 15.454 6，修约间隔为 1。

正确的做法：15.454 6→15。

不正确的做法：15.454 6→15.455→15.46→15.5→16。

2）在具体实施中，有时测试与计算部门先将获得数值按指定的修约数位多一位或几位报出，而后由其他部门判定。为避免产生连续修约的错误，应按下述步骤进行。

①报出数值最右的非零数字为5时,应在数值右上角加"+"或加"-"或不加符号,分别表明已进行过舍、进或未舍未进。

例 A-14 16.50$^+$ 表示实际值大于 16.50,经修约舍弃为 16.50;16.50$^-$ 表示实际值小于 16.50,经修约进一为 16.50。

②如对报出值需进行修约,当拟舍弃数字的最左一位数字为5,且其后无数字或皆为零时,数值右上角有"+"者进一,有"-"者舍去,其他扔按2的规定进行。

例 A-15 将下例数值修约到个数位(报出值多留一位至一位小数)。

实测值	报出值	修约值
15.454 6	15.5$^-$	15
-15.454 6	-15.5$^-$	-15
16.520 3	16.5$^+$	17
-16.520 3	-16.5$^+$	-17
17.500 0	17.5	18

4. 0.5 单位修约与 0.2 单位修约

在对数值进行修约时,若有必要,也可采用 0.5 单位修约或 0.2 单位修约。

(1) 0.5 单位修约(半个单位修约)

0.5 单位修约是指按指定修约间隔对拟修约的数值 0.5 单位进行的修约。

0.5 单位修约方法如下:将拟修约数值 X 乘以 2,按指定修约间隔对 $2X$ 依 2 的规定修约,所得数值($2X$ 修约值)再除以 2。

例 A-16 将下例数字修约到"个"数位的 0.5 单位修约。

拟修约数值 X	$2X$	$2X$ 修约值	X 修约值
60.25	120.50	120	60.0
60.38	120.76	121	60.5
60.28	120.56	121	60.5
-60.75	-121.50	-122	-61.0

例 A-17 某沥青软化点试验测试值为:48.2℃、48.7℃,结果准确至0.5℃。则该沥青软化点试验结果为:先算得平均值为48.45℃,修约后试验结果如下。

拟修约数值 X	$2X$	$2X$ 修约值	X 修约值
48.45	96.90	97	48.5

(2) 0.2 单位修约

0.2 单位修约是指按指定修约间隔对拟修约的数值 0.2 单位进行的修约。

0.2 单位修约方法如下:将拟修约数值 X 乘以 5,按指定修约间隔对 $5X$ 依 2 的规定修约,所得数值($5X$ 修约值)再除以 5。

例 A-18 将下列数字修约到"百"数位的 0.2 单位修约。

拟修约数值 X	$5X$	$5X$ 修约值	X 修约值
830	4150	4200	840
842	4210	4200	840
832	4160	4200	840
-930	-4650	-4600	-920

二、有效数字运算规则

在运算中,经常有不同有效位数的数据参加运算。在这种情况下,需将有关数据进行适当的处理。

1. 加减运算

当几个数据相加或相减时,它们的小数点后的数字位数及其和或差的有效数字的保留,应以小数点后位数最少(即绝对误差最大)的数据为依据,如图 A-1 所示。

图 A-1 算例

如果数据的运算量较大时,为了使误差不影响结果,可以对参加运算的所有数据多保留一位数字进行运算。

2. 乘除运算

几个数据相乘相除时,各参加运算数据所保留的位数,以有效数字位数最少的为标准,其积或商的有效数字也依此为准。例如,当 $0.0121 \times 30.64 \times 2.05782$ 时,其中 0.0121 的有效数字位数最少,所以,其余两数应修约成 30.6 和 2.06 与之相乘,即,$0.0121 \times 30.6 \times 2.06 = 0.763$。

附录 B 沥青路面使用性能气候分区

1) 按照设计高温分区指标，一级区划分为 3 个区，见表 B-1。

表 B-1

高温气候区	1	2	3
气候区名称	夏炎热区	夏热区	夏凉区
最热月平均最高气温/℃	>30	20~30	<20

2) 按照设计低温分区指标，二级区划分为 4 个区，见表 B-2。

表 B-2

低温气候区	1	2	3	4
气候区名称	冬严寒区	冬寒区	冬冷区	冬温区
极端最低气温/℃	<-37.0	-37.0~-21.5	-21.5~-9.0	>-9.0

3) 按照设计雨量分区指标，三级区划分为 4 个区，见表 B-3。

表 B-3

雨量气候区	1	2	3	4
气候区名称	潮湿区	湿润区	半干区	干旱区
年降雨量/mm	>1000	1000~500	500~250	<250

4) 沥青路面温度分区由高温和低温组合而成，第一个数字代表高温分区，第二个数字代表低温分区，数字越小表示气候因素越严重，见表 B-4。

表 B-4

气候区名		最热月平均最高气温/℃	年极端最低气温/℃	备注
1-1	夏炎热冬严寒	>30	<-37.0	
1-2	夏炎热冬寒		-37.0~-21.5	
1-3	夏炎热冬冷		-21.5~-9.0	
1-4	夏炎热冬温		>-9.0	
2-1	夏热冬严寒	20~30	<-37.0	
2-2	夏热冬寒		-37.0~-21.5	
2-3	夏热冬冷		-21.5~-9.0	
2-4	夏热冬温		>-9.0	
3-1	夏凉冬严寒	<20	<-37.0	不存在
3-2	夏凉冬寒		-37.0~-21.5	
3-3	夏凉冬冷		-21.5~-9.0	不存在
3-4	夏凉冬温		>-9.0	不存在

5) 由温度和雨量组成的气候分区按下表划分，见表 B-5。

表 B-5　沥青及沥青混合料气候分区指标

气候区名		最热月平均最高气温/℃	年极端最低气温/℃	年降雨量/mm
1-1-4	夏炎热冬严寒干旱	>30	<-37.0	<250
1-2-2	夏炎热冬寒湿润	>30	-37.0~-21.5	500~1000
1-2-3	夏炎热冬寒半干	>30	-37.0~-21.5	250~500
1-2-4	夏炎热冬寒干旱	>30	-37.0~-21.5	<250
1-3-1	夏炎热冬冷潮湿	>30	-21.5~-9.0	>1000
1-3-2	夏炎热冬冷湿润	>30	-21.5~-9.0	500~1000
1-3-3	夏炎热冬冷半干	>30	-21.5~-9.0	250~500
1-3-4	夏炎热冬冷干旱	>30	-21.5~-9.0	<250
1-4-1	夏炎热冬温潮湿	>30	>-9.0	>1000
1-4-2	夏炎热冬温湿润	>30	>-9.0	500~1000
2-1-2	夏热冬严寒湿润	20~30	<-37.0	500~1000
2-1-3	夏热冬严寒半干	20~30	<-37.0	250~500
2-1-4	夏热冬严寒干旱	20~30	<-37.0	<250
2-2-1	夏热冬寒潮湿	20~30	-37.0~-21.5	>1000
2-2-2	夏热冬寒湿润	20~30	-37.0~-21.5	500~1000
2-2-3	夏热冬寒半干	20~30	-37.0~-21.5	250~500
2-2-4	夏热冬寒干旱	20~30	-37.0~-21.5	<250
2-3-1	夏热冬冷潮湿	20~30	-21.5~-9.0	>1000
2-3-2	夏热冬冷湿润	20~30	-21.5~-9.0	500~1000
2-3-3	夏热冬冷半干	20~30	-21.5~-9.0	250~500
2-3-4	夏热冬冷干旱	20~30	-21.5~-9.0	<250
2-4-1	夏热冬温潮湿	20~30	>-9.0	>1000
2-4-2	夏热冬温湿润	20~30	>-9.0	500~1000
2-4-3	夏热冬温半干	20~30	>-9.0	250~500
3-2-1	夏凉冬寒潮湿	<20	-37.0~-21.5	>1000
3-2-2	夏凉冬寒湿润	<20	-37.0~-21.5	500~1000

6）在缺乏当地气象台站的有效数据时，可参考上述表确定沥青路面使用性能的气候分区。各地区宜根据当地的气象数据，制订更切合实际的气象分区图。

参 考 文 献

[1] 蒋玲. 道路建筑材料 [M]. 2版. 北京：机械工业出版社，2012.
[2] 姜志清. 道路建筑材料 [M]. 5版. 北京：人民交通出版社，2015.
[3] 黄晓明，高英，周扬. 土木工程材料 [M]. 4版. 南京：东南大学出版社，2020.
[4] 王福军，关国英，李静瑶. 道路建筑材料 [M]. 北京：化学工业出版社，2020.
[5] 钱进. 道路建筑材料 [M]. 北京：人民交通出版社股份有限公司，2019.
[6] 严家汲. 道路建筑材料 [M]. 3版. 北京：人民交通出版社，2004.
[7] 吴科如，张雄. 土木工程材料 [M]. 2版. 上海：同济大学出版社，2008.
[8] 文德云. 公路施工技术 [M]. 北京：人民交通出版社，2003.
[9] 吕伟民. 沥青混合料设计原理与方法 [M]. 上海：同济大学出版社，2006.

道路建筑材料检测与应用

试验实训手册

专业_____
班级_____
学号_____
姓名_____

机械工业出版社

目 录

学习任务 1　集料的检测 …………………………………………………………… 1
学习任务 2　石灰和水泥的检测 …………………………………………………… 17
学习任务 3　钢材的检测 …………………………………………………………… 27
学习任务 4　沥青的检测 …………………………………………………………… 31
学习任务 5　建筑砂浆的检测 ……………………………………………………… 39
学习任务 6　水泥混凝土的检测 …………………………………………………… 45
学习任务 7　沥青混合料的检测 …………………………………………………… 55
学习任务 8　配制水泥混凝土综合实训 …………………………………………… 67
学习任务 9　配制热拌沥青混合料综合实训 ……………………………………… 79

学习任务1 集料的检测

学习情境描述

学习情境项目：×××大桥及接线建设工程项目主桥箱梁。

学习情境依据：《公路工程集料试验规程》(JTG E42—2005)、《公路桥涵施工技术规范》(JTG/T 3650—2020)以及×××大桥及接线建设工程施工图设计有关技术要求。

学习情境目标：完成学习情境项目中C55混凝土的原材料（集料）物理性质技术指标、力学性能指标、化学技术指标的检测及评定并出具检测报告。

任务书

根据规范、设计图纸、检测要求对集料（图1-1、图1-2）技术指标进行规范检测，完整记录各技术指标试验记录表，填写集料试验检测报告，并给予正确的检测结论评定。

图1-1 粗集料

图1-2 细集料

任务分组

学生任务分配见表1-1。

表1-1 学生任务分配表

班级		组号		指导教师	
组长		学号			
组员	姓名	学号	姓名	学号	
任务分工					

工作计划

根据学习情境收集资讯和决策过程，制定集料检测方案（检测工作流程如图 1-3 所示），完成表 1-2 的内容。

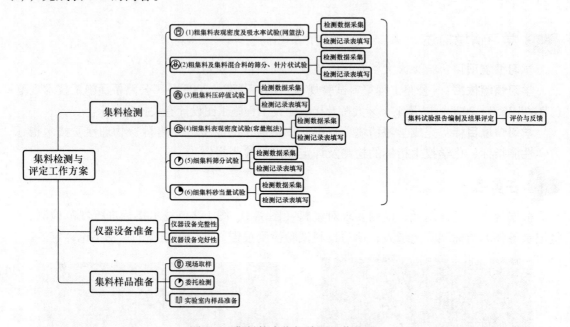

图 1-3 集料技术指标检测工作流程

表 1-2 集料检测设备、耗材清单表

序号	工作内容	检测设备名称	型号与规格	数量	备注
1	粗集料表观密度及吸水率试验（网篮法）				
2	粗集料堆积密度及空隙率试验				
3	粗集料及集料混合料的筛分试验				
4	水泥混凝土用粗集料针片状颗粒含量试验（规准仪法）				
5	粗集料压碎值试验				

（续）

序号	工作内容	检测设备名称	型号与规格	数量	备注
6	细集料表观密度试验（容量瓶法）				
7	细集料堆积密度及紧装密度试验				
8	细集料筛分试验				
9	细集料砂当量试验				

工作实施

1. 集料取样

由教师（代表委托单位）进行集料检测的项目委托，学生（代表检测单位）接受此项委托单。

（1）小组成员（代表检测单位）填写集料取样检测委托单，见表1-3。

（2）完成集料的取样。

表1-3 集料取样检测委托单

委托编号		自动采取编号	
样品编号		试样名称	
规格型号		样品状态	
代表数量		试样数量	
结构部位/用途			
检测参数			
试验依据			
评定标准			
要求完成日期			
委托方要求处置方式	□留样 □退样 □废弃		
样品流转过程	□可检 □不可检 □待检 □已检		
样品处置	□留样 □退样 □废弃		
填表人		填表日期	
任务下达人		下达日期	
任务接收人		接收日期	

小提示：集料取样要求

1. 工地现场取样要求

（1）通过带式运输机的材料，如采石场的生产线、沥青拌和楼的冷料输送带上的无机结合料稳定集料、级配碎石混合料等，应从带式运输机上采集样品。取样时，可在带式运输机骤停的状态下取其中一截的全部材料（图1-4），或在带式运输机的端部连续接一定时间的集料，将间隔3次以上所取的试样组成一组，作为代表性试样。

图1-4 在带式运输机上取样

（2）在材料场同批来料的料堆上取样时，应先铲除堆脚等处无代表性的部分，再在料堆的顶部、中部和底部，各由均匀分布的几个不同部位，取得大致相等的若干份组成一组试样，务必使所取试样能代表本批来料的情况和品质。

（3）从火车、汽车、货船上取样时，应从各不同部位、不同深度处，抽取大致相等的试样若干份，组成一组试样。抽取的具体份数，应视能够组成本批来料代表样的需要而定。

注：

① 如经观察，认为各节车皮汽车或货船的碎石或砾石的品质差异不大时，允许只抽取一节车皮、一辆汽车、一艘货船的试样（即一组试样），作为该批集料的代表样品。

② 如经观察，认为该批碎石或砾石的品质相差甚远时，应对品质再怀疑的该批集料分别取样和验收。

（4）从沥青拌和楼的热料仓取样时，应在放料口的全断面上取样，通常宜将一开始按正式生产的配比投料拌和的几锅（至少5锅以上）废弃，然后分别将每个热料仓放出至装载机上，倒在水泥地上，适当拌和，从3处以上的位置取样，拌和均匀，取要求数量的试样。

2. 取样数量

对每一单项试验，每组试样的取样数量宜不少于表1-4所规定的最小取样量。需做几项试验时，如确能保证试样经一项试验后不致影响另一项试验的结果时，可用同一组试样进行几项不同的试验。

表1-4 各试验项目所需粗集料的最小取样量

试验项目	相对于下列公称最大粒径（mm）的最小取样量/kg										
	4.75	9.5	13.2	16	19	26.5	31.5	37.5	53	63	75
筛分	8	10	12.5	15	20	20	30	40	50	60	80
表观密度	6	8	8	8	8	8	12	16	20	24	24
吸水率	2	2	2	2	4	4	4	6	6	6	8
堆积密度	40	40	40	40	40	40	80	80	100	120	120
针片状含量	0.6	1.2	2.5	4	8	8	20	40	—	—	—

注：1. 有机物含量，坚固性及压碎指标值试验，应按规定粒级要求取样，其试验所需试样数量，按本规程有关规定施行。

2. 采用广口瓶法测定表观密度时，集料最大粒径不大于40mm者，其最少取样数量为8kg。

3. 实验室内试样缩分

（1）分料器法：将试样拌匀（图1-5）后，通过分料器分为大致相等的两份，再取其中的一份并分成两份，缩分至需要的数量为止。

（2）四分法：如图1-6所示，将所取试样置于平板上，在自然状态下拌和均匀，大致摊平，然后沿互相垂直的两个方向，把试样由中向两边摊开，分成大致相等的4份，取其对角的两份重新拌匀，重复上述过程，直至缩分后的材料量略多于进行试验所必需的量。缩分后的试样数量应符合各项试验规定数量的要求。

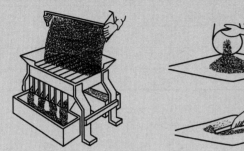

图1-5　分料器法示意图　　　　图1-6　四分法示意图

4. 试样的包装

每组试样应采用能避免细料散失及防止污染的容器包装，并附卡片标明试样编号，取样时间、产地、规格，试样代表数量，试样品质，要求检验项目及取样方法等。

2. 集料检测工作

2.1 粗集料密度、吸水率试验的检测

学生根据任务书的要求，完成粗集料密度、吸水率相关指标的检测，检测记录表见表1-5。

表1-5　粗集料密度、吸水率试验检测记录表（网篮法）

试验室名称：　　　　　　　　　　　　　　　　　记录编号：

试验依据		样品编号	
样品描述		样品名称	
试验条件		试验日期	
主要仪器设备及编号			
试验次数		1	2
试样在水中质量 m_w/g			
饱和面干试样质量 m_f/g			
烘干试样质量 m_a/g			
表观相对密度测值 γ_a			
表观相对密度测定值 γ_a			
表干相对密度测值 γ_s			
表干相对密度测定值 γ_s			
毛体积相对密度测值 γ_b			

(续)

试验次数	1	2
毛体积相对密度测定值 γ_b		
试验水温 T（℃）		
试验温度 T 时水的密度 ρ_T（g/cm³）		
表观密度测定值 ρ_a（g/cm³）		
表干密度 ρ_s（g/cm³）		
毛体积密度 ρ_b（g/cm³）		
吸水率测值 ω_x（%）		
吸水率测定值 ω_x（%）		
备注		

 小提示：粗集料密度、吸水率相关指标的检测步骤

（1）取试样一份装入干净的搪瓷盘中，注入洁净的水，水面至少应高出试样20mm，轻轻搅动石料，使附着在石料上的气泡完全逸出。在室温下保持浸水24h。

（2）将吊篮挂在天平的吊钩上，浸入溢流水槽中，向溢流水槽中注水，水面高度至水槽的溢流孔，将天平调零，吊篮的筛网应保证集料不会通过筛孔流失，对2.36~4.75mm粗集料应更换小孔筛网，或在网篮中加放一个浅盘。

（3）调节水温在15~25℃范围内。将试样移入吊篮中。溢流水槽中的水面高度由水槽的溢流孔控制，维持不变称取集料的水中质量（m_w）。

（4）提起吊蓝，稍稍滴水后，较粗的粗集料可以直接倒在拧干的湿毛巾上。将较细的粗集料（2.36~4.75mm）连同浅盘一起取出，稍稍倾斜搪瓷盘，仔细倒出余水，将粗集料倒在拧干的湿毛巾上，用毛巾吸走从集料中漏出的自由水。此步骤需特别注意不得有颗粒丢失，或有小颗粒附在吊篮上。再用拧干的湿毛巾轻轻擦干集料颗粒的表面水，至表面看不到发亮的水迹，即为饱和面干状态。当粗集料尺寸较大时，宜逐颗擦干，注意对较粗的粗集料，拧湿毛巾时不要太用劲，防止拧得太干，对较细的含水量较多的粗集料，毛巾可拧得稍干些，擦颗粒的表面水时，既要将表面水擦掉，又不能将颗粒内部的水吸出，整个过程中不得有集料丢失，且已擦干的集料不得继续在空气中放置，以防止集料干燥。

注：对粒径为2.36~4.75mm的集料，用毛巾擦拭时容易沾附细颗粒集料从而造成集料损失，此时宜改用洁净的纯棉汗衫布擦拭至表干状态。

（5）立即在保持表干状态下，称取集料的表干质量（m_f）。

（6）将集料置于浅盘中，放入（105±5）℃的烘箱中烘干至恒重。取出浅盘，放在带盖的容器中冷却至室温，称取集料的烘干质量（m_a）。

注：恒重是指相邻两次称量间隔时间大于3h的情况下，其前后两次称量之差小于该项试验要求的精密度，即0.1%。一般在烘箱中烘烤的时间为4~6h。

（7）对同一规格的集料应平行试验两次，取平均值作为试验结果。

2.2 粗集料堆积密度及空隙率检测

学生根据任务书的要求，完成粗集料堆积密度及空隙率检测，检测记录表见表1-6。

表1-6 粗集料堆积密度与空隙率试验检测记录表

试验室名称：			记录编号：	
试验依据			样品编号	
样品描述			样品名称	
试验条件			试验日期	
主要仪器设备及编号				
粗集料的表观密度 ρ_a (kg/m³)			粗集料的毛体积密度 ρ_b (kg/m³)	
	试验次数		1	2
松散堆积密度	容量筒的容积 V (L)			
	容量筒的质量 m_1 (kg)			
	松散堆积试样与容量筒的质量 m_2 (kg)			
	试样的松散堆积密度测值 ρ (kg/m³)			
	试样的松散堆积密度测定值 ρ (kg/m³)			
紧密堆积密度	紧密堆积试样与容量筒的质量 m_2 (kg)			
	试样的紧密堆积密度测值 ρ (kg/m³)			
	试样的紧密堆积密度测定值 ρ (kg/m³)			
空隙率	间隙率 V_0 (%)			
备 注				

  小提示：粗集料堆积密度及空隙率检测步骤

1. 自然堆积密度

取试样1份，置于平整干净的水泥地（或铁板）上，用平头铁锹铲起试样，使石子自由落入容量筒内。此时，从铁锹的齐口至容量筒上口的距离应保持为50mm左右，装满容量筒并除去凸出筒口表面的颗粒，并以合适的颗粒填入凹陷空隙，使表面稍凸起部分和凹陷部分的体积大致相等，称取试样和容量筒总质量（m_2）。

2. 振实密度

按堆积密度试验步骤，将装满试样的容量筒放在振动台上，振动3min，或者将试样分三层装入容量筒，装完一层后，在筒底垫放一根直径为25mm的圆钢筋，将筒按住，左右交替颠击地面各25下；然后装入第二层，用同样的方法颠实（但筒底所垫钢筋的方向应与第一层放置方向垂直）；然后再装入第三层，按相同方法颠实。待三层试样装填完毕后，加料填到试样超出容量筒口，用钢筋沿筒口边缘滚转，刮下高出筒口的颗粒，用合适的颗粒填平凹处，使表面稍凸起部分和凹陷部分的体积大致相等，称取试样和容量筒总质量（m_2）。

3. 捣实密度

根据沥青混合料的类型和公称最大粒径，确定起骨架作用的关键性筛孔（通常为4.75mm或2.36mm等）。将矿料混合料中此筛孔以上颗粒筛出，作为试样装入符合要求规格的容器中达1/3的高度，由两边至中间用捣棒均匀捣实25次。再向容器中装入1/3高度的试样，用捣棒均匀地捣实25次，捣实深度约至下层的表面。然后重复上一步骤，加最后一层，捣实25次，使集料与容器口齐平。用合适的集料填充表面的大空隙，用直尺大体刮平，目测估计表面凸起部分与凹陷部分的体积大致相等，称取容量筒与试样的总质量（m_2）。

2.3 粗集料及集料混合料的筛分试验

学生根据任务书的要求,完成粗集料及集料混合料的筛分试验检测,检测记录表见表1-7。

表1-7 粗集料筛分试验检测记录表(干筛法)

试验室名称:　　　　　　　　　　　　　　　　　记录编号:

试验依据		样品编号	
样品描述		样品名称	
试验条件		试验日期	
主要仪器设备及编号			

干燥试样1总质量 m_0(g):　　　　　　干燥试样2总质量 m_0(g):

筛孔尺寸 /mm	试样1			试样2			平均		允许范围(%)		
	分计筛余质量 m_i /g	分计筛余百分率 P'_i (%)	累计筛余百分率 Q_i (%)	通过百分率 P_i (%)	分计筛余质量 m_i /g	分计筛余百分率 P'_i (%)	累计筛余百分率 Q_i (%)	通过百分率 P_i (%)	累计筛余百分率 Q_i (%)	通过百分率 P_i (%)	上限	下限
31.5												
26.5												
19.0												
16.0												
13.2												
9.5												
4.75												
筛底/g												
筛分后总量 $\sum m_i$ /g												
损耗 m_5/g												
损耗率(%)												
备注												

粗集料筛分曲线(通过百分率(%) vs 筛孔尺寸/mm)

小提示：粗集料及集料混合料的筛分试验检测步骤

（1）取试样一份置（105±5）℃烘箱中烘干至恒重，称取干燥集料试样的总质量（m_0），准确至0.1%。

（2）用搪瓷盘作筛分容器，按筛孔大小排列顺序逐个将集料过筛。人工筛分时，需使集料在筛面上同时有水平方向及上下方向的不停顿的运动，使小于筛孔的集料通过筛孔，直至1min内通过筛孔的质量小于筛上残余量的0.1%为止；当采用摇筛机筛分时，应在摇筛机筛分后再逐个由人工补筛。将筛出通过的颗粒并入下一号筛，和下一号筛中的试样一起过筛，按顺序进行，直至各号筛全部筛完为止。应确认1min内通过筛孔的质量确实小于筛上残余量的0.1%。

注：由于0.075mm筛干筛几乎能把沾在粗集料表面的小于0.075mm部分的石粉筛过去，而且对水泥混凝土用粗集料而言，0.075mm通过率的意义不大，所以也可以不筛，且把通过0.15mm筛的筛下部分全部作为0.075mm的分计筛余，将粗集料的0.075mm通过率假设为0。

（3）如果某个筛上的集料过多，影响筛分作业时，可以分两次筛分，当筛余颗粒的粒径大于19mm时，筛分过程中允许用手指轻轻拨动颗粒，但不得逐颗筛过筛孔。

（4）称取每个筛上的筛余量，准确至总质量的0.1%。各筛分计筛余量及筛底存量的总和与筛分前试样的干燥总质量m_0相比，相差不得超过m_0的0.5%。

2.4 水泥混凝土用粗集料针片状颗粒含量试验（规准仪法）

学生根据任务书的要求，完成水泥混凝土用粗集料针片状颗粒含量试验（规准仪法）检测，检测记录表见表1-8。

表1-8 粗集料针片状颗粒含量试验检测记录表

试验室名称： 　　　　　　　　　　　　　　　记录编号：

试验依据		样品编号		
样品描述		样品名称		
试验条件		试验日期		
主要仪器设备及编号				
试样总质量/g	粒级（方孔筛）/mm	针状颗粒质量/g	片状颗粒质量/g	针、片状颗粒总质量/g	针、片状颗粒含量测定值（%）
	4.75~9.5				
	9.5~16.0				
	16.0~19.0				
	19.0~26.5				
	26.5~31.5				
	31.5~37.5				
备注：					

 小提示：水泥混凝土用粗集料针片状颗粒含量试验（规准仪法）步骤

（1）目测挑出接近立方体形状的规则颗粒，将目测有可能属于针片状颗粒的集料按表1-9

所规定的粒级用规准仪逐粒对试样进行针状颗粒鉴定，挑出颗粒长度大于针状规准仪上相应间距而不能通过者，为针状颗粒。

表1-9 针片状颗粒试验所需的试样最小质量

公称最大粒径/mm	9.5	16	19	26.5	31.5	37.5	37.5	37.5
试样最小质量/kg	0.3	1	2	3	5	10	10	10

（2）将通过针状规准仪上相应间距的非针状颗粒逐粒对试样进行片状颗粒鉴定，挑出厚度小于片状规准仪上相应孔宽能通过者，为片状颗粒。

（3）称量由各粒级挑出的针状颗粒和片状颗粒的质量，其总质量为m_1。

2.5 粗集料压碎值试验

学生根据任务书的要求，完成水泥混凝土用粗集料压碎值试验检测，检测记录表见表1-10。

表1-10 粗集料压碎值试验检测记录表

试验室名称：　　　　　　　　　　　　　　　　　　　　记录编号：

试验依据		样品编号	
样品描述		样品名称	
试验条件		试验日期	
主要仪器设备及编号			
试样编号	试验前试样质量/g	通过2.36mm筛孔的细料质量/g	压碎值（%）	压碎值测定值（%）	换算水泥混凝土后压碎值测定值（%）

备注：

小提示：粗集料压碎值试验检测步骤

（1）将试筒安放在底板上。

（2）将要求质量的试样分3次（每次数量大体相同）均匀装入试模中，每次均将试样表面整平，用金属棒的半球面端从石料表面上均匀捣实25次。最后用金属棒作为直刮刀将表面仔细整平。

（3）将装有试样的试模放到压力机上，同时加压头放入试筒内石料面上，注意使压头摆平，勿挤压试模侧壁。

（4）开动压力机，均匀地施加荷载，在10min左右的时间内达到总荷载400kN，稳压5s，然后卸荷。

（5）将试模从压力机上取下，取出试样。

（6）用2.36mm标准筛筛分经压碎的全部试样，可分几次筛分，均需筛到在1min内无明显的筛出物为止。

（7）称取通过2.36mm筛孔的全部细料质量（m_1），准确至1g。

2.6 细集料筛分试验

学生根据任务书的要求,完成细集料筛分试验检测,检测记录表见表1-11。

表1-11 细集料筛分试验检测记录表(干筛法)

试验室名称: 　　　　　　　　　　　　　　　记录编号:

试验依据					样品编号			
样品描述					样品名称			
试验条件					试验日期			
主要仪器设备及编号								
筛前试样总质量/g		第一组			第二组			平均累计筛余百分率(%)	规定级配范围(%)
筛孔尺寸/mm	筛余质量/g	分计筛余(%)	累计筛余(%)	筛余质量/g	分计筛余(%)	累计筛余(%)		
4.75								
2.36								
1.18								
0.6								
0.3								
0.15								
0.075								
筛分后总量/g								
损耗/g								
损耗率(%)								
细度模数测值								
细度模数测定值								
备注	细集料筛分曲线(纵轴:累计筛分(%) 0–100;横轴:筛孔尺寸/mm 0, 0.075, 0.15, 0.3, 0.6, 1.18, 2.36, 4.75, 9.5)							

小提示：细集料筛分试验检测步骤

（1）准确称取烘干试样约500g（m_1），准确至0.5g，置于套筛的最上面一只，即4.75mm筛上，将套筛装入摇筛机，摇筛约10min，然后取出套筛，再按筛孔大小顺序，从最大的筛号开始，在清洁的浅盘上逐个进行手筛，直到每分钟的筛出量不超过筛上剩余量的0.1%时为止，将筛出通过的颗粒并入下一号筛，与下一号筛中的试样一起过筛，以此顺序进行至各号筛全部筛完为止。

注：①试样如为特细砂时，试样质量可减少到100g。
　　②如试样含泥量超过5%，不宜采用干筛法。
　　③无摇筛机时，可直接用手筛。

（2）称量各筛筛余试样的质量，精确至0.5g。所有各筛的分计筛余量和底盘中剩余量的总量与筛分前的试样总量，相差不得超过后者的1%。

2.7　细集料表观密度试验

学生根据任务书的要求，完成细集料表观密度试验检测，检测记录表见表1-12。

表1-12　细集料表观密度试验检测记录表（容量瓶法）

试验室名称：　　　　　　　　　　　　　　　　记录编号：

试验依据		样品编号	
样品描述		样品名称	
试验条件		试验日期	
主要仪器设备及编号			
试验水温/℃			
水在试验温度时的密度/(g/cm³)			
试验次数	1		2
烘干试样质量/g			
水+容量瓶质量+试样质量/g			
水+容量瓶质量/g			
细集料表观相对密度/(g/cm³)			
细集料表观相对密度平均值/(g/cm³)			
细集料表观密度测定值/(g/cm³)			

备　注：

 小提示：细集料表观密度试验检测步骤

（1）称取烘干的试样约300g（m_0），装入盛有半瓶洁净水的容量瓶中。

（2）摇转容量瓶，使试样在已保温至（23±1.7）℃的水中充分搅动以排除气泡，塞紧瓶塞，在恒温条件下静置24h左右，然后用滴管添水，使水面与瓶颈刻度线平齐，再塞紧瓶塞，擦干瓶外水分，称其总质量（m_2）。

（3）倒出瓶中的水和试样，将瓶的内外表面洗净，再向瓶内注入同样温度的洁净水（温差不超过2℃）至瓶颈刻度线，塞紧瓶塞，擦干瓶外水分，称其总质量（m_1）。

注：在砂的表现密度试验过程中应测量并控制水的温度，试验期间的温差不得超过1℃。

2.8 细集密度及紧装密度试验

学生根据任务书的要求,完成细集料堆积密度及空隙率检测,检测记录表见表1-13。

表1-13 细集料堆积密度及空隙率检测记录表

试验室名称: 　　　　　　　　　　　　　　　　　　记录编号:

试验依据		样品编号	
样品描述		样品名称	
试验条件		试验日期	
主要仪器设备及编号			
试验编号	1		2
表观密度/(g/cm³)			
容量筒的质量/g			
容量筒的容积/mL			
测堆积密度时容量筒和砂总质量/g			
测紧密度时容量筒和砂总质量/g			
松散堆积密度测值/(g/cm³)			
松散堆积密度测定值/(g/cm³)			
松散堆积空隙率测值(%)			
松散堆积空隙率测定值(%)			
紧装堆积密度测值/(g/cm³)			
紧装堆积密度测定值/(kg/m³)			
紧装堆积空隙率测值(%)			
紧装堆积空隙率测定值(%)			

备注:

 小提示:细集密度及紧装密度试验检测步骤

(1)堆积密度:将试样装入漏斗中,打开底部的活动门,将砂流入容量筒中,也可直接用小勺向容量筒中装试样,但漏斗出料口或料勺距容量筒筒口均应为50mm左右,试样装满并超出容量筒筒口后,用直尺将多余的试样沿筒口中心线向两个相反方向刮平,称取质量(m_1)。

(2)紧装密度:取试样1份,分两层装入容量筒。装完一层后,在筒底垫放一根直径为10mm的钢筋,将筒按住,左右交替颠击地面各25下,然后再装入第二层。第二层装满后用同样方法颠实(但筒底所垫钢筋的方向应与第一层放置方向垂直)。两层装完并颠实后,添加试样超出容量筒筒口,然后用直尺将多余的试样沿筒口中心线向两个相反方向刮平,称取质量(m_2)。

2.9 细集料砂当量试验

学生根据任务书的要求,完成细集料砂当量试验检测,检测记录表见表1-14。

表1-14 细集料砂当量试验检测记录表

试验室名称：　　　　　　　　　　　　　　　　　　　记录编号：

试验依据				样品编号	
样品描述				样品名称	
试验条件				试验日期	
主要仪器设备及编号					
试样湿质量 /g	试筒中絮凝物和沉淀物的总高度 /mm	试筒中用活塞测定的集料沉淀物的高度/mm	冲洗液温度 /℃	试样砂当量测值（%）	试样砂当量平均值（%）

备　注：

 小提示：细集料砂当量试验检测步骤

（1）用冲洗管将冲洗液加入试筒，直到最下面的100mm刻度处（约需80mL试验用冲洗液）。

（2）把相当于（120±1）g干料重的湿样用漏斗仔细地倒入竖立的试筒中。

（3）用手掌反复敲打试筒下部，以除去气泡，并使试样尽快润湿，然后放置10min。

（4）在试样静止（10±1）min后，在试筒上塞上橡胶塞堵住试筒，用手将试筒横向水平放置，或将试筒水平固定在振荡机上。

（5）开动机械振荡器，在（30±1）s的时间内振荡90次。用手振荡时，仅需手腕振荡，不必晃动手臂，以维持振幅（230±25）mm，振荡时间和次数与机械振荡器同。然后将试筒取下竖直放回试验台上，拧下橡胶塞。

（6）将冲洗管插入试筒中，用冲洗液冲洗附在试筒壁上的集料，然后迅速将冲洗管插到试筒底部，不断转动冲洗管，使附着在集料表面的土粒杂质浮游上来。

（7）缓慢匀速地向上拔出冲洗管，当冲洗管抽出液面，且保持液面位于380mm刻度线时，切断冲洗管的液流，使液面保持在380mm刻度线处，然后开动秒表在没有扰动的情况下静置20min±15s。

（8）在静置20min后，用直尺量测从试筒底部到絮状凝结物上液面的高度（h_1）。

（9）将配重活塞缓慢插入试筒里，直至碰到沉淀物时，立即拧紧套筒上的固定螺钉。将活塞取出，用直尺插入套筒开口中，量取套筒顶面至活塞底面的高度（h_2），准确至1mm，同时记录试筒内的温度，准确至1℃。

（10）按上述步骤进行2个试样的平行试验。

注：① 为了不影响沉淀的过程，试验必须在无振动的水平台上进行。随时检查试验的冲洗管口，防止堵塞。

② 由于塑料在太阳光下容易变成不适明状，应尽量避免将塑料试筒等直接暴露太阳光下，盛试验溶液的塑料桶用毕要清洗干净。

3. 集料检测报告

学生根据集料检测任务要求、检测指标，完成该批集料的检测报告，检测报告见表1-15。

表1-15 集料检测报告

试验室名称： 　　　　　　　　　　　　　　　　　报告编号：

委托单位/委托人		委托编号	
工程部位/用途		样品编号	
样品型号规格		样品名称	
主要仪器设备及编号		样品描述	
试验依据		判断依据	
细集料检测结果					
序号	检测项目	技术指标	检测结果	结果判定	备注
1	表观密度/(kg/m³)				
2	堆积密度/(kg/m³)				
3	砂当量（%）				
筛分（干筛法）					

筛孔尺寸/mm	9.5	4.75	3.36	1.18	0.6	0.3	0.15	0.075	筛底
实测通过率（%）									
规范要求									
细度模数			粗细程度			级配区			

粗集料检测结果					
参配比例（%）					
序号	检测项目	技术指标	检测结果	结果判定	备注
1	针、片状含量（%）				
2	压碎值（%）				
3	表观相对密度				
4	（松散）堆积密度/(g/cm³)				
5	空隙率（%）				
筛分（干筛法）					

筛孔尺寸/mm	37.5	31.5	26.5	19	16	13.2	9.5	4.75	筛底
实测通过率（%）									
规范要求									
结论									

小提示：集料检测指标要求

（1）粗集料检测指标要求（表1-16～表1-19）。

表1-16 粗集料级配技术要求

级配情况	公称粒径/mm	累计筛余，按质量计（%）							
		方筛孔径/mm							
		2.36	4.75	9.50	16.0	19.0	26.5	31.5	37.5
连续粒级	5~10	95~100	80~100	0~15	0				
	5~16	95~100	85~100	30~60	0~10	0			
	5~20	95~100	90~100	40~80	—	0~10	0		
	5~25	95~100	90~100	—	37~70	—	0~5	0	
	5~31.5	95~100	90~100	70~90	—	15~45	—	0~5	0
	5~40	—	95~100	70~90	—	30~65	—	—	0~5

(续)

级配情况	公称粒径/mm	累计筛余,按质量计(%)							
		方筛孔径/mm							
		2.36	4.75	9.50	16.0	19.0	26.5	31.5	37.5
单粒粒级	10~20	—	95~100	85~100	—	0~15	0	—	—
	16~31.5	—	95~100	—	85~100	—	—	0~10	0
	20~40	—	—	95~100	—	80~100	—	—	0~10
	31.5~63	—	—	—	95~100	—	—	75~100	45~75
	40~80	—	—	—	—	95~100	—	—	70~100

表1-17 粗集料针片状技术要求

项目	技术要求		
	Ⅰ类	Ⅱ类	Ⅲ类
针片状颗粒含量(%)	<5	<15	<25

表1-18 粗集料表观密度、堆积密度、空隙率技术要求

项目	技术要求
表观密度/(kg/m³)	>2500
堆积密度/(kg/m³)	>1350
空隙率(%)	<47

表1-19 粗集料压碎值技术要求

项目	技术要求		
	Ⅰ类	Ⅱ类	Ⅲ类
碎石压碎指标(%)	<18	<20	<30
卵石压碎指标(%)	<20	<25	<25

(2) 细集料检测指标要求 (表1-20)。

细集料表观密度>2500 (kg/m³),松散堆积密度(kg/m³)>1350,空隙率(%)<47。细集料砂当量技术指标要求:高速公路、一级公路砂当量(%)≥60,其他等级公路砂当量(%)≥60。

表1-20 细集料级配技术要求

方孔筛筛孔边长尺寸	累计筛余(%)		
	级配区		
	Ⅰ区	Ⅱ区	Ⅲ区
4.75mm	10~0	10~0	10~0
2.36mm	35~5	25~0	15~0
1.18mm	65~35	50~10	25~0
600μm	85~71	70~41	40~16
300μm	5~80	92~70	85~55
150μm	100~90	100~90	100~90
细度模数	3.7~3.1	3.0~2.3	2.2~1.6

注:Ⅰ区砂宜提高砂率配低流动性混凝土;Ⅱ区砂宜优先选用配不同强度等级的混凝土;Ⅲ区砂宜适当降低砂率保证混凝土的强度。

学习任务 2　石灰和水泥的检测

学习情境描述

学习情境项目：×××大桥及接线建设工程项目主桥箱梁。

学习情境依据：根据《公路工程无机结合料稳定材料试验规程》（JTG E51—2009）、《建筑石灰试验方法　第1部分：物理试验方法》（JC/T 478.1—2013）、《公路桥涵施工技术规范》（JTG/T 3650—2020）、《公路工程水泥及水泥混凝土试验规程》（JTG 3420—2020）、《通用硅酸盐水泥》（GB 175—2007）和×××大桥及接线建设工程施工图设计有关技术要求。

学习情境目标：完成学习情境项目中 C55 混凝土的原材料（水泥）物理性质技术指标、力学技术指标、化学技术指标的检测与评定并出具检测报告。

任务书

根据规范、设计图、检测要求对石灰及水泥技术指标进行规范检测，完整记录各技术指标试验记录表，填写集料（图2-1、图2-2）试验检测报告，并给予正确的检测结论评定。

图2-1　石灰

图2-2　水泥

任务分组

学生任务分配见表2-1。

表2-1　学生任务分配表

班级		组号		指导教师	
组长		学号			
组员	姓名	学号	姓名	学号	
任务分工					

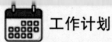 **工作计划**

根据学习情境收集资讯和决策过程,制定集料检测方案(检测工作流程如图2-3所示),完成表2-2的内容。

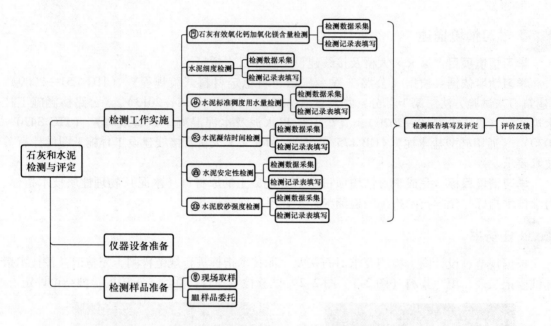

图2-3 石灰和水泥的检测工作流程

表2-2 工具、耗材和器材清单

序号	工作内容	主要检测设备名称	型号与规格	数量	备注
1	有效氧化钙加氧化镁含量检测				
2					
3					
4					
5	水泥细度检测				
6					
7					
8					
9	水泥标准稠度用水量、凝结时间、安定性检测				
10					
11					
12					
13	水泥胶砂强度检测				
14					
15					
16					

工作实施

1. 材料取样

由教师（代表委托单位）进行石灰和水泥检测的项目委托，学生（代表检测单位）接受此项委托单。

（1）小组成员（代表检测单位）填写石灰取样检测委托单、水泥取样检测委托单，见表2-3、表2-4。

（2）完成石灰及水泥的取样。

表2-3 石灰取样检测委托单

委 托 编 号		自动采取编号	
样 品 编 号		试 样 名 称	
规 格 型 号		样 品 状 态	
代 表 数 量		试 样 数 量	
结构部位/用途			
检 测 参 数			
试 验 依 据			
评 定 标 准			
要求完成日期			
委托方要求处置方式	□留样　　□退样　　□废弃		
样品流转过程	□可检　　□不可检　　□待检　　□已检		
样 品 处 置	□留样　　□退样　　□废弃		
填 表 人		填 表 日 期	
任务下达人		下 达 日 期	
任务接收人		接 收 日 期	

表2-4 水泥取样检测委托单

委 托 编 号		自动采取编号	
样 品 编 号		试 样 名 称	
规 格 型 号		样 品 状 态	
代 表 数 量		试 样 数 量	
结构部位/用途			
检 测 参 数			
试 验 依 据			
评 定 标 准			
要求完成日期			
委托方要求处置方式	□留样　　□退样　　□废弃		
样品流转过程	□可检　　□不可检　　□待检　　□已检		
样 品 处 置	□留样　　□退样　　□废弃		
填 表 人		填 表 日 期	
任务下达人		下 达 日 期	
任务接收人		接 收 日 期	

> 小提示

1. 石灰取样

1.1 生石灰试样

将生石灰样品打碎，使颗粒不大于2mm。拌和均匀后用四分法缩减至200g左右，放在瓷研钵中研细，再经四分法缩减几次至剩下20g左右。将研磨所得石灰样品通过0.10mm筛，从此细样中均匀挑取约10g，置于称量瓶中，在100℃的烘箱中烘干1h，放在干燥器中供试验用。

1.2 消石灰试样

将消石灰样品四分法缩减至10g左右，如有大颗粒存在须在瓷研钵中磨细至无不均匀颗粒存在为止，置于称量瓶中，在105~110℃的烘箱中烘干1h，放在干燥器中供试验用。

2. 水泥取样

取样应在具有代表性的部位进行，且不应在污染严重的环境中取样。一般宜在以下部位取样：1）水泥输送管路中，2）袋装水泥堆场，3）散装水泥卸料处或水泥运输机具上。取样步骤如下：

（1）散装水泥取样：当所取水泥深度不超过2m时，每一个批次采用散装水泥取样器随机取样，通过转动取样器内管控制开关，在适当位置（如距顶0.5m、1.0m、1.5m）插入水泥一定深度，关闭后小心抽出，将所取样品放入要求的容器中，每次抽取的样品量应尽量一致。

（2）袋装水泥取样：应按图2-4规定的取样管取样。随机选择不少于10袋水泥，在每袋3个以上不同的部位，将取样管插入水泥适当深度，用大拇指按住气孔，小心抽出取样管。将所取样品过0.9mm筛后，放入洁净、干燥、不易受污染的容器中。

（3）取样数量：水泥应按同品种、同厂家、同强度等级进行取样，并应符合下列规定：

袋装水泥：每一批次至少取样12kg，200t算1批次，不足200t按1个批次计量。

散装水泥：每一批次至少取样12kg，500t算1批次，不足500t按1个批次计量。

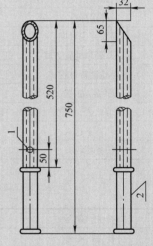

图2-4 袋装水泥取样器示意图（尺寸单位：mm）
1—气孔 2—手柄

3. ISO标准砂

用于检验水泥胶砂强度的基准物质，由粒径范围0.08~0.5mm，0.5~1.0mm，1.0~2.0mm三级配石英砂组成。

4. 试验用水

试验用水为洁净的饮用水，如有争议时可用蒸馏水。

2. 石灰及水泥检测工作

2.1 石灰有效氧化钙加氧化镁含量的检测

学生根据任务书的要求，完成石灰有效氧化钙加氧化镁含量的检测，检测记录表见表2-5。

表2-5 石灰化学分析试验检测记录表

试验室名称：　　　　　　　　　　　　　　　　　记录编号：

试验依据		样品编号	
样品描述		样品名称	
样品状态		试验日期	
主要仪器设备及编号			

有效氧化钙和氧化镁的合量测定					
试样质量 G_1/g	盐酸当量浓度 N_1	盐酸耗量 V_1/mL	有效钙和氧化镁的合量测值 X_1（%）	有效钙和氧化镁的合量测定值 X_1（%）	

有效氧化钙的测定					
试样质量 G_2/g	盐酸当量浓度 N_2	盐酸耗量 V_2/mL	有效氧化钙含量测值 X_2（%）	有效氧化钙含量测定值 X_2（%）	

氧化镁的测定					
试样质量 G_3/g	EDTA对CaO的滴定度 T_{CaO}	EDTA对MgO的滴定度 T_{MgO}	EDTA滴定钙镁合量的耗量 V_3/mL	EDTA滴定钙的耗量 V_4/mL	氧化镁含量测值 X_3（%）	氧化镁含量测定值 X_3（%）

小提示

石灰有效氧化钙加氧化镁含量的检测步骤：

（1）称量：准确称量0.8~1.0g（精确至0.0001g）于三角瓶中。

（2）加入150mL新煮沸并已冷却的蒸馏水和10颗玻璃珠，瓶口插一短颈漏斗，加热5min（电炉调到最高档），但勿使其沸腾，放入冷水中迅速冷却。

（3）滴定：滴入酚酞指示剂2滴，溶液呈现粉红色，在不断摇动下，以盐酸标准液滴定。控制速度为每秒2~3滴，至粉红色消失，稍停，又出现粉红色，继续滴入盐酸如此重复几次，直至5min内不出现红色为止。

注：如滴定过程持续半小时以上，则结果只作参考。

2.2 水泥物理性能指标的检测

学生根据任务书的要求，完成水泥物理性能指标的检测，检测记录表见表2-6。

表 2-6　水泥物理性能指标试验检测记录表

试验室名称：　　　　　　　　　　　　　　　　记录编号：

试验依据			样品编号	
样品描述			样品名称	
品种及强度等级			试验日期	
主要仪器设备及编号				

一、细度试验							
试样质量 m/g	筛余物质量 R_s/g	筛余百分率测值 F（%）	修正系数 C	修正后筛余百分率 F_c（%）	筛余百分率测定值 F_c'（%）	备注	
①	②	③	④	⑤	⑥	⑦	

二、标准稠度用水量		
拌和用水量/mL	标准稠度用水量（%）	备注

三、凝结时间试验					
起始时间	初凝状态时间	初凝时间/min	终凝状态时间	终凝时间/min	备注

四、安定性试验					
雷氏夹号	沸煮前针尖间距 A/mm	沸煮后针尖间距 C/mm	$C-A$ 测值/mm	$C-A$ 测定值/mm	备注
	⑧	⑨	⑩	⑪	⑫
1					
2					

> **小提示**
>
> **1. 水泥细度的检测步骤**
>
> （1）筛析试验前，应把负压筛放在筛座上，盖上筛盖，接通电源，检查控制系统，调节负压至 4000~6000Pa 范围内。
>
> （2）试验称取试样 10g，称取试样精确至 0.01g。
>
> （3）试样置于洁净的负压筛中，盖上筛盖，放在筛座上，开动筛析仪连续筛析 120s。在此期间如有试样附着在筛盖上，可轻轻地敲击，使试样落下。筛毕，用天平称量筛余物质量，精确至 0.01g。
>
> （4）当工作负压小于 4000Pa 时，应清理吸尘器内水泥，使负压恢复正常。
>
> **2. 水泥标准稠度用水量测定（标准法）**
>
> （1）试验前必须做到：维卡仪的金属棒能够自由滑动。试模和玻璃底板用湿布擦拭（但不允许有明水），将试模放在底板上；调整至试杆接触玻璃板时指针对准零点；水泥净浆搅拌机运行正常。

(2) 水泥净浆的拌制：用水泥净浆搅拌机搅拌，搅拌锅和搅拌叶片先用湿布擦过，将拌和水倒入搅拌锅中，然后5~10s内小心将称好的500g水泥加入水中，防止水和水泥溅出；拌和时，先将锅放在搅拌机的锅座上，升至搅拌位置，启动搅拌机，低速搅拌120s，停15s，同时将叶片和锅壁上的水泥浆刮入锅中间，接着高速搅拌120s停机。

(3) 标准稠度用水量测定。

1) 拌和结束后，立即取适量水泥净浆一次性将其装入已置于玻璃底板上的试模中，浆体超过试模上端，用宽约25mm的直边刀轻轻拍打超出试模部分的浆体5次以排除浆体中的孔隙，然后在试模上表面约1/3处，略倾斜于试模分别向外轻轻锯掉多余净浆，再从试模边沿轻抹顶部一次，使净浆表面光滑。在锯掉多余的净浆和抹平的操作过程中，注意不要压实净浆。

2) 抹平后迅速将试模和底板移到维卡仪上，并将其中心定在试杆下，降低试杆直到与水泥净浆表面接触，拧紧螺钉1~2s后，突然放松，使试杆垂直自由地沉入水泥净浆中。在试杆停止沉入或释放试杆30s时记录试杆距底板之间的距离，升起试杆后，立即擦净。

3) 整个操作应在搅拌后90s内完成。以试杆沉入净浆并距底板 (6 ± 1) mm 的水泥净浆为标准稠度净浆。其拌和水量为该水泥的标准稠度用水量（P），按水泥质量的百分比计，结果精确至1%。

4) 当试杆距玻璃板距离小于5mm时，应适当减水，重复水泥浆的拌制和上述过程；若距离大于7mm，则应适当加水，并重复水泥浆的拌制和上述过程。

3. 水泥凝结时间测定

(1) 测定前准备工作：调整凝结时间测定仪的试针接触玻璃板时，指针对准零点。

(2) 试件的制备：以标准稠度用水量按上述（3）制成标准稠度净浆（记录水泥全部加入水中的时间作为凝结时间的起始时间），一次装满试模，振动数次刮平，立即放入养护箱中。

(3) 初凝时间的测定。

1) 记录水泥全部加入水中至初凝状态的时间作为初凝时间，用"min"计。

2) 试件在湿汽养护箱中养护至加水后30min时进行第一次测定。测定时，从湿汽养护箱中取出试模放到试针下，降低试针与水泥净浆表面接触。拧紧螺钉1~2s后，突然放松，使试针垂直自由地沉入水泥净浆中。观察试针停止沉入或释放试针30s时指针的读数。

3) 临近初凝时每隔5min（或更短时间）测定一次，当试针沉至距底板 (4 ± 1) mm 时，为水泥达到初凝状态。

4) 当达到初凝时应立即重复测一次，当两次结论相同时才能定为达到初凝状态。

(4) 终凝时间的测定。

1) 由水泥全部加入水中至终凝状态的时间为水泥的终凝时间，用"min"计。

2) 为了准确观察试件沉入的状况，在终凝针上安装了一个环形附件。在完成初凝时间测定后，立即将试模连同浆体以平移的方式从玻璃板下，翻转180°，直径大端向上、小端向下放在玻璃板上，再放入湿汽养护箱中继续养护。

3) 临近终凝时间时每隔15min（或更短时间）测定一次，当试针沉入试件0.5mm时，即环形附件开始不能在试件上留下痕迹时，为水泥达到终凝状态。

4) 达到终凝时需要在试体另外两个不同点测试，结论相同时才能确定达到终凝状态。

4. 水泥安定性测定（标准法）

（1）测定前的准备工作：每个试样需要两个试件，每个雷氏夹需配备两个边长或直径约80mm、厚度为4~5mm的玻璃板。凡与水泥净浆接触的玻璃板和雷氏夹表面都要稍稍涂上一层油。

（2）雷氏夹试件的制备方法：将预先准备好的雷氏夹放在已稍擦油的玻璃板上，并立刻将已制好的标准稠度净浆装满试模。装模时一只手轻轻扶持试模，另一只手用宽约25mm直边小刀在浆体表面轻轻插捣28次，然后抹平，盖上稍涂油的玻璃板，接着立刻将试模移至湿汽养护箱内养护（24±2）h。

（3）沸煮。

1）调整好沸煮箱内的水位，使之在整个沸煮过程中都能没过试件，无须中途添补试验用水，同时又能保证在（30±5）min内升至沸腾。

2）脱去玻璃板取下试件，先检查试饼是否完整（如已开裂、翘曲，要检查原因，确定无外因时，该试饼已属于不合格品，不必沸煮），在试饼无缺陷的情况下，用雷氏法测定时，先测量雷氏夹指针间的距离（A），精确到0.5mm，接着将试件放入沸煮箱中的试件架上，指针朝上，试件之间互不交叉，然后在（30±5）min内加热至沸腾并恒沸（180±5）min。

2.3 水泥力学性能指标的检测

学生根据任务书的要求，完成水泥力学性能指标的检测，检测记录表见表2-7。

表2-7 水泥力学性能指标试验检测记录表

试验依据		样品编号	
样品描述		样品名称	
样品状态		试验日期	
主要仪器设备及编号			

厂家牌号_____ 品种及强度等级_____ 龄期/d_____

试件编号	抗折强度					抗压强度			
	破坏荷载 F_f/N	支点间距 L/mm	正方形截面边长 b/mm	抗折强度测值 R_f/MPa	抗折强度平均值 R_f'/MPa	破坏荷载 F_c/N	受压面积 A/mm^2	抗压强度测值 R_c/MPa	抗压强度平均值 R_c'/MPa
		100	40				1600		
							1600		
		100	40				1600		
							1600		
		100	40				1600		
							1600		

备注：

小提示

水泥胶砂强度的检测步骤：

1. 试件成型

（1）成型前将试模擦净，四周的模板与底座的接触面上应涂干黄油，紧密装配，防止漏浆，内壁均匀地刷一薄层机油。

（2）水泥与 ISO 砂的质量比为 1∶3，水灰比为 0.5。

（3）每成型三条试件需称量的材料为：水泥（450±2）g；ISO 砂（1350±5）g；水（225±1）ml。

（4）把水加入锅内，再加入水泥，把锅放在固定架上，上升至固定位置。然后立即开动机器，低速搅拌 30s，在第二个 30s 开始的同时均匀的将砂加入。当砂分级装时，应从最粗粒级开始，依次加入，再高速搅拌 30s。停拌 90s，在停拌的第一个 15s 内（用一个胶皮刮具将叶片和锅壁上的胶砂刮入锅中），再高速继续搅拌 60s，各个搅拌阶段时间误差控制在 ±1s 以内。

（5）用振实台成型时，将空试模和模套固定在振动台上，用一个适当勺子直接从搅拌锅里将胶砂分两层装入试模。装第一层时，每个槽内约 300g 砂浆，用大播料器垂直架在模套顶部，沿每个槽来回一次将料层播开，接着振实 60 次。再装第二层胶砂，用小播料器播平，再振实 60 次，移走模套，从振实台上取下试模，用一个金属直尺以近似 90°的角度架在试模顶的一端，然后沿试模长度方向以横向锯割动作慢慢向另一端移动，一次将超过试模部分的胶砂刮去，并用同一直尺以近乎水平的状态将试体表面抹平。

（6）在试模上作标记或加字条标明试件编号和试件相对于振实台的位置。两个龄期以上的试件，编号时应将同一试模中的三条试件分在两个以上的龄期内。

（7）试验后应将搅拌锅、搅拌叶片擦洗干净。

2. 养护

（1）编号后，将试模放入养护箱养护，养护箱内算板必须水平。水平放置时刮平面应朝上。对于 24h 龄期的应在破型试验前 20min 内脱模，对于 24h 以上龄期的，应在成型后 20~24h 之间脱模；脱模时要非常小心，应防止试件损伤。硬化较慢的水泥允许延期脱模，但须记录脱模时间。

（2）试件脱模后立即放入水槽中养护，养护期间试件之间间隔和试体上表面的水深不得小于 5mm。每个养护池只养护同类型的水泥试件，应随时加水，保持适当的恒定水位，不允许在养护期间全部换水。

（3）除 24h 龄期或延期 48h 脱模的试件外，任何到龄期的试件应在试验（破型）前 15min 从水中取出。抹去试件表面沉淀物，并用湿布覆盖。

3. 抗折强度的测定

（1）以中心加荷法测定抗折强度。采用杠杆式抗折试验机试验时，试件放入前，应使杠杆呈水平状态。试件放入后调整夹具，使杠杆在试件折断时尽可能地接近水平位置。

（2）抗折试验加荷速度为（50±10）N/s，直至折断，并保持两个半截棱柱处于潮湿状态直至抗压试验。

4. 抗压强度的测定

（1）抗折试验后的两个断块应立即进行抗压试验。抗压试验须用抗压夹具进行，试件受压面为试件成型时的两个侧面，面积为40mm×40mm。试验前应清除试件受压面与加压板间的砂粒或杂物。试验时以试件的侧面作为受压面，试件的底面靠紧夹具定位销，并使夹具对准压力机压板中心。

（2）压力机加荷速度应控制在（2400±200）N/s速率范围内，在接近破坏时更应严格掌握。

学习任务 3　钢材的检测

学习情境描述

学习情境项目：×××大桥及接线建设工程项目主桥箱梁。

学习情境依据：根据《金属材料　力学性能试验术语》（GB/T 10623—2008）、《金属材料　单轴试验用引伸计系统的标定》（GB/T 12160—2019）、《数值修约规则与极限数值的表示和判定》（GB/T 8170—2008）、《公路工程集料试验规程》（JTG E42—2005）、《公路桥涵施工技术规范》（JTG/T 3650—2020）以及×××大桥及接线建设工程施工图设计有关技术要求。

学习情境目标：完成学习情境项目中 C55 混凝土的原材料（钢材）物理性质技术指标、力学技术指标、化学技术指标的检测及评定并出具检测报告。

任务书

根据规范、设计图、检测要求对钢材技术指标进行规范检测，完整记录各技术指标试验记录表，填写钢材试验检测报告，并给予正确的检测结论评定。

任务分组

学生任务分配见表 3-1。

表 3-1　学生任务分配表

班级		组号		指导教师	
组长		学号			
组员	姓名	学号	姓名		学号
任务分工					

工作计划

根据学习情境收集资讯和决策过程制定钢材检测方案（检测工作流程如图 3-1 所示），完成表 3-2 的内容。

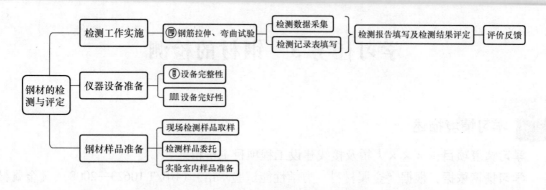

图 3-1 钢材技术指标检测工作流程

表 3-2 钢材检测设备、耗材清单表

序号	工作内容	主要检测设备名称	型号与规格	数量	备注
1	钢筋拉伸、弯曲试验				

 工作实施

1. 钢材取样

由教师（代表委托单位）进行钢材检测的项目委托，学生（代表检测单位）接受此项委托单，小组成员（代表检测单位）填写钢材取样检测委托单，见表 3-3，完成的取样。

表 3-3 钢材取样检测委托单

委托编号		自动采取编号	
样品编号		试样名称	
规格型号		样品状态	
代表数量		试样数量	
结构部位/用途			
检测参数			
试验依据			
评定标准			
要求完成日期			
委托方要求处置方式	□留样　□退样　□废弃		
样品流转过程	□可检　□不可检　□待检　□已检		
样品处置	□留样　□退样　□废弃		
填 表 人		填表日期	
任务下达人		下达日期	
任务接收人		接收日期	

1.1 一般要求

试验一般在室温 10~35℃ 范围内进行。对温度要求严格的试验,试验温度应为 (23±5)℃。

1.2 取样要求

(1) 任选两根钢筋切取规定长度的试件(单位:mm)。

(2) 取样长度 (L_t) ≥ 平行长度 (L_c) + $4d_0$ (d_0 为钢筋直径,单位:mm)

(3) 平行长度 (L_c) ≥ 原始标距 (L_0) + $d_0/2$ 仲裁试验 $L_c = L_0 + 2d_0$

1.3 钢材检测任务

学生根据任务书的要求,完成钢筋拉伸试验的检测,检测记录表见表3-4。

表3-4 钢筋原材试验检测记录表

试验室名称: 　　　　　　　　　　　　　　　　记录编号:

试验依据										样品编号	
样品描述										样品名称	
试验条件										钢筋种类	
主要仪器设备及编号										试验日期	
试件编号	批号	牌号	试件尺寸			屈服强度		抗拉强度		伸长率	
			公称直径/mm	公称截面面积/mm²	原始标距/mm	屈服荷载/kN	屈服强度/MPa	极限荷载/kN	极限强度/MPa	断后标距/mm	断后伸长率(%)
备注											

试验: 　　　　　　　　复核: 　　　　　　　　日期: 　年　月　日

小提示:钢材拉伸试验检测步骤

1. 原始标距 (L_0) 的标记

(1) 用小标记、细划线或细墨线标记原始标距,但不得用引起过早断裂的缺口作标记。

(2) $L_0 = 5d_0$ ($L_0 = K\sqrt{S_O} = 5.65\sqrt{\dfrac{\pi d_0^2}{4}} = 5d$,常数 K 取 5.65)。

(3) 原始标距的计算值修约至最接近 5mm 的倍数,中间数值向较大一方修约。原始标距的标记应准确到 ±1%。

(4) 如平行长度 (L_c) 比原始标距长许多,可以标记一系列套叠的原始标距。

2. 试验步骤

(1) 打开仪器电源,检查并预热仪器。

(2) 正确选择量程和配重砣,调节油缸上升至 5~20mm,仪器调零。

(3) 试件夹入上下钳口,夹持长度 >2/3 夹头并避开纵肋。

（4）启动油泵调节拉伸速率。
（5）记录屈服荷载和极限荷载（单位：N）。
（6）量取断后标距（准确到±0.25 mm）。
（7）记录使用台账。

2. 钢材检测报告

学生根据钢材检测任务要求、检测指标，完成该批钢材的检测报告，检测报告见表3-5。

表3-5 钢材检测报告

试验室名称： 报告编号：

委托单位/委托人		委托编号	
工程名称		样品编号	
工程部位/用途		样品名称	
样品型号规格		样品描述	
试验依据		判断依据	
主要仪器设备及编号			
生产厂家		代表数量	

检测结果

批号	样品编号	公称直径/mm	质量偏差（%）		屈服强度/MPa		抗拉强度/MPa		断后伸长率（%）		弯曲结果	结果判定
			技术指标	检测结果	技术指标	检测结果	技术指标	检测结果	技术指标	检测结果		

结论	
报告说明	1. 本报告未加盖公章、资质章和数据涂改均无效 2. 本报告无试验、审核、签发人签字均无效 3. 本检测报告仅对来样负责 4. 本报告未经允许不得部分复制或用于其他商业用途 5. 若对本报告有异议，请收到报告于15日内提出异议，否则视为同意本检测报告

试验： 审核： 签发： 日期： 年 月 日

小提示

各检测指标结果评定依据：
（1）评定标准：《钢筋混凝土用钢 第2部分：热轧带肋钢筋》（GB/T 1499.2—2018）。
（2）检测指标要求。

牌号	公称直径/mm	屈服强度/MPa	抗拉强度/MPa	伸长率（%）
		不小于		
HRB335	6~25 28~50	335	455	17
HRB400	6~25 28~50	400	540	16
HRB500	6~25 28~50	500	630	15

学习任务4 沥青的检测

学习情境描述

学习情境项目: 某高速公路改扩建工程沥青混凝土路面。
学习情境依据: 根据《公路工程沥青及沥青混合料试验规程》(JTG E20—2011)、《公路沥青路面施工技术规范》(JTG F40—2004)以及某高速公路改扩建工程施工图设计有关技术要求。
学习情境目标: 完成学习情境项目中沥青原材料选择、技术指标的检测及评定并出具检测报告。

任务书

根据规范、设计图、检测要求对沥青(图4-1、图4-2)技术指标进行规范检测,完成沥青技术指标试验记录表,填写并编制沥青试验检测报告,并给予正确的检测结论评定。

图4-1 沥青(固态)

图4-2 沥青(液态)

任务分组

学生任务分配见表4-1。

表4-1 学生任务分配表

班级		组号		指导教师	
组长		学号			
组员	姓名	学号	姓名	学号	
任务分工					

工作计划

根据学习情境收集资讯和决策过程,制定沥青检测方案(沥青检测技术标准工作流程如图 4-3 所示),完成表 4-2 的内容。

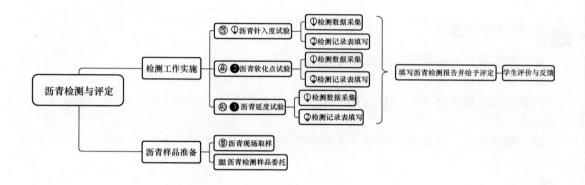

图 4-3　沥青检测技术标准工作流程

表 4-2　沥青检测设备、耗材清单表

序号	工作内容	主要检测设备名称	型号与规格	数量	备注
1	沥青针入度试验				
2	沥青软化点试验				
3	沥青延度试验				

📖 **工作实施**

1. 沥青取样

由教师(代表委托单位)进行沥青检测的项目委托,学生(代表检测单位)接受此项委托单。

(1)小组成员(代表检测单位)填写沥青取样检测委托单,见表 4-3。

(2)完成的取样。

表4-3 沥青取样检测委托单

委托编号		自动采取编号	
样品编号		试样名称	
规格型号		样品状态	
代表数量		试样数量	
结构部位/用途			
检测参数			
试验依据			
评定标准			
要求完成日期			
委托方要求处置方式	□留样 □退样 □废弃		
样品流转过程	□可检 □不可检 □待检 □已检		
样品处置	□留样 □退样 □废弃		
填 表 人		填表日期	
任务下达人		下达日期	
任务接收人		接收日期	

小提示

1. 取样数量

进行沥青性质常规检验的取样数量为：黏稠沥青或固体沥青不少于4.0kg；液体沥青不少于1L；沥青乳液不少于4L。

2. 取样方法

2.1 从储油罐中取样

（1）无搅拌设备的储罐。

1) 液体沥青或经加热已经变成流体的黏稠沥青取样时，应先关闭进油阀和出油阀后取样。

2) 用取样器按液面上、中、下位置（液面高各为1/3等分处，但距罐底不得低于总液高度的1/6）各取1~4L样品。每层取样后，取样器应尽可能倒净。当储罐过深时，应在流出口按不同流出深度分3次取样。对静态存取的沥青，不得仅从罐顶用小桶取样，不得仅从罐底阀门流出少量沥青取样。

3) 将取出的3个样品充分混合后取4kg样品作为试样，样品也可分别进行检验。

（2）有搅拌设备的储罐：将液体沥青或经加热已经变成流体的黏稠沥青充分搅拌后，用取样器从沥青层的中互取规定数量试样。

2.2 从沥青桶中取样

（1）当能确认是同一批生产的产品时，可随机取样。当不能确认是同一批生产的产品时，应根据桶数按照表4-4规定或按总桶数的立方根数随机选取沥青桶数。

表4-4 选取沥青样品桶数

沥青桶总数	选取桶数	沥青桶总数	选取桶数
2~8	2	217~343	7
9~27	3	344~512	8
28~64	4	513~729	9
65~125	5	730~1 000	10
126~216	6	1 001~1 331	11

（2）将沥青桶加热使桶中沥青全部熔化成流体后，按罐车取样方法取样。每个样品的数量，以充分混合后能满足供检验用样品的规定数量不少于4.0kg要求为限。

（3）当沥青桶不便加热熔化沥青时，可在桶高的中部将桶凿开取样，但样品应在距桶壁5cm以上的内部凿取，并采取措施防止样品散落地面沾有尘土。

2.3 在验收地点取样

当沥青到达验收地点卸货时，应尽快取样。所取样品为两份：一份样品用于验收试验；另一份样品留存备查。

2. 热沥青试样制备

将装有试样的盛样器带盖放入恒温烘箱中，当石油沥青试样中含有水分时，保持烘箱温度在80℃左右，加热至沥青全部熔化后供脱水用。当石油沥青中无水分时，烘箱温度宜为软化点温度（90℃）以上，通常为135℃左右。对取来的沥青试样不得直接采用电炉或燃气炉明火加热。

当石油沥青试样中含有水分时，将盛样器皿放在可控温的砂浴、油浴、电热套上加热脱水，当采用电炉、燃气炉加热脱水时必须加放石棉垫，加热时间不超过30min，并用玻璃棒轻轻搅拌，防止局部过热。在沥青温度不超过100℃的条件下，仔细脱水至无泡沫为止，最后的加热温度不宜超过软化点以上100℃（石油沥青）或50℃（煤沥青）。

将盛样器中的沥青通过0.6mm的滤筛过滤，不等冷却立即一次灌入各项待检的模具中。当温度下降太多时，宜适当加热再灌模。根据需要也可将试样分装入已拭干净且干燥的一个或数个沥青盛样器皿中，数量应满足一批试验项目所需的沥青样品。

在沥青灌模过程中，如温度下降可放入烘箱中适当加热，试样冷却后反复加热的次数不得超过两次，以防沥青老化影响试验结果。为避免混进气泡，在沥青灌模时不应反复搅动沥青。

灌模剩余的沥青应立即清洗干净，不得重复使用。

3. 沥青试模制备

3.1 沥青针入度试模制备工作

（1）按要求准备沥青试样。

（2）按试验要求将恒温水槽调节到要求的试验温度25℃，或5℃、15℃、30℃，保持稳定。

（3）将沥青试样注入盛样皿中，试样高度应超出预计针入度值10mm，并盖上盖子，以防落入灰尘。盛有试样的盛样皿在15~30℃室温中冷却不少于1.5h后，应移入保持规定试验温度±0.1℃的恒温水槽中，并保温不少于1.5h。

（4）调整针入度仪使之水平。检查针连杆和导轨，以确认无水和其他外来物，无明显摩擦。用三氯乙烯或其他溶剂清洗标准针，并擦干。将标准针插入针连杆，用螺钉固紧。

3.2 沥青软化点试模制备工作

（1）将试样环置于涂有甘油滑石粉隔离剂的试样底板上。按规定方法将准备好的沥青试样缓慢注入试样环内至略高出环面为止。如估计试样软化点高于120℃，则试样环和试样底板（不用玻璃板）均应预热至80~100℃。

（2）将试样放在室温下冷却30min后，用热刮刀刮除环面上的试样，应使其与环面齐平。

3.3 沥青延度试模制备工作

（1）涂抹拌和均匀的隔离剂于试模底板和两个侧模的内侧表面，并将试模在试模底板上装妥。

（2）准备沥青试样，将试样仔细自试模的一端至另一端往返数次缓慢注入模中，最后略高出试模。灌模时不得使气泡混入。

（3）试件在室温中冷却不少于1.5h，然后用热刮刀刮除高出试模的沥青，使沥青面与试模面齐平。沥青的刮法应自试模的中间刮向两端，且表面应刮的平滑。将试模连同底板放入规定温度的水槽中保温1.5h。

（4）检查延度仪延伸速度是否符合规定要求，然后移动滑板使其指针正对标尺的零点。将延度仪注水，并保温达到试验温度±0.1℃。

4. 沥青检测任务

4.1 沥青针入度试验

学生根据任务书的要求，完成沥青针入度指标的检测，并填写表4-5。

表4-5 沥青针入度试验检测记录表

试验室名称：										
试验依据					样品编号					
样品描述					样品名称					
试验条件					试验日期					
主要仪器设备及编号										
针入度试验	试验温度/℃									
	试验次数	1	2	3	1	2	3	1	2	3
	针入度值（0.1mm）									
	平均值（0.1mm）									

小提示

沥青针入度的检测步骤：

（1）取出到达恒温的盛样皿，并移入水温控制在试验温度±0.1℃（可用恒温水槽中的水）的平底玻璃皿中的三角支架上，试样表面以上的水层深度不少于10mm。

（2）将盛有试样的平底玻璃皿置于针入度仪的平台上。调节针连杆至标准针的针尖恰好与试样表面接触，将位移传感器或刻度盘指针复位为零。

（3）开始试验，按下释放键，这时计时与标准针贯入试样同时开始，至5s时自动停止。

（4）读取位移计或刻度盘指针的读数，准确至0.1mm。

（5）同一试样平行试验至少 3 次，各测点之间及与盛样皿边缘的距离不应小于 10mm。每次试验后应将盛有盛样皿的平底玻璃皿放入恒温水槽，使平底玻璃皿中水温保持试验温度。每次试验应换一根干净标准针或将标准针取下用蘸有三氯乙烯的棉花或布擦净，再用干棉花或布擦干。

4.2 沥青软化点试验

学生根据任务书的要求，完成沥青软化点指标的检测，并填写表 4-6。

表 4-6 沥青软化点试验检测记录表

试验室名称：　　　　　　　　　　　　　　　　　　记录编号：

试验依据		样品编号	
样品描述		样品名称	
试验条件		试验日期	
主要仪器设备及编号			

软化点试验	试样编号	室内温度/℃	烧杯内液体名称	烧杯中液体温度上升记录/℃													软化点/℃	
				起始温度	1min末	2min末	3min末	4min末	5min末	6min末	7min末	8min末	9min末	10min末	11min末	12min末	测值	平均值

备注：

小提示

沥青软化点试验检测步骤：

（1）将装有试样的试样环连同试样底板置于 (5±0.5)℃水的恒温水槽中至少 15min，同时将金属支架、钢球、钢球定位环等也置于相同水槽中。

（2）烧杯内注入新煮沸并冷却至 5℃ 的蒸馏水或纯净水，水面略低于立杆上的深度标记。

（3）将试样安置在软化点仪上，温度计由上层板中心孔垂直插入，使端部测温头底部与试样环下面齐平。

（4）将钢球放在定位环中间的试样中央，打开开关，通过电磁振荡搅拌器，使水温在 3min 内调节至维持每分钟上升 (5±0.5)℃。在加热过程中应记录每分钟上升的温度值，如温度上升速度超出标准范围，则试验应重作。

（5）试样受热软化逐渐下坠，至与下层底板表面接触时，立即读取温度，准确至 0.5℃。

4.3 沥青延度试验

学生根据任务书的要求，完成沥青延度试验检测，并填写表 4-7。

表 4-7 沥青延度试验检测记录表

试验室名称：   记录编号：

	试验依据			样品编号			
	样品描述			样品名称			
	试验条件			试验日期			
	主要仪器设备及编号						

	试验次数	试验温度/℃	延伸速度/(cm/min)	延度值/cm			平均值
				1	2	3	
延度试验							

 小提示

沥青延度试验检测步骤：

（1）将保温后的试件连同底板移入延度仪的水槽中，然后将盛有试样的试模自底板上取下，将试模两端的孔分别套在滑板及槽端固定板的金属柱上，并取下侧模。水面距试件表面应不小于 25mm。

（2）开动延度仪（仪器不得有振动，水面不得有晃动），并注意观察试样的延伸情况。试验中如发现沥青有上浮或下沉现象，则应往水中加入酒精或食盐，调整水的密度与试样密度相近后，重新试验。

（3）试件拉断时，读取指针所指标尺上的读数，以 cm 计。在正常情况下，试件延伸时应成锥尖状，拉断时实际断面接近于零。如不能得到这种结果，则应在报告中注明。

5. 沥青检测报告

学生根据沥青检测任务要求、检测指标，完成该批沥青的检测，并填写表 4-8。

表 4-8 沥青试验检测报告

委托单位/委托人		委托编号	
工程名称		样品编号	
工程部位/用途		样品名称	
样品型号规格		样品描述	
试验依据		判断依据	
主要仪器设备及编号			
产地		代表数量	
检测结果					
序号	检测项目	技术指标	检测结果	结果判定	备注
1	针入度 PI (25℃, 100g, 5s)/0.01mm				
2	针入度指数 PI				
3	软化点/℃				
4	延度 (5cm/min, 15℃) /cm				
结论					

小提示

沥青检测指标要求见表4-9。

表4-9 道路石油沥青技术要求

指标	等级	160号	130号	110号	90号					70号					50号	30号	试验方法
针入度（25℃，5s，100g）/0.1mm		140~200	120~140	100~120	80~100					60~80					40~60	20~40	T0604
适用的气候分区		见注4	见注4	2-1 / 2-2 / 3-2	1-1	1-2	1-3	2-2	2-3	1-3	1-4	2-2	2-3	2-4	1-4	见注4	
软化点/℃（不小于）	A	38	40	43	45			44		46			45		49	55	T0606
	B	36	39	42	43			42		44			43		46	53	
	C	35	37	41	42					43					45	50	
10℃延度/cm（不小于）	A	50	50	40	45	30	20	20	20	20	15	25	20	15	15	10	T0605
	B	30	30	30	30	20	15	20	15	15	10	20	15	10	10	8	
15℃延度/cm（不小于）	A/B	100													80	50	
	C	80	80	60	50					40					30	20	
150℃延度/cm（不小于）	B	3.0															T0615
	C	4.5															
	B	45	50	52	54					58					60	62	T0604
	C	40	45	48	50					54					58	60	
	B	10	10	8	6					4					2	—	

注：1. 试验方法按照现：《公路工程沥青及沥青混合料试验规程》（JTG E20—2011）规定的方法执行。

2. 70号沥青可根据需要要求供应商提供针入度范围为60~70（0.1mm）或70~80（0.1mm）的沥青，50号沥青可要求提供针入度范围为40~50（0.1mm）或50~60（0.1mm）的沥青。

3. 30号沥青仅适用于沥青稳定基层。130号和160号沥青除寒冷地区可直接在中、低级公路上应用外，通常用作乳化沥青、稀释沥青、改性沥青的基质沥青。

4. 气候分区见《公路沥青路面施工技术规范》（JTG F40—2004）附录A。

学习任务5　建筑砂浆的检测

学习情境描述

学习情境项目： ×××大桥及接线建设工程

学习情境依据： 根据中华人民共和国行业标准 JGJ/T 70—2009《建筑砂浆基本性能试验方法标准》、JTG/T 3650—2020《公路工程桥涵施工技术规范》、JTG D61—2005《公路圬工桥涵设计规范》以及×××大桥及接线建设工程施工图设计有关技术要求。

学习情境目标： 完成学习情境项目中建筑砂浆的技术性质检测，并出具检测报告。

任务书

根据规范、设计图纸、检测要求对建筑砂浆的技术指标进行规范检测，完整记录各技术指标试验记录表，填写建筑砂浆试验检测报告，并给予正确的检测结论评定。

任务分组

学生任务分配见表5-1。

表5-1　学生任务分配表

班级		组号		指导教师	
组长		学号			
组员	姓名	学号	姓名	学号	
任务分工					

工作计划

根据收集资讯和决策过程，制定建筑砂浆检测方案，完成表5-2、表5-3的内容。

表5-2　建筑砂浆技术指标检测工作方案

步骤	工作内容	负责人
1	取样及试样制备	
2	稠度检测	
3	密度检测	
4	分层度检测	
5	强度检测	

表 5-3 工具、耗材和器材清单

序号	名称	型号与规格	单位	数量	备注
1					
2					
3					
4					
5					
6					
7					
8					
9					
10					
11					

工作实施

1. 建筑砂浆的取样及试样制备

由教师和学生分别模拟委托单位和检测单位机构，学生填写建筑砂浆取样检测委托单，完成建筑砂浆的取样，取样检测委托单见表 5-4。

表 5-4 建筑砂浆取样检测委托单

委托单位						
工程名称及部位						
砂浆品种			设计强度（MU）			
取样方法			试样编号			
取样日期			送样日期			
环境温度			试验室温度			
水泥品种及强度等级			砂			
掺合料			外加剂			
每 1m³ 各材料用量	水泥		砂		掺合料	外加剂
取样人员		试验人员			复核人员	

小提示

1. 取样

（1）建筑砂浆试验用料应从同一盘砂浆或同一车砂浆中取样。取样量应不少于试验所需量的 4 倍。

（2）施工中取样进行砂浆试验时，其取样方法和原则应按相应的施工验收规范执行。一般在使用地点的砂浆槽、砂浆运送车或搅拌机出料口，至少从三个不同部位取样。现场取来的试样，试验前应人工搅拌均匀。

（3）从取样完毕到开始进行各项性能试验不宜超过 15min。

2. 试样的制备

（1）在试验室制备砂浆拌合物时，所用材料应提前 24h 运入室内。拌和时试验室的温度应保持在（20±5）℃。

注：需要模拟施工条件下所用砂浆时，所用原材料的温度宜与施工现场保持一致。

（2）试验所用原材料应与现场使用材料一致。砂应通过公称粒径 5mm 筛。

（3）试验室拌制砂浆时，材料用量应以质量计。称量精度：水泥、外加剂、掺合料等为 ±0.5%，砂为 ±1%。

（4）在试验室搅拌砂浆时应采用机械搅拌，搅拌机应符合《试验用砂浆搅拌机》（JG/T 3033—1996）的规定，搅拌的用量宜为搅拌机容量的 30%～70%，搅拌时间不应少于 120s。掺有掺合料和外加剂的砂浆，其搅拌时间不应少于 180s。

2. 建筑砂浆和易性的检测

学生根据任务书的要求，完成建筑砂浆和易性相关指标的检测，检测记录表见表 5-5。

表 5-5 建筑砂浆检测记录表

试验室名称：　　　　　　　　　　　　　　　　记录编号：

试验依据		样品编号		
样品描述		样品名称		
试验条件		试验日期		
主要仪器设备及编号				
搅拌方式		强度等级		
材料名称	规格	生产厂家\产地	每立方米用量/kg	单位比
水泥				
细集料				
掺合料				
外加剂				

序号	检测项目	技术指标	检测结果	结果判定
1	稠度/mm			
2	分层度值/mm			
3	表观密度/(kg/m³)			

检测结论：

备注：

小提示

1. 稠度的检测步骤

（1）用少量润滑油轻擦滑杆，再将滑杆上多余的油用吸油纸擦净，使滑杆能自由滑动。

（2）用湿布擦净盛浆容器和试锥表面，将砂浆拌合物一次装入容器，使砂浆表面低于容器口约10mm。用捣棒自容器中心向边缘均匀地插捣25次，然后轻轻地将容器摇动或敲击5~6下，使砂浆表面平整，然后将容器置于稠度测定仪的底座上。

（3）拧松制动螺钉，向下移动滑杆，当试锥尖端与砂浆表面刚接触时，拧紧制动螺钉，使齿条侧杆下端刚接触滑杆上端，读出刻度盘上的读数（精确至1mm）。

（4）拧松制动螺钉，同时计时间，10s时立即拧紧螺钉，将齿条测杆下端接触滑杆上端，从刻度盘上读出下沉深度（精确至1mm），二次读数的差值即为砂浆的稠度值。

（5）盛装容器内的砂浆，只允许测定一次稠度，重复测定时，应重新取样测定。

2. 密度的检测步骤

（1）测定砂浆拌合物的稠度。

（2）用湿布擦净容量筒的内表面，称量容量筒质量m_1，精确至5g。

（3）捣实可采用手工或机械方法。当砂浆稠度大于50mm时，宜采用人工插捣法，当砂浆稠度不大于50mm时，宜采用机械振动法。采用人工插捣时，将砂浆拌合物一次装满容量筒，使稍有富余，用捣棒由边缘向中心均匀地插捣25次，插捣过程中如砂浆沉落到低于筒口，则应随时添加砂浆，再用木锤沿容器外壁敲击5~6下。采用振动法时，将砂浆拌合物一次装满容量筒连同漏斗在振动台上振10s，振动过程中如砂浆沉入到低于筒口，应随时添加砂浆。

捣实或振动后将筒口多余的砂浆拌合物刮去，使砂浆表面平整，然后将容量筒外壁擦净，称出砂浆与容量筒总质量m_2，精确至5g。

3. 分层度的检测步骤

（1）首先将砂浆拌合物按稠度试验方法测定稠度。

（2）将砂浆拌合物一次装入分层度筒内，待装满后，用木锤在容器周围距离大致相等的四个不同部位轻轻敲击1~2下，如砂浆沉落到低于筒口，则应随时添加，然后刮去多余的砂浆并用抹刀抹平。

（3）静置30min后，去掉上节200mm砂浆，剩余的100mm砂浆倒出放在拌合锅内拌2min，再按稠度试验方法测其稠度。前后测得的稠度之差即为该砂浆的分层度值（mm）。

注：也可采用快速法测定分层度，其步骤是：

1）按稠度试验方法测定稠度。

2）将分层度筒预先固定在振动台上，砂浆一次装入分层度筒内，振动20s。

3）然后去掉上节200mm砂浆，剩余100mm砂浆倒出放在拌合锅内拌2min，再按稠度试验方法测其稠度，前后测得的稠度之差即为是该砂浆的分层度值。但如有争议时，以标准法为准。

3. 建筑砂浆强度的检测

学生根据任务书的要求，完成建筑砂浆强度的检测，检测记录表见表5-6。

表 5-6 砂浆抗压强度试验检测记录表

试验室名称： 　　　　　　　　　　　　　　　　　　　　记录编号：

试验依据		样品编号	
样品描述		样品名称	
试验条件		试验日期	
主要仪器设备及编号			
砂浆种类		养护条件	

试件编号	强度等级	成型日期	试验日期	龄期	试件尺寸/mm	极限荷载/kN	抗压强度测值	抗压强度测定值	达到设计强度的百分比

备注：

试验： 　　　　　复核： 　　　　　　　　　　　　　　日期： 　年　月　日

学习任务6　水泥混凝土的检测

学习情境描述

学习情境项目：×××大桥及接线建设工程项目主桥箱梁。

学习情境依据：根据《公路桥涵施工技术规范》（JTG/T 3650—2020）、《公路工程水泥及水泥混凝土试验规程》（JTG 3420—2020）和×××大桥及接线建设工程施工图设计有关技术要求。

学习情境目标：完成学习情境项目中C55混凝土的原材料水泥混凝土技术指标的检测及评定并出具检测报告。

任务书

根据规范、设计图、检测要求对水泥混凝土（图6-1、图6-2）的技术指标进行规范检测，完整记录各项技术指标试验记录表，填写试验检测报告，并给予正确的检测结论评定。

图6-1　水泥混凝土

图6-2　水泥混凝土试块

任务分组

学生任务分配见表6-1。

表6-1　学生任务分配表

班级		组号		指导教师	
组长		学号			
组员	姓名	学号	姓名	学号	
任务分工					

工作计划

根据收集资讯和决策过程,制定水泥混凝土的检测方案(水泥混凝土的检测工作流程如图 6-3 所示),完成表 6-2 的内容。

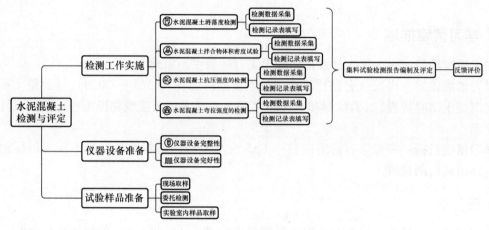

图 6-3 水泥混凝土检测工作流程

表 6-2 水泥混凝土检测设备、耗材和器材清单

序号	工作内容	主要检测设备名称	型号与规格	数量	备注
1	拌和、现场取样、试件成型				
2					
3					
4					
5	水泥混凝土拌合物稠度试验				
6					
7					
8	水泥混凝土拌合物体积密度试验				
9					
10					
11					
12					
13					
14	水泥混凝土抗压强度试验				
15					
16					
17					
18	水泥混凝土弯拉强度试验				
19					
20					
21					

 **工作实施**

1. 材料取样

由教师和学生分别模拟委托单位和检测单位机构,由学生填写水泥混凝土取样检测委托单,完成水泥混凝土的取样,取样检测委托单见表6-3。

表6-3 水泥混凝土取样检测委托单

委 托 编 号		自动采取编号	
样 品 编 号		试 样 名 称	
规 格 型 号		样 品 状 态	
代 表 数 量		试 样 数 量	
结构部位/用途			
检 测 参 数			
试 验 依 据			
评 定 标 准			
要求完成日期			
委托方要求处置方式	□留样 □退样 □废弃		
样品流转过程	□可检 □不可检 □待检 □已检		
样 品 处 置	□留样 □退样 □废弃		
填 表 人		填 表 日 期	
任务下达人		下 达 日 期	
任务接收人		接 收 日 期	

 小提示

1. 拌和步骤

(1) 拌和时保持室温 (20±5)℃,相对湿度大于50%。

(2) 拌和前,应将材料放置在温度为 (20±5)℃的室内,且时间不宜少于24h。

(3) 为防止粗集料的离析,可将集料分档堆放,使用时再按一定比例混合。试样从抽样至试验结束的整个过程中,避免阳光直晒和水分蒸发,必要时应采取保护措施。

(4) 拌合物的总量至少应比所需量多20%以上。拌制混凝土的材料以质量计,称量的精确度:集料为±1%,水、水泥、掺合料和外加剂为±0.5%。

(5) 粗集料、细集料均以干燥状态(含水率小于0.5%的细集料和含水率小于0.2%的粗集料)为基准,计算用水量时应扣除粗集料、细集料的含水量。

(6) 外加剂的加入:

1) 对于不溶于水或难溶于水且不含潮解型盐类的外加剂,应先和一部分水泥拌和,以保证分散。

2) 对于不溶于水或难溶于水但含潮解型盐类的外加剂,应先和细集料拌和。

3) 对于水溶性或液体外加剂,应先和水均匀混合。

4) 其他特殊外加剂，应符合相关标准的规定。

(7) 拌制混凝土所用各种用具，如铁板、铁铲、抹刀，应预先用水润湿，使用后必须清洗干净。

(8) 使用搅拌机前，应先用少量砂浆进行涮膛，再刮出涮膛砂浆，以避免正式拌和混凝土时水泥砂浆黏附筒壁的损失。涮膛砂浆的水灰比及砂灰比，应与正式的混凝土配合比相同。

(9) 用拌和机拌和时，拌和量宜为搅拌机最大容量的 1/4~3/4。

(10) 搅拌机搅拌：按规定称好原材料，往搅拌机内顺序加入粗集料、细集料、水泥。开动搅拌机，将材料拌和均匀，在拌和过程中应缓慢加水，全部加料时间不宜超过 2min。水全部加入后，继续拌和约 2min，而后将拌合物倒出在铁板上，再经人工翻拌 1~2min，务必使拌合物均匀一致。

(11) 人工拌和：采用人工拌和时，先用湿布将铁板、铁铲润湿，再将称好的砂和水泥在铁板上拌匀，加入粗集料，再混合搅拌均匀。而后将此拌合物堆成长堆，中心扒成长槽，将称好的水倒入约一半，将其与拌合物仔细拌匀，再将材料堆成长堆，扒成长槽，倒入剩余的水，继续进行拌和，来回翻拌至少 10 遍。

(12) 从试样制备完毕到开始做各项性能试验不宜超过 5min（不包括成型试件）。

2. 现场取样

(1) 新拌混凝土现场取样：凡是从搅拌机、料斗、运输小车以及浇制的构件中取新拌混凝土代表性样品时，均须从三处以上的不同部位抽取大致相同分量的代表性样品（不要抽取已经离析的混凝土），在室内集中用铁铲翻拌均匀，而后立即进行拌合物的试验。拌合物取样量应多于试验所需数量的 1.5 倍，且最小体积不宜小于 20L。

(2) 从第一次取样到最后一次取样，不宜超过 15min。

3. 非圆柱体水泥混凝土试件成型

(1) 水泥混凝土的拌和应按规定进行。成型前试模内壁涂一薄层矿物油。

(2) 取拌合物的总量至少应比所需量高 20% 以上，并取出少量混凝土拌合物代表样，在 5min 内进行坍落度或维勃试验，认为品质合格后，应在 15min 内开始制件或做其他试验。

(3) 当坍落度小于 25mm 时，可采用 φ25mm 的插入式振捣棒成型。将混凝土拌合物一次装入试模，装料时应用抹刀沿各试模壁插捣，并使混凝土拌合物高出试模口；振捣时捣棒距底板 10~20mm，且不要接触底板。振动直到表面出浆为止，且应避免过振，以防止混凝土离析，一般振捣时间为 20s。振捣棒拔出时要缓慢，拔出后不得留有孔洞。用刮刀刮去多余的混凝土，在临近初凝时，用抹刀抹平。试件抹面与试模边缘高低差不得超过 0.5mm。

(4) 当坍落度大于 25mm 且小于 90mm 时，用标准振动台成型。将试模放在振动台上夹牢，防止试模自由跳动，将拌合物一次装满试模并稍有富余，开动振动台至混凝土表面出现乳状水泥浆时为止，振动过程中随时添加混凝土使试模饱满，记录振动时间（约为维勃秒数的 2~3 倍，一般不超过 90s）。振动结束后，用金属直尺沿试模边缘刮去多余混凝土，用抹刀将表面初次抹平，待试件收浆后，再次用抹刀将试件仔细抹平，试件表面与试模边缘的高低差不得超过 0.5mm。

(5) 当坍落度大于 90mm 时，用人工成型。将拌合物分厚度大致相等的两层装入试模。捣固时按螺旋方向从边缘到中心均匀地进行。插捣底层混凝土时，捣棒应到达模底；插捣上层时，捣棒应贯穿上层后插入下层 20~30mm 处。插捣时应用力将捣棒压下，保持捣棒垂直，不得冲击，捣完一层后，用橡皮锤轻轻击打试模外端面 10~15 下，以填平插捣过程中留下的孔洞。每层插捣次数 100cm² 面积内不少于 12 次。试件抹面与试模边缘高低差不得超过 0.5mm。

(6) 当试样为自密实混凝土时，在新拌混凝土不离析的状态下，将自密实混凝土搅拌均匀后直接倒入试模内，不得使用振动台和插捣方式成型，但可以采用橡皮锤辅助振动。试样一次填满试模后，可用橡皮锤沿着试模中线位置轻轻敲击 6 次/侧面。用抹刀将试件仔细抹平，使表面略低于试模边缘 1~2mm。

4. 试件养护

(1) 试件成型后，用湿布覆盖表面（或其他保持湿度办法），在室温 (20±5)℃、相对湿度大于 50% 的情况下，静放一个到两个昼夜，然后拆模并作第一次外观检查、编号。对有缺陷的试件应除去，或加工补平。

(2) 将完好试件放入标准养护室进行养护，标准养护室温度为 (20±2)℃，相对湿度在 95% 以上，试件宜放在铁架或木架上，间距至少 10~20mm。试件表面应保持一层水膜，并避免用水直接冲淋。当无标准养护室时，将试件放入温度 (20±2)℃ 的饱和氢氧化钙溶液中养护。

(3) 标准养护龄期为 28d（以搅拌加水开始），非标准的龄期为 1d、3d、7d、60d、90d、180d。

2. 水泥混凝土拌合物稠度试验（坍落度仪法）

学生根据任务书的要求，完成水泥混凝土拌合物稠度（坍落度仪法）的检测，检测记录表见表 6-4。

表 6-4 水泥混凝土拌合物稠度试验检测记录表（坍落度仪法）

试验室名称： 记录编号：

试验依据					样品编号			
试验条件					试验日期			
样品描述								
主要仪器设备及编号								
混凝土种类					搅拌方式			
试样编号	坍落度测值/mm	坍落度测定值/mm	扩展度/mm	扩展度测定值/mm	含砂情况	保水性	棍度	黏聚性
1								
备注：								

小提示

水泥混凝土拌合物稠度试验（坍落度仪法）的检测步骤：

（1）试验前将坍落筒内外洗净，放在经水润湿过的平板上（平板吸水时应垫塑料布），并踏紧踏脚板。

（2）将代表样分三层装入筒内，每层装入高度稍大于筒高的1/3，用捣棒在每一层的横截面上均匀插捣25次。插捣在全部面积上进行，沿螺旋线由边缘至中心，插捣底层时插至底部，插捣其他两层时，应插透本层并插入下层约20~30mm，插捣须垂直压下（边缘部分除外），不得冲击。在插捣顶层时，装入的混凝土高出坍落筒，随插捣过程随时添加拌合物，当顶层插捣完毕后，将捣棒用锯和滚的动作，清除多余的混凝土，用抹刀抹平筒口，刮净筒底周围的拌合物，而后立即垂直地提起坍落筒，提筒宜控制在3~7s内完成，并使混凝土不受横向及扭力作用。从开始装料到提出坍落筒整个过程应在150s内完成。

（3）将坍落筒放在锥体混凝土试样一旁，筒顶平放木尺，用钢尺量出木尺底面至试样顶面最高点的垂直距离，即为该混凝土拌合物的坍落度，精确至1mm。

（4）当混凝土试件的一侧发生崩坍或一边剪切破坏，则应重新取样另测。如果第二次仍发生上述情况，则表示该混凝土和易性不好，应记录。

（5）当混凝土拌合物的坍落度大于160mm时，用钢尺测量混凝土扩展后最终的最大直径和最小直径，在这两个直径之差小于50mm的条件下，用其算术平均值作为坍落扩展度值；否则，此次试验无效。

（6）坍落度试验的同时，可用目测方法评定混凝土拌合物的下列性质，并予记录。

1）棍度：按插捣混凝土拌合物时难易程度评定。分"上""中""下"三级。

"上"：表示插捣容易。

"中"：表示插捣时稍有石子阻滞的感觉。

"下"：表示很难插捣。

2）黏聚性：观测拌合物各组成分相互黏聚情况。评定方法是用捣棒在已坍落的混凝土锥体侧面轻打，如锥体在轻打后逐渐下沉，表示黏聚性良好；如锥体突然倒坍、部分崩裂或发生石子离析现象，则表示黏聚性不好。

3）保水性：指水分从拌合物中析出情况，分"多量""少量""无"三级评定。

"多量"：表示提起坍落筒后，有较多水分从底部析出。

"少量"：表示提起坍落筒后，有少量水分从底部析出。

"无"：表示提起坍落筒后，没有水分从底部析出。

3. 水泥混凝土拌合物体积密度的检测

学生根据任务书的要求，完成水泥混凝土拌合物体积密度的检测，检测记录表见表6-5。

表6-5 水泥混凝土体积密度试验检测记录表

试验室名称：　　　　　　　　　　　　　　　　　　记录编号：

试验依据				样品编号	
试验条件				试验日期	
样品描述					
主要仪器设备及编号					
混凝土种类				搅拌方式	
试样编号	试样筒质量/kg	捣实或振实后混凝土和试样筒总质量/kg	试样筒容积/L	体积密度测值/(kg/m³)	体积密度测定值/(kg/m³)
1					

备注：

 小提示

水泥混凝土拌合物体积密度的检测步骤：

1. 容量筒标定

（1）应将干净容量筒与玻璃板一起称重，精确至10g。

（2）将容量筒装满水，缓慢将玻璃板从筒口一侧推到另一侧，容量筒内应充满水，且不应存在气泡，擦干容量筒外壁，再次称重。

（3）两次称重结果之差除以该温度下水的密度，则为容量筒的容积，常温下水的密度可取1000kg/m³。

2. 检测步骤

（1）试验前将已明确体积的容量筒用湿布擦试干净，称出质量，精确至10g。

（2）当坍落度不大于90mm时，混凝土拌合物宜用振动台振实。振动台振实时，应一次性将混凝土拌合物装填至高出容量筒筒口，装料时可用捣棒稍加插捣，振动过程中混凝土低于筒口，应随时添加混凝土，振动直至拌合物表面出现水泥浆为止。

（3）当坍落度大于90mm时，混凝土拌合物宜用捣棒插捣密实。插捣时，应根据容量筒的大小决定分层与插捣次数：用5L容量筒时，混凝土拌合物应分两层装入，每层的插捣次数应为25次；用大于5L的容量筒时，每层混凝土的高度不应大于100mm，每层插捣次数按每10000mm²截面不小于12次计算；用捣棒从边缘到中心沿螺旋形均匀插捣；捣棒应垂直压下，不得冲击，捣底层时应至筒底，插捣第二层时，捣棒应插透本层至下一层的表面；每一层捣完后用橡皮锤沿容量筒外壁敲击5～10次，进行振实，直至混凝土拌合物表面插捣孔消失并不见大泡为止。

（4）自密实混凝土应一次性填满，且不应进行振动和插捣。

（5）将筒口多余的混凝土拌合物刮去，表面有凹陷应填补，用抹刀抹平，并用玻璃板检验；应将容量筒外壁擦净，称出混凝土拌合物试样与容量筒总质量，精确至10g。

4. 水泥混凝土抗压强度的检测

学生根据任务书的要求，完成水泥混凝土抗压强度的检测，检测记录表见表6-6。

表6-6 水泥混凝土抗压强度试验检测记录表

试验室名称：　　　　　　　　　　　　　　　　　记录编号：

试验依据								样品编号		
试验条件								试验日期		
样品描述										
主要仪器设备及编号										
混凝土种类								养护条件		
试件编号	成型日期	强度等级/MPa	试验日期	龄期/d	试件尺寸/mm	极限荷载/kN	抗压强度测值/MPa	抗压强度测定值/MPa	换算成标准试件抗压强度值/MPa

备注：

小提示

水泥混凝土抗压强度的检测步骤：

1. 试件制备和养护

试件制备、养护及试件尺寸、集料最大粒径应符合规定。混凝土立方体抗压强度试件应同龄期者为1组，每组为3个同条件制作和养护的混凝土试块。

2. 检测步骤

（1）至试验龄期时，自养护室取出试件，应尽快试验，避免其湿度变化。

（2）取出试件，检查其尺寸及形状，相对两面应平行。量出棱边长度，精确至1mm。试件受力截面积按其与压力机上下接触面的平均值计算。在破型前，保持试件原有湿度，在试验时擦干试件。

（3）以成型时侧面为上下受压面，试件中心应与压力机几何对中。圆柱体应对端面进行处理，确保端面的平行度。

（4）混凝土强度等级小于C30时取0.3MPa/s～0.5MPa/s的加荷速度；混凝土强度等级大于或等于C30小于C60时，取0.5～0.8MPa/s的加荷速度；混凝土强度等级大于或等于C60混凝土取～1.0MPa/s的加荷速度。当试件接近破坏而开始迅速变形时，应停止调整试验机油门，直至试件破坏，记下破坏极限荷载F。

5. 水泥混凝土弯拉强度的检测

学生根据任务书的要求，完成水泥混凝土弯拉强度的检测，检测记录表见表6-7。

表 6-7 水泥混凝土抗弯拉强度试验检测记录表

试验室名称：　　　　　　　　　　　　　　　　　　　记录编号：

试验依据		样品编号	
试验条件		试验日期	
样品描述			
主要仪器设备及编号			
混凝土种类		养护条件	

试件编号	强度等级/MPa	成型日期	试验日期	龄期/d	支座间宽度/mm	截面宽度/mm	截面高度/mm	极限荷载/kN	断裂面是否位于加荷点外侧	抗折强度测值/MPa	抗折强度测定值/MPa	尺寸换算系数	换算成标准试件抗折强度值/MPa

备注：

 小提示

水泥混凝土弯拉强度的检测步骤：

1. 试件制备和养护

（1）试件尺寸应符合规定，同时在试件长向中部 1/3 区段内表面不得有直径超过 5mm、深度超过 2mm 的孔洞。

（2）混凝土弯拉强度试件应以同龄期者为 1 组，每组为 3 根同条件制作和养护的试件。

2. 检测步骤

（1）试件取出后，用湿毛巾覆盖并及时进行试验，保持试件干湿状态不变。在试件中部量出其宽度和高度，精确至 1mm。

（2）调整两个可移动支座，将试件安放在支座上，试件成型时的侧面朝上，几何对中后，应使支座及承压面与活动船形垫块的接触面平稳、均匀，否则应垫平。

（3）加荷时，应保持均匀、连续。当混凝土的强度等级小于 C30 时，加荷速度为 0.02~0.05MPa/s；当混凝土的强度等级大于或等于 C30 且小于 C60 时，加荷速度为 0.05~0.08MPa/s；当混凝土的强度等级大于或等于 C60 时，加荷速度为 0.08~0.10MPa/s。当试件接近破坏而开始迅速变形时，不得调整试验机油门，直至试件破坏，记下破坏极限荷载。

（4）记录下最大荷载和试件下边断裂的位置。

学习任务7 沥青混合料的检测

学习情境描述

学习情境项目：某高速公路改扩建工程沥青混凝土路面。

学习情境依据：根据《公路工程沥青及沥青混合料试验规程》（JTG E20—2011）、《公路沥青路面施工技术规范》（JTG F40—2004）以及某高速公路改扩建工程施工图设计有关技术要求。

学习情境目标：完成学习情境项目中沥青混合料的选择、技术指标检测及评定并出具检测报告。

任务书

根据规范、设计图、检测要求对沥青混合料（图7-1、图7-2）的技术指标进行规范检测，完整记录各技术指标试验记录表，填写沥青混合料的试验检测报告，并给予正确的检测结论评定。

图7-1 沥青混合料（1）　　　　　图7-2 沥青混合料（2）

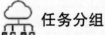
任务分组

学生任务分配见表7-1。

表7-1 学生任务分配表

班级		组号		指导教师	
组长		学号			
组员	姓名	学号	姓名	学号	
任务分工					

工作计划

根据学习情境收集资讯和决策过程,制定集料检测方案(沥青混合料技术指标检测工作流程如图7-3所示),并完成表7-2的内容。

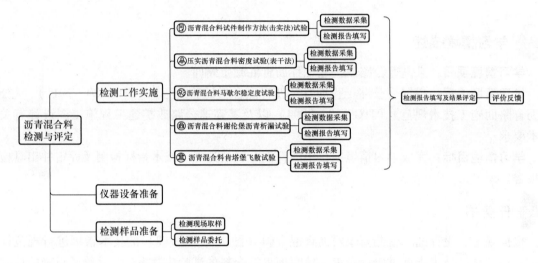

图7-3 沥青混合料技术指标检测工作流程

表7-2 沥青混合料工具、耗材和器材清单

序号	工作内容	主要检测设备名称	型号与规格	数量	备注
1	沥青混合料试件制作方法(击实法)试验				
2	压实沥青混合料密度试验(表干法)				
3	沥青混合料马歇尔稳定度试验				
4	沥青混合料谢伦堡沥青析漏试验				
5	沥青混合料肯塔堡飞散试验				

工作实施

1. 沥青混合料取样

由教师（代表委托单位）进行沥青混合料检测的项目委托，学生（代表检测单位）接受此项委托单。

（1）小组成员（代表检测单位）填写沥青混合料取样检测委托单，见表7-3。

（2）完成的取样。

表7-3 沥青混合料取样检测委托单

委托编号		自动采取编号	
样品编号		试样名称	
规格型号		样品状态	
代表数量		试样数量	
结构部位/用途			
检测参数			
试验依据			
评定标准			
要求完成日期			
委托方要求处置方式	□留样　□退样　□废弃		
样品流转过程	□可检　□不可检　□待检　□已检		
样品处置	□留样　□退样　□废弃		
填表人		填表日期	
任务下达人		下达日期	
任务接收人		接收日期	

 小提示

1. 取样数量

（1）试样数量由试验目的决定，宜不少于试验用量的2倍。一般情况下可按表7-4取样。平行试验应加倍取样。在现场取样直接装入试模成型时，也可等量取样。

表7-4 常用沥青混合料试验项目的样品数量

试验项目	目的	最少试样/kg	取样量/kg
马歇尔试验、抽提筛分	施工质量检验	12	20
车辙试验	高温稳定性检验	40	60
浸水马歇尔试验	水稳定性检验	12	20
冻融劈裂试验	水稳定性检验	12	20
弯曲试验	低温性能检验	15	25

（2）取样材料用于仲裁试验时，取样数量除应满足本取样方法规定外，还应多取一份备用样，保留到仲裁结束。

2. 取样方法

(1) 沥青混合料应随机取样,并具有充分的代表性。用以检查拌和质量(如油石比、矿料级配)时,应从拌和机一次放料的下方或提升斗中取样,不得多次取样混合后使用。用以评定混合料质量时,必须分几次取样,拌和均匀后作为代表性试样。

(2) 热拌沥青混合料在不同地方取样的要求如下:

1) 在沥青混合料拌和厂取样。在拌和厂取样时,宜用专用的容器(一次可装 5~8kg)装在拌和机卸料斗下方(图7-4),每放一次料取一次样,顺次装入试样容器中,每次倒在清扫干净的平板上,连续几次取样,混合均匀,按四分法取样至足够数量。

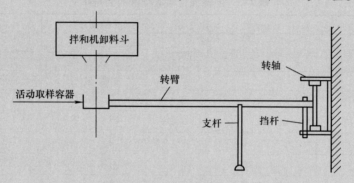

图7-4 装在拌和机上的沥青混合料取样装置

2) 在沥青混合料运料车上取样。在运料汽车上取沥青混合料样品时,宜在汽车装料一半后,分别用铁锹从不同方向的不同高度处取样;然后混在一起用手铲适当拌和均匀,取出规定数量。在施工现场的运料车上取样时,应在卸料一半后从不同方向取样,样品宜从3辆不同的车上取样混合后备用。

注意:在运料车上取样时不得仅从满载的运料车车顶上取样,且不允许只在一辆车上取样。

3) 在道路施工现场取样。在施工现场取样时,应在摊铺后未碾压前,摊铺宽度两侧的1/3~1/2位置处取样,用铁锹取该摊铺层的料。每摊铺一车料取一次样,连续3车取样后,混合均匀按四分法取样至足够数量。

(3) 热拌沥青混合料每次取样时,都必须用温度计测量温度,准确至1℃。

(4) 乳化沥青常温混合料试样的取样方法与热拌沥青混合料相同,但宜在乳化沥青破乳水分蒸发后装袋,对袋装常温沥青混合料亦可直接从储存的混合料中随机取样,取样袋数不少于3袋,使用时将3袋混合料倒出作适当拌和,按四分法取出规定数量试样。

(5) 液体沥青常温沥青混合料的取样方法同上。当用汽油稀释时,必须在溶剂挥发后方可封袋保存;当用煤油或柴油稀释时,可在取样后即装袋保存,保存时应特别注意防火安全。

(6) 从碾压成型的路面上取样时,应随机选取3个以上不同地点,钻孔、切割或刨取该层混合料。需重新制作试件时,应加热拌匀按四分法取样至足够数量。

3. 试样的保存与处理

(1) 热拌热铺的沥青混合料试样需送至中心试验室或质量检测机构作质量评定时(如车辙试验),由于二次加热会影响试验结果,必须在取样后趁高温立即装入保温桶内,送到试验室后立即成型试件,试件成型温度不得低于规定要求。

(2) 热混合料需要存放时，可在温度下降至60℃后装入塑料编织袋内，扎紧袋口，并宜低温保存，应防止潮湿、淋雨等，且时间不宜太长。

(3) 在进行沥青混合料质量检验或进行物理力学性质试验时，当采集的试样温度下降或结成硬块不符合温度要求时，宜用微波炉或烘箱加热至符合压实的温度，通常加热时间不宜超过4h，且只容许加热一次，不得重复加热。不得用电炉或燃气炉明火局部加热。

4. 样品的标记

取样后当场试验时，可将必要的项目一并记录在试验记录报告上。此时，试验报告必须包括取样时间、地点、混合料温度、取样数量、取样人等内容。

2. 沥青混合料检测任务

2.1 沥青混合料（浸水）马歇尔试验检测

学生根据任务书的要求，完成沥青混合料试件制作、表干法测定密度、马歇尔稳定度相关指标的检测，检测记录表见表7-5。

表7-5 沥青混合料（浸水）马歇尔试验检测记录表

试验室名称：　　　　　　　　　　　　　　　　记录编号：

试验依据		样品编号	
样品描述		样品名称	
试验条件		试验日期	
主要仪器设备及编号			
沥青混合料类型		试验层位	
沥青种类		拌和温度/℃	
击实次数		击实温度/℃	
矿料名称		沥青相对密度	
比例（%）			
毛体积相对密度		水的密度/(g/cm³)	
表观相对密度			
合成表观相对密度	合成毛体积相对密度	理论最大相对密度	

试件编号	油石比(%)	试件高度/mm					直径/mm			空气中质量/g	水中质量/g	表干质量/g	吸水率(%)	毛体积相对密度	沥青体积百分率(%)	空隙率(%)	矿料间隙率(%)	饱和度(%)	稳定度/kN	残留稳定度(%)	流值/mm	马氏模数/(kN/mm)
		1	2	3	4	平均	1	2	平均													
1																						
2																						
3																						
4																						
5																						
6																						
平均值																						
技术指标																						

备注：

小提示

1. 沥青混合料试件制作（击实法）步骤

1.1 准备工作

（1）确定制作沥青混合料试件的拌和温度与压实温度。

（2）将各种规格的矿料置（105±5）℃的烘箱中烘干至恒重（一般不少于4~6h）。

（3）将烘干分级的粗细集料，按每个试件设计级配要求称其质量，在一金属盘中混合均匀，矿粉单独放入小盘里，然后置烘箱中加热至沥青拌和温度以上约15℃备用。

（4）将沥青试样用恒温烘箱熔化至规定的沥青混合料拌和温度备用。

（5）将试模、套筒及击实座等放入100℃左右烘箱中加热1h备用。

1.2 拌制沥青混合料

（1）将沥青混合料拌和机预热至拌和温度10℃左右备用。

（2）将加热的粗细集料置于拌和机中，用小铲适当混合，然后加入需要数量的沥青，开动拌和机拌和1.5min，然后暂停拌和，加入加热的矿粉，继续拌和至均匀。标准的总拌和时间为3min。

1.3 成型方法

（1）将拌好的沥青混合料，均匀称取一个试件所需的用量（约1200g）。

（2）从烘箱中取出预热的试模及套筒，内壁涂少许黄油，垫一张圆形的吸油性纸，用小铲将混合料铲入试模中，用插刀或大螺丝刀沿周边插捣15次、中间10次，插捣后将沥青混合料表面整平。

（3）插入温度计至混合料中心附近，检查混合料温度。

（4）待混合料符合要求的压实温度后，将试模连同底座一起放在击实台上固定，在混合料上面垫一张圆形的吸油性纸，再将装有击实锤及导向棒的压实头放入试模中。开动电机，按规定次数（75次）击实。

（5）试件击实一面后，取下套筒，将试模翻面，装上套筒，然后以同样的方法和次数击实另一面。

（6）试件击实结束后，立即用镊子取掉上下面的纸，用卡尺量取试件离试模上口的高度并由此计算试件高度。如高度不符合（63.5±1.3）mm的要求，试件应作废，并按下式调整沥青混合料的用量。

调整后混合料质量 = 63.5 × 原混合料质量 / 所得试件高度

卸去套筒和底座，将装有试件的试模横向放置冷却至室温后（不少于12h），置脱模机上脱出试件。将试件仔细置于干燥洁净的平面上，供试验用。

2. 压实沥青混合料密度试验（表干法）检测步骤

（1）准备试件。本试验可以采用室内成型的试件，也可以采用工程现场钻芯、切割等方法获得的试件。

（2）选择适宜的浸水天平或电子天平，最大称量应满足试件质量的要求。

（3）除去试件表面的浮粒。称取干燥试件的空中质量（m_a），准确至0.1g。

(4) 将溢流水箱水温保持在 (25±0.5)℃。挂上网篮，浸入溢流水箱中，调节水位。将天平调平并复零，把试件置于网篮中，（注意不要晃动）浸水约 3~5min，称取水中质量（m_w）。若天平读数持续变化，说明试件吸水较严重，不适用此法则改用蜡封法测定。

(5) 从水中取出试件，用洁净柔软的拧干的湿毛巾轻轻擦去试件的表面水（不得吸走空隙内的水）。称取试件表干质量（m_f）。从试件拿出水面到擦拭结束不宜超过 5s，称量过程中流出的水不得再擦拭。

(6) 对工程现场钻取的非干燥试件，可先称取水中质量（m_w）和表干质量（m_f），然后用电风扇将试件吹干至恒重（一般不少于 12h，当不需进行其他试验时，也可用 (60±5)℃烘箱烘干至恒重），再称取空中质量（m_a）。

3. 沥青混合料马歇尔稳定度试验检测步骤

3.1 准备工作

(1) 标准马歇尔试件尺寸应符合直径 (101.6±0.2) mm、高 (63.5±1.3) mm 的要求。一组试件的数量不少于 4 个。

(2) 量测试件的直径及高度：用卡尺测量中部的直径，在十字对称的 4 个方向量测离试件边缘 10mm 处的高度，准确至 0.1mm，并以其平均值作为试件的高度。如试件高度不符合标准要求或两侧高度差大于 2mm，此试件应作废。

(3) 按本规程规定的方法测定试件的密度，并计算空隙率、沥青体积百分率、沥青饱和度、矿料间隙率等体积指标。

(4) 将恒温水槽调节至要求的试验温度，对粘稠石油沥青或养生过的乳化沥青混合料应为 (60±1)℃。

3.2 试验步骤

(1) 将试件置于已达规定温度的恒温水槽中保温，保温时间对标准马歇尔试件需 30~40min。试件之间要有间隔，底下应垫起，距水槽底部不小于 5cm。

(2) 将马歇尔试验仪的上下压头放入水槽或烘箱中达到同样温度。将上下压头从水槽或烘箱中取出，擦拭干净内面。为使上下压头滑动自如，可在下压头的导棒上涂少量黄油。再将试件置于下压头上，盖上上压头，然后装在加载设备上。

(3) 将自动马歇尔稳定度仪的压力传感器对准压头中心，位移传感器就位。

(4) 启动加载设备使试件承受荷载，加载速度为 (50±5) mm/min。

(5) 当实验荷载达到最大值时读取稳定度（MS）、流值（FL）。

(6) 从恒温水槽中取出试件至测出最大荷载值的时间，不得超过 30s。

3.3 浸水马歇尔试验方法

浸水马歇尔试验与标准马歇尔试验方法的不同之处在于，试件在已达规定温度恒温水槽中的保温时间为 48h，其余步骤均与标准马歇尔试验方法相同。

2.2 沥青混合料谢伦堡沥青析漏试验

学生根据任务书的要求，完成沥青混合料谢伦堡沥青析漏检测，检测记录表见表 7-6。

表7-6 沥青混合料谢伦堡析漏试验检测记录表

试验室名称：　　　　　　　　　　　　　　　　记录编号：

试验依据		样品编号	
样品描述		样品名称	
试验条件		试验日期	
主要仪器设备及编号			
沥青混合料类型		试验层位	
油石比（%）		沥青用量（%）	

试样编号	烧杯质量/g	烧杯和试样总质量/g	烧杯和黏附物质量/g	沥青析漏损失测值（%）	沥青析漏损失测定值（%）

备注：

小提示

沥青混合料谢伦堡沥青析漏试验检测步骤：

（1）根据实际使用的沥青混合料的配合比，对集料、沥青、纤维稳定剂等用小型沥青混合料拌和机拌和混合料。拌和时纤维稳定剂应在加入粗细集料后加入，并适当干拌分散，再加入沥青拌和至均匀。每次只能拌和一个试件。一组试件分别拌和4份，每1份约1kg。第1锅拌和后即予废弃不用，使拌和锅黏附一定量的沥青结合料，以免影响后面3锅油石比的准确性。当为施工质量检验时，直接从拌和机取样使用。

（2）洗净烧杯，干燥，称取烧杯质量m_0，准确至0.1g。

（3）将拌和好的1kg混合料，倒入800mL烧杯中，称烧杯及混合料的总质量m_1，准确至0.1g。

（4）在烧杯上加玻璃板盖，放入（170±2）℃烘箱中，当为改性沥青SMA时宜为185℃，持续（60±1）min。

（5）取出烧杯，不加任何冲击或振动，将混合料向下扣到在玻璃板上，称取烧杯以及黏附在烧杯上的沥青结合料、细集料、玛蹄脂等的总质量m_2，准确至0.1g。

3. 沥青混合料肯塔堡飞散试验

学生根据任务书的要求，完成沥青混合料肯塔堡飞散试验检测，检测记录表见表7-7。

表7-7 沥青混合料肯塔堡飞散试验检测记录表

试验室名称：　　　　　　　　　　　　　　　　　　　　　　记录编号：

试验依据						样品编号				
样品描述						样品名称				
试验条件						试验日期				
主要仪器设备及编号										
沥青混合料类型						试验层位				
油石比（%）						沥青用量（%）				
试样编号	试件高度/mm					试件直径/mm		试验前试样质量/g	试验后残留试样质量/g	飞散损失测值（%）	飞散损失测定值（%）
	1	2	3	4	平均值	1	2	平均值			
备注：											

小提示

沥青混合料肯塔堡飞散试验检测步骤：

（1）将试件放入恒温水槽中养生。对标准飞散试验，在（20±0.5）℃恒温水中槽养生20h。对浸水飞散试验，先在（60±0.5）℃恒温水槽中养生48h，然后取出后在室温中放置24h。

（2）对标准飞散试验，从恒温水槽中取出试件，用洁净柔软的毛巾轻轻擦去试件的表面水，逐个称取试件质量m_0，准确至0.1g；对浸水飞散试验，称取放置24h后的每个试件质量m_0，准确至0.1g。

（3）立即将一个试件放入洛杉矶试验机中，不加钢球，盖紧盖子（一次只能试验1个试件）。

（4）开动洛杉矶试验机，以30~33r/min的速度旋转300转。

（5）打开试验机盖子，取出试件及碎块，称取试件的残留质量。当试件已经粉碎时，称取最大一块残留试件的混合料质量m_1。

（6）重复以上步骤，一种混合料的平行试验不少于3次。

4. 沥青混合料检测报告

学生根据沥青混合料检测任务要求、检测指标，完成该批沥青混合料的检测报告，检测报告见表7-8。

表7-8 沥青混合料试验检测报告

试验室名称：　　　　　　　　　　　　　　　　　　　报告编号：

委托单位/委托人		委托编号	
工程名称		样品编号	
工程部位/用途		样品名称	
样品型号规格		样品描述	
试验依据		判断依据	
主要仪器设备及编号			
产地		代表数量	

检测结果

序号	检测项目	技术指标	检测结果	结果判定	备注
1	试件毛体积相对密度				
2	理论最大相对密度（真空法）				
3	弯曲劲度模量				
4	空隙率VV（%）				
5	矿料间隙率VFA（%）				
6	沥青饱和度（%）				
7	马歇尔试验　稳定度/kN				
8	流值/mm				
9	浸水马歇尔试验（残留稳定度）（%）				
10	单轴压缩试验（圆柱体法）（抗压回弹模量）/MPa				
11	冻融劈裂试验（冻融循环劈裂抗拉强度比）（%）				
12	肯塔堡飞散试验（肯塔堡飞散值）（%）				
13	谢伦堡沥青析漏试验（谢伦堡沥青析漏值）（%）				
结论					

小提示

沥青混合料检测指标要求：
(1) 评定标准：《公路沥青路面施工技术规范》(JTG F40—2004)。
(2) 检测指标要求（见表7-9）。

表7-9 密级配沥青混凝土混合料马歇尔试验技术标准

试验指标		高速公路、一级公路				其他等级公路	行人道路
		夏炎热区（1-1、1-2、1-3、1-4区）		夏热区及夏凉区（2-1、2-2、2-3、2-4、3-2区）			
		中轻交通	重载交通	中轻交通	重载交通		
击实次数（双面）/次		75				50	50
试件尺寸/mm		φ101.6mm×63.5mm					
空隙率VV(%)	深约90mm以内	3~5	4~6	2~4	3~5	3~6	2~4
	深约90mm以下	3~6	2~4	3~6		3~6	—

(续)

试验指标		高速公路、一级公路				其他等级公路	行人道路
		夏炎热区（1-1、1-2、1-3、1-4区）		夏热区及夏凉区（2-1、2-2、2-3、2-4、3-2区）			
		中轻交通	重载交通	中轻交通	重载交通		
稳定度 MS/kN		≥8				≥5	≥3
流值 FL/mm		2~4	1.5~4	2~4.5	2~4	2~4.5	2~5
矿料间隙率 VMA（%）不小于	设计空隙率（%）	相应于以下公称最大粒径/m、最小 VMA 及 VFA 技术要求（%）					
		26.5	19	16	13.2	9.5	4.75
	2	≥10	≥11	≥11.5	≥12	≥13	≥15
	3	≥11	≥12	≥12.5	≥13	≥14	≥16
	4	≥12	≥13	≥13.5	≥14	≥15	≥17
	5	≥13	≥14	≥14.5	≥15	≥16	≥18
	6	≥14	≥15	≥15.5	≥16	≥17	≥19
沥青饱和度 VFA(%)		55~70		65~75		70~85	

注：1. 对空隙率大于5%的夏炎热区重载交通路段，施工时应至少提高压实度1%。
2. 当设计的空隙率不是整数时，由内插确定要求的 VMA 最小值。
3. 对改性沥青混合料，马歇尔试验的流值可适当放宽。
4. 本表适用于公称最大粒径小于等于26.5mm的密级配沥青混凝土混合料。

学习任务 8 配制水泥混凝土综合实训

一、目的与要求
1. 目的
通过综合训练，使学生能够掌握水泥混凝土组成设计的方法，通过试拌，能够对初步配合比进行调整，提出基准配合比，上下调整水胶比并进行制件，根据试配强度确定最佳水胶比，得出实验室配合比，并能够计算出工地配合比。

2. 要求
（1）能够准确测定各组成材料的物理力学性能，并判定其是否符合技术要求。
（2）能够正确地进行水泥混凝土初步配合比设计。
（3）能够进行混凝土试拌，调整提出基准配合比。
（4）能够按正确的方法制件，通过试配强度进行水胶比的确定，确定实验室配合比。
（5）根据现场含水率，换算工地配合比。

二、设计要求及资料
1. 设计题目
钢筋混凝土桥台用混凝土配合比。

2. 设计资料
（1）按桥梁设计图样，混凝土设计强度等级为 C30，无强度历史统计资料。
（2）按钢筋混凝土梁钢筋密集程度和现场施工机械设备，要求混凝土拌和物坍落度为 30~50mm，集料最大粒径为 37.5mm。桥梁所在地区属寒冷地区。

3. 设计要求
（1）满足结构物设计强度的要求。
（2）满足施工工作性要求。
（3）满足耐久性要求。
（4）满足经济要求。

三、设计依据
1. 参考文献
（1）《公路工程集料试验规程》（JTG E42—2005）。
（2）《水泥标准稠度用水量、凝结时间、安定性检验方法》（GB/T 1346—2011）。
（3）《公路工程水泥及水泥混凝土试验规程》（JTG E30—2005）。
（4）《公路桥涵施工技术规范》（JTG/T 3650—2011）。
（5）《普通混凝土配合比设计规程》（JGJ 55—2011）。
（6）《水泥比表面积测定方法（勃氏法）》（GB/T 8074—2008）。
（7）《通用硅酸盐水泥》（GB 175—2007）。

2. 各项技术指标规定

（1）粗集料有关指标应符合表8-1规定，级配规格应符合表8-2规定。

表8-1 粗集料技术指标

项目	技术要求		
	Ⅰ类	Ⅱ类	Ⅲ类
碎石压碎指标（%）	<18	<20	<30
卵石压碎指标（%）	<20	<25	<25
吸水率（%）	<1.0	<2.0	<2.5
针片状颗粒含量（按质量计，%）	<5	<15	<25
表观密度/（kg/m³）	>2500		
松散堆积密度/（kg/m³）	>1350		
空隙率（%）	<47		

注：按碎石、卵石技术要求分为Ⅰ类、Ⅱ类、Ⅲ类。Ⅰ类宜用于强度等级大于C60的混凝土；Ⅱ类宜用于强度等级C30~C60及抗冻、抗渗或有其他要求的混凝土；Ⅲ类宜用于强度等级小于C30的混凝土。

表8-2 碎石和卵石的颗粒级配

公称粒径/mm		方筛孔径/mm							
		2.36	4.75	9.50	16.0	19.0	26.5	31.5	37.5
		累计筛余（%）							
连续粒级	5~10	95~100	80~100	0~15	0				
	5~16	95~100	85~100	30~60	0~10	0			
	5~20	95~100	90~100	40~80	—	0~10	0		
	5~25	95~100	90~100	—	37~70	—	0~5	0	
	5~31.5	95~100	90~100	70~90	—	15~45	—	0~5	0
	5~40	—	95~100	70~90	—	30~65	—	—	0~5
单粒粒级	10~20		95~100	85~100	—	0~15	0		
	16~31.5		95~100	—	85~100	—	—	0~10	0
	20~40		—	95~100	—	80~100	—	—	0~10
	31.5~63			—	95~100	—	—	75~100	45~75
	40~80				—	95~100	—	—	70~100

注：粗集料宜根据混凝土最大粒径采用连续两级配或连续多级配，不宜采用单粒级或间断级配配制，必须使用时，应通过实验验证。

（2）细集料的有关指标和级配规格符合表8-3~表8-5的规定。

表8-3 细集料技术指标

项目	技术要求
表观密度/（kg/m³）	>2500
松散堆积密度/（kg/m³）	>1350
空隙率（%）	<47

表 8-4　砂的分类

砂组	粗砂	中砂	细砂
细度模数	3.7~3.1	3.0~2.3	2.2~1.6

表 8-5　细集料的分区及级配范围

方孔筛筛孔边长尺寸	累计筛余（%）		
	级配区		
	Ⅰ区	Ⅱ区	Ⅲ区
4.75mm	10~0	10~0	10~0
2.36mm	35~5	25~0	15~0
1.18mm	65~35	50~10	25~0
600μm	85~71	70~41	40~16
300μm	5~80	92~70	85~55
150μm	100~90	100~90	100~90

注：Ⅰ区砂宜提高砂率配低流动性混凝土；Ⅱ区砂宜优先选用配不同强度等级的混凝土；Ⅲ区砂宜适当降低砂率保证混凝土的强度。

（3）水泥的技术标准及强度指标符合表 8-6 的规定。

表 8-6　水泥的技术标准及强度指标

水泥种类	强度等级	抗压强度≥/MPa		抗折强度≥/MPa		细度比表面积/(m²/kg)	细度80μm方孔筛筛余量（%）	凝结时间/min		安定性（沸煮法）
		3d	28d	3d	28d			初凝	终凝	
硅酸盐水泥	42.5 42.5R	17.0 22.0	42.5	3.5 4.0	6.5	≥300	—	≥45	≤390	必须合格
	52.5 52.5R	23.0 27.0	52.5	4.0 5.0	7.0					
	62.5 62.5R	28.0 32.0	62.5	5.0 5.5	8.0					
普通硅酸盐水泥	42.5 42.5R	17.0 22.0	42.5	3.5 4.0	6.5			≥45	≤600	必须合格
	52.5 52.5R	23.0 27.0	52.5	4.0 5.0	7.0					
矿渣硅酸盐水泥、火山灰水泥、粉煤灰水泥、复合硅酸盐水泥	32.5 32.5R	10.0 15.0	32.5	2.5 3.5	5.5		≤10.0	≥45	≤600	必须合格
	42.5 42.5R	15.0 19.0	42.5	3.5 4.0	6.5					
	52.5 52.5R	21.0 23.0	52.5	4.0 4.5	7.0					

（4）混凝土用水应符合下列规定：

1）符合国家标准的饮用水可直接作为混凝土的拌制和养护用水。

2）水中不应有漂浮明显的油脂和泡沫，不应有明显的颜色和异味。
3）严禁将未经处理的海水用于结构混凝土的拌制。

（5）混凝土配合比设计应符合表8-7～表8-15的规定。

表8-7 混凝土的最大水胶比、最小水泥用量规定

环境类别	环境条件	最大水胶比	最小水泥用量/(kg/m³)	最低混凝土强度等级
Ⅰ	温暖或寒冷地区的环境、与无侵蚀的水或土接触的环境	0.55	275	C25
Ⅱ	严寒地区的大气环境、使用除冰盐环境、滨海环境	0.50	300	C30
Ⅲ	海水环境	0.45	300	C35
Ⅳ	受侵蚀性物质影响的环境	0.40	300	C35

表8-8 混凝土的最小胶凝材料用量

最大水胶比	最小胶凝材料用量（kg/m³）		
	素混凝土	钢筋混凝土	预应力沪混凝土
0.60	250	280	300
0.55	280	300	300
0.50	320		
≤0.45	330		

注：除配制C15及其以下强度等级的混凝土，混凝土的最小胶凝材料用量应符合表8-8的规定。

表8-9 钢筋混凝土中矿物掺合料最大掺量

矿物掺合料种类	水胶比	最大掺量（%）	
		采用硅酸盐水泥时	采用普通硅酸盐水泥时
粉煤灰	≤0.40	45	35
	>0.40	40	30
粒化高炉矿渣粉	≤0.40	65	55
	>0.40	55	45
复合掺合料	≤0.40	65	55
	>0.40	55	45

注：矿物掺合在混凝土中的掺量应通过实验确定。采用硅酸盐水泥或普通硅酸盐水泥时，钢筋混凝土中矿物掺合料最大掺合量宜符合表8-9的规定。

表8-10 标准差 σ 值（MPa）

混凝土强度标准值	≤C20	C25～C45	C50～C55
σ	4.0	5.0	6.0

注：当没有近期的同一品种、同一强度等级混凝土强度资料时，其强度标准差 σ 可按表8-10取值。

表 8-11 回归系数（a_a、a_b）取值表

系数	粗骨料品种	
	碎石	卵石
a_a	0.53	0.49
a_b	0.20	0.13

表 8-12 粉煤灰影响系数（γ_f）和粒化高炉矿渣粉影响系数（γ_s）

掺量（%）	粉煤灰影响系数 γ_f	粒化高炉矿渣粉影响系数 γ_s
0	1.00	1.00
10	0.85～0.95	1.00
20	0.75～0.85	0.95～1.00

表 8-13 水泥强度等级值的富余系数（γ_c）

水泥强度等级值	32.5	42.5	52.5
富余系数	1.12	1.16	1.10

表 8-14 塑性混凝土的用水量

拌合物稠度		卵石最大公称粒径/mm				碎石最大公称粒径/mm			
项目	指标	10.0	20.0	31.5	40.0	16.0	20.0	31.5	40.0
		用水量/(kg/m³)							
坍落度/mm	10～30	190	170	160	150	200	185	175	165
	35～50	200	180	170	160	210	195	185	175
	55～70	210	190	180	170	220	205	195	185
	75～90	215	195	185	175	230	215	205	195

表 8-15 混凝土的砂率（%）

水胶比	卵石最大公称粒径/mm			碎石最大公称粒径/mm		
	10.0	20.0	40.0	16.0	20.0	40.0
0.40	26～32	25～31	24～30	30～35	29～34	27～32
0.50	30～35	29～34	28～33	33～38	32～37	30～35
0.60	33～38	32～37	31～36	36～41	35～40	33～38
0.70	36～41	35～40	34～39	39～44	38～43	36～41

注：当缺乏砂率的历史资料时，混凝土砂率的确定应符合表 8-15 的规定。

四、原材料选择

(一) 选择的原则

1. 水泥选择

(1) 水泥品种选择：一般采用硅酸盐水泥、普通硅酸盐水泥、矿渣硅酸盐水泥、火山灰质硅酸盐水泥和粉煤灰硅酸盐水泥，根据混凝土工程特点和所处的环境条件、施工气候和条件等因素选择。

(2) 水泥强度等级的选择：与混凝土等级相匹配。一般水泥强度等级为混凝土强度等级的1.1~1.6倍；配制高强混凝土时，可选择0.7~1.2。

(3) 技术指标：根据选择的品种和等级，进行水泥细度、比表面积、标准稠度用水量、凝结时间、安定性、强度等指标检测，均要符合相关技术要求。

2. 集料选择

(1) 细集料：

1) 类别选择：Ⅰ类宜用于强度等级大于C60的混凝土；Ⅱ类用于强度等级为C30~C60及抗冻、抗渗或其他要求的混凝土；Ⅲ类宜用于强度等级小于C30的混凝土和建筑砂浆。

2) 技术指标：根据选择的类别，对颗粒级配、细度模数、有害杂质含量、含泥量、石粉含量和泥块含量、坚固性、表观密度、堆积密度、空隙率、碱集料反应等指标进行检测，均要符合相关技术要求。

(2) 粗集料：

1) 类别选择：Ⅰ类宜用于强度等级大于C60的混凝土；Ⅱ类用于强度等级为C30~C60及抗冻、抗渗或其他要求的混凝土；Ⅲ类宜用于强度等级小于C30的混凝土和建筑砂浆。

2) 最大粒径：混凝土用粗骨料的最大粒径不得超过结构截面最小尺寸的1/4，且不得超过钢筋最小净间距的3/4；对混凝土实心板，不宜超过板厚的1/4，且不得超过40mm。

3) 技术指标：根据选择的类别，对强度、有害物质含量、颗粒级配、表观密度、堆积密度、空隙率、碱集料反应等指标进行检测，均要符合相关技术要求。

3. 混凝土拌和水

拌制和养护混凝土宜采用饮用水，当采用其他来源水时，应符合《混凝土用水标准》(JGJ 63—2006)的规定。

(二) 原材料检测

对原材料进行检测，并填写表8-16。

表 8-16 原材料检测记录表

原材料名称	序号	检测项目					技术指标（查规范）	检测结果	结果判定
粗集料（碎石）	1	针、片状颗粒含量（%）							
	2	压碎值（%）							
	3	表观密度/（g/cm³）							
	4	堆积密度/（g/cm³）							
	5	堆积空隙率（%）							
	6	吸水率（%）							
	7	颗粒分析							
	筛孔尺寸/mm								
	累计筛余（%）								
	级配范围（%）								

原材料名称	序号	检测项目					技术指标（查规范）	检测结果	结果判定
细集料（砂）	1	表观密度/（g/cm³）							
	2	堆积密度/（g/cm³）							
	3	堆积空隙率（%）							
	4	吸水率（%）							
	5	颗粒分析							
	6	细度模数							
	筛孔尺寸/mm	9.5	4.75	2.36	1.18	0.6	0.3	0.15	<0.15
	累计筛余（%）								
	级配范围（%）								

原材料名称	序号	检测项目		技术指标（查规范）	检测结果	结果判定
水泥	1	细度（%）				
	2	标准稠度用水量（%）				
	3	凝结时间/min	初凝			
			终凝			
	4	安定性				
	5	抗折强度/MPa	3d			
			28d			
	6	抗压强度/MPa	3d			
			28d			

五、水泥混凝土配合比设计

1. 混凝土初步配合比计算

（1）初步配合比设计：根据原始资料和原材料的特点、性质，按照《普通混凝土配合比设计规程》（JGJ 55—2011）的设计步骤，计算初步配合比，即组成混凝土原材料的各自用量。（写出详细设计步骤）

1. 确定混凝土配制强度 $f_{cu,0}$，根据设计要求的混凝土强度等级和施工单位质量管理水平，其中强度标准差 σ 值查表8-10。
$$f_{cu,0} = f_{cu,k} + 1.645\sigma =$$

2. 初步确定水胶比 W/B：$a_a a_b$ 查表8-11，f_b 为胶砂抗压强度实测值。

（1）$W/B = \dfrac{a_a f_b}{f_{cu,0} + a_a a_b f_b} =$

（2）校核水胶比：

3. 确定单位用水量 m_{w0}：根据混凝土拌合物稠度（坍落度）和粗集料最公称大粒径查表8-14。
$$m_{w0} =$$

4. 胶凝材料用量 m_{b0}：

（1）计算 $m_{b0} = \dfrac{m_{w0}}{W/B} =$

（2）按混凝土耐久性要求校核单位水泥用量：

5. 砂率的选定 β_S：根据混凝土水胶比和碎石最大粒径查表8-15。
$$\beta_S =$$

6. 计算粗集料用量 m_{g0}、细集料用量 m_{s0}。
$$m_{c0} + m_{g0} + m_{s0} + m_{w0} = m_{cp}$$
$$\beta_s = \dfrac{m_{s0}}{m_{g0} + m_{s0}} \times 100\%$$

（2）综上所述得出初步配合比：

材料名称	胶凝材料/kg	细集料/kg	粗集料/kg	水/kg	砂率（%）	水胶比 W/B
每立方米用量						

2. 调整工作性、提出基准配合比

采用施工实际使用的材料，通过实拌实测的方法，对初步配合比进行工作性检测，检验初步配合比的坍落度，根据试验结果和必要的调整，提出能满足工作性要求的基准配合比。

（1）试配混凝土所用各种原材料，要与实际工程使用的材料相同，粗、细集料的称量均以干燥状态为基准。

（2）混凝土拌合物数量的计算，按初步配合比试拌_____。计算各材料用量如下（写出详细计算过程）：

水　泥： 粗集料： 细集料： 水：

（3）校核工作性，调整配合比。按照计算出试配所需材料数量，配制混凝土拌合物，

首先测定混凝土的坍落度,同时观察拌合物黏聚性和保水性。

1)当坍落度值达到设计要求,且混凝土的黏聚性和保水性良好,则初步配合比无需调整,得到的基础配合比与初步配合比一致。

2)当坍落度值不能满足设计要求时,且黏聚性和保水性较好,保证水胶比不变,调整水和胶凝材料用量,得到的基础配合比与初步配合比完全不一致。

3)当坍落度值满足设计要求时,但黏聚性和保水性不好,保证水胶比和砂石总量不变的条件下,调整砂率,得到的基础配合比与初步配合比不一致。

4)当坍落度值不能满足设计要求时,且黏聚性和保水性也不好,则保证水胶比和砂石总量不变,改变水和胶凝材料用量、砂率,得到的基础配合比与初步配合比完全不一致。

请写出详细的主要拌和、调整过程。

> 主要从仪器准备、样品准备、拌和顺序、测定工作性、调整工作性等方面进行:

(4)测定工作性并调整记录(表8-17)如下:

表8-17 试拌水泥混凝土配合比并调整其工作性原始记录表

水胶比 W/B	调整次数	试拌混凝土调整工作性各材料用量					实测拌合物工作性						
		胶凝材料/kg	水/kg	细集料/kg	粗集料/kg	砂率(%)	设计坍落度/mm	实测坍落度/mm	表观密度/(kg/m³)	棍度	含砂情况	黏聚性	保水性

(5)确定基准配合比(表8-18)

表8-18 基准配合比

材料名称	胶凝材料/kg	细集料/kg	粗集料/kg	水/kg	砂率(%)	水胶比 W/B
每立方米用量						

3. 检验强度,确定试验室配合比

在基础配合比的基础上,采用减少或增加水胶比的做法,拟订几组(一般为3组)满足工作性要求的配合比,通过实际拌和、成型、养护和测试混凝土立方体抗压确定,确定符合混凝土配制强度和工作性的水胶比,以此得出试验室配合比。

(1)采用三个不同配合比:

1)其中一个应为确定的试拌配合比,另外两个配合比的水胶比宜较试拌配合比分别增加和减少0.05。

2）用水量应与试拌配合比相同。

3）砂率可分别增加和减少1%。

（2）进行混凝土强度试验时，每个配合比应至少制作一组试件，并应标准养护到28d或设计规定龄期时试压，填写表8-19和表8-20。

表8-19　按基准配合比试拌水泥混凝土并调整其工作性原始记录表

水胶比 W/B	调整次数	调整工作性各材料用量					实测拌合物工作性						
		胶凝材料/kg	水/kg	细集料/kg	粗集料/kg	砂率（%）	设计坍落度/mm	实测坍落度/mm	表观密度/(kg/m³)	棍度	含砂情况	粘聚性	保水性
W/B −0.05 =（　）													
W/B =（　）													
W/B +0.05 =（　）													

表8-20　混凝土抗压强度试验检测记录表

水胶比	试件编号	成型日期	龄期/d	试件尺寸/mm	极限荷载/kN	抗压强度测值/MPa	抗压强度测定值/MPa	换算为28d抗压强度/MPa

（3）根据本混凝土强度试验结果，宜绘制强度和水胶比的线性关系曲线（图8-1）或插值法确定略大于配制强度对应的水胶比。确定水胶比为 $W/B=$ _____。

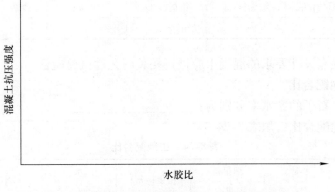

图 8-1　混凝土抗压强度与水胶比线性关系曲线

（4）根据确定的水胶比调整各组成材料用量，拌合并测定此水胶比混凝土的表观密度。

1）根据确定的水胶比，并在试拌配合比的基础上，对用水量作出调整。

2）胶凝材料用量应以用水量乘以确定的胶水比计算。

3）粗集料和细集料应根据用水量和胶凝材料进行调整，填写表 8-21。

表 8-21　确定的水胶比对应的混凝土各组成材料用量

水胶比 W/B	胶凝材料/kg	细集料/kg	粗集料/kg	水/kg	砂率（%）

（5）实测水泥混凝土表观密度（填表 8-22）。

表 8-22　实测水泥混凝土表观密度

试样编号	试样筒质量/kg	捣实或振实后混凝土和试样筒总质量/kg	试样筒容积/L	表观密度测值/(kg/m³)	表观密度测定值/(kg/m³)
1					
2					

（6）确定试验室配合比。

1）混凝土配合比校正系数应按下式计算：

$$\delta = \frac{\rho_{c,t}}{\rho_{c,c}} = (\qquad)$$

式中　δ——混凝土配合比校正系数；

$\rho_{c,t}$——混凝土拌合物的表观密度实测值（kg/m³）。

2）当混凝土拌合物表观密度实测值与计算值之差的绝对值不超过计算值的 2% 时，调整的配合比可维持不变；当二者之差超过 2% 时，应将配合比中每项材料用量均乘以校正系数（δ），确定试验室配合比，填表 8-23。

表 8-23　试验室配合比

材料名称	胶凝材料/kg	细集料/kg	粗集料/kg	水/kg	砂率（%）	水胶比 W/B
每立方米用量						

（7）对耐久性有设计要求的混凝土应进行相关耐久性试验验证。

4. 换算成工地配合比

（1）测定砂、石子的含水率分别为：＿＿＿＿＿＿＿＿＿＿＿＿＿＿＿。

（2）换算工地配合比，填表 8-24。

表 8-24　工地配合比

材料名称	水泥 m_c	细集料 m_s	粗集料 m_Q	水 m_w	砂率 β_s	水胶比 W/B
相对用量						
单位体积材料用量/kg						

学习任务 9 配制热拌沥青混合料综合实训

一、目的与要求
1. 目的
通过综合训练,学生能够掌握沥青混合料目标配合比阶段的设计方法,并了解生产配合比和生产配合比验证两个阶段的设计方法。

2. 要求
(1) 能够准确测定各组成材料的物理力学性能,并判定其是否符合技术要求。
(2) 能够正确地对各种矿质材料进行颗粒分析。
(3) 能正确地进行矿质混合料的组成设计,并能按要求对配合比进行调整。
(4) 能够按正确的方法制作试件,并测定其马歇尔稳定度、流值、密度等指标,据此计算出空隙率、饱和度等指标,最终确定出最佳沥青用量。

二、设计任务(任选其一完成设计任务)
1. 某一级公路沥青混凝土路面用沥青混合料的配合比设计
(1) 道路等级:一级公路。
(2) 路面类型:沥青混凝土。
(3) 结构层位:三层式沥青混凝土路面上面层。
(4) 气候条件:最低月平均气温 −7℃,最高月平均气温 32℃。

2. 某二级公路沥青混凝土路面用沥青混合料的配合比设计
(1) 道路等级:二级公路。
(2) 路面类型:沥青混凝土。
(3) 结构层位:沥青混凝土路面上面层。
(4) 气候条件:最低月平均气温 −5℃,最高月平均气温 28℃。

三、设计依据
1. 参考文献
(1)《公路沥青路面施工技术规范》(JTG F40—2004)。
(2)《公路工程沥青及沥青混合料试验规程》(JTG E20—2011)。
(3)《公路工程集料试验规程》(JTG E42—2005)。

2. 技术指标规定
(1) 粗集料的有关指标应符合表 9-1、表 9-2 的规定。

表 9-1 粗集料质量技术要求

指标	高速公路、一级公路		其他等级公路
石料压碎值(%)	≤26	≤28	≤30
洛杉矶磨耗损失(%)	≤28	≤30	≤35
表观相对密度	≥2.60	≥2.50	≥2.45

（续）

指标	高速公路、一级公路		其他等级公路
吸水率（%）	≤2.0	≤3.0	≤3.0
针片状颗粒含量（混合料）（%）	≤15	≤18	≤20
其中粒径大于9.5mm颗粒含量（%）	≤12	≤15	—
其中粒径小于9.5nm颗粒含量（%）	≤18	≤20	—

表9-2 沥青面层用粗集料规格（方孔筛）

规格	公称粒径/mm	筛孔孔径/mm											
		106	75	63	53	37.5	31.5	26.5	19.0	13.2	9.5	4.75	2.36	0.6
		通过各筛孔的质量百分率（%）												
S1	40~75	100	90~100	—	—	0~15	—	0~5						
S2	40~60		100	90~100	—	0~15	—	0~5						
S3	30~60		100	90~100	—	—	0~15	—	0~5					
S4	25~50				90~100	—	—	0~15	—	0~5				
S5	20~40				100	90~100	—	—	0~15	—	0~5			
S6	15~30					100	100	90~100	—	0~15	—	0~5		
S7	10~30						100	90~100	—	—	0~15	0~5		
S8	15~25						100	90~100	—	0~15	—	0~5		
S9	10~20								100	90~100	—	0~15	0~5	
S10	10~15									100	90~100	0~15	0~5	
S11	5~15									100	90~100	40~70	0~15	0~5
S12	5~10										100	90~100	0~15	0~5
S13	3~10										100	90~100	40~70	0~25	0~5
S14	3~5											100	90~100	0~15	0~3

（2）细集料的有关指标应符合表9-3~表9-5的规定。

表9-3 沥青面层用细集料质量要求

指标	高速公路、一级公路	其他等级公路
表观相对密度不小于	2.50	2.45
砂当量，不小于	60	50

表9-4 沥青面层用天然砂规格

方孔筛/mm	通过各筛孔的质量百分率（%）		
	粗 砂	中 砂	细 砂
9.5	100	100	100
4.75	90~100	90~100	90~100
2.36	65~95	75~90	85~100
1.18	35~65	50~90	75~100

(续)

方孔筛/mm	通过各筛孔的质量百分率（%）		
	粗 砂	中 砂	细 砂
0.6	15~30	30~60	60~84
0.3	5~20	8~30	15~45
0.15	0.10	1~10	0~10
0.075	0~5	0~5	0~5
细度模数 M_x	3.7~3.1	3.0~2.3	2.2~1.6

表 9-5 沥青面层用石屑规格

规格	公称粒径/mm	筛孔孔径/mm							
		9.5	4.75	2.36	1.18	0.6	0.3	0.15	0.075
		通过各筛孔的质量百分率（%）							
S15	0~5	100	90~100	60~90	40~75	20~55	7~40	2~20	0~10
S16	0~3	—	100	80~100	50~80	25~60	8~45	0~25	0~15

（3）矿粉的有关指标应符合表 9-6 的规定。

表 9-6 沥青面层用矿粉质量技术要求

指 标	高速公路、一级公路	其他等级公路
表观密度/(t/m³)	≥2.50	≥2.45
含水量（%）	≤1	≤1
亲水系数	<1	

（4）沥青的有关指标应符合表 9-7、表 9-8 的规定。

表 9-7 道路石油沥青技术要求

指标	等级	沥青标号							试验方法
		160号	130号	110号	90号	70号	50号	30号	
针入度(25℃, 5s, 100g)/0.1mm		140~200	120~140	100~120	80~100	60~80	40~60	20~40	T0604
适用的气候分区		①	①	2-1 2-2 3-2	1-1 1-2 1-3 2-2 2-3	1-3 1-4 2-2 2-3 2-4	1-4	①	
软化点/℃（不小于）	A	38	40	43	45	44	46	45	49	55	T0606
	B	36	39	42	43	42	44	43	46	53	
	C	35	37	41	42		43		45	50	
10℃延度/cm（不小于）	A	50	50	40	45	30	20	30	20	20	15	25	20	15	15	10	T0605
	B	30	30	30	30	20	15	20	15	15	10	20	15	10	10	8	
15℃延度/cm（不小于）	A/B	100						80	50	
	C	80	80	60	50		40		30	20	
	B	3.0								T0615

(续)

指标	等级	沥青标号							试验方法
		160号	130号	110号	90号	70号	50号	30号	
150℃延度/cm（不小于）	C	4.5							T0615
	B	45	50	52	54	58	60	62	T0604
	C	40	45	48	50	54	58	60	
	B	10	10	8	6	4	2	—	

注：1. 试验方法按照现：《公路工程沥青及沥青混合料试验规程》（JTG E20—2011）规定的方法执行。

2. 70号沥青可根据需要要求供应商提供针入度范围为60～70（0.1mm）或70～80（0.1mm）的沥青，50号沥青可要求提供针入度范围为40～50（0.1mm）或50～60（0.1mm）的沥青。

3. 30号沥青仅适用于沥青稳定基层。130号和160号沥青除寒冷地区可直接在中、低级公路上应用外，通常用作乳化沥青、稀释沥青、改性沥青的基质沥青。

① 气候分区见《公路沥青路面施工技术规范》（JTG F40—2004）附录A。

表9-8 聚合物改性沥青技术要求

指标	单位	沥青标号							试验方法
		160号	130号	110号	90号	70号	50号	30号	
针入度（25℃，5s，100g）/	0.1mm	140~200	120~140	100~120	80~100	60~80	40~60	20~40	T0604
适用的气候分区		①	①	2-1 2-2 3-2	1-1 1-2 1-3 2-2 2-3	1-3 1-4 2-2 2-3 2-4	1-4	①	
软化点/℃（不小于）	A	38	40	43	45	44	46	45	49	55	T0606
	B	36	39	42	43	42	44	43	46	53	
	C	35	37	41	42		43		45	50	
10℃延度/cm（不小于）	A	50	50	40	45	30	20	30	20	20	15	20	15	15	10	T0605
	B	30	30	30	30	20	15	20	15	15	10	15	10	10	8	
	A/B	100						80	50	
	C	80	80	60	50	40	30	20	
150℃延度/cm（不小于）	B	3.0							T0615
	C	4.5							
	B	45	50	52	54	58	60	62	T0604
	C	40	45	48	50	54	58	60	
	B	10	10	8	6	4	2	—	

① 气候分区见《公路沥青路面施工技术规范》（JTG F40—2004）附表A。

（5）矿质混合料级配设计要求。

1）确定沥青混合料类型：沥青混合料类型根据集料公称最大粒径、矿料级配、空隙率，按表9-9选定。

表 9-9 热拌沥青混合料种类

结构层次	高速公路、一级公路 城市快速路、主干路		其他等级公路		一般城市道路及其他道路工程	
	三层式沥青混凝土路面	三层式沥青混凝土路面	沥青混凝土路面	沥青碎石路面	沥青混凝土路面	沥青碎石路面
上面层	AC–13 AC–16	AC–13 AC–16	AC–13 AC–16	AC–13	AC–5 AC–10 AC–13	AM–5 AM–10
中面层	AC–20 AC–25	—	—	—	—	—
下面层	AC–25 AC–30	AC–20 AC–30	AC–20 AC–25 AC–30	AM–25 AM–30	AC–20 AC–25	AC–25 AM–30 AM–40

2)确定矿料的最大粒径 D:各国对沥青混合料的最大粒径、同路面结构层最小厚度的关系均有规定。研究表明,随厚度增大,路面耐疲劳性提高,但车辙量增大。相反厚度减小,车辙量也减小,但耐久性降低,特别是在 $h/D<2$ 时,疲劳耐久性急剧下降。为此建议结构层厚度与最大粒径 D 之比应控制在 $h/D \geqslant 2$。尤其是在使用国产沥青时,h/D 更应接近于 2。如最大粒径 31.5mm 的粗粒式沥青混凝土,其结构层厚度应大于 6.3cm;最大粒径 19mm 的中粒式沥青混凝土,其结构层厚度应大于 4cm;最大粒径为 16mm 的细粒式沥青混凝土,其最小结构层厚度应大于 3cm。只有控制了结构层厚度与最大粒径之比,才能拌和均匀,易于达到要求的密实度和平整度,保证施工质量。

3)确定矿质混合料的级配范围:根据已确定的沥青混合料类型,按规范推荐的矿质混合料级配范围,查表 9-10 即可确定所需的级配范围。

表 9-10 密级配沥青混凝土混合料矿料级配范围

级配类型		筛孔孔径/mm											
		31.5	26.5	19	16	13.2	9.5	4.75	2.36	1.18	0.6	0.3	0.15	0.075
		通过各筛孔的质量百分率(%)											
粗粒式	AC–25	100	90~100	75~90	65~83	57~76	45~65	24~52	16~42	12~33	8~24	5~17	4~13	3~7
中粒式	AC–20		100	90~100	78~92	62~80	50~72	26~56	16~44	12~33	8~24	5~17	4~13	3~7
	AC–16			100	90~100	76~92	60~80	34~62	20~48	13~36	9~26	7~18	5~14	4~8
细粒式	AC–13				100	90~100	68~85	38~68	24~50	15~38	10~28	7~20	5~15	4~8
	AC–10					100	90~100	45~75	30~58	20~44	13~32	9~23	6~16	4~8
砂粒式	AC–5						100	90~100	55~75	35~55	20~40	12~28	7~18	5~10

(6)沥青混合料技术要求指标,见表 9-11~表 9-14。

表 9-11 热拌普通沥青混合料试件的制作温度（单位：℃）

施工工序	石油沥青的标号				
	50号	70号	90号	110号	130号
沥青加热温度	160~170	155~165	150~160	145~155	140~150
矿料加热温度	集料加热温度比沥青温度高10~30（填料不加热）				
沥青混合料拌和温度	150~170	145~165	140~160	135~155	130~150
试件击实成型温度	140~160	135~155	130~150	125~145	120~140

表 9-12 密级配沥青混凝土混合料马歇尔试验技术标准

试验指标		高速公路、一级公路				其他等级公路	行人道路
		夏炎热区（1-1、1-2、1-3、1-4区）		夏热区及夏凉区（2-1、2-2、2-3、2-4、3-2区）			
		中轻交通	重载交通	中轻交通	重载交通		
击实次数（双面）/次		75				50	50
试件尺寸/mm		φ101.6mm×63.5mm					
空隙率VV（%）	深约90mm以内	3~5	4~6	2~4	3~5	3~6	2~4
	深约90mm以下	3~6		2~4	3~6	3~6	
稳定度 MS/KN		≥8				≥5	≥3
流值 FL/mm		2~4	1.5~4	2~4.5	2~4	2~4.5	2~5
矿料间隙率VMA（%）不小于	设计空隙率（%）	相应于以下公称最大粒径/m、最小VMA及VFA技术要求（%）					
		26.5	19	16	13.2	9.5	4.75
	2	≥10	≥11	≥11.5	≥12	≥13	≥15
	3	≥11	≥12	≥12.5	≥13	≥14	≥16
	4	≥12	≥13	≥13.5	≥14	≥15	≥17
	5	≥13	≥14	≥14.5	≥15	≥16	≥18
	6	≥14	≥15	≥15.5	≥16	≥17	≥19
沥青饱和度 VFA（%）		55~70		65~75		70~85	

注：1. 对空隙率大于5%的夏炎热区重载交通路段，施工时应至少提高压实度1%。
2. 当设计的空隙率不是整数时，由内插确定要求的VMA最小值。
3. 对改性沥青混合料，马歇尔试验的流值可适当放宽。
4. 本表适用于公称最大粒径小于等于26.5mm的密级配沥青混凝土混合料。

表 9-13 沥青混合料水稳性检验技术要求

气候条件与技术指标		相应下列气候分区的技术要求（%）				试验方法
年降雨量（mm）及气候分区		>1000	500~1000	250~500	<250	
		1.潮湿区	2.湿润区	3.半干区	4.干旱区	
浸水马歇尔试验残留稳定度（%），不小于						
普通沥青混合料		80		75		
改性沥青混合料		85		80		T 0709
SMA混合料	普通沥青	75				
	改性沥青	80				

表 9-14 沥青混合料车辙试验动稳定度技术要求

气候条件与技术指标		相应下列气候分区所要求的动稳定度（次/mm）								试验方法
七月平均最高气温/℃及气候分区		>30				20~30			<20	
		1. 夏炎热区				2. 夏热区			3. 夏凉区	
		1-1	1-2	1-3	1-4	2-1	2-2	2-3	2-4	3-2	
普通沥青混合料		≥800		≥1000		≥600		≥800		≥600	T0719
改性沥青混合料		≥2400		≥2800		≥2000		≥2400		≥1800	
SMA混合料	非改性	≥1500									
	改性	≥3000									
OGFC混合料		1500（一般交通路段）、3000（重交通量路段）									

注：1. 如果其他月份的平均最高气温高于七月时，可使用该月半均最高气温。
2. 在特殊情况下，如钢桥面铺装、重载车特别多或纵坡较大的长距上坡路段、厂矿专用道路，可酌情提高动稳定度的要求。
3. 对因气候寒冷确需使用针入度很大的沥青［如大于100（0.1m）］，动稳定度难以达到要求，或因采用石灰岩等不坚硬的石料，改性沥青混合料的动稳定度难以达到要求等特殊情况，可酌情降低要求。
4. 为满足炎热地区及重载车要求，在配合比设计时采取减少最佳沥青用量的技术措施时，可适当提高试验温度或增加试验荷载进行试验，同时增加试件的碾压成型密度和施工压实度要求。
5. 车辙试验不得采用二次加热的混合料，试验必须检验其密度是否符合试验规程的要求。
6. 如需要对公称最大粒径等于或大于26.5mm的混合料进行车辙试验，可适当增加试件的厚度，但不宜作为评定合格与否的依据。

四、原材料选择

（一）选择的原则

1. 沥青的选择

（1）种类：沥青路面所用的沥青材料有石油沥青、煤沥青、液体石油沥青和沥青乳液等。

（2）等级：沥青各等级适用范围见表9-15。

表 9-15 道路石油沥青的适用范围

沥青等级	适用范围
A级沥青	各个等级的公路，适用于任何场合和层次
B级沥青	1. 高速公路、一级公路沥青下面层及以下的层次，二级及二级以下公路的各个层次 2. 用作改性沥青、乳化沥青、改性乳化沥青、稀释沥青的基质沥青
C级沥青	三级及三级以下公路的各个层次

（3）标号：根据路面的类型、施工条件、地区气候条件、施工季节和矿料性质与尺寸而定。

1）对于高速公路、一级公路，夏季高温，重载交通选用稠度大、标号小的沥青。
2）对于交通量小、冬季寒冷公路选用稠度小、标号大的沥青。
3）对于温差、年温差大的地区宜选用针入度指数大的沥青。
4）对于高温和低温要求发生矛盾时，优先考虑高温性能要求。

(4) 技术指标：根据选择的沥青的等级和标号，进行针入度、软化点、延度、针入度指数、密度、闪点、质量变化等指标检测，均要符合相关技术要求。

2. 粗集料的选择

(1) 品种：可采用碎石、破碎砾石、筛选砾石、矿渣等。

(2) 选择要求：应选用坚硬、耐磨、抗冲击型号的碎石或破碎砾石。

(3) 技术指标：根据选择粗集料，进行压碎值、磨耗损失、表观相对密度、吸水率、坚固性、针片状等指标检测，均要符合相关技术要求。

3. 细集料的选择

(1) 品种：可采用天然砂、机制砂或石屑。

(2) 选择要求：采用洁净、干燥、无风化、无杂质、质地坚硬、有棱角的细集料。

(3) 技术指标：根据选择细集料，进行表观相对密度、坚固性、含泥量、砂当量等指标检测，均要符合相关技术要求。

4. 填料的选择

(1) 品种：通常是矿粉。

(2) 选择要求：最好采用石灰岩或超基性岩浆岩等憎水性石料经磨细得到的矿粉，生产矿粉的原石料中泥土杂质应清除。

(3) 技术指标：根据选择的填料，进行表观密度、含水率、粒度范围等指标检测，均要符合相关技术要求。

（二）原材料检测

对各项原材料进行检测，并填写检测结果，见表 9-16 ~ 表 9-18。

表 9-16 集料、填料试验检测结果

试验项目	材料名称					技术要求	结论
	1#料	2#料	3#料	4#料	矿粉		
	试验结果						
表观相对密度							
毛体积相对密度							
压碎值（%）				—	—		
针片状（%）					—		
黏附性			—	—	—		
细集料砂当量（%）	—	—	—				
亲水系数	—	—	—	—			

表 9-17 集料、填料筛分结果

集料	通过筛孔（方孔筛/mm）百分率（%）										
	19	16	13.2	9.5	4.75	2.36	1.18	0.6	0.3	0.15	0.075
1#											
2#											
3#											
4#											
矿粉											

表 9-18 沥青常规指标试验结果

试验项目	单位	试验结果	技术要求	结论
针入度（25℃，100g，5s）				
延度（5℃，5cm/min）				
软化点（环球法）				
沥青相对密度（25℃/25℃）		—		

五、沥青混合料配合比设计

（1）根据公路等级、工程性质、气候条件、交通条件、材料品种等因素，查表9-9表确定沥青混合料设计类型为_____型。

（2）沥青混合料级配要求：根据已确定的沥青混合料类型，按规范推荐的矿质混合料级配范围，查表9-10确定所需的级配范围，并填写表9-19。

表 9-19 沥青混合料级配要求

筛孔/mm	19	16	13.2	9.5	4.75	2.36	1.18	0.6	0.3	0.15	0.075
上限（%）											
下限（%）											
中值											

（3）矿质混合料配合比计算。

1）采用图解法计算符合要求级配范围的各组成材料用量比例：

2）合成级配计算见表9-20。

表 9-20 矿质混合料组成计算表

材料名称		筛孔尺寸（方孔）/mm									
		19	16	13.2	9.5	4.75	2.36	1.18	0.6	0.3	0.15	0.075
		通过百分率									
原材料级配	1#											
	2#											
	3#											
	4#											
	矿粉											
各种矿料在混合料中的级配	1#											
	2#											
	3#											
	4#											
	矿粉											
合成级配												
级配范围												
级配中值												

调整原则：

① 合成级配曲线宜尽量接近设计级配中限，尤其应使 0.075mm、2.36mm、4.75mm 筛孔的通过量尽量接近设计级配范围中限。

② 对于交通量大、轴载重的道路，合成级配可以考虑偏向级配范围的下限，而对于中、轻交通量或人行道路等，合成级配宜于偏向级配范围上限。

③ 合成级配曲线不得有过多的犬牙交错。且在 0.3~0.6mm 范围内不出现"驼峰"，当经过反复调整仍有两个以上的筛孔超出设计级配范围时，必须对原材料进行调整或更换原材料重新设计。

经过调整，矿质混合料各组成材料用量：_____。

3）绘制合成级配曲线：

(4) 马歇尔试验。

1) 计算拌和沥青混合料各材料用量：

一、计算过程（详细填写本组沥青用量对应的计算过程）						
二、五种沥青用量沥青混合料材料用量汇总						
沥青用量(%)	材料名称					
	1#料/g	2#料/g	3#料/g	4#料/g	矿粉	沥青/g

2) 分组进行沥青混合料拌和、制件（写出详细过程）：

一、确定试模加热温度、沥青加热温度、矿料加热温度、沥青混合料拌和温度、试件击实成型温度。

类别	加热温度			沥青混合料拌和温度	试件击实成型温度
	试模	沥青	矿料		
温度/℃					

二、拌和过程（详细记录本组各材料称量过程、拌和顺序）

三、制件过程（详细记录本组装模、插捣、击实要求）

四、高度调整（详细记录本组每个试件的高度，并写出调整过程）

五、试件高度汇总

沥青用量（%）	材料名称					
	试件1	试件2	试件3	试件4	试件5	试件6
备注	五个沥青用量对应的各试件高度，高度必须满足(63.5±1.3)mm					

3）测定试件的毛体积相对密度 γ_i：

① 通常采用表干法测定毛体积相对密度。

② 对吸水率大于2%的试件，宜改用蜡封法测定毛体积相对密度。

③ 对吸水率小于0.5%的特别致密的沥青混合料，在施工质量检验时，允许采用水中重法测定的表观相对密度作为标准密度，钻孔试件也采用相同方法。但配合比设计时不得采用水中重法。

一、详细记录本组毛体积相对密度测定过程							
二、试件毛体积相对密度测定结果汇总							
沥青用量（%）	试件编号	试件空气中质量/g	试件水中质量/g	试件表干质量/g	吸水率（%）	试件毛体积相对密度	毛体积相对密度平均值

4）测定试件稳定度和流值：

一、详细记录本组测定过程和结果处理

二、试件稳定度和流值测定结果汇总

沥青用量（%）	试件编号	稳定度/kN	流值/mm	马氏模数	稳定度平均值/kN	流值平均值/mm	马氏模数平均值

5) 计算各项体积参数：

	一、计算公式		
序号	指标	公式	
1	矿料合成表观相对密度	$r_{sa} = \dfrac{100}{\dfrac{P_1}{r'_1} + \dfrac{P_2}{r'_2} + \cdots\cdots + \dfrac{P_n}{r'_n}}$	
2	矿质混合料合成毛体积相对密度	$r_{sb} = \dfrac{100}{\dfrac{P_1}{r_1} + \dfrac{P_2}{r_2} + \cdots\cdots + \dfrac{P_n}{r_n}}$	
3	合成矿料的吸水率	$w_x = \left(\dfrac{1}{r_{sb}} - \dfrac{1}{r_{sa}}\right) \times 100\%$	
4	合成矿料的沥青吸收系数	$C = 0.033 w_x^2 - 0.2936 w_x + 0.9339$	
5	合成矿料的有效相对密度	$\gamma_{se} = C \times \gamma_{sa} + (1 - C) \times \gamma_{sb}$	
6	沥青混合料最大理论相对密度	$\gamma_t = \dfrac{100}{\dfrac{(100 - P_b)}{\gamma_{se}} + \dfrac{P_b}{\gamma_b}}$	
7	空隙率	$VV = \left(1 - \dfrac{r_f}{r_t}\right) \times 100\%$	
8	矿料间隙率	$VMA = \left(1 - \dfrac{\gamma_f}{\gamma_{sb}} \times P_s\right) \times 100\%$	
9	矿料饱和度	$VFA = \dfrac{VMA - VV}{VMA} \times 100\%$	
二、详细计算本组各体积参数计算过程			

6) 各沥青用量体积参数汇总，见表9-21。

表9-21 沥青混合料马歇尔试验结果

级配类型	沥青用量（%）	毛体积相对密度	理论最大相对密度	空隙率（%）	矿料间隙率VMA（%）	饱和度VFA（%）	稳定度/kN	流值/mm
技术要求								
结论		—	—					

(5) 马歇尔试验结果分析。

以油石比或沥青用量为横坐标,以马歇尔试验的各项指标为纵坐标,按试验结果绘制毛体积密度与沥青用量曲线、空隙率与沥青用量曲线、稳定度与沥青用量曲线、饱和度与沥青用量曲线、稳定度与沥青用量曲线、流值与沥青用量曲线。选择的沥青用量范围必须涵盖设计空隙率的全部范围,并尽可能涵盖沥青饱和度的要求范围,并使密度及稳定度曲线出现峰值。如果没有涵盖设计空隙率的全部范围,试验必须扩大沥青用量范围重新进行。

1) 绘制各项体积参数与沥青用量的关系曲线(图9-1)。

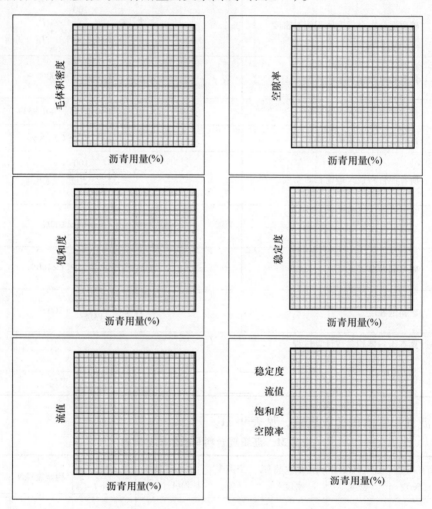

图9-1 各体积参数与沥青用量的关系曲线

2) 确定最佳沥青用量。

① 在曲线图上求取相应于密度最大值、稳定度最大值、目标空隙率(或中值)、沥青饱和度范围的中值的沥青用量 a_1、a_2、a_3、a_4。取平均值作为 OAC_1。

$$OAC_1 = (a_1 + a_2 + a_3 + a_4)/4 = \underline{\qquad}$$

② 以各项指标均符合技术标准（不含 VMA）的沥青用量范围 $OAC_{min} \sim OAC_{max}$ 的中值为 OAC_2。

$$OAC_2 = (OAC_{min} + OAC_{max})/2 = \underline{\qquad}$$

③ 最佳沥青用量：$OAC = (OAC_1 + OAC_2)/2 = \underline{\qquad}$。

3）根据实践经验和公路等级、气候条件、交通情况，调整确定最佳沥青用量 OAC。

① 调查当地各项条件相接近的工程的沥青用量及使用效果，论证适宜的最佳沥青用量。检查计算得到的最佳沥青用量是否相近，如相差甚远，应查明原因，必要时重新调整级配，进行配合比设计。

② 对炎热地区公路以及高速公路、一级公路的重载交通路段，山区公路的长、大坡度路段，预计有可能产生较大车辙时，宜在空隙率符合要求的范围内将计算的最佳沥青用量减小 0.1%～0.5% 作为设计沥青用量。

③ 对寒区公路、旅游公路、交通量很少的公路，最佳沥青用量可以在 OAC 的基础上增加 0.1%～0.3%（质量分数），以适当减小设计空隙率，但不得降低压实度要求。

(6) 配合比设计验证。

1）沥青混合料抗水害试验。以最佳沥青用量制作试件，进行浸水马歇尔试验，并填写表 9-22。

表 9-22 浸水马歇尔试验结果

混合料类型	马歇尔稳定度/kN	浸水马歇尔稳定度/kN	残留稳定度比 S_0（%）	要求（%）

2）动稳定度试验。试验条件：在 60℃、0.7MPa 条件下进行车辙试验，检测高温稳定性，另填写动稳定度试验结果，见表 9-23。

表 9-23 动稳定度试验结果

混合料类型	沥青用量（%）	动稳定度/(次/mm)				
		1	2	3	平均	要求

(7) 设计结论。

对沥青混合料进行的目标配合比设计，得出以下结论，见表 9-24、表 9-25。

表 9-24 矿料级配级油石比

混合料类型	各矿料所占比例（%）						沥青用量（%）
	1#	2#	3#	4#	5#	矿粉	

表 9-25 最佳沥青用量及密度、空隙率

混合料类型	沥青用量（%）	毛体积相对密度	计算理论最大相对密度	VV（%）	VMA（%）

试验表明，本次目标配合比设计满足各项技术要求。

通过混合料级配调试和相关验证试验，表明本次设计沥青混合料的水稳定性能满足有关要求，室内目标配合比设计所得结果可用于生产配合比的调试。

各组代表介绍检测任务的完成过程，完成下列评价表，见表9-26~表9-28。

表9-26 学生自评表

任务	完成情况记录
任务是否按计划时间完成	
相关理论完成情况	
技能训练情况	
任务完成情况	
任务创新情况	
材料上交情况	
收获	

表9-27 学生互评表

序号	评价项目	小组互评	教师评价	总评
1	任务是否按时完成			
2	材料上交情况			
3	任务完成质量			
4	语言表达能力			
5	小组合作面貌			
6	创新点			

表9-28 教师评价表

序号	评价项目	自我评价	互相评价	教师评价	综合评价
1	学习准备				
2	引导问题填写				
3	规范操作				
4	完成质量				
5	关键操作要领掌握				
6	完成速度				
7	质量管理、环保节能				
8	参与讨论主动性				
9	沟通协作				
10	展示汇报				

注：评价档次统一采用A（优秀）、B（良好）、C（合格）、D（努力）四个。